Oscar Lewis

Los hijos de Sánchez

Segunda parte

Barcelona 2024
Linkgua-ediciones.com

Créditos

Título original: Los hijos de Sánchez.

© 2024, Red ediciones S.L.

e-mail: info@linkgua.com

Diseño de cubierta: Michel Mallard.

ISBN tapa dura: 978-84-1126-050-3.
ISBN rústica ilustrada: 978-84-9816-563-0.
ISBN ebook: 978-84-9007-373-5.

Cualquier forma de reproducción, distribución, comunicación pública o transformación de esta obra solo puede ser realizada con la autorización de sus titulares, salvo excepción prevista por la ley. Diríjase a CEDRO (Centro Español de Derechos Reprográficos, www.cedro.org) si necesita fotocopiar, escanear o hacer copias digitales de algún fragmento de esta obra.

Sumario

Créditos	4
Segunda parte	7
Manuel	9
Roberto	67
Consuelo	129
Marta	213
Manuel	263
Roberto	351
Consuelo	391
Marta	445
Epílogo	493
Jesús Sánchez	495

Segunda parte

Manuel

Yo no tenía ni casa, ni mobiliario, ni nada para mi esposa. Todo lo que tenía yo era mi sueldo. Así que me llevé a Paula a casa de mi tía Guadalupe. Ella y mi tío Ignacio vivían solos en un cuarto de la calle de Violeta. Fuimos quesque de visita y pasó una hora, y dos horas, y no nos íbamos. Mi tía me veía como preguntándome, ¿pues a qué horas se van, no?

—No, ni me veas así, tía —le digo— ¿sabes una cosa? Nos vamos a venir a vivir aquí.

—Cómo que a vivir aquí, ¿pues qué ya te...?

—Sí, tía.

—Ah qué diablo de muchacho éste —dice— pero qué cosas andas haciendo... Y tú, muchacha, pues qué le viste a éste... ¿qué lo quieres mucho?

Paula se puso colorada y se agachó. Le digo:

—Bueno... total... ¿me vas a dejar aquí, o no?

—Pues sí, hijo, cómo no, con todo gusto —dice— ya sabes que ésta es tu casa. Ahí están esas cobijas, tiéndanselas y pongan esos cartones abajo para que no se ensucien.

Mi tía no tenía cama todavía y todos dormíamos en el suelo. Allí fue nuestra Luna de miel, en el suelo.

Mi tía se acostó con su esposo, nada más que dormían con la luz prendida y nosotros esperando que se quedaran bien dormidos, ¿no? Por fin cuando nos cercioramos que se durmieron bien, nos desvestimos y nos acostamos. Teníamos una pena de todos los demonios, y luego a la hora de aquello —pues todos cohibidos, ¿no?— ella me decía:

—No hagas tanto ruido.

—La que estás haciendo ruido eres tú, cállate la boca —le decía yo.

—Pues tú eres el que está allí de escandaloso.

Total, como quiera que pasó esa noche. No pagábamos renta pero le daba a mi esposa 5 pesos para el gasto. Mi tía es una buena persona, siempre humilde, de un nivel de vida pues más pobre que mi padre y que mi madre. Ella trabajaba lavando ropa ajena o ayudando en un restorán y mi tío vendía periódicos, pero entre los dos no ganaban bastante para hacer más que una comida al día. Si tenían únicamente para tortillas y salsa comían contentos. Pero nunca se quejaban de ser pobres, se conformaban con vivir lo que la vida les ofrecía más a la mano. Ignacio estaba contento de pertenecer a la Unión de Voceadores y para mí que nunca luchó, nunca trató de mejorar. No es que fuera tonto, pero no sabía cómo esforzarse para mejorar. Más que nada siempre fueron pobres porque les gustaba tomar.

Paula y yo estábamos temerosos de su hermano y de mi suegra. Yo estaba consciente de que había traicionado su confianza y pensaba: «el día que me encuentren... me van a hacer un escándalo que...». Pero no. Desde un principio mi suegra fue comprensiva. Un día iba yo para mi trabajo y que me la topo: «¡Madre Santísima! —dije yo— aquí va a arder Troya, me va a maltratar».

—Buenos días, Manuel —me dijo.
—Este... buenos días Cuquita.
—¿Y Paula?
—Pues... pues... está bien, Cuquita.
—Ah —dice— qué bien... Conque se salieron con la suya, ¿no?

Yo todo avergonzado, ahí, con la cabeza agachada:
—Pues sí, Cuquita —le digo—, perdóneme usted, yo no sé qué me pasó, pero ya ve lo que sucedió. Pero pues ahora pienso seguir con ella, mantenerla, verla como mi esposa.
—Bueno, a ver si ahora en la tarde van a la casa.
—Sí, cómo no, Cuquita.

Y todavía me faltaba mi papá, porque de buenas a primeras me salí de la casa, ¿no?, y dije:

«Me va a matar cuando sepa...» Como si me hubiera leído el pensamiento, ese día que me encontré a mi suegra, me manda hablar mi papá con Roberto:

—Que te habla mi papá, que te necesita.

—Ah, está bueno —le digo— allá voy en la noche.

—Pero que lleves a tu señora.

—¡Madre mía!

Cuando llegamos Paula no quería entrar a la casa, y yo la estaba forcejeando queriéndola jalar pa' dentro y que va saliendo mi padre.

—Pásenle.

Yo le vi cara como de juez, así como que íbamos a estar ante un jurado. «¡Ay, Madre Santísima!» Que nos pasamos, pero yo muy cohibido, pues siempre le he tenido mucho respeto a mi padre.

Se sentó él en la mesa de un lado y nosotros del otro.

—Conque ya es usted casado, ¿no, cabroncito?

—Pos... sí, papá.

—Y, ¿cuánto gana?

—56 pesos, papá.

—¡56 pesos! ¡Bruto, imbécil, pendejo éste! ¿Qué te crees tú que una mujer se mantiene con alpiste? ¡A tus años y ya con una mujer! Ya se echó una responsabilidad, ora se chinga.

Así lo dijo en presencia de mi señora. No, si mi papá es muy franco, se pasa de franco a veces.

—Y tú, muchacha, ¿cuántos años tienes?

Le habló a mi esposa. Ella me tenía agarrada la mano y, pobrecita, estaba temblando. Mi padre tenía la cara como de muy enérgico y a pesar de que está chaparrito tiene una voz muy fuerte.

—Pues, mmmm... diecisiete, señor.

No era cierto, se quitó tres años.
—Y 'ora qué, ¿dónde viven, o qué cosa?
—Pos en casa de la tía Lupe.
—Y, ¿cómo te trata este cabrón?
—Pos bien, señor.
—Bueno, pues a ver si ya se pone usted a trabajar, y se porta como hombre de bien.

Ya comoquiera que sea salimos de ese apuro. No me acuerdo quién estaba sirviendo en la casa en ese tiempo, pero mi padre le dijo:
—Sírvanles de cenar, porque se ve que no han cenado ni comido, éstos.

Pues comimos, pero Paula estaba muy cohibida porque en un principio mi padre no la quiso.

Vivimos con mi tía como cerca de un año. Llegué a conocer a los hermanos de mi mamá, Alfredo, el que es panadero, y a José, porque iban de visita todas las noches. Una vez había trabajado con mi tío Alfredo pero a José casi no lo había tratado. Lo veía algunas veces, me lo encontraba en la calle y me daba mi domingo. En casa de mi tía Guadalupe venían y se pasaban horas tomando y hablando y yo me pasaba mucho tiempo con ellos. Mi tío José me dio un consejo. Dice:
—Mira, hijo, ahora que te has casado te voy a dar un consejo que debes tomar muy en cuenta toda tu vida. La mujer, el primer brinco te lo da a las rodillas. Bueno, hasta ahí puedes dejarla. El segundo te lo da a la cintura. Cuando te brinque a la cintura métele un chingadazo por donde le caiga, porque si no, te brinca al pescuezo. Y si te brinca al pescuezo, nunca te la has de bajar. Así que imponte.

Mi tío siempre se quejaba de que lo tenía embrujado y él iba a ver a un señor muy bueno para curar, para que le sacara el embrujo.

—Ya ves —dice— esa vieja bruja cabrona me tiene colmada la medida. Siempre que llego está con sus yerbitas, con sus pendejadas. Y me tiene embrujado, hijo, y no sé cómo hacer para deshacerme de este encantamiento.

Pos el caso es que siempre se quejaba de que lo tenía embrujado, pero mi tío José —en paz descanse— siempre traía a la pobre señora con los ojos morados.

Una vez lo vi pegando a su señora y hasta yo me metí.

—No, no, tío. No le pegues así... no seas mala gente... ¿no ves que, pobrecita, es mujer?

Un día andaba mi tía Guadalupe con un ojo morado. Entonces le dije a su esposo:

—Mira, pinche chaparro, nomás sé que le pegas a mi tía, y ¡verdá buena que te las vas a ver conmigo!

Y los consejos de mi tío José eran buenos. La mujer necesita que la vigilen. Si no hace uno así con las mujeres mexicanas empiezan a tomar las riendas y después se desmandan. He oído a unas mujeres decir:

—Mi esposo es muy bueno, tengo todo lo que necesito, pero yo quiero un hombre que me domine, no uno que se deje dominar por mí.

Yo siempre he dominado a las mujeres, para que yo me sienta más hombre y que ellas lo sientan también.

Bueno pues ya pasó el tiempo y tuve una dificultad con mi tío Ignacio. No sé si estaría borracho —a lo mejor fue una puntada de borrachera— pero el caso es que le dijo a mi esposa que cuándo le iba a pagar.

—¿Pagar? —le dijo Paula— ¿yo qué le debo, cuándo le he pedido prestado?

—No —dice él— si no se trata de eso, se trata de... ya usted me entiende.

En la noche que yo vine de trabajar me lo dijo la Chaparra y yo me disgusté muy fuerte con Ignacio, incluso quise pegarle. Pero por mi tía esa misma noche nos salimos y nos fuimos a vivir a casa de mi suegra.

Mi suegra y su marido vivían en un cuarto con cocina en el número 30 de la calle de Piedad. En ese tiempo cuatro de sus hijos y sus familias vivían allí; Dalila y su niño, Faustino y su esposa, Socorrito, su marido y sus tres hijos y Paula y yo. El cuarto era no muy grande, la duela del piso —donde dormíamos— era tosca, burda, toda dispareja. Las paredes se veían llenas de dedazos de las chinches que mataban. Y había cantidad de chinches ahí... yo desde luego no estaba acostumbrado —por mi padre, ¿verdad?—, como es extremadamente limpio, y en la casa pocas veces hubo tal cantidad de animales. Aquí no había excusado adentro, únicamente excusado colectivo, afuera, y siempre en un estado desastroso, pero horrible aquello, ¡vaya!

En aquel cuarto solo había una cama que es donde dormía Faustino con su esposa. Los demás dormíamos sobre el piso, sobre cartones, para tender las cobijas. Los otros muebles eran un ropero, todo roto, sin puertas, y una mesa que teníamos que sacar en la noche para la cocina para poder desocupar el espacio. Socorrito, su marido y sus chamacos se acostaban en el espacio entre la cama y la pared. Paula y yo nos quedábamos a los pies de la cama. Mi cuñada Dalila y su hijo, al otro lado, junto a Paula. Mi suegra y su marido en la esquina cerca de la cocina, en el lugar que ocupaba la mesa en el día. Así es como nosotros trece —cinco familias— cabíamos en aquel cuartito.

Eso de vivir varios en un mismo cuarto es un freno a la libertad individual. De niño no lo pude echar de ver excepto cuando quería yo platicar con algunos de mis amigos, chamaquitos también, o que queríamos ver algún libro de cosas picantes. Ya de adulto sí he tenido experiencias muy amargas. Estando conviviendo juntos nunca, nunca puede uno llevar una armonía entre la familia. Siempre existen diferencias, dificultades... como cuando mi cuñado que cada que se salía quitaba los tapones de la luz para que no se utilizara, porque él fue el que pagó el contrato.

Sí, eran unas condiciones desastrosas de vida. Yo toda la vida he trasnochado, toda la vida he llegado a dormir muy tarde. Estaba yo ahí echado y ellos se levantan temprano y empiezan con sus gritotes, y corren, y brincan, y entran y salen. Me levantaba hasta con jaqueca de estar oyendo tanto ruido.

El más grande de los inconvenientes de vivir juntos es que para el acto sexual siempre tiene uno que reprimirse. Siempre está la familia ahí y no puede uno lograr lo que se apetece al momento por cuestión de tener testigos, ¿no? Cuando tuvimos oportunidad de quedarnos un rato solos en la casa y estábamos gozando, no faltó alguien que de forma imprevista tocara la puerta y cortara aquella cosa. Entonces es cuando uno se siente defraudado, se siente decepcionado.

Es penoso, aunque luego movía a risa. Pancho se pasaba la noche espiándome a mí, y yo me pasaba la noche con un ojo cerrado esperando que él y su esposa se durmieran. Ellos nos espiaban a nosotros y nosotros los espiábamos a ellos, buscando la oportunidad y temiendo oírlos o que nos oyeran ellos.

Un día estuvo rechistoso. Acababa de llegar Pancho de un viaje y entonces venía ganoso, ¿verdad? Ya nos acostamos y cuando creyeron que ya estábamos dormidos empezaron a darse sus besos y esas cosas, y beso y beso. De repente pos yo creo que ya estaban sintiéndose bien los dos, se para Socorrito de puntitas y afloja el foco para quedarse a oscuras. Y luego siguieron diciéndose sus cosas bonitas. El caso es que cuando Pancho se le llega a subir a ella, el maldito foco se vuelve a prender solo, él brinca, y ahí va pa'abajo. Ellos dos con una risa y yo ya no hallaba cómo aguantarme y callarme. Un día tuve una pequeña dificultad con mi cuñada Dalila. Una noche vine de trabajar mucho muy tarde. Tenía muchísimo sueño y me acosté junto a Paula. Como entre sueños me pareció que Godofredo, el hijo de Dalila estaba como llorando, como si se estuviera asfixiando. Entonces estiré el brazo y moví a Dalila. Al día siguiente le contó a mi suegra que le había yo agarrado un pecho. Paula y yo tuvimos un disgusto por esa causa.

Estaba yo trabajando, pero me enojé con el maestro y me quedé sin trabajo y yo no podía encontrar otro. Y yo sé trabajar en la talabartería, en candilería, de panadero, sé pintar casas. Yo tenía la idea de que si uno sabe un poco de diferentes cosas no se podía uno morir de hambre. Pero dondequiera que me paraba yo a buscar trabajo no había. Agarramos una racha pues larga. Aunque encontraba trabajo por una temporada pasábamos penalidades porque ganaba un sueldo muy miserable y tenía que esperar toda la semana para que me pagaran.

Mi pobrecita vieja nunca se quejó. Nunca me pidió nada, nunca me dijo:

—¿Por qué me haces esto, por qué me traes así?

Por causa de la pobreza en que vivíamos incluso llegué a decirle:

—Mira, viejita, me dan ganas de dejarte. Tú tienes derecho a ser feliz, a tener una vida mejor de la que llevas conmigo. Yo soy un desgraciado que no puede darte absolutamente nada. No tienes necesidad de sufrir estas penalidades conmigo. Mira, tú eres mucha mujer para mí, y yo no te merezco.

Paula no me quiso, me adoró, toda su vida me adoró. Y yo la quería mucho. Todos los días antes de ir a buscar trabajo le decía yo:

—Ten, ahí están esos 3 pesos, es todo lo que tengo. Cómprate algo de comer.
—Y tú, ¿no vas a desayunar? —me decía ella.
—No, viejita, la señora que tiene el puesto del mercado me fía.

Yo le decía así porque comprendía que dos no podíamos comer con 3 pesos. Yo pensaba entonces ir con Alberto y que él me disparara café o algo. Él siempre tenía centavos y me ayudaba.

Como no estaba trabajando, mi suegra de vez en cuando me ponía cara y mi cuñado Faustino me hacía menos. En ese tiempo que andábamos de novios Paula y yo, Faustino, Pancho, Alberto y yo, habíamos salido juntos. Íbamos a bailar, y nos sacábamos un par de «gatitas» y nos las llevábamos a un hotel, o íbamos al cine con nuestras chamacas, o jugábamos baraja. Pero cuando estaba sin trabajo, Faustino y Pancho no me hacían caso.

Todo ese tiempo, lo juro, yo buscaba trabajo con todas mis fuerzas. Entonces tenía un amigo llamado Juan, un hombre grande, ¿no?, bastante fuerte, que tenía camiones de materiales para construcción. En una ocasión yo ya tan desesperado le dije:

—Mira, Juan, por favor, mano, por lo que más quieras, consígueme un trabajo, en lo que sea, en lo que salga, pero consígueme un trabajo. Yo necesito trabajar, mano. Fíjate, ahorita la pobre de mi vieja ya tiene muchos días que no le doy gasto y estamos comiendo en la casa de mi suegra y me da vergüenza estar comiendo allí sin dar nada.

—Bueno —dice—, paso por ti a las cinco de la mañana.

Sí, efectivamente, me consiguió un trabajo partiendo piedra en el pedregal de San Ángel. Me dieron mi marro y una barreta. Yo no tenía noción de cómo se hacía aquello. Nos pagaban a 4 pesos el carro de piedra.

«Ummm —dije— 4 pesos... de perdida unos dos carros que me haga, ya son 8 pesos.»

¡Triste decepción!, desde como las cinco y media de la mañana hasta como las seis de la tarde apenas medio carro ajusté. El mango del marro chorreaba... tenía dos hilitos de sangre de las ampollas que se me habían reventado en la mano, y todo el santo día me gané 2 pesos.

Cuando Paula vio cómo traía las manos se soltó llorando y a mí me dio mucho sentimiento. Le digo:

—Ándale, ándale... ya no llores, vieja, porque siento mal. Mejor ve a comprar café negro y frijoles para que comas. Se me hace que no has comido.

Ella era muy orgullosa y había días que se la pasaba sin comer por no agarrar nada de su casa, de mi suegra. Entonces lloramos ahí los dos juntos, me hizo llorar también a mí del sentimiento que tenía. Al otro día llegó Juan por mí. Tenía fiebre del trabajo del día anterior, pero me levanté. Me subí en el carro y dice Juan:

—¿Sabes qué, Manuel?, estoy pensando que es un trabajo muy duro para ti, mano. Mejor te voy a traer conmigo en el carro.

Andaba yo con él y cobraba las remisiones o cuando faltaba un machetero agarraba la pala y paleaba arena, o cargaba piedra o tabique. Y por eso me daban 5, 8, 10 pesos, depende de los viajes que hacía, o como le iba. Le estoy tan agradecido a ese hombre.

Bueno, el tiempo pasó. Paula y yo habíamos vivido juntos casi tres años y no teníamos familia. Luego yo le decía:

—Parece que vivo con un hombre... tú ni pareces mujer. ¿Cuándo vamos a tener un hijo?

Entonces no comprendía lo que cuestan los hijos, o lo que sufre uno cuando no puede darles lo que uno quisiera. No pensaba yo en esas cosas.

Yo seguía teniendo disgustos con Paula. Tenía cierta desconfianza porque no había sido «quinto» cuando me acosté con ella la primera vez. Me disgusté porque me quiso ver la cara de pendejo, pero pensé que no importaban los que hubiera habido antes que yo. Lo que nunca pasaría era que de aquí en adelante me engañara. Pero no le tenía entera confianza y cuando vi que no estaba embarazada pensé que había tomado algo para curarse. Yo le seguía reclamando, seguido peleaba por eso y ella le pedía a Dios que le diera un hijo. Ahora comprendo que quizá a causa de mi edad yo era el que no podía engendrarlos todavía; mi moco no era consistente, no tenía fuerza.

Un día Paula me va dando la sorpresa de que iba yo a ser papá.

—¡No, hombre, no me digas! ¿De veras, de veras no me engañas, vieja?

—No —dice—, de veras.

—Ay, viejita —le digo—, ¡bendito sea Dios! A ver si así ya nos cambia la suerte. Ándale, vente, vamos al cine, vieja.

Yo no llevaba más que 8 pesos.

—No, aunque sea nos gastamos 2 pesos en el cine, pero hay que festejar esto. Ándale, madre, ponte tu abrigo y vámonos.

Bueno, ya me la llevé al cine ese día. Estuvimos muy contentos. Yo estuve más cariñoso que de costumbre con ella. Después no quería yo que se agachara, ni que levantara nada pesado.

Pasó el tiempo y así anduve con Juan; después escaseó el trabajo. Bueno... yo ya estaba sugestionado.

Dije:

—Yo creo que estoy salado, estoy maldito, creo. Nada más me junto con alguien y le empieza a ir mal también.

Y una ocasión que no habíamos comido todo el día, fui a visitar a mi papá, se me ocurrió recurrir a él, ¿verdad? Mi papá me miró fijamente cuando entré. Estaba yo muy flaco, pesaba 52 kilos en ese tiempo; ahora peso 70 kilos. Mi esposa también bajó mucho de peso, aunque siempre fue de buen cuerpo.

—Mira nada más cómo andas. ¿Qué te has hecho todo este tiempo?

—Pues... trabajando, papá.

—Mira, los zapatos los traes rotos, ese pantalón todo remendado, parchado... ¿Cuándo andabas tú así?

—Pos no, papá, pero... me ha ido un poco mal.

—Sí, se nota, se ve, no necesitas decírmelo. Cabrón, para que te des cuenta que no es lo mismo tener uno todo en casa que fregarse el lomo para ganarse las cosas... Te vas a volver tuberculoso... ¿Qué tienes, no comes, o qué te pasa?

—No, papá, cómo crees que no vaya yo a comer.

Pero eran malpasadas.

—Ándale, siéntate a cenar.

—No, papá, ya cené.

—Yo no te pregunto si cenaste o no. Siéntate a cenar.

Me sirvieron de cenar. Yo tenía un hambre atroz, un vacío inmenso en el estómago, si desde la mañana no había comido nada. Había en la mesa plátanos fritos... y pos cosas que se me antojaban ya de ricos por carecer tanto tiempo de ellas. Di una cenada bárbara. Y no hallaba cómo decirle a mi papá que me prestara 5 pesos. ¡5 pesos... y no hallaba cómo decirle! Pero él creo que comprendió mi intención.

—Papá, ya me voy, que pases buena noche.

—Ándale... que te vaya bien. Toma, llévate estos 10 pesos, a ver para qué te sirven.

Y yo como queriendo llorar, porque no me sentía hombre. Me daba rabia, me daba odio contra la humanidad, porque yo me sentía impotente. Decía yo: «Cómo otros tienen, y yo no puedo... Si yo trabajo bastante, ¿cómo a otros les rinde y a mí no?».

Salí de Bella Vista y me voy pero si más que volado a ver a mi esposa. Ya hacía tanto tiempo que no le daba 10 pesos juntos. Al llegar lo primero que vi fue sus labios resecos, sus labios que denotaban hambre, que denotaban sed. Me sentí un desgraciado, ¡un desgraciado!, y lloré, lloré. Yo llevaba el estómago bien lleno, yo iba satisfecho de haber comido bastante. Era un infeliz porque tragué... Si mi esposa no había comido, yo no debía haber comido también, y entonces lloré.

—¿Por qué lloras, Manuel?

—No tengo nada. Anda, ve a comprarte qué cenar.

Le di los 10 pesos y nada más le dije:

—Cómprame 5 centavos de cigarros —todavía había cincos— y en la mañana me das para mi camión para ir a buscar a ver qué encuentro.

Eso lo hacía todas las mañanas.

Entonces como a los cinco meses de embarazo de mi esposa me manda hablar Raúl Álvarez para trabajar en su candilería. Tenía un pedido de dieciocho mil piezas y se comprometió a entregarlas en quince días. Nos entregaban el vidrio plano, grueso, y yo lo que hacía era dar forma al vidrio, prismas, almendras. Me metía desde las ocho de la mañana y eran las diez de la noche y yo trabajando.

La primer semana, ¡pum!, 200 y tantos pesos saqué de raya.

—¡Madre Santísima! —dije—, ¡bendito sea Dios!

Llegué y le dije a mi esposa:

—Mira, viejita, lo que me gané. De aquí nada más voy a agarrar 25 pesos para comprarme unos zapatos.

—No, viejito, cómprate un pantalón también.

—No, madre, ahora necesitas atención tú. Cómprate un tónico, cómprate algo para que el niño no vaya a nacer raquítico.

Y así estuve trabajando durante un mes. Al cabo del mes se enferma mi cuñado Faustino —que había sido tan déspota conmigo— y se andaba quedando paralítico de medio cuerpo. Me dice:

—Compadre —soy padrino de bautismo de sus dos niños—, no seas mala gente, vete a trabajar al café, mano, ¿no? Si dejo de ir a trabajar me van a quitar el trabajo. Veme a cuidar el trabajo, na'más unos dos o tres días, en lo que me compongo.

—¡Hombre, compadre! —le digo— pero pues si ves que apenas me estoy componiendo, mano. Apenas acabo de agarrar este trabajo con el señor Raúl. ¿Cómo le hago pues para pedirle permiso?

—Ándale, no seas mala gente.

Y me puso tal cara de aflicción, tal cara de humildad, que pues me dio quién sabe qué cosa, ¿no?, me remordió la conciencia.

—Bueno pues, ándale, pero voy a ir nada más dos días, a ver si te compones en esos dos días.

Pues me fui a trabajar al restorán. Pues resulta que esos dos días se alargaron, y se alargaron, y se convirtieron en ocho, y se convirtieron en quince. A mí me pagaban los 15 pesos que le pagaban a él; de esos 15 nada más le daba 5 a mi esposa y el resto se lo pasaba a mi compadre. Pagaba doctor, pagaba medicinas, pagaba su renta, daba para el gasto. Me decía yo: «Bueno, esto hago de cuenta que es un ahorro, que es una alcancía que estoy haciendo para ahora que se alivie mi esposa. Al cabo mi compadre yo creo me paga todo junto. Con eso ya puedo pagar el sanatorio de mi esposa». Pues no. Resulta que estando malo mi compadre todavía, se enferma mi ahijado Daniel y había que ir por una señora toda la noche para que le pusiera penicilina, cada dos horas. Bueno, yo no dormía; yo era el que iba por la señora y la traía, y luego volvía a dejarla a su casa, y así cada dos horas. No dormí durante tres noches y yo pagándole medicinas y pagándole todo. Después se enferma mi comadre Eufemia y ahí me tiene a mí curándolos a los tres, y dándoles dinero para todo. Yo decía, pues es lo que estoy ahorrando, es lo que estoy ahorrando. Me hacía esa ilusión. Pero esta situación se alargó mucho, pues estuve más de mes y medio así, y perdí mi trabajo con el señor Raúl.

Una mañana iba yo a trabajar al restorán y cuál no sería mi sorpresa que me detiene el dueño y me dice:

—No puede trabajar ahora, ahí está ya Faustino.

Ya había ido a trabajar, pero a mí no me había dicho nada. Tres días después Faustino se dio una quemada bárbara —no la sintió porque se estaba quedando muerto de medio cuerpo.

Ya no pudo ir a trabajar. Podía haberme avisado, y no me avisó. Sabía que yo andaba sin trabajo y que para esos días se acercaba el parto de mi esposa. Y otra vez a buscar trabajo. Andaba yo en todos los talleres y a veces me daban unas cuantas piezas; sería a ganarme unos 10 pesos, 5 pesos, poco, no más. Andaba yo de ambulante, ¿no?

Para esto, mi esposa tenía un hermano mayor que se llamaba Avelino. Como quince días atrás se había ido a la casa porque estaba muy malo; tomaba mucho y estaba malo, gravísimo. Pues en esa semana se murió. Anduvimos cooperando todos para el entierro; mi concuño empeñó su reloj, comoquiera se juntó para el entierro y lo llevamos a enterrar. Dos días después mi esposa empezó a quejarse, pues ya se iba a aliviar. Mi cuñado se murió un jueves y el sábado vino al mundo mi hijo en ese mismo cuarto. Siempre me he sentido intranquilo por eso, porque tenía muchísimo temor que ella fuera a adquirir un cáncer, cualquier cosa, por el humor del muerto que había estado ahí.

El sábado por la mañana voy corriendo por la partera. Me hizo que comprara algodón, gasa, hilo para amarrar el cordón umbilical y un cómodo. Cuando Paula estuvo encinta tomaba atole blanco, atole de masa, porque según sabemos contiene mucho calcio el maíz. Yo no estaba en la casa cuando nació mi hijo, porque como si Dios se hubiera apiadado de mí esa mera semana me dieron un trabajo desgajando vidrio y me pagaron 12 pesos diarios.

Llegué al trabajo y le dije al maestro que si no me hacía favor de rayarme y darme el día libre, aunque no me lo pagara, pues mi esposa se iba a aliviar y yo quería estar con ella.

—¿Sí? —dice—, ¿pa' qué chingaos vas a estar ahí? ¿Qué tú le vas a ayudar a pujar, o tú vas a nacer al chamaco, o qué? Aquí hay mucho trabajo y aquí se viene a trabajar. Ándale —y ni modo de ponerme al brinco porque con qué le pagaba a la partera, así que estuve trabajando todo el día.

Por cierto que ese día se me hizo una eternidad, el más largo de mi vida, ¿no? Después de terminar teníamos que lavar todo el taller. Salí bien mugroso, porque ese trabajo es mucho muy sucio, como trabajo de carbonero. No hicieron más que pagarme y que salgo destapado, yo quería llegar cuanto antes a la casa. Pasé al mercado y compré una ropita para la criatura. Y ahí iba yo corriendo por en medio de los puestos cuando me encontré a mi hermano.

—Ya, ya, no corras, tú —me dijo—, ya se alivió.

—Eh... —le digo—, ¿qué fue?

—Pos niña.

—Pos no le hace —y ahí voy corriendo otra vuelta.

Cuando llegué estaba mi suegra, Socorrito, Pancho, y todos, observándome nada más a ver qué cara hacía yo. Me quedé como pendejo, y dije:

—Ya vine, viejita —ella se veía cansada pues, del esfuerzo. Yo le di un beso en la frente, viendo a la niña—. ¿Ésa es mi niña?

—Sí, ¿no te gusta?

—Sí, está bonita —yo creo que hice una cara, o me puse coloradón así de la emoción y que sueltan todos la carcajada. Pancho dijo:

—Haces una cara, concuño, que, ¡qué bárbaro! Es tu primera hija, por eso venías hasta corriendo... Ya te preguntaré cuando tengas más.

Bueno, pues así vino al mundo mi hija Mariquita. Recibí una alegría grande ese día, porque mi padre —que nunca se había parado en la casa— vino a ver a su nieta.

Ni Consuelo ni Marta fueron a vernos. Roberto es el único que fue una o dos ocasiones.

Como tres meses tenía la nena y una ocasión llegamos a visitar a mi padre, porque una vez que lo encontré en la calle dijo:

—A ver cuándo van... cuándo llevan a esa criatura. Ustedes ni parecen que tienen padre, que tienen familia. Yo no sé por qué son así, cabrones.

Pues llegamos de visita y cenamos ahí con él, y todo. Y después:

—Ya nos vamos, papá, buenas noches.

—¿Ya se van? ¿Adónde van? La niña ya no sale de aquí... lárguense ustedes, si quieren, pero la niña ya no se va.

—Ah, ¿cómo que ya no se va, papá?

—No —dice—, la niña se va a quedar aquí conmigo. Ándale, Paula, agarra un lugar en la cama y acuéstate ahí con las muchachas... y usted, tiéndase su cama ahí en el suelo, cabrón, y acuéstese a dormir.

—¿Entonces ya nos vamos a quedar aquí, papá?

—Pos sí, ya se van a quedar aquí. No crean que mi hija se va a ir de aquí ya.

Bueno, entonces ya principiamos a vivir en la casa de mi padre. Así como entre gusto y coraje me dio, ¿verdad?, por lo que hizo mi padre. Gusto, porque con mi padre, comoquiera que sea, había más higiene, más limpieza, y había de estar mejor mi vieja. Yo odiaba con toda la extensión de la palabra tener que llegar a aquel cuarto con mi suegra. Se me encoge el corazón de acordarme cómo vivía. Y para no ofender a Cuquita fuimos sacando las cosas poco a poco.

Pero tenía yo coraje con mi padre por una cosa. Que desde el primer día a mi esposa la haya metido a dormir adentro con mis hermanas y a mí me echó a dormir en un costal en la cocina. ¡Como si no hubiera habido ninguna variación en nuestras vidas! Y no pude dormir con mi esposa. Ahora que tengo mis hijos, y si Dios me da licencia de verlos a ellos que se casen, bueno pues lo más lógico es que los deje dormir con su mujer, para que se sientan hombres, ¿verdad?

No sé por qué se me cerró la memoria a ese respecto, pero no puedo acordarme quién vivía en Bella Vista en ese tiempo. Tenían criada pero no recuerdo quién era. Roberto andaba ya de soldado —recuerdo un telegrama que me mandó porque se encontraba en dificultades—. Nada más Consuelo y Marta estaban en la casa. Mi papá creo que se quedaba en casa de Lupita en ese tiempo.

Yo entonces le daba a mi papá 50 pesos semanarios para ayudarle en el gasto. Esto duró unos cuantos meses, luego una semana no me rayaron en el trabajo y falté de dar gasto. No me dijeron nada. Y luego otra semana, y otra. El dueño del taller nos fue pagando de 5, de 10 pesos, y cuando menos pensaba ya me había gastado los centavos. Y cuando menos acordé ya me había olvidado de la obligación.

Y luego pensé, al cabo mi papá tiene, da el gasto de todos modos, alcanza para que comamos... Siempre pagaba la renta y traía a la casa mucha comida. También pensé que pues Paula hacía la limpieza, lavaba la ropa a mi papá, hacía de comer. Así que lo que ella comía era como lo que se paga a una sirvienta. Entonces ya ni a mi esposa le daba yo dinero. Insensiblemente me fui desobligando de mi esposa, sin tener otra mujer.

Empecé a juntarme otra vez con la palomilla de Bella Vista. Alberto y yo trabajábamos en la misma parte y todo el tiempo andábamos juntos. En cierta forma quiso imitarme porque como a los seis meses de que yo me casé se llevó a una muchacha llamada Juanita a vivir con él. Pero ella se encelaba de la amistad que llevábamos y de que Alberto prefería salirse conmigo que quedarse con ella en la casa. Entonces ella empezó a meter pullas, y a meter pullas. Por ella vino a haber distanciamiento entre nosotros aunque éramos un libro abierto uno y otro.

Alberto no sabe leer ni escribir, sin en cambio tiene una inteligencia bastante despierta, nada más que siempre le gustó mucho tomar. Cada ocho días seguro que se iba de parranda. Y me decía:

—Vente, compadre, vamos a echarnos unas tres.

Como dos veces nada más me había emborrachado, pero no me gustaba. Ésta era la gran diferencia entre él y yo.

Otra diferencia es que él estaba satisfecho de ser obrero y yo no. Aún en ese tiempo odiaba tener alguien por encima de mí, pero a Alberto no le importaba, siempre que pudiera robar un poquito. Decía:

—Si el maestro se hace rico con el fruto de mi trabajo es muy justo que a él le quite yo un poco, para nivelar las cosas.

Para Alberto el único patrón que no era bueno era al que no le podía uno robar.

Alberto se salió de la candilería y se fue de chofer de camión. No les pagaban mucho pero los choferes para compensar se quedan con dinero de los pasajes. A mí ya no me gustó trabajar en el taller sin mi compadre, así que cuando Santos, el padrino de mi niña, me dijo que por qué no ponía un taller de zapatos me entusiasmó la idea.

—Consígase unos 200 pesos. Se pone a hacer zapatos y le puede dejar unos 5 pesos, cada par.

—Yo dije: «Si hago unas cinco docenas semanarias, son sesenta pares, a 5 pesos por par, son 300 pesos. Pos conviene».

Santos me prestó las hormas y la máquina y yo le pedí los 200 pesos prestados a mi papá. A una tercera persona le dijo mi papá:

—Mira nomás el tiempo que desperdicia uno, habiendo tan buenos negocios. Mira lo que me está diciendo Manuel, y yo siempre de bruto metido ahí en La Gloria. A la mejor logra subir y hacer algo.

Bueno, ya me puse a hacer los zapatos. El primer día fui con don Santos a comprar la piel. Pero yo no tenía noción de lo que era hacer un par de zapatos, no sabía lo que eran los negocios. No sabía ni rayar suelas; nunca tuve la precaución de cortar una piel entera para ver cuántos pares salían de ahí; nunca hice un presupuesto; nunca vi que creciera el capital o que mermara, sino todo a la buena de Dios. Y don Santos, me di cuenta de que obró de mala fe conmigo. Él le metía material de segunda al zapato y posiblemente a causa de eso le hayan retirado los pedidos. En lugar de meterle el cerco de carnaza, me decía que comprara barriga, o sea suela. Me hacía comprar llanta, la que todavía tenía forma, nunca me hacía comprar llanta lisa. Me hacía que yo trabajara el zapato más presentable que como lo entregaba él, y a base de eso ahoy veo que en lugar de ganar siempre salí perdiendo en ese negocio.

Tenía muchos gastos. Renté un taller pequeño ahí mismo en Bella Vista, tenía tres ensueladores y otro que terminaba el zapato. A los zapateros se estila que todos los días se les da su «chivo», es decir dinero a cuenta de su sueldo. Yo les daba 10 pesos. Los viernes por lo regular, los zapateros aquí en México velan, y yo le pedía a mi esposa que me trajera de cenar, pero bastantito, para convidarles a los muchachos.

Para esto, mi papá ya me había llamado varias veces la atención porque no daba yo gasto. Le volví a dar como cuatro o cinco ocasiones. Luego le dije:

—Mira, papá, ahorita no quiero agarrar ni 5 centavos del taller; primero quiero ver que crezca el capital, a ver hasta dónde lo puedo subir. Primero Dios.

—Está bueno —dice.

Entonces no me acuerdo cómo pasó... Chuchito, un zapatero que tenía yo, un ensuelador, era alcohólico y como quince días «anduvo en la guerra» como dicen ellos, se emborrachó diario. Luego murió en la calle, abandonado, el pobrecito. Yo decía: «Pobrecitos —lo que sea de cada quien— se joden mucho para ganar cualquier mierda ahí». Así que a los ensueladores les pagué 20 centavos más la ensuelada y a los maquinistas 10 más en corte. Quería enseñarles cómo debe de tratar el patrón a sus obreros, yo no quería explotarlos como mis patrones me habían explotado a mí. Sí, todos estaban muy contentos conmigo como patrón. Ninguno se quejó de mí... pero fui completamente incompetente.

Sin saber estaba yo perdiendo en el zapato en vez de ganar. Luego no me acuerdo a quién mandé a entregar veinticinco pares de zapatos, y se me va con el dinero. Así que cuando menos acordé, había fracasado, y me quedaban los puros

200 pesos con que había empezado, y eso en material. Se lo vendí todo a don Santos por 60 pesos.

Después de que mi negocio fracasó ya nunca traté de planear nada. Perdí la poca confianza que tenía en mí mismo y llevé mi vida como los animales, del día al día. Nunca hice planes porque me daba pena ante mí mismo porque no tengo fuerza de voluntad para apegarme a una norma y seguirla. Tengo una comprensión grandísima para comprender a los demás, incluso me he atrevido muchas veces a sugerirles a mis amigos el remedio para vivir mejor, pero respecto a mí no puedo analizar mis propios problemas. Me siento completamente nulo.

Para mí, el destino en realidad es una mano misteriosa que mueve todo. A los elegidos les salen las cosas como las planean. Para los que «nacemos para tamal del cielo nos caen las hojas». Uno planea una cosa, por equis viene cualquier otra cosa y se desbanca todo completamente. Como una vez tenía yo la intención de ahorrar y le dije a Paula:

—Vieja, guarda esto, para que algún día tengamos unos centavitos.

Cuando tenía ya 90 pesos ahorrados, que se enferma mi papá y, ¡pum!, hay que sacar todo el dinero. La única vez en mi vida que ayudé a mi papá, y la única que quería yo ahorrar. Le dije a Paula:

—Ahí 'stá. Quería yo ahorrar y luego sale una enfermedad. ¿Na'más para eso estoy ahorrando? ¡No!

Creo que ahorrar es hasta llamar a las enfermedades. Y tengo la firme creencia que ya los que nacemos para pobres, por más que le haga uno la lucha y por más que se desespere y le jalonee uno por aquí y por allá, pos Dios na'más nos da para ir ahí vegetando en la vida, ¿no?

Después de mi fracaso no quise saber más de zapatos. Volví a entrar a trabajar en los candiles. Cuando salía del trabajo me dedicaba únicamente a andar jugando baraja y a gastarme los centavos con los amigos en nuestros gustos, irnos al cine, al beisbol, al futbol... Casi no estaba en la casa. Cuando mi segundo hijo Alanes nació, mi papá pagó a la partera porque ni eso pagué siquiera.

Para ese entonces había llegado mi media hermana Antonia de vuelta a casa. Desde su llegada tuvo más confianza con Paula que con mis propias hermanas. Incluso le llegó a confiar a mi esposa que yo me parecía a un hombre que ella quería. Y qué lástima que yo fuera su hermano porque le gustaba mucho. Luego Paula me dijo que Tonia había hecho «una fregadera» y estaba embarazada. Pero yo nunca pude reclamarle al padre porque Tonia nunca me lo quiso decir.

Luego Tonia tomó unas yerbas para que abortara y se puso muy mala. Se puso como loca. Se sacudía, se rascaba y cuando me veía a mí se espantaba, o como que le causaba dolor ver mi cara porque me acercaba yo y gritaba:

—¡Su cara, su cara! —mi papá me veía después así como con sospecha, cosa que me hería mucho, porque nunca tuve malos pensamientos con Tonia. Ella decía eso porque me parecía mucho al hombre que ella había querido.

Luego los doctores la mandaron al manicomio y los trastornos se le fueron quitando poco a poco. Un doctor le dijo a mi papá que ella era de la clase de mujeres que no puede vivir sin el hombre; para que estuviera bien de los nervios necesitaba a fuerza estar con un hombre. Por eso cuando empezó a tener niños con Francisco ni dijimos nada.

Sí creo yo que tenía alguna enfermedad mental porque quiso embrujar a mi papá. Julia, la esposa de un compadre de mi papá —el padrino de primera comunión de Marta—, nos dijo que tuviéramos cuidado con Tonia porque andaba haciendo brujerías y midiendo a mi padre para que se muriera. Una cosa que tiene arraigada la gente antigua, ¿no?, la gente del pueblo, es que por medio de sortilegios, por medio de hechicería, invocando a algún santo, midiendo a alguna persona con un listón, o echando ciertos polvos, algún espíritu malo se va a apoderar del cuerpo de aquella persona y la va a matar.

Yo no creo que exista la brujería pero cuando estaba viviendo en casa de mi tía vi cómo una mujer curaba a un hombre que tenía nubes en los ojos. Tomó un huevo de una de sus gallinas, le frotó los ojos al señor con él y luego quebró el cascarón. Estaba negro por dentro y le dijo esta señora al hombre que su enfermedad era cosa de brujería —su propia esposa lo estaba embrujando. Y le dio un contrarremedio.

Mi papá sí es muy supersticioso. Se enojaba mucho porque a la hora de comer derramaba uno la sal, le daba mucho coraje. Y una vez se retenojó porque llevé un cinturón de piel de víbora a la casa. Cree que con estas cosas entra la mala suerte en casa. Cuando supo de las brujerías de Antonia él también se fue a ver a una bruja. Le dio agua para rociar en el cuarto y no hiciera efecto la brujería.

Pero Antonia siguió siendo la consentida de mi padre. Siempre le compraba todo lo que ella quería, y no importaba lo que ella hiciera o dijera él únicamente decía:

—Está bien, está bien.

Siempre me extrañó que mi padre es un dulce, ¡un dulce!, con otras personas, nunca con nosotros. En el caso de Antonia creo que en cierta forma trataba de resarcirlas a ella y a Lupita todo el tiempo que no pudo atenderlas. Quizás también porque ella ayudaba con el quehacer de la casa. Marta y Consuelo no tuvieron madre que les enseñara y no saben hacer nada, vaya, son inútiles para esas cosas.

Una cosa que siempre me ha molestado es que nadie de mi familia me ha tratado como hermano mayor. Como hermano mayor era mi deber, era mi derecho; cuando Marta andaba de novia de Crispín, pude haberlo impedido. Pude haberle hablado de hombre a hombre a aquél, ¿verdad?, pero temí sinceramente que Marta o mi padre me fueran a hacer quedar en ridículo. Una ocasión le pedí a Marta que me detuviera a mi hija Mariquita, pues yo la traía cargada y Crispín le dijo que no me agarrara nada, que a poco era mi criada... Me dio mucho coraje y le dije:

—Oye, Crispín, ¿por qué le dices que no agarre a mi hija? ¿Qué no es mi hermana? Ten entendida una cosa y grábala bien en tu memoria, primero que a esposo conoció a hermano. Es más, he sabido que en más de una ocasión le has puesto la mano encima a mi hermana. Y te voy a decir que el día que le vuelvas a poner la mano encima, te las vas a ver conmigo.

Bueno, pues lo lógico es de que si mi hermano mayor está hablando, apoyar a mi hermano, ¿verdad? Pues todo lo contrario. Dice:

—Bueno, ¿tú qué te metes en mi vida? —fue con lo que me salió.

—Mira, Marta —le dije— jamás de los jamases me he de meter en tu vida, yo te he de ver muriendo, yo he de ver que te traigan arrastrando por el suelo, y no me he de meter.

Luego ya después de que pasó lo que hubo pasado, de que se fue Marta con Crispín, mi papá nos echó la culpa a Roberto y a mí. Nunca nos dio libertades de meternos en su vida de ella y luego que ya pasó el fracaso, nos echaba la culpa a nosotros. Lo mismo pasó con Consuelo. Desde el principio sospeché del fulano ése con el que andaba. ¡Y cómo no iba a desconfiar si los dos somos iguales! Dos veces me he tenido que pelear con mi hermano Roberto para que se enseñara a respetar a sus mayores, y yo hacer sentir mi autoridad. La primera vez me dijo:

—Güey —le digo:

—No seas hablador, ¡pendejo! Fíjate en lo que dices, ¿eh? Porque tú andas insinuando ahí que ya tuviste que ver con mi señora. A la que ofendes es a ella, y de paso a mí también.

Y yo le estaba hablando cuando, ¡pas!, que me pone un trompón. Es más grande él, pero nos agarramos y lo pude dominar.

Después volvimos a tener otro agarrón, pero fue por Consuelo que entró llorando que Roberto le había pegado. Él dijo que porque andaba ahí de loca, bailando. Y le digo:

—Hombre, no la jodas, ¿qué te importa a ti que ande bailando? Tú, ¿qué le das? Además, ella ya trabaja... En eso diciéndole, que me agarra y, ¡pum!, que me descuenta otra vez. Lo tenía yo tirado en el suelo y hasta se metieron mis amigos a pararme. Le mordí las narices y lo rasguñé esa vez. Luego les andaba diciendo a los muchachos:

—Ay... mi hermano está chaparro, pero, ¡ay cabrón!, qué fuerte pega. Hay que cuidarse con ese cuate.

Roberto estaba siempre vigilando a mis hermanas. Como mi padre, siempre ha sido enemigo de que las mujeres decentes entren a un salón de baile. Después de todas las travesuras que hizo éste vamos a ver que es el que está agarrando la rectitud de mi padre. Es que para él la mujer... bueno, él tiene una idea tan cerrada, tan abstracta, de lo que debe ser la castidad en la mujer, que él quiere una mujer pura, casta completamente. Y hoy en la actualidad es difícil encontrarla, mucho muy difícil.

Es que hoy, las chamacas de hoy en día si uno las invita al cine y se porta como caballero —llegar y comprarle unas golosinas, ver la película completa, sin abrazarla, ni testerearla, nada de eso, después sale diciendo que es uno un pendejo. En cambio el hombre que llega —y aunque ellas siempre se resisten, porque siempre está diciendo no la mujer— bueno, el hombre que llega y las empieza a abrazar, y a quererles meter la mano, y eso... ése sí es hombre para ellas. Mi hermano era tan reservado que yo creía que nunca se iba a casar. Aquejan a mi hermano muchos complejos.

Respecto a mujeres creo yo que hay un mar de fondo en todo esto. No es que no sea capaz de meterse y acostarse con una mujer, no, es capaz como cualquiera. Lo sé por referencias de una señora que yo le conozco. Es que él cree que a causa de que es feo la mujer que se case con él a la primera oportunidad lo va a hacer tonto. Y entonces él sabe que no se va a poder contener, y va a hacer algo sin remedio, un acto de consecuencias bastante graves. Lo que pasa es que Roberto es demasiado violento. Es capaz de agarrar un tipo, bañarlo y revolcarlo en sangre, quebrarle las costillas... Pero no es criminal... únicamente corajudo. Pero una vez que se le ha pasado el coraje y se acuerda de cómo dejó a aquel individuo es capaz de llorar de arrepentimiento y nace en él un sentimiento de ir a pedir perdón. Mi pobre hermano es una maraña de contradicciones.

Roberto es en realidad muy noble, noble en toda la extensión de la palabra, el más noble de la familia. Yo creo que si él viviese rodeado de personas de cultura y comprensión él iba a ser feliz. Porque las cosas bonitas, las cosas artísticas le agradan. Le gusta entablar conversación con gente más instruida que él y está pendiente, está ávido de aprender palabras nuevas y poder expresarse correctamente. Si pudiera relacionarse con gente de una esfera social mejor que la nuestra, él se enderezaría. Porque aun cuando él no lo confiesa él odia todo ese ambiente nauseabundo en que vivimos... todo ese roce que tenemos con la pobreza.

Muchas de sus dificultades yo las atribuyo a una creencia errónea que tenemos aquí que por amor propio, por orgullo, no debe uno tener miedo. Roberto en realidad no conoce el miedo; no es capaz de echársele a correr a nadie. Si alguno le saca un cuchillo, él saca el cuchillo —si lo trae— y se da de cuchilladas con cualquiera. Y cuando está borracho es peor. Yo le he dicho:

—Yo no sé qué es lo que buscas. ¿No puedes emborracharte decentemente y luego irte a dormir como lo hacen otros? ¿Qué te cuesta? ¡Pero no, tienes que andar buscando pleito y recibir una golpiza! Si tienes tanto coraje, ¿por qué no dejas que yo te haga un boxeador?

Hubiera sido un buen boxeador, pero nunca quiso serlo. Dice que él odia pelear. Ha sido muy bueno para los deportes... si hubiera tenido el apoyo de algún club deportivo hubiera podido ser un campeón de natación, o un corredor de bicicletas. Hubiera sido una verdadera luminaria. Pero eso de andarse golpeando con todo el mundo, de andar robando, no puede ser. Es como los caballos que se desbocan. Nada absolutamente lo para... consejos, golpes, regaños, cárcel... nada. No comprende el alcance de sus acciones. Si algún día llegara a matar a alguien, ¿con quién la tomaría la familia del individuo muerto? Conmigo, desde luego. Pero es que él no es un tipo que se conforme con emociones comunes y corrientes —como yo, como cualquiera, como la mayoría... No, él necesita más acción, necesita dar salida a ese algo que tiene por dentro, a ese fuego que trae.

En el fondo yo creo que él tiene miedo. En mi pobre criterio creo que es su subconsciente que trata de defenderse, de prevenirse, contra algo indefinido. Más que todo, él se siente demasiado falto de cariño. Su vida ha sido realmente triste, más triste que la mía y la de mis hermanas, porque él no ha conocido, no ha tenido un verdadero amor.

Todo este tiempo yo había estado informado de Graciela y luego volví a ir al café donde trabajaba. Se había casado con un individuo llamado León, pero como a los tres meses lo dejó porque era ladrón y vendía mariguana. Era uno de lo peor, un verdadero criminal. Tenía tantas cicatrices en el cuerpo que más bien parecía mapa. A veces había visto a Graciela en la calle y siempre sentía yo algo por dentro. Tuvo un hijo por el mismo tiempo que nació mi primera hija.

Cuando tenía el taller de zapatos los amigos que sabían que la había querido mucho venían y me decían:

—Fíjate que vi a Graciela en un café en la calle de Cuba —o:

—Vi a Graciela trabajando en Constantino.

Una ocasión fui a entregar zapato y traía yo como unos 200 pesos, un paquete grande de pesos. Iba yo pasando por Constantino y veo que estaba Graciela sirviendo ahí. Yo dije:

—Voy a entrar para que vea que ahora sí ya estoy bien.

—Había pasado bastante tiempo, y todo este tiempo habíamos dejado de hablarnos. Bueno pues ya hicimos plática mientras me servía de cenar. Yo saqué un puño de pesos y ella se dio cuenta. A partir de aquella visita se me metió en la mente otra vez y dije:

—Voy a hacerle la rueda a ver si de veras me quiso, o no —fui al café como tres ocasiones. De repente se desapareció y ya no supe dónde trabajaba. Dije: «Bueno... estuvo mejor». Tenía yo como cinco años de vivir con mi esposa y no había conocido ninguna otra mujer.

Una ocasión que fuimos los amigos al cine Florida, pasamos por un café y ahí estaba trabajando Graciela.

—Ah —dije—ahora sí ya sé dónde estás.

Bueno, entonces empecé a frecuentar el café. Y otra vez empecé a insistirle:

—Primero muy disimulada la cosa, ¿verdad?

Empezamos así como una simple amistad. Después, poco a poco, pues ella fue renovando aquel cariño que había sentido alguna vez por mí. Y yo —como si hubiese tenido una chispita muy pequeña en el corazón— a base de tratarla, creció, creció, y ya después volví a sentir amor. Empecé a lograr algo, pero me costó mucho, pero mucho trabajo.

Una ocasión aceptó salir conmigo y otra pareja. Fuimos a un cabaret y estuvimos tomando unas cervezas. Andábamos bailando, me le quedé viendo, se me quedó viendo, nos miramos fijamente... Nos besamos y ella se veía un poco atarantada. Entonces ella dio rienda suelta a su pasión, y me decía:

—Bésame... bésame.

Yo ya con eso iba sobre firme y le dije:

—Graciela, Graciela, ¿cuándo vas a ser mía?

—Un día de éstos... mañana, o pasado... un día de éstos —me decía. Al otro día llegué a verla al café y le recordé lo que había dicho—. Si ha de ser mañana, ¿por qué no mejor ahora de una vez?

—¿A poco te lo creíste? Yo nomás lo estaba diciendo... Pues cómo va a ser, si eres casado, tienes tu mujer, tienes tus dos hijos y además yo conozco a tu mujer, no la conociera... ¿Cómo crees que va a ser posible eso?

Entonces esperé a que cerraran el café y le pedí me acompañara a comernos unos tacos.

—Ándale —dice— tengo hambre, y pues lo que hay aquí en el café ya choca —mañosamente me la fui llevando por Orégano, luego di vuelta en Colombia, donde hay un hotel. Ella se dio cuenta de mis intenciones y como unos cinco metros antes de llegar al hotel se detuvo, y ya no quiso caminar.

—Camínale, Graciela, por favor.

—No —dice— ya sé lo que tú quieres, y eso no puede ser.

—No, mira, te aseguro que yo no quiero absolutamente nada —total que al último me descaré con ella—. Pues sí se trata de que te vas a venir conmigo.

—No, y no, y no —discutiendo allí afuera del hotel tres horas, ella y yo. Y ella que no y que no, y yo, un argumento y otra cosa más, y más aquí y más allá, y ella por ningún motivo quería venir conmigo.

Hasta que me dio coraje, la agarré del brazo, fuerte, y que la llevo, la levanto así a pulso, y que empujo la puerta del hotel y pido un cuarto. Adelante de nosotros se fue el administrador, abrió la puerta del cuarto y yo la empujé para adentro. Yo traté de desvestirla, y ella forcejeaba, se defendía, no quería... Bueno, en el fondo sí quería pero su cerebro le decía que no.

—Déjame, Manuel, déjame por favor. Por lo que más quieras en el mundo, déjame, porque después de esto no voy a poder vivir. Tú eres casado, tú tienes tus hijos, déjame... ¡por caridad!

Pero yo —obcecado en esos momentos— no quería más que tenerla.

Total, me dieron ganas de orinar, y como no tenía baño dentro del cuarto, sino afuera, me salí. Ella cerró la puerta cuando me salí y cuando le toqué no me quería abrir. Fui con el administrador y le digo:

—¿No me hace favor de abrirme la puerta? Creo que la señora ha de estar dormida.

—Sí, cómo no —que me abre con su llave. Me metí. A base de mucho batallar, como a las cuatro y media de la mañana, después de hora y media de estar forcejeando con ella, se abandonó. Sería que yo había gastado muchas energías, no sé qué cosa, pero pues yo ya no podía...

¡Madre Santísima, tenía yo una pena, tenía una vergüenza! Decía yo: «Diosito lindo, ¿pero cómo es posible que me pase esto? No, no, no puede ser». Bueno, yo tenía una angustia espantosa, y vergüenza. Y ella que ya quería, y dije: «¡Madre mía!, ¿y ahora cómo le hago?» Así que le dije a ella:

—Mi vida, yo sé que tú quieres ahorita, ¿verdad? Pero te voy a castigar... te voy a hacer sufrir como tú me hiciste a mí.

Mentiras, era que yo no podía. Prendí un cigarro, y por dentro estaba bajando a todos los santos a que me dieran ánimos: «Por favorcito, San Pedro y San Pablo, Señor San Gabriel, que se ponga bien eso para poder hacer aquello». Pues al cabo del tiempo sentí que reaccionaba, y dije: antes de que se arrepienta, de que se vuelva a caer, me acomodo.

Bueno, fue, creo yo, la noche más deliciosa que he pasado en mi vida. Nos entregamos así, tan de lleno, que no hubo reservas de ninguna especie. Como si todo el torrente de amor que traíamos dentro los dos se hubiera desbordado; rompió el dique y se desbordó. Una, dos, tres, cinco, seis, siete veces nos quisimos. Nos amaneció amándonos.

Teníamos que irnos a trabajar. Ella tenía miedo de llegar a su casa, de lo que dijera su madre.

—No tienes por qué temer, eres una mujer hecha y derecha —le digo— ya fuiste casada, fueras señorita, pues...

Total, salimos de allí. Todo lo veía yo amarillo: coches, casas, hombres, mujeres, todo. Los dos nos veíamos pálidos y cansados. Ella se fue para su trabajo, que estaba a dos cuadras nada más, y yo me fui para el mío. Sí, fui al taller, pero nada más estaba durmiéndome allí en la máquina, parado; parecía yo caballo lechero.

La vida siguió su curso y nos seguimos queriendo los dos. Siempre que nos veíamos nos íbamos al hotel. A mi esposa no le extrañaba que yo llegara a las doce, una de la mañana, o dos, puesto que era mi costumbre de años atrás ya. No sé, ni nunca supe —hasta la fecha no estoy enterado— si ella supo alguna vez que yo andaba con Graciela. Nunca llegamos a tener un altercado por eso. Mi hermano y mis hermanas tampoco se enteraron. El único que estaba enterado siempre de todo era Alberto. Era el único confidente que yo tenía.

Yo comprendía que el amor de Graciela me perjudicaba, me era perjudicial en todos sentidos. Yo sabía que si mi esposa se enteraba era capaz hasta de dejarme, y yo no quería, porque la quería mucho. Sí, yo la quería mucho, pero con otra clase de amor. Paula era más pasiva; todo lo que yo quería hacer ella me dejaba, pero no respondía con mucha pasión. Quizás así era su naturaleza; tenía otras formas de mostrarme su amor. Pero no me excitaba tanto como Graciela. Ella respondía de un modo que me satisfacía a mí, a mi vanidad. Me adoraba. Con Graciela cada vez que la tocaba yo, se me figuraba que era la primera vez, que era una mujer diferente. La quería con pasión, con locura y yo no concebía la vida sin ella. Y no tenía yo miedo de embarazarla porque me había confiado que ya no podía tener hijos.

Mi vida era un infierno, porque no concebía la vida sin ninguna de las dos. Quería tener a las dos, sin que ninguna se sintiera ofendida. Cuando dormía con mi esposa siempre la mente fija en Graciela; cuando dormía con Graciela siempre la mente fija en mi esposa. Y cuando estaba acostado no dormía, toda la noche nomás volteaba para acá y para allá, en una especie de sopor. Incluso en una ocasión le dije a Graciela:

—Mira, yo no puedo vivir sin ti. Vamos poniendo una casa, vamos poniendo un cuarto. Dejas a tu madre, y yo pues a ver cómo le hago pero me vengo a quedar contigo.

Nada más que luego que llegaba yo a casa y encontraba a mi mujer acostada con mis hijos, yo solo me despreciaba. Sentía odio contra mí mismo. Decía: «¿Cómo puedo ser tan infeliz de andar con aquélla? Tengo que dejarla. Mi pobrecita esposa está aquí con mis hijos; qué culpa tienen mis hijos, qué culpa tiene mi pobre esposa...».

Es más, quería hasta que mi esposa me diera un pretexto para poder dejarla. Me enojaba con ella y una vez le pegué. En primer lugar estaba más que nada acostumbrado a una obediencia absoluta por parte de ella, sin forzarla, sí con gritos, pero nunca al grado de pegarle.

Una ocasión llegó Alberto a visitarme una mañana, y no me acuerdo qué cosa le pedí yo a la Chaparra, no me acuerdo qué cosa le dije. El caso es que ella desde la cocina me gritó:

—Estoy ocupada orita... ¡No estés fregando!

Y nunca me había dicho una palabra así. Dije yo: «Pos aquí está Alberto, ¿cómo me contesta así ésta?» Y a ella: Bueno, ¿me lo das, o me paro y te hago que me lo des?

—No'mbre, ¡me haces los mandados! ¿Pos qué me vas hacer?

—Mira, vieja, ¡no estés chingando! Dame lo que te estoy pidiendo porque me voy a parar y no va a ser de balde.

—Ya te dije que no te doy nada... agárralo tú, si quieres.

Entonces me paro, yo sin coraje todavía, y le digo:

—Bueno, qué... ¿te estoy hablando, o no te estoy hablando?

Y ¡pum! que me pone una cachetada. ¡Delante de Alberto! Y no sé, me cegué. Sentí una venda roja aquí en los ojos. Sentí tanta vergüenza que Alberto haya estado ahí, que le pegué; le pegué muy feo. Después Alberto me decía:

—¡Qué bruto, mano, qué fuerzas tienes cuando estás enojado! —porque lo aventaba yo así como un muñeco para un lado y le decía:

—¡Tú no te metas, déjame...!

Alberto quiso detenerme, pero no pudo. Su mamá de Paula estaba también, lavando, y no se metió hasta que vio que le estaba yo pegando de patadas. Me dijo:

—No le aviente de patadas, ¿no ve que ya está mala otra vez?

Otra vez que le pegué a la Chaparra fue cuando ella le pegó a Mariquita y dejó a la niña llena de moretones por todo el cuerpo. Paula tenía un carácter muy fuerte... muy activa... muy rápida, y les pegaba muy fuerte a los niños. Ese día me enojé y le dije:

—Mira, jamás, no creas que te voy a dejar que le hagas esto a mi hija. Si tú como madre le puedes hacer eso es que demuestras que no tienes calidad humana. No vales nada, y de aquí en adelante lo nuestro se termina si vuelves a pegarle así. Me la llevo y nunca la vuelves a ver. Si necesita disciplina, pégale en las posaderas, pero ahí nomás. Así le hablé a ella, ¿no? Ella no conocía otra forma de educar a los hijos, porque su madre siempre les pegaba a ella y a sus hermanas.

Tuve una dificultad con Graciela a causa de Domingo, mi tercer hijo. Porque le decía a Graciela que yo no tenía buena vida con mi esposa, y que yo ya no me metía con ella. Pero mi esposa pasó y Graciela la vio embarazada.

—¿No que no te metías con ella? Ahora la vi y ya va enferma otra vez.

—Ah... pues ya la viste, ni modo. Qué quieres que haga... es que tú sabes, duerme conmigo y una vez nada más la toqué y de eso salió mala.

En realidad tenía contacto con mi esposa casi diario. Muchas veces lo hice por un sentimiento de culpa. Yo dije: «No puedo abandonar a mi esposa al grado de que no tenga siquiera contacto con ella. Yo he de cumplirle, porque soy su marido y si no la satisfago yo, ¿quién la va a satisfacer?» Y muchas de las veces lo hice sin ganas, por cumplir con ella. A Graciela no la podía yo ver todos los días, mas que cada tres días, cada cuatro días; a veces duramos una semana para irnos a dormir. Ya comoquiera la conformé; cayó en la razón de que Paula era mi esposa y que por fuerza tenía que meterme con ella.

Sí, fui muy canalla con Paula. Cuando Roberto estuvo en la cárcel en Veracruz mi papá me mandó a verlo. En vez de ir solo fui con Graciela. Iba yo muy corto de dinero, corto de a tiro. Si mal no recuerdo llevaba 150 pesos... no alcanzaba para llevarla a un hotel y a buenos restoranes. Así que la llevé a casa de David y a gorrearle a mi tía. Presenté a Graciela como una amiguita del trabajo, pero mi tía se dio cuenta. Yo quería acostarme con ella en la hamaca —a ver cómo se podía hacer en la hamaca— pero no me dejó mi tía. A David y a mí nos hizo dormir en el suelo. Toda esa semana Graciela y yo nos teníamos que ver en los cañaverales.

De regreso en México seguí yendo al café todas las noches. Casi nunca comía en la casa. Ya no podía yo disfrutar de una comida si no era en el café. Una ocasión, estando yo sentado allí, llegó mi suegra, llegó corriendo.

—Manuel, Manuel —dice—, lo necesita Paula.

Allí estaba Graciela.

—¿Para qué me quiere?

—Córrale —dice, que se muere.

Me paré movido como por un resorte y me fui corriendo a la casa. Paula tenía una hemorragia muy fuerte; toda la casa estaba llena de sangre. Me espanté, me alarmé mucho y fui a hablarle al doctor. Atendí a lo que me dijo el doctor, me dio la receta y fui a comprar la medicina. Ese día Paula se enojó conmigo por no estar con ella cuando más me necesitaba.

Una vez que a Paula la inyectaron y estuvo calmada, me regresé al café. Yo comprendía que era un infeliz al ser así. Pero aquello me obligaba. Yo luchaba contra ello con todas mis fuerzas. Luchaba por dejar a Graciela pero no podía, no podía. Me regresé otra vez al café. Al siguiente día Paula volvió a tener otra hemorragia y me dijo el doctor:

—Si tiene otra, ya no gaste en medicinas; compre la caja.

—¡Madre Santísima! —dije yo— ¡Diosito lindo!... no es posible.

No sé la causa de las hemorragias, un coraje que hizo, creo. Y el niño todavía no iba a nacer, ella tendría como unos siete meses de embarazo. Mi esposa se curó, llegó.a aliviarse y mi hijo Domingo nació normal.

Un día Paula me dijo:

—Me voy a curar.

—¿Por qué, o de qué te vas a curar? —le dije—. ¿No quieres tener hijos míos ya? Yo no quiero por mujer a una asesina. No tienes derecho de quitar la vida a un ser que ni siquiera se defiende. Es más crimen, y es más odioso matar a un ser que no puede defenderse, que uno que mata a un hombre a sangre fría —y nunca perdimos un hijo.

Yo únicamente tenía nociones acerca de lo que es la mujer, de los nacimientos de los niños, y todo eso, por pláticas que tenía yo con mis amigos ya casados. Mi esposa tampoco sabía mucho. Sobre eso nunca, ni mi padre, ni mi suegra, nos indicaron nada. Paula dio de mamar a los niños cerca del año, hasta que volvía a estar embarazada.

Mariquita y Alanes se llevan dos años, y entre Domingo y la última nena hay nada más un año de diferencia. Siempre teníamos relaciones sexuales hasta el día que nacían los niños, y después del nacimiento cuidábamos de no tener relaciones, un mes, treinta y cinco días, pero nunca los cuarenta días de regla.

Cerca del año, después que Domingo nació, hubo un incidente con Consuelo y nos tuvimos que ir de la casa de mi padre. Consuelo nunca quiso bien a mi esposa, y nada más para humillarla, escupió en el suelo después que Paula había limpiado. Le dio mucho asco a mi esposa y se molestó, y yo lo único que hice fue darle dos manazos en los brazos a Consuelo. Luego Marta agarró la pesa de una báscula y me quería pegar con ella...Entonces las tomé de los cabellos y las tuve agachadas en la cama, de modo que no pudieran hacer movimiento.

Pero Consuelo tiene una imaginación enorme, ¿no? Ella y Marta debían haber sido actrices. Exageraban todo. Consuelo dijo que le había yo pegado en el pulmón, y que le había yo aventado un caballo —un caballito de madera que había en medio de la pieza. A causa de todo esto Paula y yo tuvimos que dejar la casa en donde nacieron mis dos hijos.

Rentamos un cuarto en la colonia Matamoros. Yo le había comprado su cama a mi esposa y mi papá nos regaló un ropero, una mesa y una lámpara de petróleo. Luego Dalila y mi suegra me dijeron que si quería que viviéramos juntos en una pieza, en una casa. Ana, la hermana del marido de mi suegra, tenía su casa propia y nos rentó una pieza ahí en su casa. Era una casa humilde, pero la primera casa particular con jardín en que yo vivía, y fue algo muy agradable para mí.

Cuando veo cómo viven otras gentes... casas bonitas en el cine, en las revistas, en las colonias de gente rica, cuando veo que existen tantos lujos y se puede vivir con tanta comodidad, uno se siente desgraciado viviendo en este medio. Me siento muy, pero muy desgraciado, pero al mismo tiempo me sirve de incentivo. Porque es cuando pienso, ¿verdad? «Tengo que subir... y tengo que lograr eso.» Porque en realidad es humillante, triste no tener una casa bonita y tener que convivir con otras gentes siempre.

La única época de mi vida que recuerdo haber sido plenamente feliz fue cuando vivimos en la casa de Ana. Paula y yo y los niños teníamos un cuarto con Dalila y su hijo, mi suegra y su esposo. Vivíamos muy en sana paz. Fue la única ocasión que yo me sentí como hombre, dentro del plan de cumplirle a la mujer. Más de un domingo lo dediqué a estar en la casa, pintando la mesa, pintando las sillas, viendo que mi mujer estuviera bien.

Cuando mi hijo Alanes padeció del oído y no podía dormir, me acordé de un remedio que nos hacía mi mamá y se lo hice. Se hace un cucurucho de papel y se le mocha la puntita, a modo de que tenga una boca. Se mete la puntita en la oreja, se prende el otro extremo con un cerillo y se deja quemar hasta que uno aguante. Con eso se sale el aire y se calma el dolor de oído. Así se lo hice a Alanes varias veces y ya pudo dormir.

En ese tiempo hice lo que siempre he deseado hacer los domingos. íbamos primero al mercado, Paula, los niños y yo, y comprábamos tortillas, queso, aguacates, carnitas, y nos íbamos al parque a comer nuestros tacos. Otra vez estaba trabajando y le daba a mi esposa 60 pesos a la semana de gasto aun cuando yo sacaba 150. El resto lo agarraba yo para irme a pasear con Graciela. La vida era muy agradable para mí; tenía el amor de mi esposa y el amor de Graciela, y necesitaba los dos para ser feliz.

La casa de Ana estaba en una colonia alejada del centro. Estaba despoblada en ese tiempo y yo llegaba con mucho miedo, a la una o dos de la mañana. Había por ahí muchos asaltos y robos y seguido amanecían muertos en el río, o en los lotes baldíos. Pero no se me quitaba la costumbre y seguía llegando tarde a casa.

Al año, Ana nos pidió el cuarto porque lo necesitaba para un pariente. Tuvimos que buscar; Dalila y su mamá encontraron una casa. Paula y yo rentamos una accesoria en la misma colonia, por ahí las rentas eran bajas. Yo estaba ganando bastante poco y no comíamos muy bien. Nuestro cuarto hijo, una niña —Conchita— nació al poco tiempo de que nos cambiamos.

En una ocasión no teníamos ni para el gasto del día siguiente. Graciela estaba mala, ¿no?, tenía un resfriado o no sé qué cosa, el caso es que estaba en cama. Y yo me sentía muy desgraciado por eso y pos yo andaba sin 5 centavos, incluso ni me había desayunado en la mañana. Me acordé de Sammy, del ruso, uno que vende lámparas, y dije:

«Pos voy a verlo, a ver si me da trabajo de arandelas para taladrar.» Nunca me había dado el trabajo a mí, mas que a los patrones con los que había trabajado, pero pensé: «Si le hablo de mi situación a la mejor se conduele y me da trabajo». Iba yo caminando cuando me encontré a este amigo, a la Iguana. Sentí que me abrazaron por detrás, ¿no?, y era la Iguana.

—Quihúbole, Manuelito.

—Quihúbole, Iguana... ¡qué!

—Pos nada, aquí chambiando.

—Qué bien —dice—, ¿usté qué?

—No, yo vengo a ver a un patrón que tengo aquí... a ver si me dan trabajo para taladrar.

—Bueno, por qué tiene usté esa cara de sufrimiento, o qué, ¿por qué se agüita?

—No, pos es que me ha ido del carajo, mano, qué más que la verdad.

—¡Ni maadre! Véngase conmigo, véngase conmigo orita conseguimos la feria rápido. Usté na'más me hace los disparos y ya sabe.

Yo pensé, ¿no?: «Bueno pos yo qué consideración le guardo a mis semejantes, ¿no?, la desgraciada sociedad. Pos sí, me estoy muriendo de hambre y, ¿quién se preocupa por mí? Yo nunca lo he hecho pero yo sí voy...ultimadamente sí voy con Teodoro». Esto pensé rápido, ¿no? Y le digo:

—Pero, pos, ya ves que yo no sé nada de'sto, Teodoro, pos yo no... ¡la verde!, soy muy maje, yo nunca he hecho nada igual.

—No le hace... usted na'más me «hace el disparo» y yo me encargo de lo demás.

—Pero pos —le digo—, pero incluso ni sé cómo se dispara o qué.

—¡Oh! Usté véngase —dice. Bueno, pos que ahí voy, ¿no? Lo que sí le decía yo que todos los músculos de mi cuerpo iban tensos, pero tensos completamente, ¿no?, porque sabía que iba a hacer algo indebido, pero pues dispuesto a hacerlo. Yo dije: «Pos ultimadamente estoy muy desgraciado y no tengo trabajo. Sobre todo que pos... ¡bueno, yo!» Empezamos a andar, entonces él alcanzó a una señora y con una facilidad espantosa que le abre la bolsa y le saca el monedero. Lo guardó por acá por la cintura. Después se le quedó viendo a otra señora que tenía trazas de muy rica, ¿no?, ahí por 5 de Mayo. Los coches iban y venían luego y me dice:

—¡Haga el disparo!

—¡Pos cómo!

—Pos se para 'delante na'más, y hace como que se le tropieza o algo, y le da el empujón pa'trás pa'yo poderla «reventar» que no se dé cuenta.

Pero yo me quedé clavado en el sitio, ¿verdad?... Mmmm pues miedoso en una palabra, ¿verdad?, y él me dice:

—¡Voooy! ¡Tiene usté miedo! No le hace, yo puedo solo. Orita verá.

Y en eso se puso un alto, ya se paró la señora ahí en medio de otras señoras, y éste se metió en medio de la bolita, pras, pras, pras, pras, na'más vi cómo abrió las bolsas y se salió pero en eso pensó que alguien iba a gritar, y corrió con una velocidad, una agilidad espantosa así a un en medio de los carros, ¿verdad? Se le metió en medio de los coches y todo y otros «piii» que lo iban a agarrar y ahí va que ahí va. Yaaa... yo me quedé ahí como baboso na'más. Dije yo: «Chin... ora si ya se fue y no... pos no me prestó nada de centavos». Pero para esto me había dicho que lo encontraba yo en la Candelaria de los Patos, y que ahí se iba a curar.

Y acuérdome de eso y dije: «Pos yo voy ir hasta 'llá verlo. Total... psss... unos 20 o 25 pesos que me preste... yo, ps... con eso que le dé yo 15 pesos a la Chaparrita, y con 10 pesos puedo llevar a inyectar a Graciela Numonyl y Liponyl. No pueden cobrar más por inyectarle». Y dicho y hecho. Ahí voy caminando, ¿no? Corté otra vez por 5 de mayo. Na'más atravesé y agarré Corregidora, por ahí fui cortando calles. Y llegué a la Candelaria, y ahí me encuentro con el Chico, uno de la rinconada, también ratero. Le digo:

—Quihubo, Chico.

Me dice:

—Quihúbole.

—Oye, ¿y adónde se cura el Iguana?

Dice:

—Mira, ¿ves aquella vecindá que está allá?, ¿ese zaguancito?, ahí preguntas por él y ahí te dicen. Ahí es donde se cura.

Bueno, entonces... empecé a caminar otra vez...era un tramito corto, y ya estaba indeciso en la puerta, que entro, que no entro, cuando oigo atrás:

—¡Quihúbole, Manuelito... que pos por qué vino 'sta orita!

—Ps... no, Teodoro, es de que poss... me vine andando.

—Voooy, a poco ni pa'l camión traía.

—No, pos no traía, pos noo te digo que ando sin un centavo.

—Pero, ¡qué va!, ya agarramos la «buena» orita na'más me curo y pa' pronto lo aliviano, Manuel. Véngase.

Y... y, y, yo indeciso, ¿verdad?, pero a l'ora de entrar me jaló así del cinturón, y pos quieras que no ahí voy pa' dentro. Entonces llegó él y dice...

—Dos papeles de a veinte.

Y le dan dos sobrecitos así, chiquitos, ¿verdad? Después... desesperado, éste buscó una corcholatita y le levantó el corcho con el que viene forrada por dentro y vacía ahí los papelitos. Luego echó ahí una escupitina, y le movió bien con un cerillo quemado; y a l'ora de sacar el cerillo en los bordes de la corcholata le limpió bien así, ¿verdad?, que no se llevara nada... y ya una vez que se calentó echó el algodoncito... y lo revolcó siempre con la aguja... porque le dieron un gotero con una aguja hipodérmica. Después ya que lo movió bien y todo, que agarra y que le oprime así la bombita que trae y chupó una vez el gotero. Luego lo volvió a exprimir, luego lo volvió a chupar... después ya que comprendió que había cargado todo, así con una maestría sorprendente na'más se levantó una costra que tenía aquí en el brazo izquierdo, en línea directa de la vena, se levantó así la costra, y a la primera, luego luego... ¡zas!, que se inyecta la droga, y le exprimía ahí a la jeringuita, y cuando se la sacó... un suspirote, ¿no?, así como de alivio.

La casa era de dos piezas y así en torno a la casa sentados... unos en cuclillas, otros acostados... pero todos bien drogados, ¿verdad?, y entre ésos estaba uno... todos jóvenes y algunos viejos, y casi todos pobres, desgarrados, uno que otro había con pantalón de gabardina y buena camisa y esas cosas, ¿no?, pero uno que otro, muy contados. Después, éste escogió un lugarcito así junto a la pared y se sentó en cuclillas y ahí estaba otro ya bien cotorro, ¿no? Es decir, bien drogado. Eso es en el argot. Estaba sentado en cuclillas y las manos apoyadas en las rodillas y la cabeza apoyada en las manos. Después de un rato que yo creí que no se había dado cuenta de nada, de nada, le dice el Iguana.

—Quihuboooo, ese ñero.
—Quihubo Iguana, ¿cómo te fue?
—Bien ñero, me curé... me acabo de curar.
—Quéee... bien. Y, ¿ése qué? ¿Es tu disparador?

—Nooo... ni maaadreee... ni maadre. Ése es un bueeen chaaavo.

En eso fue cuando alguien prendió un cigarro de mariguana, ¿verdad?, quiero decir tenía un cigarro de mariguana, y le dice el Iguana, abriendo así los ojos que ya se le habían hecho chiquitos así, oblicuos, así como que le costaba trabajo abrirlos. Le vio el cigarro, dice:

—Paasa... ñero... pasa un «recle».

Y el otro alargó la mano derecha y con la mano izquierda agarró aquella colillita que ya casi le quemaba el cuero, ¿verdad?, se la da. Yo veía así como que era un trago así, muy gordo, el que se quería pasar, ¿no?... Y aspiró así profundamente, pero no dejó salir ni una gota de humo. Y ya después, silencio otra vez entre los dos.

Luego le dice el otro.

—Eeeeese... pinche Iguana. Que le tuviiiste mieeedo a ese güey, ¿no?

—Ni maaadre, ni maaadre. Pe... psss na'más lo encuentro y va valer mmmaadre, ñero. Lo enfieeerro, me cai que lo enfieeerro, güey.

—Pscht... eres... puuuto si te peló el fierro que hasta te le hincaaste, cabrón, ¿no?

—Chtssaaa... chingaaaa tu maadre.

Y las muecas, ¿no?, de repente hacía el pescuezo así, como que le daba... como es atacado por aire que decimos aquí. Torcía el pescuezo así, y como que sufría mucho y, de repente, se le dulcificaba la expresión como quien ve algo muy bonito, muy hermoso, ¿no? Pero siempre sentado en cuclillas. Yo decía... «Cómo es posible, que puedan platicar así y el otro parece que ni cuenta se da, y bien que se da cuenta de todo... ¿cómo le hace?»

En eso llegó un tipo ahí... le digo, el tipo clásico de ratón, como cuando lo acorrala un ratón, así, con la desesperación así llegó...

—Joseefa... un papel, un papelito de a diez.

—Agarró y le dio el papel la señora, ¿no? Era una petaquita chiquita... donde sacaba los papeles, del polvo aquél, ¿verdad? Y en otra petaca grande la tenía llena, pero llena de centavos, ¿no? Y me acuerdo que le dije yo al Iguana.

—Bueno, éstos se exponen a que les den por allá un trancazo a lo pendejo y a la mejor ni agarran nada. Y a esta vieja cómo nunca la han asaltado.

—Pscht... ni maaadre, ni maaadre, ¿no ves que's de Lola la Chata?, no, ñero, te la'rmas gacha. Tú le pones baje y pos nomás te mueres, ñero. Luego, ¿quién te vende? Nuuunca te vuelven a vender los güeyes, ¿no? Nooo, ni maaadre.

—Ah —dije yo— vieja infeliz, cuánto dinero tiene ahí —el otro:

—¡Chst!, ¡no!, ¡no! Esto ni madre, ¡noooo!, con esto, con esto yo no me curo. Pscht, orita vengo, jefa —y, ¡pum!, se sale, ¿no?, aquél que llegó muy nerviosito, chaparrito.

Y luego ya como a los seis minutos ya regresa otra vez.

—¡Qué va! Otro papelito, otro papelito, ¿no? Y agarra y otra vez, ¡pum!, la misma operación; ¡pas!, se lo inyecta, y ya los ojos así como que se le calmaron del baileteo que tenían, ¿verdad?

—Ya estoy agarrando mi punto, es que orita agarré una pinche canasta del mandado y valió menos, ¿no?, pero orita, orita consigo más.

Y, ¡pum!, ahí va otra vez a las carreras, ¿verdad? Cuando entraba todo sudoroso y de un color amarillo, verde, así entraban todos. Y yo en medio de tanto tipo yo tenía un miedo horroroso, tenía miedo hasta de hablarle a Teodoro. Dije yo: «A la mejor no me oye, no se puede dar cuenta como está a quihoras volverá en sí, y si me salgo muy aprisa la vieja va a creer que voy a ir con el chivatazo y si me salgo muy despacio cualquier buey de'stos me quiere agarrar aquí. ¡Hiiijo!

—¡Teodoro! ¡Teodoro! —pero sí, alzó la cabeza y como que entreabrió los ojos, alláaaa, como que le pesaba una tonelada cada párpado y...

—¡Quihúbole!, ese Manuel.

—Este... pues sabes, mano, de que yo ya me voy, se me hace tarde. Este... luego...

—Noooo, ni maaaadre, ni maaadre, orita se va.

—Y empezó, ¿verdad?, a sacar entre sus bolsas. Metió la mano izquierda. Se metió la mano derecha en las bolsas de adelante.., y luego en las bolsas de atrás, pero siempre en cuclillas, ¿verdad? Siempre en cuclillas, allá como haciendo las cosas, ya automáticamente por instinto, ¿verdad?, y...

—Hijo de la chingaaa... pos dóooondeee... los teeengo —y en eso se alzó una manga del pantalón y se metió el dedo en los calcetines:

—Aquí estáaaan. Aliviánese —y me da uno de a 50 pesos...

—¡Hombre!, pues muchas gracias. Un día de éstos yo se los pago, Teodoro.

—¡No!, qué... ni madre, a míiii ni chiiii... a mí ni chiii... usted cuide a mi jefecita, ¿no?, que no le paaaase naaaada. Yoooo pscht... yo soy un pinche perdido, ¿no?... perdiiido, ¿no? Alívieeese, pero usté... es un buen chavo. Mi jeeefaaa, cuiiide a mi jeeefa. Y con eso... con eeeso... ya me paggóoo. Pínteleee, pínteleee.

Y se fue quedando como desguanzado, como que fueron perdiendo fuerzas sus rodillas, y se le fueron abriendo las piernas así más, hasta quedar completamente sentado en el suelo... con las dos rodillas lo más lejos que se puede una de otra. Y que me salgo primero despacito... y una vez que estoy en la calle que me voy pero si a la carrerita. Ya hasta tenía un dolor espantoso yo de tanta cosa que estaba yo viendo ahí, ¿no?, pero que en realidad el vicioso, el mariguano o el morfinómano es más pacífico que el borracho. Son menos provocativos. Solo el que ya está muy muy drogado, que se vuelve loco, es el que es peligroso, le da por matar, ¿no?

Pero casi todo el vicioso que mata es porque anda, como dicen ellos, cansado, no se ha inyectado, no tiene para curarse y entonces es cuando se sabe de esos crímenes que matan hasta por un peso. Pero ésos ya no son dueños de sus actos, el vicio los obliga, porque dicen que hasta el último cabello del cuerpo les duele, ¿no? Y ya en el colmo de la desesperación como a uno que le dolieran todas las muelas así de un jalón, yo creo que estos cuates se sienten así, ¿verdad?, y entonces es cuando están dispuestos a matar o a que los maten por un peso. Cuando Graciela estaba trabajando nunca aceptó dinero ni nada, no quería que gastara con ella. Decía que le remordía la conciencia que yo anduviera gastando lo que les hacía falta a mis hijos. Cuando salía a pasear con ella y pasábamos por algún aparador yo le decía:

—Mira qué falda tan bonita... y está barata, ¿vamos a que te midas una?

—No —decía ella—, no me gusta ésa, mejor vámonos.

Caminando más adelante Graciela me decía:

—Mira qué lindos zapatitos, cómpraselos a tu niña...

Entrábamos a algún restorán y en lugar de que pidiese como otras mujeres de cenar, únicamente pedía café con leche. Yo me disgustaba con ella por eso pero ella siempre decía:

—No, es que no tengo hambre.

Incluso le llegué a comprar dos pantaloncitos para su hijo —no que ella me los pidiera— y me costó mucho trabajo que ella me los aceptara.

Me había dicho Graciela que un tal señor Rodolfo iba a su casa y que su mamá trataba de meterle a ese hombre:

—¿Qué hago, Manuel?

—Mi vida, ¿qué quieres hacer? Y, ¿qué cosa quieres que yo te diga? Desgraciadamente, tú debes resolver este problema sola.

Entonces se me desapareció tres días. Yo iba de todos modos al café. Al cuarto día fue llegando. Yo tenía mucho coraje, pero aparenté una calma que estaba lejos de sentir. Toda la noche anduvo haciéndose que servía y no vino a platicar conmigo como era su costumbre. Yo sabía que ella se traía algo. Esperé a que cerraran el café y entonces le dije:

—Tú me estás ocultando algo y orita me lo vas a decir —la jalé de un brazo y me la llevé a un hotel.

Ya estando en el cuarto le dije:

—Mira, mi vida, únicamente quiero que comprendas bien el amor que te tengo, la pasión tan grande que yo siento por ti. Porque oye bien lo que te digo, para mí tú eres Dios sobre la tierra, y eso te obliga a ser sincera, a ser franca conmigo. Yo me he entregado a ti sin reservas, sabiendo que este amor me perjudica, perjudica a mi familia. Tú has demostrado quererme, y por el amor que me tienes, por el amor que me tuviste, dime qué cosa es la que tienes conmigo. Te ausentaste tres días, yo debería ser el disgustado, nunca supe adónde fuiste, y ni siquiera me avisaste. Sin embargo yo te tengo confianza, yo sé que no fuiste a hacer nada malo. Por todas estas razones, debes ser sincera, no me pagues con un desengaño —estuve hablando con ella de este modo por un largo tiempo.

Ella estaba sentada a la orilla de la cama.

Levantó los ojos y me dijo:

—Me voy a casar.

Sentí como una descarga eléctrica; vi todo negro a mi alrededor. Ella se soltó llorando:

—Te juro por la vida de mi hijo, por lo más sagrado que tengo en el mundo, que al único que quiero es a ti. Te adoro, Manuel. Sé que voy a sufrir, sé que no voy a poder ser feliz, pero déjame probar. Comprende que tengo derecho de buscar un porvenir para mi hijo... Tú tienes tu mujer; desgraciadamente tú tienes tu mujer. Déjame vivir, Manuel, no me detengas.

Yo tenía un dolor inmenso dentro de mí. Comprendí que tenía toda la razón. Me dice:

—Contéstame, háblame, dime algo... Pégame, golpéame, pero no te quedes callado... ¡Por favor! ¡Por caridad!

Se tiró de rodillas, y me abrazó de las piernas llorando a lágrima viva.

—Graciela, ¿sabes qué cosa, amor mío?... Vete, pero vete ahorita, ahorita que tengo fuerzas de verte ir. Porque te juro que si no te vas, no voy a poder dejarte ir después. Tienes toda la razón del mundo, tienes derecho a ser feliz. Conmigo no has sido más que desgraciada; conmigo has recibido palos en tu casa y el desprecio de la gente, por rebajarte al plan en que ando. Vete, Graciela. Que Dios te bendiga. Busca y lucha por tu futuro. Vete.

—No, Manuel, no me corras; yo no me quiero ir así. Por el amor de Dios, mira, aunque sea esta noche pasa conmigo. Es la última noche en nuestras vidas, Manuel, quiero despedirme de ti en otra forma.

No se quiso ir. Pasamos la noche juntos. En la mañana me dijo:

—No me caso. No me caso con nadie. Yo lo iba a hacer por mi madre, porque no quiero ya martirizarla. Pero me importa poco mi madre... y me importa poco el mundo. Yo te quiero a ti. Yo no me caso con nadie.

Después fui a ver a la mamá de Graciela. Siempre he tenido el poder de persuadir a la gente, al menos de los de mi clase, y por eso me decían Pico de Oro. Debe ser cierto, porque convencí a la mamá de Graciela de que me aceptara. Le dije:

—Mire, Soledad, yo puedo controlar todo en mi vida, excepto mis sentimientos por su hija. Tengo la pasión más ciega por ella y es la cosa más bella en mi vida. Soy pobre y no puedo ofrecerle nada, pero no me prive del placer de su compañía. Cierto que nuestra situación es falsa, pero le juro que su hija es y siempre será el único gran amor de mi vida.

La señora era muy sentimental, y hasta lloró, y se puso de mi parte.

Para esto mi esposa me había dicho que no se sentía bien. Todavía ella estaba gorda, y yo nunca de los nuncas creí que fuera una enfermedad seria. Le dije que fuera a Salubridad a ver los doctores qué le decían. Esa noche me dijo que querían que se internara porque no sabían qué era lo que tenía. Ella no quería ir porque tenía miedo de los hospitales. Además, ella estaba criando a Conchita y no había con quién dejar a los niños. Pero no prestaba mucha atención. Andaba yo tan ocupado pensando nada más en el problema que tenía con las dos mujeres. Traía un atolondramiento, andaba como loco... No me daba cuenta que Paula se adelgazaba, que orinaba mucho y que siempre tenía sed. Ella nunca me dijo. Fue un día mi papá de visita a la casa —porque mi padre la quiso mucho, como a su propia hija, la quiso más que a mí—. Mi padre se dio cuenta de la clase de mujer que era, abnegada, trabajadora, limpia y no se quejaba nunca. Cuando la vio le dijo:

—Oye, muchacha, ¿qué tienes? —insistió en que Paula se fuera otra vez a la casa para llevarla con un doctor.

Yo estaba tan ciego, tan estúpido, tan obcecado, que no pude ver lo enferma que estaba. Creí que era como un simple resfriado. Le dije:

—Viejita linda, te tienes que poner bien. Tenemos que ir a Chalma este año.

—Sí —me dijo— me voy a poner bien —hizo la promesa de caminar de rodillas si se aliviaba. Pero a mi suegra le dijo:

—Yo sé que si voy a casa de mi suegro y me acuesto, sé que no me voy a levantar. Cuídame a mis hijos.

Era de un corazón tan grande para conmigo que me decía que no era nada serio, que se iba a poner bien. Ella presentía su muerte y a mí me lo ocultaba, a mí, un infeliz que no merecía que nadie me quisiera.

Se fue para la casa de mi padre y esa noche cambié los muebles de nuestro cuarto a casa de mi suegra. En la mañana me vine a la casa:

—Viejita, ya vine, pero ya me voy a trabajar.

—Ándale pues, que Dios te bendiga.

En la tarde que regresé de trabajar, mi padre me recibió en la puerta.

—Pasa, infeliz, pasa, hijo de la chingada... No tienes madre... tú eres el responsable. Tú eres el culpable si se muere. Yo sentí que era verdad lo que me estaba diciendo.

Ella oyó que me estaba regañando. Me miró con ojos de mucho amor... y él me dijo eso delante de ella. ¿Qué le contesté? Nada. Yo quería taparme las orejas, o decirle, ¡cállate, cállate!, pero como siempre las palabras se me quedaron atoradas en los labios. No pude decirle nada a mi papá, se me hacía falta de respeto. Pero esa vez, más que otras, me sentí muy mortificado.

Me puse de rodillas junto a la cama.

—Ya vine, viejita —estiró su mano y me agarró. Todavía siento sus dedos aquí. Me estuvo haciendo cariños en la cabeza, luego me jaló una oreja. Luego me obsequió una sonrisa, y se quedó como dormida.

La chiquita empezó a llorar y me molestaba sobremanera porque despertó a Paula, y luego le tenía que dar de comer. En ese tiempo, porque yo veía tan mal a mi mujer, le agarré como aversión a la niña. Cuando le estaba chupando los senos se me hacía que le mamaba la vida. Y cuando lloraba de noche y molestaba a mi esposa, me enojaba mucho. Me duró este rencor por la niña mucho tiempo.

Cuando al día siguiente llegué de trabajar la vi más mala. Me dice mi papá:

—¡Hijo de la chingada! Ya ves, no le dabas ni de comer. No le dabas lo que esta mujer necesitaba. Para qué cabrones se casan si no son suficientes. A ver, ¿ora qué? Si se muere esta mujer, ¡qué va a ser de estas criaturas, qué va a ser de sus hijos!

Quería taparme las orejas y por primera vez en mi vida me dieron ganas de gritarle:

«¡Cállate, cállate la boca!»

Alguien, Dalila, creo, mandó traer el padre para que diera a Paula los últimos sacramentos. Al verlo me espanté, y le dije:

—Padre, quiero casarme con esta mujer.

Él volteó a mirarme.

—Mmm, ajá, ahora que se está muriendo tú quieres casarte con ella. ¡Tantos años que tuviste para hacerlo!

—No me quiso casar. Yo pensaba pagarle... antes de ir a darle la última bendición a un enfermo preguntan si tiene uno dinero... pero yo no le di nada, porque no quiso casarnos. Se salió muy disgustado. Yo también me disgusté. El padre es siervo de Dios... y si Dios ve que un tipo cualquiera, siendo su hijo, está sufriendo, no le va a dar un palo más sobre su sufrimiento que él tiene. Más tarde me dijo mi papá que corriera por el doctor porque Paula estaba agonizando.

—Sí, papá.

—Y ahí voy, y no tenía dinero ni para el camión. Era en la madrugada y me fui por toda la calle de Rosario a pie y deprisa. El doctor Ramón vivía en la misma casa donde vivía Lupita. Antonia me saludó y me dijo que el doctor había llegado bien borracho. Se fue arriba a tocarle, porque yo estaba muy cansado, y luego bajó con la receta.

—Dijo que le inyecten esto ahorita, inmediatamente.

Tuve que caminar de regreso a Bella Vista. Ese día había yo trabajado muy recio y sentía los pies hinchados. Cuando llegué a la casa, mi papá me dio dinero para la medicina y tuve que irme caminando otra vez para comprarla. Ya habían dado como las dos de la mañana y anduve buscando una farmacia que estuviera de turno. Después, otra vez caminando de regreso a Bella Vista. Fui a tocar varias puertas buscando quién inyectara. Eran como las cuatro y media de la mañana; toqué y toqué, y no me hacían caso.

Eran las cinco de la mañana y mi esposa estaba en estado comatoso. Yo me salí otra vez decidido a encontrar a alguien. Por fin una mujer se despertó y estuvo de acuerdo en ir a inyectarla. ¡Maldita la hora en que despertó la señora, maldita la hora en que la inyectó! Siempre he maldecido ese momento, pero comprendo que posiblemente ya le tocaba a mi mujer. Porque... al poquito rato de haberle puesto la ampolleta llega corriendo Antonia y gritando:

—¡Que no le pongan la inyección! ¡Que no se la pongan o se muere!

Mi esposa empezó a aventar manotazos, y tenía convulsiones. Su corazón se veía palpitar con violencia. Entonces llega el doctor corriendo:

—¿Le pusieron la ampolleta?

Nos dijo que la ampolleta no se podía poner sola, tenía que mezclarse con sangre o le provocaría un shock. Entonces lo que hizo fue sacarle sangre a mi hermano Roberto —que es de tipo universal— y se la empezó a inyectar. Empezó ella a moverse, poco a poco, y luego abrió los ojos. ¡Y luego murió, murió!

—¡Ya se murió, papá! —grité en forma desgarradora, con rabia, con desesperación, con todas las ansias de la vida. Mi papá entró corriendo, la abrazó y empezó a llorar. Yo me daba topes en la pared, y contra la pared me quería romper las manos. Y grité con todas las fuerzas de mi alma:

—¡No es posible! ¡No es posible! ¡Dios no existe! ¡No puede existir Dios!

Me ha podido mucho haber dicho eso, pero así blasfemé. Yo tenía tanta fe que se salvara. Ni un solo segundo —ni tantitito así— me pasó que se fuera a morir ella. Yo me acordaba que Dios dijo que la fe todo lo podía. Así que con toda la soberbia del mundo, cuando vi que se había muerto, blasfemé. Creo yo que este infeliz desgraciado del doctor la mató. Estaba ahogado de borracho el infeliz, y sin ver a la enferma recetó la medicina. Unos días antes le había hecho unos análisis de la orina y dijo que era diabetis. Habíamos llamado al doctor Valdés, un médico muy caro, y él dijo que no era diabetis. Él, cuando vio el caso muy grave, se lavó las manos. Luego el doctor me dijo que era una intoxicación o que quizá tenía tuberculosis del intestino. Mi padre se valió de eso para echarme en cara que yo la había matado de hambre.

Es cierto que no pasaba yo mucho tiempo con mi esposa y con mis hijos. Yo debía haber ido a la casa temprano todos los días. Sí, yo la desatendí, pero juro que nunca, nunca, dejé a mi esposa sin dinero para comer. Le hubiera podido dar más, pero por lo menos tuvo para comer. La medicina fue la que la mató.

Consuelo dice que yo no quise a Paula, que no era cariñoso con ella. Es que en esto se interpone la escuela de mi padre, porque mi papá aun cuando vivía feliz con Elena, nunca se permitió hacerle un cariño delante de nosotros. Y con la Chaparra yo era lo mismo. Solo cuando estábamos acostados era cuando la chiqueaba, la mimaba, en la oscuridad. Delante de mi papá y de mis hermanos, más bien siempre fui tiránico con ella. En mi modo de hablarle, muy enérgico, siempre. Pero, digo yo, debe haber sentido cariño también de mi parte, porque los años que vivimos juntos, ella me quiso mucho.

Mi padre me seguía echando en cara que yo tenía la culpa... que no era lo suficientemente hombre... que yo la había desatendido... que no la había llevado con un médico a tiempo. Me rebajó al nivel de un asesino, cosa muy fuerte, ¿verdad?, pero él dice las cosas y no piensa el daño que va a hacer. Quería gritar: «¿No es bastante mi sufrimiento? He perdido parte de mi vida. ¡Parte de mi corazón se me ha ido! No es verdad lo que dices». Pero él lo decía de coraje.

Mal o bien, era mi padre, y había trabajado para mantenerme, y alguna vez tuvo ilusiones y cariño por mí. Así que no pude contestarle, aunque sabía que estaba diciendo una mentira. Era mi padre. Por lo que a mí respecta, mi padre puede hacer de mí lo que quiera. Aunque me matara, no me defendería.

Dos días tuve a mi esposa tendida... uno y medio... no sé cuánto tiempo. Cuando la vi tendida, fría, tiesa, quise morirme. Agarré un cuchillo y me iba a matar, cuando salió mi hijo y dice:

—Papá, ¿no me das un quinto?

Me solté llorando:

—¡Mis pobrecitos hijos! ¿Cómo me voy a matar?

Estaba yo tan loco, tan loco, que no supe en cuánto salió el entierro. Mi amigo Alberto y mi padre se encargaron de todo. Mucha gente vino al velorio... de los cafés en donde Paula había trabajado, de los cafés donde yo comía, del mercado, de la vecindad. Yo quería decirles a todos que se fueran, que me dejaran solo con el cadáver.

La enterramos en el panteón de Dolores, en la misma fosa en que enterraron a mi madre y a mi primo. Después de siete años sacan los huesos y entierran a algún otro en el mismo lugar. Yo les tengo horror a los entierros. Dicen que cuando bajan la caja mortuoria, al cadáver se le pone carne de gallina, porque se da cuenta de que va a ser enterrado. La caja se vuelve pesada, pesada, porque el cuerpo no quiere ser enterrado. Esto le pasó a la caja de Paula aunque ella había perdido peso y tenía puros huesos.

Yo quisiera que cuando me llegue la hora me dejaran abandonado allá en la cima de un monte, al Sol, o que me envuelvan como a una momia en tiempo de los faraones, o al menos que un cirujano me quitara el cerebro, para que deje de sufrir en la tumba. No sé, pero le tengo horror, verdadero horror, a que me sepulten. Prefiero que me devoren los zopilotes en la cima de un monte que los gusanos de la tierra. Tengo más miedo de los gusanos que de los animales salvajes.

Nunca me he parado en el panteón desde entonces. No quiero ir porque siento que mi esposa me va a oír, va a estar inquieta dentro de la tumba y le voy a perturbar su sueño. Me quiso tanto que siento que se va a desesperar porque va a querer salir de ahí para abrazarme, para platicar... cruzar siquiera una palabra conmigo. Eso de ir a los panteones a llorarle a los muertos no es más que una mera hipocresía. Porque eché de ver esto cuando murió Paula. Lloré, lloré mucho... Lo que debí haber hecho era demostrarle mi amor cuando ella vivía. No es el amor lo que hace que uno derrame lágrimas, son más bien los remordimientos. Por eso digo que no volveré a ir a un cementerio si no es a mi propio entierro.

El día que enterré a mi esposa, en medio de la desesperación, en medio del dolor tan inmenso, yo dije: «Me queda Graciela. Me queda ella». Y me aferraba a eso como un náufrago a una tabla. Pero cuando Graciela supo de la muerte de mi esposa, los remordimientos, todo ese juego de pasiones que sintió, la obligaron a hacer lo que menos debía haber hecho. El día que enterré a la Chaparra, Graciela se fue con el señor Rodolfo, con el hombre ese que su madre quería que se fuera a vivir. Ella me quería con toda su alma, me adoraba... Pero quiso castigarse, y su primera reacción fue irse con él, un hombre que ella no quería.

Así que a las dos las perdí de un golpe, la madre de mis hijos y el amor de mi vida. Graciela debió esperarme, debió consolarme. Debimos ayudarnos mutuamente, porque en cierta forma fuimos los dos culpables.

Después andaba yo en las calles. Estaba rodeado de un mundo de gente y me sentía solo, completamente solo. A nadie le importaba yo, nadie notó mi dolor. Yo sentí que yo era el único al que me dolía y al pasar los días quería dejar de sentir, pero aquella ausencia, aquel vacío que había dejado mi esposa en casa se acentuaba más. Quise más a mi esposa después de muerta, igual que mi padre quiso a mi madre. Creo que conmigo se repite la historia de mi padre, excepto que él cuidó de sus cuatro hijos, y yo no.

Tres días con sus noches estuve en la esquina de la casa de Graciela esperando que saliera. Sin comer, sin dormir, lloviendo. Yo quería que saliera para matarla, porque yo sentía que había traicionado lo más sagrado que teníamos los dos.

Fue cuando Alberto, al verme tan desesperado, me dijo:

—Compadre, vámonos. Vámonos de aquí. Tú vas a terminar loco, tú vas a terminar mal. Vámonos de braceros. Vámonos a trabajar del otro lado.

Siguió hablando así hasta que me convenció.

Nada más pasé a la casa y le pedí a mi papá su bendición. Me puse un pantalón de peto sobre la ropa que traía, y una chamarra nueva que tenía. Al principio mi papá no quería que me fuera, pero al fin me dio su bendición. Pasamos a despedirnos de mi cuñado y compadre Faustino, y resulta que se nos pegó también. Dije:

—Bueno, pues entonces vamos los tres.

Yo tenía 8 pesos en la bolsa cuando salimos para California.

Roberto

Entré en el ejército porque a mí siempre me han gustado las armas, y desde pequeño pues tenía aquel espíritu aventurero de andar conociendo lugares, ¿verdad? Y entonces vino este Truman aquí a México —fue el 3 de marzo de 1947— a entrevistarse con el Presidente de México, y yo me fui a ver la llegada de aquel gran personaje. Por primera vez en la historia —si no mal recuerdo— un Presidente de Estados Unidos venía a visitar nuestro país, así es que mucha gente había ido a esperar a aquel hombre, y yo fui también.

Me tocó pararme a hacer valla frente a las tribunas, donde tenían su cuartel general las tropas de aeronáutica. Había ahí un letrero que decía: «Se solicitan altas», y ya sin más ni menos, y sin pensarlo dos veces, que voy.

Estaba yo tan escuintle —tendría dieciséis años a lo sumo— y a esa edad era yo muy bajo de estatura, que primero me dijo el capitán:

—Necesitas el permiso de tus padres, chamaco.

—Y no, si el permiso de mis padres ya lo tengo.

—Mentira, si ni siquiera yo mismo sabía que iba a tomar esa determinación, ¿verdad? Así es que como guste y mande, yo salvé todos los obstáculos que ahí me pusieron y firmé mi contrato con el Ejército Mexicano por tres años.

Le dije a mi hermano Manuel:

—Fíjate, hermano, que ya me di de alta en el ejército, ya soy soldado.

—¡Qué te vas a meter tú, si estás más loco que una cabra!

—Sí, hombre, de veras, si no vas a ver, dentro de poco voy a traer mi uniforme, bah, y hasta te va a dar envidia.

Pues no, no me lo creyeron, porque hasta ese momento no había yo hecho una decisión así tan importante.

Yo no le dije de esto nada a mi papá, sino hasta que ya estaba uniformado. Fui a la casa, claro que al entrar pues todos empezaron desde el zaguán:

—Estaba ahí la palomilla, ¿verdad?

—Miren, miren al Negro cómo va vestido.

—Qué tal, muchachos, quihúbole.

—¿Pues qué, cómo le hiciste para entrar? Mira, hasta de la aviación eres. ¿Qué, vas a ser piloto, o eres cadete, o qué?

—No, nada más estoy en la aviación, sencillamente.

Y para que les diera coraje:

—Pues ya ven, cuando uno puede...

Daniel, un buen amigo desde la infancia que me vio uniformado, quiso darse de alta. Me insistió tanto que lo llevara, y yo no quería, porque sus hermanos siempre fueron muy braveros. Total que sí fuimos y ya se dio de alta.

Cuando vino mi papá en la tarde, sobraba que le dijera que me había metido en el ejército, ¿verdad?, me vio uniformado.

—¿Y ahora, tú? —me dice.

—Nada, papá, me metí en el Ejército.

—Pero, ¿cómo, cuándo y quién te dio permiso? Al decir eso de quién me dio permiso, pues no tuve nada que contestar, y cuando me preguntó cuándo, pues le dije:

—En estos días.

Y dije:

«Pues a ver cómo me va aquí.»

Y me dijo su consejo de siempre:

—Pórtate bien, como la gente. Sé un hombre honrado y de trabajo, que si haces eso siempre te irá bien.

Y pasaron tres meses, de los cuales nos estuvieron dando instrucción diaria. Dormía en la casa y me iba al campo militar en la mañana a las seis para pasar lista, y a entrenar hasta las cinco de la tarde cuando nos dejaban francos. Una mañana, cuando todos estaban formados dice el capitán Madero:

—Un paso al frente todos los que quieran ir voluntarios a Morelia.

Al nombre de Morelia, que significaba viajar, todos —éramos como cuarenta o cincuenta reclutas— dimos un paso al frente. Empezó a decir el capitán las condiciones y de tantos que eran no quedamos más que seis u ocho, entre ellos mi amigo Daniel y yo.

Nos dieron francos a las seis y media de la tarde para irnos a despedir de nuestras familias, y yo vine y me despedí de mi papá. Él estaba sentado leyendo cuando llegué. Estuve ahí un rato en la casa y cuando me retiraba le dije:

—Bueno, papá, ya me voy.

Y no me contestó. Me quedé parado y ya él alzó la vista y me dijo:

—Bueno, ¿a qué horas te vas?

—Es que ya me voy para Morelia.

—¡Cómo que para Morelia! —entonces sí ya me prestó atención. Con esa noticia se sobresaltó, y dijo:

—¡Cómo!

Dije:

—Sí, es que nos mandan a Morelia y tenemos que ir.

Mentira, si yo me había ofrecido de voluntario. Bueno, mi papá lloró y me abrazó —como pocos abrazos nos hemos dado así en la vida— y cada que me abraza, ¡caramba!, yo siento la gloria. No sé qué será la gloria, pero así siento. Porque cuando mi padre me habla así, y me abraza, se me hace un nudo en la garganta y se me derraman las lágrimas de gusto. Y hasta me dio dinero, por cierto, 50 pesos.

Dice:

—Ten, para que compres algo por el camino.

—Está bien, papá, gracias. Bueno, papacito, ya me voy, échame tu bendición.

Ya mi padre me echó su bendición, me despedí de mis hermanos y salí de la casa solo.

Daniel tenía una novia, Lola, que después vino a ser su esposa, y me dice:

—Oye, Negro, tú no tienes novia, ¿verdad? Mira, yo te voy a traer una amiguita para que te la amarres.

El día exactamente que nos íbamos a Morelia, Lola me trajo a su amiga Elvira. Ella ya iba prevenida que iba para que yo me le declarara, y yo ya sabía que me iba a dar el sí. No me gustó muy bien, pero como hombre yo tenía que responder, ¿verdad? Bueno, luego luego nos dimos el primer beso ahí delante de los muchachos. Para esto, nos sentamos en un pradito, ellos por un lado y yo por otro con mi pareja. Y yo me dije: «A gozar, porque es el último día que estás aquí, y a esta chamaca, aunque la acabas de conocer, debes demostrarle que no eres tan guarín. Un poco feo, pero no tan tonto». Y así me recosté sobre sus piernas. Y ya pasó, y en la noche salimos para Morelia.

Había sido día de pago para nosotros, así que todos traíamos dinero, pues quién compró una botella de Bacardí, quién una de tequila, quién esto, quién l'otro. Ahí iban varios que les gustaba mucho la bebida, yo nunca había tomado en ese entonces, así que como todo niño bien y decente me compré una lata de leche Nestlé, un pan Bimbo y un bote de duraznos en conserva. Ya en el camino a abrir cada quien lo que llevaba. Pues yo, mis dulces —porque francamente eran dulces. Me di una enlechada esa vez que me hastié, vaya. A todos les convidé y todas me convidaban.

—Tú, Roberto, tómale.

—No, muchachos, yo ahorita no, es que estoy mal del estómago y yo no tomo.

—Ellos sí, y hubo quien llegó medio mareadón a Morelia.

El subteniente que nos llevaba ya no sabía cómo estaban las cosas en Morelia así que tomamos un camión en vez del que nos tenía que llevar al campo donde íbamos a quedar nosotros. Tuvimos que ir por un camino de pura tierra suelta. Eran 12 kilómetros que tuvimos que caminar a como dio lugar y llegamos todos maltrechos y polvorientos. Y nos recibieron muy bien el comandante de la compañía y todos los rancheros de por ahí, porque en realidad el cuartel era una hacienda. Nos dejaron descansar como ocho días y luego nos metieron a servicio, que de hangar, que de campo, que de arboleda.

Yo estaba comisionado en la huerta, para que no fueran los rancheros a sacarse la fruta de ahí. Por cierto que mi comandante era tan malo así, que no nos dejaba a nosotros, que andábamos cultivando la huerta, arrancar la fruta de los árboles para comer, sino de la que estaba caída. Por eso a mí me sobrevino el paludismo. Fíjese nada más en qué clima, clima templado, pero es que yo comía las naranjas pachiches, de esas naranjas que se caen y les pega el Sol durante el día, durante varios días, ¿no? Comíamos fruta que caía del árbol y luego le entrábamos muy duro al agua.

Las primeras semanas en el campo enfermé de melancolía, no comía, no dormía, hacía mis servicios como autómata nada más. Pedía un caballo y me iba por allá al cerro, yo solito, a esperar la tarde. Y ya regresaba en la noche, siempre pensando en Antonia nada más. Poco a poco se me fue pasando.

Fue en Morelia cuando me puse una borrachera, la primera de mi vida. Se festejaba el Día del Soldado y me comisionaron a mí con un cabo para ir a comprar charanda. Pues llegamos a las matas, a las fábricas, ¿no?, y los que estaban laborando en las fábricas aquellas me dicen:

—A ver, mi soldado, venga usted para acá. ¿No le gustaría echarse un cuernito?

—¿Qué es eso?

—Pues es un cuerno de chivo con charanda.

—No —le digo—, ahorita no. Es que vengo en una comisión y no puedo tomar.

—No, hombre, que mire, que nada tiene que ver un cuernito.

Bueno, me insistieron y me tomé tres. El charanda aquél me lo estaban dando calientito, saliendo del alambique, así es que no me raspaba, al contrario, me sabía dulcecito. El cabo aquél terminó de comprar la charanda y me dijo:

—Bueno, soldado Roberto, vámonos.

Al salir a la calle me dio el aire y sentí como un puñetazo en pleno rostro, y luego luego me sentí mareadísimo. ¡Era la primera vez en mi vida que tomaba, y me hicieron esa maldad de darme el charanda caliente! Dice mi cabo:

—¡Mire nada más, joven Roberto, cómo está usted!

—No, mi cabo, perdone, pero es que me dieron tres cuernitos, y yo no sabía qué eran; no sabía que me fuera a hacer tanto mal.

Estaba yo desbarrando completamente, pues ya el vino me estaba haciendo un efecto tremendo. En el camión no me querían traer así. Por allá al soldado no sé si lo quieran mucho, o lo odien, pero lo que sí sé decir es que lo respetan cantidad. Ya el cabo impuso autoridad pero no obstante eso hubo necesidad de que me subiera a la canastilla para que me diera el aire y me compusiera un poco. Pues allá vamos, como vil fardos, el cabo y yo. Él cuidándome, y yo, pues más mal que nada, cantando Lindo Michoacán; ya me sentía yo hasta michoacano en esos momentos.

Bajamos ahí en la carretera y teníamos que caminar 12 kilómetros para llegar al campo. Y, ¡hum!, para mí ese trayecto se me hizo un polvo, porque todo era camino, para un lado y para otro. Llegué bien mareado, y entonces me dije: «En mi vida vuelvo a probar una gota de vino». Y no he dicho mayor mentira que ésa.

Cuando llegamos allá, ya estaba la fiesta en su apogeo. Los rancheros de por ahí nos habían hecho dos novillos, una ternera, y puercos y guajolotes. Era una fiesta en grande, pues éramos muchos soldados y muchos los aldeanos. Hubo jaripeo, carreras de caballos, de todo un poco, ¿verdad? Pues que llegamos y:

—A ver, que siéntese, mi cabo.

—Y que:

—Siéntate Roberto, ustedes que fueron por la bebida.

Ese día no tomé, me sorbía los vasos de charanda, los «changuirongos» que les llaman por allá, es charanda con el refresco que uno apetezca, hielo y limón, pero tienen un efecto muy bárbaro. Y fue cuando por primera vez vi en peligro mi vida. Había un muchacho ahí que era soldado de primera y se llamaba Raúl, nada más que por nombre le decíamos el Gorila. Él y otro, Cascos, andaban trastornados y andaban ahí bailando y contentos. Pero no sé qué, surgió una dificultad, le caí mal al Gorila y llana y sencillamente me dice:

—A ver, soldado Roberto, venga para acá.

—Diga usted, mi cabo.

—Porque él, soldado de primera, se puede considerar como cabo, ¿verdad?, y el cabo como sargento, y así por riguroso escalafón.

Le digo:

—Diga usted, mi cabo.

Dice:

—Sabes que a mí me gustas para que vayas y chingues a tu madre.

Digo:

—Qué pasó, mi cabo, ¿ya se le subieron las copas tan pronto?

—No, no, no, es más, no estoy tomado —dice— estoy bien grifo.

Y yo dije: «Ay caramba, esto sí se está poniendo medio pesado». Y digo:

—Bueno, si usted está como dice, está muy bien, ni quién le diga nada.

—No, no, pues si es lo que quiero, que me digan algo. Porque aquí va a valer una chingada. No me has dado motivo, te digo que me caíste gordo, así, y nos vamos a dar en la madre.

—Pues yo no puedo pelear con usted, es mi superior.

Y ya está sacando un verduguillo que había hecho de una baqueta del mismo fusil, y ahí está detrás de mí. Luego luego entró el subteniente al quite y le dio un pistoletazo con la cacha de la pistola y lo puso en paz. Desde entonces así como que me agarró un poquitín de tirria el muchacho, pero no pasó de ahí. Hasta eso, cuando se ponía mariguano era cuando estaba más pacífico y empezaba a hablar que de filosofía, que de letras, que de teología. Bueno, de cosas que todavía no sé lo que quieren decir. Platicaba en tal forma que no nada más yo me quedaba oyendo, sino que hasta el subteniente mismo, el comandante, se ponían a escucharlo. El comandante era un poco más estudiado y él sí le contestaba las preguntas que el Gorila le hacía, y así estaban mutuamente contestándose preguntas. Pues para mí ya de mucho sentido, ¿verdad? Ése es uno de mis momentos gratos.

Después, Cascos, el Gorila y yo fuimos muy buenos amigos aunque ellos me hicieron que cultivara mariguana. Me hicieron que la cultivara en la huerta, porque a ellos les gustaba fumarla. Y yo la cultivé por la sencilla razón de que lo ordenaron. Claro que el Ejército no lo permite, pero el Ejército no los va a andar cuidando.

Sembraron la mariguana en el último fondo de la huerta, como a unos quinientos metros del cuartel. Las semillas las obtuvieron en paquete; esa hierba viene con todo y semilla. Se reproduce en tal forma que hasta se espanta uno, de una sola semillita salen dos, tres matitas, y ¡qué matas! Ellos me guiaron cómo cultivarla; hice un almácigo, solté bien la tierra, la dejé bien flojita, la regué a modo de que no se ahogara, y así la estuve cuidando. Muchas veces me la llegaron a ofrecer, pero nunca quise aceptar. Ellos sabían perfectamente bien que yo no fumaba mariguana. Bueno, una vez sí la probé. Me dieron un cigarro, Delicados, que siempre ha sido mi marca favorita, mezclado con la mariguana. Le di dos, tres fumadas, y me sentí mareado. Luego sentí la cabeza como hueca, veía a todos en una forma muy extraña y caminaba y sentía que iba en una cosa blandita, que casi ni pisaba el suelo. El cuerpo se me soltó y sentía yo que mis nervios no me obedecían.

Entonces me dieron ganas de hacer una necesidad fisiológica y fui a sentarme detrás de un huizache. Bueno, pues a la hora de pararme, ¡zas!, que me voy para atrás, sobre las espinas, pues todo me espiné. Me dio una risa tremenda de que estaba así en ese estado. Luego me espanté cuando quise escupir y no me salió saliva. Y ellos, yo veía que reían, ¿no? Quería desquitar mi coraje, pero no podía, me sentía muy débil, muy flojo de todo el cuerpo. Entonces me dormí y ya desperté en la madrugada, y había dejado pasar mi servicio en los hangares. Pues me hizo un efecto tan tremendo que fui a parar hasta el hospital. Creo que por eso se me desarrolló el paludismo. Jamás volví a fumar mariguana.

Ya me andaba costando un proceso, porque a Cascos, al Gorila y a mí nos descubrieron en el asunto este de la mariguana y nos arrestaron a los tres. Y yo estaba tranquilo en mi pecho, ¿sabe?, pues me dije: «Si hay justicia, verán que no tengo la culpa». Me hubieran procesado con los otros dos, pero me salvó Cascos. Y por primera vez, y única, hicieron justicia conmigo.

Otro hecho importante, quizás el decisivo de mi vida, fue cuando se vino la epidemia de la aftosa aquí en México. Por Morelia estuvo muy dura. Tan dura estuvo que pusieron a todo el territorio en cuarentena. No entraba nadie, ni salía una gallina o un huevo siquiera. Nosotros nos encargamos de matar las reses enfermas. Si en diez reses dos o tres salían enfermas, las diez se tenían que matar para evitar el contagio. Y por ese motivo los rancheros nos agarraron un odio de los diablos.

El gobierno les pagaba a los rancheros si les mataba a sus animales, pero me duele reconocerlo, no les pagaban lo que valían. Si una yunta valía 2.000 pesos, no les pagaban ni 1.500. Los rancheros estaban muy disgustados por esto, y siendo gente que no entiende de razones, agarró represalias contra nosotros, porque aplicábamos el rifle sanitario, pero eran órdenes superiores.

Una vez salimos a caballo Daniel Ramírez, Francisco, Crispín quién sabe qué, no recuerdo su apellido, y yo. Íbamos como cuatro o cinco individuos. Nos había tocado franquicia y pedimos caballos prestados para ir a San Pedro a tomar, que un refresco, que un raspado, en una palabra a buscar lo que uno quisiera. Teníamos que presentarnos a lista de seis.

Se nos hizo un poquitín tarde y ahí vamos con los caballos, a galope tendido. Al llegar a un lugar que le dicen Barranca del Diablo, que empieza una balacera, ¡pero de esas sabrosas!, la primera que me tocó en mi vida. Nos estaban tirando con puro treintatreinta y máusers 7 milímetros. Pues nosotros, a correr, pero cayó un muchacho y a otro lo mataron. Yo les gasté un balazo, un rozón de bala en la pierna.

Ya estaba oscuro y ellos estaban parapetados detrás de los árboles. Nada más veíamos los fogonazos de sus armas. ¡Y a correr se ha dicho!

Daniel y yo regresamos a ver a los que habían caído. Uno de ellos pues estaba bien pelado, como dicen por Veracruz, bien muerto. Pues, a dar parte al cuartel. Y dice el subteniente:

—A ver, ármense, hágase un pelotón.

Aunque yo estaba herido le pedí al subteniente que me dejara acompañarles, pero él dijo:

—No, a ti que te atiendan.

—Pero si no es nada, mi subteniente, con un pequeño torniquete y ahí queda.

Aceptó y ya fuimos. ¡Qué íbamos a encontrarlos ya!, ¿no? Nada más fuimos, recogimos a aquel compañero y anduvimos indagando por ahí. Como a los cuatro meses los agarramos.

Había rancheros que tenían cientos de cabezas de ganado. En las noches, a sabiendas de que si los sorprendíamos se les decomisaba todo el ganado, lo sacaban de sus propiedades y lo iban a meter por allá por la sierra, para evitar que se lo mataran. Estaba yo de servicio una noche. Tenía que andar por el campo cuidando que no anduvieran animales en las pistas de aterrizaje. El campo tiene como 4 kilómetros de largo por 3 de ancho, si no exagero.

Estaba en una de las cabeceras haciendo mi ronda, cuando oí un mugido y un tropel de patas. Inmediatamente que voy a dar parte al cabo, pero no estaba, se había ido a comer. Entonces que agarro el reflector, uno inmenso que había ahí, y lo enfoqué y vi una polvadera de los diablos. Y ahí voy, corre que corre:

—¡Alto ahí!, ¿quién vive?

—Yo, mi soldado, no vaya usted a disparar.

—A ver, páreme ese ganado ahí.

No, pues si ya habían pasado todo el ganado.

Digo:

—Pues ya el ganado no se lo puedo decomisar, pero a usted sí lo puedo detener. Acompáñeme.

—No, hombre, mire, mi soldado, que...

—Bueno, ¿por qué se lleva usted ese ganado? ¿Usted es cuatrero, o es suyo, o qué? Si me dice que es suyo no se lo voy a creer, porque si fuera suyo, no es hora para que lo lleve en esa forma.

Dice:

—No, mire, es mío, nada más que en realidad hay ahí unas reses enfermas en mi rancho, y sí, ésas las vamos a matar, de seguro. Pero las demás están sanas y no quiero que me las maten porque el gobierno no me paga todo lo que debe de ser.

Pues estuvimos ahí alegue, y alegue, y alegue.

Total, que empezó por ofrecerme 100 pesos.

—No, señor. Yo no puedo aceptar ningún centavo de esos 100 pesos. Si quiere usted dárselos a alguien puede usted darlos de multa, o le sirven para salir de ahí.

—Pues le doy 300.

—No, señor.

Total, me llegó a los 500 pesos. Primera vez en mi vida que tenía una cantidad de dinero así. Pasó. Ya para esto, el ganado pues ya se había ido y se fue el ranchero aquél.

Y luego viene el cabo.

—¿Qué novedades hay, soldado?

—Pues, ninguna novedad, mi cabo.

—¡Cómo no!, ¿no vino usted hace rato?

—Ah, pues sí. Con la novedad de que... este... pues, andaban ahí unas reses, y quise detenerlas, pero pues alguien las espantó y... ya no.

Dice:

—No, no, no. A ver, vente.

Pues el cabo, colmilludo, ¿no?, al fin viejo en el Ejército, se sabía todas las tretas. Pues sí, yo no podía engañarlo a él. Me llamó aparte, y dice:

—¿Qué, de qué se trató?

Y pues yo ya comprendí que era imposible estar mintiendo, ¿no?

—Pues, mire, mi cabo, pasó esto: un fulano lleva su ganado, y ya pasaron, los dejé pasar.

—Pero cómo los dejaste pasar. ¿Pues que no sabes tus consignas?

—Sí, mi cabo, pero él me dio una consigna mejor. Me dio 100 pesos.

—No te hagas pendejo —dice—, ¡cómo 100 pesos! Está bien que eres un escuincle, pero por 100 pesos no te vas a echar un proceso.

Le digo:

—No, mire, para serle franco, en realidad me dio 200 pesos.

Ya como que medio me creyó, pero siempre me alegó todavía, ¿no?, mis deberes y que había yo faltado.

Bueno, total, que dice:

—Bueno, a ver, dame 100 pesos y ahí queda entre tú y yo, nada más.

Éramos tres soldados, más bien dicho, dos soldados rasos y el cabo. Y dice el cabo:

—Pensándolo bien, dale 50 pesos a aquél para callarle la boca.

Digo yo que fue el momento decisivo en mi vida porque si yo no hubiese dejado pasar a aquel hombre y si no hubiera aceptado aquel dinero, yo no me hubiera convertido en un calavera. Esta cosa se repitió por dos veces más, pero ya la tercera vez me dieron 2.000 pesos. Todo ese dinero que yo recibí era para que yo, ya que había hecho una cosa mala, pues por lo menos tapara un poquito el ojo al macho, ¿verdad?, y ver de invertir el dinero más sabiamente. No, me agarré a dispararle a los amigos de tomar, y andar con mujeres. Todo lo boté. Por eso es que le digo que el momento decisivo de mi vida, porque no supe aprovechar esa ocasión, que si hubiera sabido, no tuviera el remordimiento aquel de haber faltado a mi deber de soldado.

Me gustó mucho la vida del Ejército. Casi llegué a cabo, pero no seguí. No sé por qué, será que tengo una sangre muy pesada, o será por mi color, que a cualquiera le caigo mal, ¿verdad? Y otro cabo, precisamente me traía a mí entre ojos. Cada rato me quería arrestar por una cosa injusta, y luego luego solicito hablar con mi mayor. Ya llegamos con mi mayor y él expone sus razones y yo las mías. Y agarraba el mayor y veía que era una cosa injusta y rompía la boleta.

—Váyase a su servicio —me decía a mí. Así como cinco o seis boletas me presentó, y bueno, nunca me pudo arrestar. Y siempre me traía entre ojos.

Y se trató que ya los últimos meses, más bien dicho, la última vez que practicamos la lucha cuerpo a cuerpo, por desgracia me toca a mí de compañero aquel cabo. Nada más estábamos haciendo un simulacro, pero aquel cabo no estaba simulando absolutamente nada. Y dice:

—Póngase en guardia.

Yo inmediatamente me puse en guardia y embracé mi arma prevenido a parar los golpes que él me tirara; pero tenían que ser nada más fingidos, ¿no?

Pero éste no lo hacía así. Dos o tres cambios de golpes los hizo así, simulados, pero ya como al cuarto o al quinto entonces sí que me tira un fondazo. Lo bueno es que ya habíamos tenido unas clases de esgrima y pude pararle el golpe, a la izquierda, con mi arma; así es que su hombro me vino a pegar aquí en el pecho y ya quedamos así.

Y le digo:

—¡Qué pasó, mi cabo, se mandó usted ahorita!

—¡Pues luego, hijo de la chingada!, ¿pues qué no te das cuenta? Ponte vivo porque si no te voy a matar.

Ya no me dijo más el cabo. Agarré mi arma así nada más, le di media vuelta y con la culata de mi fusil le pegué en la barba. Me dio tanto coraje cuando él me mentó la madre que me dieron ganas de matarlo. Cuando le pegué fue mejor que me dio las espaldas, porque el golpe que le di fue tan bárbaro y duele mucho por muy leve que sea. Quise yo meterle la bayoneta por atrás, pero solamente Dios me pudo detener. Luego luego reaccioné y dije: «No, Roberto, ¿qué vas a hacer?» Si le hubiera metido la bayoneta lo traspaso ahí como mariposa. Entonces nada más me concreté a darle un piquete en las nalgas.

Vio esto el subteniente y luego luego tocaron el silbato, la señal de parar, ¿verdad? Alto total para todos y sin moverse nadie de su lugar. Y va el subteniente:

—¡Qué hiciste, muchacho pendejo!

—No, mi subteniente, que aquí, que el cabo... Si yo no me he puesto abusado, lo que le hice yo a él, él me lo hubiera hecho, y no en esta forma, sino peor.

Dice:

—¡Cállese la boca! Todavía no sabe ni lo que está brigando, pero comoquiera que sea, usted sale perdiendo. ¡Desármese!

Me quité mi fornitura y mi casco y puse mi rifle en el suelo, y dije: «Ahora sí, Negro, te vas a morir en la cárcel». Y dice él:

—Véngase, acompáñeme.

Al cabo, luego luego que:

—¡Camillero!

—llamaron a los camilleros; los enfermeros lo curaron, no era una cosa grave en realidad.

A mí que me acompaña el subteniente, lo acompañé, más bien, y me dice:

—Mira, muchacho, ahorita si te detengo te vamos a procesar, y por lo menos te dan de ocho a diez años de cárcel, por esta insubordinación.

—Está bien, mi subteniente, yo estoy dispuesto a recibir mi castigo, lo que yo merezca, pero también pido que se me escuche.

—Comoquiera que sea tú te insubordinaste a un superior. Es más, vete mucho a la tiznada —y que agarra y que mete la mano a su guerrera y saca y me da veintitantos pesos—. Vete, y que Dios te acompañe, porque no me creo capaz de...
—por regla, por ley, le pertenecía detenerme a mí. Para mí fue una acción tan noble que hizo, que pues nunca acabaré por agradecérselo, porque ahorita todavía estuviera yo en la cárcel, por muy bien que me hubiera ido.

Entonces salí del Ejército sin papeles y sin nada, y me faltaron cinco meses para cumplir mi servicio de tres años. El Ejército no es que sea informal, es que uno hace el contrato por tres años y no pueden dejarlo salir sin haberlos cumplido. Así que yo no tenía derecho de salir como salí. Está penado por la ley y ahorita puedo decirme prófugo. Yo lo lamento bastante el haber salido de esa forma, ¿verdad?, porque mi intención era haber salido bien.

Cuando estuve en Morelia me hice de novio de una muchacha que me quiso, me adoraba, y cuando yo me vine para México, cuando me deserté, pasé a despedirme de ella. No debía de haber hecho eso porque ella me insistía que me la trajera conmigo. No le importaban las condiciones en que yo pudiera tenerla, nada más lo que quería era estar conmigo.

En un principio le mentía, le decía que me habían dado mi traslado a México, pero al ver las demostraciones que ella me estaba haciendo, me obligó a decirle que yo iba a desertar y que no podía yo ofrecerle absolutamente ningún porvenir seguro. No obstante eso ella me dijo:

—No me importa eso, quiero estar contigo —desde luego tuve que dejarla. Siempre ha sido un fracaso mi vida amorosa, con excepción de esta muchacha. Ella sí me quiso.

Manuel y su esposa Paula —que en paz descanse— vivían con mis hermanas cuando regresé. Mi papá se quedaba en casa de Lupita porque Antonia todavía no estaba bien. Llegué a ir algunas veces por ver a Antonia, pero luego mi papá me dijo que qué tenía yo que andarme parando en esa casa a dar lata. Y luego una vez supe que Lupita dijo que cada vez que iba a su casa me le quedaba mirando en una forma muy especial a sus hijas. Me dolió mucho, me ofendió, y ya pocas veces volví a ir.

Algunas veces pedía prestada una bicicleta y me iba a un bar que estaba cerca de casa de Lupita. Tomaba un sorbo de mi cerveza y me asomaba a la puerta a ver si salía Antonia a comprar las tortillas, el pan. Ya sabía yo, más o menos, a qué horas andaba ella por ahí, y nada más con verla y dejarme ver por ella con eso me consolaba. Una vez anduve con la bicicleta por ahí y ella salió de la vecindad a la tienda que está enfrente a comprar unos cerillos. Yo traía cigarros, traía cerillos —dos cajas— pero no hallé otro pretexto de acercarme a ella más que ir a comprar cigarros.

Agarré mi bicicleta y hasta me fui en sentido contrario, y cuando llegué cerca de ella hice la parada del águila. Ella estaba en la puerta de la tienda y se me quedó viendo así, de reojo, y yo me le quedé mirando, así, de lleno. En ese momento le dieron sus cosas y se quedó allí por un momento; yo esperaba que me dieran rápido mis cosas también, para salirme. Rápido me fui y a propósito hice que me viera que me paraba ahí en el bar; pedí de nuevo una cerveza y ahí estuve.

Me hizo daño, me acusó con mi papá y dijo mentiras. Le dijo que yo le había echado la bicicleta encima y que cada rato na'más la andaba molestando. Ya después, alguna otra vez la volví a ver; después pasó una temporada larga y ella volvió a Bella Vista.

Mientras, conocí a mi cuñada Paula mejor. La conocí cuando mi hermano la llevó a presentar a mi papá. Él le hizo una advertencia muy seria a Paula, le dice:

—¿Ya te llevas en cuenta, muchacha, que éste es un canalla, es un vago, es un güevón que no sabe hacer nada?

¡Qué reprimenda le dio mi papá a mi hermano! Hasta yo me estaba sintiendo chiquito, de veras. Paula estaba muy apenada y pensó que mi papá tenía un carácter muy fuerte.

Después me encontré con que ya iba a ser tío. Y nace Mariquita, blanca, con ojos azules. ¡Qué gusto me dio! Dije:

—Hasta que se me hizo tener una de ojos azules en la familia.

Mi papá la bromeaba:

—Oye, Paula, ¿qué no habría por ahí algún engaño? —yo también le decía:

—¡A mí también se me hace que éste es contrabando!

—¡Pobre Paula! Ahora comprendo que nunca debía haberlo hecho. Se ponía roja, verde, amarilla, ¡de todos colores! Pero al poco tiempo se le pusieron sus ojos cafeses como los de Manuel.

Mi hermano empezaba a fallar en el trabajo, y no daba gasto suficiente a mi cuñada. Entonces mi papá se hizo cargo de Paula y de los niños que nacieron uno tras otro. Yo le daba a mi cuñada dinero para medicinas cuando se enfermaban los niños, o para zapatos, o vestidos, o sencillamente le daba su domingo. Nunca me dolió hacerlo. Mi hermano —más desobligado que nunca —siguió sus juegos de baraja, de dominó. Yo también juego, pero aún a la fecha, cuando se ha tratado, no me gusta jugar con mi hermano, porque siento que estamos en pugna.

Yo no comprendía, ni me afané yo a pensar, por qué mi hermano tenía dos mujeres a la vez. Una vez vi a Manuel con su gran amor, Graciela, y le dije:

—Oye, Manuel, ¿qué es tu novia?

—Sí... ¡No!, es una amiga.

—¡Qué amiga ni qué nada! ¡Pobre Paula, cómo la engañas!

Nunca pude saber si ella se dio cuenta, pero parece que sí, porque nunca falta alguien que le venga a decir a la esposa que el esposo la engaña.

Una vez estaba yo enfermo del incordio, del que me operaron, estaba yo en la casa y mi hermano le puso la mano encima a Paula. ¡Ay, cómo me dolió! Me paré cojeando, y todo para apaciguarlo, hasta lloré esa vez. Y Paula fue muy buena, mucho muy buena. Esa mujer lloró por mí, porque supo que yo hacía calaverada y media, que a cada rato me andaba peleando con cuchillo, con pistola, o a pedradas, o a patadas. Me decía:

—Mire, Roberto, Dios no lo quiera, el día menos pensado usted queda por ahí, y qué va a ser de su papá. Usted está joven, es fuerte, tiene una vida por delante, un porvenir muy grande si usted quiere labrárselo, pero ya, por favor, no haga tantas travesuras.

Me hizo prometerle que ya no iba a pelear, pero eso era imposible en mi colonia.

Todavía traía yo mi uniforme y me daba mala fama y me buscaba pleitos. Era sabido que el Ejército estaba lleno de vicios y a los soldados no se les quería. Al segundo día que estuve en la casa me metí en un pleito cuando fui con Consuelo a comprar el pan. No faltó un lépero que le dijera algo a mi hermana. Yo voy de acuerdo con florear a una dama, ¿no? Decirle: «adiós, chula», «adiós, muñeca», «qué preciosos ojos tiene usted», «qué cuerpecito tan lindo», cosas así, decentes. Pero eso de que «adiós, mamasota, qué buena está usted», o me dicen «adiós cuñado», no lo paso.

Lo miré muy feo y le menté la madre y ahí empezó el pleito. Con la mirada se puede decir más que un loro huasteco lépero, y es una de las cosas que me han causado pleitos. Bueno, fui boxeador en el Ejército, pero cuando volví a casa me consideraban como profesional.

Era muy rápido con los puños y me decían Atila. Luego empecé a usar navaja y herí a varios. Si por mí fuera no pelearía, pero tengo que desquitarme de todos esos condenados.

Muchas veces estuve en dificultades por mis hermanas. Como siempre las cuidaba cuando estaba yo en la casa. Dos veces sorprendí a Marta en la calle con este Crispín y la reprendí. Mi hermana era muy chiquilla todavía y él no me parecía bien. Él era más grande que ella, ¿verdad?, y ya me parecía más maduro y por que conozco esa clase de fulanos. Consuelo también me causó varios dolores de cabeza por la forma que bailaba y coqueteaba. Una tarde Marta no regresaba, y yo, buscando a Marta por todas partes, y preguntando discretamente a amigos... Me sentía desesperado pensando lo que le podía haber pasado a mi hermana, cuando me asaltó el pensamiento de que hubiera podido irse con alguien. Yo me sentía culpable por no haber sabido cuidar a mi hermana, y anduve buscando toda la noche para arriba y para abajo. ¡Toda la noche me martirizó!

Al día siguiente la encontré con Crispín. ¡Qué coraje me dio! Y él con ese aspecto medio burlón que tiene. Todavía no me explico por qué no le hice nada a ese muchacho. A ella le pegué porque comprendí que mi hermana ya no era doncella. Yo le dije que ya era mujer de mundo, y que debían casarse y respetarlo y serle fiel. Ella dijo que él le había prometido que se iban a casar, pero nunca jamás lo hicieron.

¡El infeliz desgraciado! Era muy celoso, ¡incluso conmigo tuvo celos! Una vez fui a visitar a mi hermana a su casa. Bueno, me senté a la orilla de la cama y mi hermana estaba al lado mío. Yo tenía la playera fuera del pantalón. Y llegó por ahí su hermana y se nos quedó viendo en una forma... No sé qué le diría a Crispín pero sé que me estaba tachando de una infamia. He hecho cosas tremendas en mi vida, pero tanto como para rebajarme a ese grado de bestia, ¡no! Cuando la vi le dije:

—Mire, señora, agradezca que estamos en la casa de mi hermana y que usted es mujer, pero si usted sigue insinuando cosas voy a tener que romperle la madre.

—No, que no le hables así a mi hermana.

—¡Tú vas y chingas a tu madre! Pero no vayas a tomar represalias con mi hermana por esto, porque tú llegas a tocar un pelo de mi hermana y eres hombre muerto; tienes tus días contados.

Así le dije y se lo dije de corazón.

No podía soportar al fulano porque había engañado a mi hermana. Me dolía mucho ver lo que le había pasado. Si hubiera estado en mi mano —y voy a sonar como un irracional— lo hubiera matado tan fácilmente como lo digo, porque él no es un hombre. La comadrona se equivocó cuando dijo que era hombre.

Cuando Antonia vino a vivir a Bella Vista tuve más dolores de cabeza. Estaba yo trabajando de barnizador, entraba a las siete y nos daban media hora a las diez de la mañana para salir a almorzar. Un día llegué y discretamente pregunté por Antonia a Enoé, la sirvienta. Me dijo que se había arreglado y había salido. Me dio mucho coraje y a la vez un presentimiento...

Para esto, días antes, se había prestado para que la retrataran en un estudio, porque le anduve pidiendo un retrato. Pensé que habría ido a recoger las fotos, así que decidí caminar hacia allá. Tomé un cuchillo porque ya sabía yo por dónde me iba a meter, por ahí hay gente del bajo mundo y sé cómo se las gastan.

Cuando de pronto vi a Antonia que venía del brazo con Otón. Di como tres o cuatro pasos, como ciego, no veía nada, se me nubló la vista; y sentí que la sangre se me bajaba a los pies, y se me enfrió el cuerpo. Sentí muy feo, pero seguí caminando automáticamente. Antonia alcanzó a verme y aventó a Otón a un lado. Para esto yo a él ya le había advertido que no anduviera con mi hermana.

Yo le dije:

—Mira, no creo que tú le convengas a mi hermana, porque sé de qué pie cojeas, eres igual a mí, o peor, y no me conviene que andes con ella. Yo creo que mi hermana merece algo mejor. Para la próxima vez no te voy a hablar por la buena; para la próxima vez ya va a ser en otra forma.

Se lo dije sinceramente, de corazón, porque sabía que mi hermana nunca iba a ser mía y quería algo mejor para ella. No estaba yo equivocado con respecto a Otón, porque ahora es un drogadicto de primera marca.

Antonia es de muy pocas pulgas, y dice:

—¡Ultimadamente, a ti qué te importa!

Pero me vio tan enojado que cuando le dije que se fuera para la casa, se fue derecho caminando. Luego le pregunté a Otón si andaba «ensillado», porque yo sí andaba y debía defenderse.

—No, Roberto. Espera, ten calma, escucha... tu hermana y yo somos novios; yo le hablé y ella me ha correspondido.

—No te hagas pendejo, Otón. Tú agarras a una mocosa y tú ya eres un hombre baleado, así de que haz favor de dejarla en paz. Y pues de una vez, ¡ponte en guardia! —y le enseñé la cacha del cuchillo.

—Mira, sí traigo con qué, yo también, pero no es para tanto... Por una mujer no debe uno pelear; no valen la pena.

Ya no aguanté más y le tuve que dar un puñetazo. ¿Que mi hermana no valía la pena? ¡Ella valía más que la pena! Él no quiso aceptar mi pelea y entonces yo regresé a la casa.

La regañé y le dije que Otón era un calavera, que fumaba mariguana, que se inyectaba morfina, que robaba, que asaltaba... No era cierto en aquel entonces, le dije de más tratando de desanimarla. Y dije más de lo que hubiera querido decir:

—Tienes razón, Tonia —le digo—, veo claro que es una necedad, un imposible lo que yo siento en mi corazón por ti.

Ella siempre se dio cuenta de mis sentimientos, y fue cuando ella dijo:

—Vaya, hasta que lo comprendes mejor.

—Sí, veo con toda claridad que no es posible nada —cambié la plática y le pedí que olvidara lo sucedido y me dedicara una de sus fotografías. Me quedé con cuatro.

Esa noche me dio una desesperación muy grande y quería morir. Yo me esperaba que Antonia le dijera a mi papá. Entonces agarré un vaso con agua y vacié dos inyecciones que me encontré y me las iba a beber. No sentí miedo de morir, pero Dios me iluminó el pensamiento y me arrepentí. Tiré todo a la basura. Al día siguiente andaba yo que no me calentaba ni el Sol.

Bueno, después que perdí el amor de Antonia —para mí así lo comprendí— fue cuando me acerqué a Rufelia. Ella se dio cuenta de lo que yo sentía por Antonia, porque lloré amargamente el día que Antonia se fue a la calle de Rosario.

Rufelia entró y me dijo que no llorara, que comprendiera que no estaba bien. Entonces le dije que todo lo que le había platicado de Antonia era nada más para llamar su atención. No supo qué decirme y quedó de darme su contestación.

—Mañana domingo le digo, Roberto.

Siempre he sido muy impaciente y yo ahí en la esquina esperando... Entonces llegó Otón, el ex novio de Antonia, y me dijo:

—Vente, Negro, vamos a jugar baraja.

Entonces me sentí muy macho, y dije, bueno, para que vea que yo también sé de todo; y nos pusimos a jugar baraja ahí en la esquina. Pero eso influyó en ella para que me rechazara.

Me dijo que no, que yo era un hombre pobre, que qué podía ofrecerle. Que ella tenía novios que le daban y le cumplían todos sus gustos, pero yo qué... Entonces yo tenía como 1.000 y pico de pesos en la bolsa porque días antes había arrebatado la bolsa de una dama muy encopetada en el hipódromo. Por un momento me dieron ganas de enseñarle el dinero, pero pensé: «Lo que ella busca es el dinero, el interés, no el amor». Y me fui muy decepcionado.

La familia de Rufelia era como el resto de nosotros cuando vinieron por primera vez a Bella Vista. En un tiempo cuando ellos eran pobres llevaban muy buena amistad especialmente con nosotros. Seguido, la mamá de Rufelia nos mandaba pedir dinero prestado para el gasto; que el peso, que el tostón, que los 2 pesos, que los 3, que los 10; nosotros, a la vez, le pedimos centavos prestados. Pero luego el papá de Rufelia dejó su trabajo como ayudante de chofer y se dedicó a componer refrigeradores. Entonces él empezó a subir económicamente. Los hermanos de Rufelia asistieron a la secundaria y los papás comenzaron a arreglar su casa. Primero una estufa de gas, luego el comedor, la tele, literas para que durmieran los muchachos... hasta que se volvieron los Rockefeller del patio. Y conforme fueron subiendo fueron dejando de hablar a las demás gentes. No digo que hayan estado obligados a hablarme porque yo alguna vez les hice algún favor, pero tampoco me explico el por qué ellos dejaron de hablarme sin ningún motivo, llegaron a insultarme, a ofenderme, o a desconocerme del todo. Yo no me explico el cambio tan radical en ellos. La única explicación es que dicen ellos que son mejores que yo, más educados. Por eso Rufelia me rechazó.

Por el tiempo que le andaba hablando a Rufelia, cosas extrañas pasaron en Bella Vista y me las achacaron a mí. Alguien puso sal y ajos en los quicios de las puertas de Rufelia, y de Angélica Rivera y de otras, y empezaron a decir que era yo que quería hacerle daño a Rufelia porque no me hacía caso y crear discordia entre los vecinos. Cosa que en realidad solo existió en la mente de esas gentes porque yo nunca llegué a hacer eso.

Una mañana Rufelia y su mamá, y la mujer del carnicero, sorprendieron a la señora Chole, del 93, recogiendo de la puerta de su casa la sal y los ajos, y fue directamente a mi casa y las dejó ahí en el quicio de la puerta. La oyeron decir:

—¡Negro jijo de tu chingada madre! ¡Vete a hacer esto a quién sabe quién! Y ¡ojalá se te pudran las nalgas!

Yo no me explico por qué hizo esto. Esas gentes del 93 nunca hablan con nadie y desde un principio noté que no me ven con buenos ojos.

No creo en brujerías, a pesar de que he andado en partes en que se practica aún la brujería. Nunca he practicado eso de las pociones amorosas y todas esas tonterías que los incautos compran. Aquí en la capital los muchachos hablan de brujas y amuletos, pero de broma, ¿no? Entre mi palomilla no creen.

Pero sí he sabido de personas que han llegado a enfermar porque les han hecho daño. Mi papá, por ejemplo, o un hombre que conocí en Córdoba; su señora lo embrujó y lo volvió idiota, le clavó alfileres a una foto de él y la tenía enterrada en su parcela. Era muy bragado este señor, un hombre de pelo en pecho. Una vez nos llegamos a balacear los dos por alguna dificultad que tuvimos. No bebía, no comía, nada más se le iba en estar sentado en la puerta de su casa. No se despegaba de su mujer y le daban accesos de locura; se quedó como idiota completamente.

Otro hombre que conozco lo tiene dominado la mujer. Ella le grita, y hasta llega a pegarle, y se sabe que lo tiene embrujado. Porque no se puede explicar en otra forma. En Chiapas me contaron que cuando una mujer le quiere hacer daño a un hombre le da agua de coco a beber. Se dice que la mujer se lava la parte vaginal cuando está menstruando y mezcla el agua con que se lavó en el café y se la da a beber al marido. Una vez que toma eso queda completamente dominado bajo el poder de aquella mujer.

Después que me contaron eso ya no quise tomar cosas líquidas, ni nada absolutamente en la casa en que estaba, porque había una tehuana que se enamoró de mí. Se cuenta que cuando las tehuanas se enamoran le hacen algo y así esté en China va al lado de aquella mujer. Me metieron esa espinita, y por eso traje por algún tiempo un pedazo de oro en la boca.

Yo siempre llegaba a eso de las dos de la tarde, las tres, a comer cuando no trabajaba. En una de tantas ocasiones llegué y Enoé estaba lavando. Nunca me ha gustado que las sirvientas me sirvan mis alimentos, se me hace que se humillan mucho; siempre me he servido mis cosas. Agarré y me serví sopa de arroz, frijoles y guisado. ¡Y a comer! Enoé estaba lava y lava, y no sé, pero su movimiento de caderas me llamó mucho la atención. Muy despacito me fui atrás de ella, me agaché y le vi las piernas. Pero ella se dio cuenta y dice:

—Ay, condenado Negro éste, ¡malhaya sean tus gracias! ¡Sácate de aquí! —y que me echa agua.

—Ay, qué tiene, ¿o no le gustaría un negrito así, feo, feo, pero con más suerte que dinero?

Dice:

—¡Vete mucho al carajo!

Luego me recosté en la cama y ella se puso a planchar. Empezamos a platicar y no sé cómo vino al caso que ella me pidió 20 pesos. En realidad yo no tenía ni un peso en la bolsa, pero me atreví a ofrecerle 10. Y ella dice:

—Bueno, nos vamos a hacer eso, pero no se lo vayas a decir a nadie.

—No, Enoé.

Entonces yo ya estaba muy excitado, porque aquélla me había aceptado. Cerré todas las puertas y cuando yo creía que ya estaba a punto de decir ya está bien, se arrepintió e hizo burla de mí. Dice:

—¡Cómo crees! Tú ya estás como tu papá, que luego me anda por ahí arrejolando en la cocina.

Cuando me dijo que mi papá la pretendía, después de que tanto desié a esa mujer, la odié de veras, por no haberme advertido desde un principio y haberme dado cabida a seguir adelante. Me dio mucha más pena que coraje, me quería morir...me dio asco de mí mismo, pero a la vez esta señora imbécil nunca jamás se atrevió a decirme que mi papá andaba tras de ella también, porque para mí mi padre falta un punto para que sea un santo.

Una vez estaba yo sin trabajo y fui a Chapultepec. Llevaba yo 20 centavos en la bolsa nada más. No era la primera vez que andaba yo sin dinero, pero por desgracia se me presentó la ocasión de hurtar dinero y no quise desaprovechar. Sucedió que estaba un individuo ahí en la terraza del Castillo de Chapultepec, medio tomado, por no decir bastante; estaba muy trastornado. Tenía su saco —andaba trajeado—, pero la falda del saco le quedaba alzada y la cartera la tenía de fuera. Hubiera sido fácil retirarme lo más rápidamente posible de ahí. No importaba que a aquel individuo otro lo robara, ¿no? Me detenía aquella tentación ahí, y pues sin más ni menos, le saqué la cartera y me fui. Traía 500 pesos, y para haberme visto sin un centavo, bueno, pues...

No sé qué me impulsó a hacerlo. Será que desde chiquillo me ha gustado lo ajeno, o no sé. En realidad, gustarme, no me gusta, pero hay veces que como esa vez no me pude contener. No robaba para comprar lujos, o acumular una fortuna; lo gastaba todo en borracheras. Lo hacía por diversión, y para tener con qué apoyar mis historias con los muchachos.

No, a mi padre nunca le he dado dinero mal habido. De mi trabajo sí, aunque no como debe ser, pero sí le he dado.

Admito que la primera vez que caí en la Penitenciaría fue mi culpa. Anterior a este golpe ya había tenido otros, pero nunca como éste. Estaba yo trabajando en una candelería artística, y el maestro, patrón mío, festejaba su santo. Fui con otros dos muchachos compañeros de trabajo —Pedro Ríos, alias el Tigre, y Hermilo— al taller y nos tomamos unas cervezas, unos pulques y nos retiramos, pero ya un poco mareados.

Nos subimos a un camión y nada más iban dos o tres pasajeros; nosotros nos sentamos al fondo. A mí me dieron ganas de fumar, como siempre cuando tomo, parezco chimenea, nada más estoy fuma, y fuma, y fuma. Les pedí un cigarro al Tigre y a Hermilo, pero no tenían. Entonces se me hizo fácil pararme y pedirle a los que iban en el camión que hiciesen el favor de venderme un cigarrillo. El primero me dijo:

—Mire, no tengo, y si tuviera no se lo vendía, se lo obsequiaba.

—Muchísimas gracias.

Y me retiré. Y así fue, agarré y no le dije nada, ni tenía por qué ofenderlo, ¿no? Pero sucede que cuando me reúno con mis amigos me dice el Tigre:

—¡Ah, qué hijos de su chingada madre!

Entonces yo le hago la segunda y le digo:

—Es más, ahí muere. Ahorita nos bajamos por ahí a comprar unos cigarros.

Para esto, al mentar la madre el Tigre, se dio cuenta un pasajero y se sintió ofendido y se vino directamente a mí y me dice:

—¿A quién le mienta la madre, hijo de la chingada? ¡Tras de que vienen de gorrones todavía le echan a uno brava!

—No, señor, yo no l'echo brava absolutamente a nadie. Es más, estábamos platicando mis amigos y yo, pero si usted se ofendió, entonces dése por ofendido.

—No, ¡hijo de la chingada! —y se me viene encima. Y vi que se me venía, hice por pararme, pero me sentó de un puñetazo. Y al sentir el puñetazo en el rostro me enojé y entonces me levanté a darle también. Hermilo y el Tigre se pararon a separarnos, pero el señor se puso más necio todavía. De un puñetazo lo hice que se agachara y cayeron sus lentes al piso y se hicieron añicos. Total, que le rompí la nariz.

Para esto hizo una parada el camión y se bajaron todos los pasajeros. Entonces se para el chofer y dice:

—A ver, hijos del…¡qué traen ustedes! No sean montoneros, ustedes son tres contra el señor.

Su hijo del chofer iba sentado junto a él. Y le dice:

—A ver, agarra la cajuela y dame la pistola que está ahí.

Al oír de armas estando en pleito me exaspera a mí más de la cuenta, me saca de quicio, en una palabra. Y le digo:

—Pues anda, hijo de la chingada, nada más saca lo que tengas y te mueres aquí.

Iba yo a sacar de mi ropa el cuchillo, no traía yo nada, nada más para hacerle al envite, a ver si se me adelantaba, porque así hay muchos que son muy gritones y nada más les saca uno a relucir el cuchillo o la pistola y se hacen para atrás. Pues como guste y mande, pero nos llevó a la Quinta Delegación y ahí nos encerraron. El Ministerio Público nos mandó llamar a uno por uno para rendir nuestra declaración. Anotaron nuestra declaración y nos encerraron a Hermilo y a mí. Me alegré de que dejaran ir al Tigre, aunque me extrañó. Le dijimos que avisara a nuestro patrón para que viniera a pagar la multa, pero se fue a su casa a dormir.

Al día siguiente vinieron unos con lápiz y papel y a gritos preguntaron si alguno quería que llevaran un recado a sus casas. Si arrestan a uno y no tiene tiempo de avisar a su familia, estas gentes lo hacen, pero se aprovechan cuando llegan a las casas y piden lo que se les antoja. Cuando nuestro patrón llegó a la Delegación ya nos iban a mandar al Carmen. No pudo pagar la multa inmediatamente y acabamos en la Penitenciaría.

Nunca en mi vida había yo estado en la cárcel... ni siquiera a visitar a un amigo. Me acusaron de lesiones, por lo de la nariz rota, y de daño en propiedad ajena, por los anteojos. Por eso nos mandaron a Hermilo y a mí por tres días. Era muy dura la vida allí. Tiene uno que ser de veras valiente para no asustarse en ese lugar. Cualquier reo que entra empieza por pintar sus huellas y dar sus generales. Eso es la primera vez. A la segunda, pasa uno a que lo registren a ver si no lleva uno entre su ropa mariguana, cocaína, algún cuchillo o cosas por el estilo. Lo hacen a uno desnudar ahí en el patio.

Tan pronto como nos metieron nos empezaron a robar, comenzando por los guardias. No se imagina la expresión de codicia que tienen en la cara cuando lo revisan a uno. Uno de ellos gritó en el momento en que entramos:

—¡Ya parió la leona!

—queriendo decir que un montón de «primos» había entrado. Desgraciadamente nos habíamos puesto nuestra mejor ropa para la fiesta.

El guardia nos ordenó desnudarnos, insistió que nos tenía que registrar... que estábamos en una sala de justicia... ¡justicia! Cuando nos estábamos vistiendo, uno de ellos dijo:

—A ver, déjame ver la camisa. Y luego:

—Me gusta la camiseta. Pásamela.

—No, amigo.

—¡Pásala!

Y me gustara o no, me quitaron mi camisa y mi pantalón y me dieron unos relingos a cambio.

La tercera vez se pasa a una galera, donde están todos los presuntos delincuentes 72 horas para saber si es que los dan bien presos, o los dejan libres y pueden salir, bajo comisión, o bajo fianza. Las celdas son un cuartito que tendrá dos metros de ancho por dos de fondo, tres metros de alto. Las paredes son planchas de acero y el piso de cemento y una puerta de acero con una ventanita. Todo el personal ahí está militarizado, desde los guardias hasta el último preso. Exigen disciplina militar y por eso se usan títulos: mayor, que es el rango más alto, capitán, y todos los otros rangos que hay en el Ejército. Preguntan:

—¿Vas a pagar por la talacha? —es decir, la limpieza, porque hay brigadas que constantemente hacen la limpieza.

O «entra uno derecho», esto es, paga luego luego, o si no tiene dinero dicen:

—Podemos esperarte a que tengas visitas.

—Si más tarde no les da uno dinero le hacen la vida imposible.

Si desde el principio no va uno a pagar, lo mandan a los baños y fumigan su ropa y lo hacen a uno sufrir el agua helada. Después lo pasan al vapor. Pasamos por todo esto pero ya no hicimos talacha porque nuestras familias pagaron 10 pesos.

Al tercer día nos llamaron y nos dieron nuestra boleta de bien presos. Hermilo se quiso tirar de la reja y matarse. Yo quería hacer lo mismo pero no tuve valor. Tuve que vigilarlo constantemente porque si no se hubiese tirado.

Teníamos mucho susto. Yo me sentí absolutamente perdido. No era muy religioso pero tenía fe en la gracia de Dios y la Virgen de Guadalupe. Prometí que si salía iría caminando descalzo desde la Peni hasta la Villa; prometí regalar mis zapatos a uno de los presos como sacrificio y también prometí ir a Chalma. Bueno, a última hora, antes de que pasáramos a galeras, Consuelo llegó con unos papeles para firmar. Ni siquiera los leí, ¿sabe? Ella trabajaba con unos licenciados e inmediatamente se puso en movimiento. A las seis nos soltaron, provisionalmente, bajo fianza. Teníamos que ir a firmar cada semana.

Regalé mis zapatos y salí descalzo. La familia de Hermilo estaba afuera esperándolo. Nadie vino a esperarme, pero no me importó. Caminé hasta la Villa, pidiendo limosna para dar al sacerdote. No reuní mucho, pero me dio mucha satisfacción darlo todo.

Ir a la iglesia es un alivio para mí. Antes de ir siento una carga muy pesada sobre mis espaldas, y sobre todo sobre mi conciencia. Y en el último rincón —porque nunca acostumbro entrar hasta adentro— ahí solito con mis pensamientos y mis oraciones, me encierro en mí mismo. Aunque haya mucha gente, cientos de fieles, yo me siento solo, y para mí no hay nadie más en la iglesia, más que Dios y yo... Cuando salgo hasta siento la ropa más ligera. Por eso si no voy a misa cada ocho días no me siento bien.

De regreso a mi casa me daba vergüenza salir al patio. Toda la vecindad sabía lo que había pasado. Para algunos quizás era yo un héroe, pero para la mayoría era yo una deshonra. Una noche estaba yo tomando el fresco. El señor Teobaldo, el carnicero que vive en el 67, pasó por ahí. Él y los otros carniceros y sus esposas son muy peleoneros y han amedrentado a medio mundo. El cuñado de Teobaldo, que vive en el tercer patio, es un verdadero criminal con un largo historial en prisión. Nada más lo miraba uno y se le paraba a uno el pelo. ¡Me asustaba a mí!

Pero no me asustaba Teobaldo, que se creía un valentón, un maldito. Un día nos tiró a mí y a los muchachos con municiones y siempre que llegaba tomado viene echando escándalo y pateando la puerta, y todo. Y que nadie se le quede viendo feo, porque ya se puede considerar hombre muerto.

Y esa vez que estaba yo allí estaba tomado.
—Buenas noches, Negro.
—Buenas noches, señor Teobaldo.
—¿Qué chinosas hay?
—No, ahí estoy tomando un poco de aire fresco.
—No, no, no. ¡Una chingada! Tú tienes una movida chueca, pero ay cargón, si acaso llegas algún día a tratar de meterte con mi familia o a mi casa, dímelo, y ahorita mismo te mueres.
—Mire, señor Teobaldo, yo siempre lo he respetado a usted y a su familia. Ahorita usted está un poco tomado, y es por eso que usted se atreve a decirme eso, pero en su juicio

no se atreve usted a hablarme en ese tono, y mucho menos a hacerme esas acusaciones. Mejor váyase usted a acostar. Mañana que esté usted en su juicio si quiere seguirme insultando, lo puede hacer, y entonces ya yo podré contestarle.

—A mí me importa una chingada. Yo sé que tú eres el amo y señor de este patio, pero conmigo te vas a dar tres pelones. Tú serás un maldito, habrás estado en la Peni, habrás matado dos o tres, pero conmigo no vas a poder. ¡Para mí vales una pura y celestial chingada! ¡Eres un ojete!

Entonces sacó un cuchillo. Esto y sus groserías tan ofensivas ya eran demasiado, así que saqué mi 38 automática. Si no hubiera salido su esposa yo creo que ya no hubiera yo podido aguantar más. Atrás de él me hizo la seña de que estaba loco, y se lo llevó.

Fue el único vecino de nuestro patio que trató de provocarme pleito. Y un pleito con ese señor reza muerte. Me provocó en varias ocasiones y hasta me acusó de haberle robado unas gallinas a su cuñada, pero yo no quise nada con él.

No me había olvidado de mi promesa de ir a Chalma, así que me estuve preparando. Salimos con Manuel, Paula y sus dos niños; Dalila y su hijo Godofredo; la mamá de Paula, Cuquita: el esposo de Cuquita; el hermano de Paula, Faustino; y no recuerdo quién más. Empezamos a caminar y sucedió una cosa muy chispa. Como ni mi hermano ni yo llevábamos lámpara para aluzarnos nos guiamos nada más por la voz de un señor que llevaba lámpara y que iba a la cabeza de los peregrinos. Entonces si alguien decía, «que es por este lado», por ese lado jalaba la gente, y nosotros nos íbamos a «la voz del pueblo», como quien dice.

Y llegó el momento en que en lugar de subir por el pedregal nos desviamos muchísimo y nos llevaron a campo traviesa. Había un sembradío de habas y por ahí atravesamos. Total, que alguien dijo:

—No, por aquí no es el camino —cuando quisieron hacer alto ya nos encontrábamos a la mitad de un cerro y la luz aquella que nos guiaba sencillamente desapareció. La gente empezó a hacerse cruces, diciendo que no era cosa buena lo que nos había guiado, que había sido una bruja que trataba de hacernos daño.

Yo andaba uniformado todavía, y mucha gente, pues no sé, les dio cierta seguridad mi uniforme. Empezamos a tomar la voz de mando mi hermano y yo. Dijimos que ya no nos moviéramos de ahí porque iban varias criaturas y convencimos a la gente de que esperáramos ahí hasta que amaneciera a fin de poder explorar el camino.

Mi hermano y yo nos dedicamos a cortar ramas secas para una fogata, para que las señoras que llevaban niños no pasaran frío. Se formó un círculo y en medio se pusieron a las mujeres que llevaban niños, porque se corrió la voz de que la bruja nos quería hacer daño porque se llevaban niños en la peregrinación. En realidad si hubiéramos seguido más adelante, quién sabe, porque como a cincuenta metros de donde paramos empezaba un voladero. Yo ya no me acordaba de este camino, hacía muchos años que no iba yo a Chalmita, desde que había fallecido mi mamá. Bueno, ya amaneció y vimos el camino, y cuando la gente vio el voladero, más convencida estuvo de que era una bruja la que nos guiaba.

Cuando mi mamá vivía recuerdo que sí llegaron a agarrar una bruja. Toda la gente decía:

—¡Que la quemen!, ¡que la quemen!

Decían que se había chupado a dos niños que habían encontrado junto al río, muertos y sin sangre. Y la quemaron con leña verde en la plaza. Hicieron una hoguera, que vi; y oí gritos tremendos, y me dijeron que era cuando estaban quemando a la bruja ésta, pero ya no me dejaron verlo. Había mucha barbarie en esos días. Quizás aquella mujer no haya sido culpable, quizás haya sido inocente, no sé, pero así la ajusticiaron.

Pues volviendo al punto de cuando fui a pagar mi primera manda... Cuando llegamos al Santuario había ya mucha gente y no había ya lugar donde dormir. Tenía uno que pagar hasta por dejarlo a uno dormir fuera de la casa, y por allá hay mucho alacrán, muy venenoso. Mi hermano y yo hicimos un tejado con una sábana y ahí nos acostamos todos. Pero cuando eso estábamos haciendo, por la pared bajó un alacrán, y no sé en qué forma, ¡hombre!, no había necesidad para que ese alacrán picara a mi hermano. Estábamos todos muy asustados, porque dicen que alacrán que pica a un hombre y no se atiende rápido en cuestión de cinco minutos es hombre muerto. Y mi hermano estaba trabándose ya de las mandíbulas.

Le dijeron a mi cuñada, que por cierto estaba embarazada, que pusiera saliva en el lugar donde le había picado el alacrán, porque se cree que cuando la mujer está encinta su saliva es más venenosa que el propio veneno del alacrán. Y yo decía: «¿Y ora qué hago, Dios mío?», pues no sabía qué hacer.

No faltó quién dijera:

—¡Llévenlo al molino corriendo!

Pero dije yo, si lo hago correr ahorita, circula más rápido su sangre y entonces el veneno corre con más rapidez. En el molino, el dueño vende una preparación contra las picaduras de alacrán. El molinero es el único que sabe cómo se hace y nadie sabe de qué está preparada. Nada más se la toman y ven cómo las alivia y ni siquiera tienen curiosidad de preguntar qué es aquello. Entre otro hombre y yo llevamos a mi hermano hasta el molino y ahí le dieron una pócima amarga, amarga. Dice mi hermano que «amargaba a rayos», pero se alivió, aunque se sentía un poco mareado. Yo, ya viendo que él pudo hablar y despegar sus quijadas, me contenté, ¿no?, porque han muerto muchas personas del piquete del alacrán que no pudieron llegar al molino a tiempo.

Caminé de rodillas desde la primera puerta del Santuario hasta el altar. De momento me sentí apesadumbrado, abatido, pero empecé a rezar con todo el corazón. A cada oración que terminaba no me faltaban ganas de llorar. Ya estando al pie del altar del Señor, clavé mi cabeza y lloré. Ya no me sentía yo cansado, ni triste, ni apesadumbrado. Di gracias al Señor por haberme escuchado y di un corazoncito de plata y unas veladoras, y dejé unos centavos de limosna. No creo que Dios necesite de esos centavos, pero es una satisfacción muy grande darlos, porque le pueden servir a un mortal que esté más necesitado, porque la Iglesia se encarga de repartirlos.

De regreso nos agarró una tormenta. ¡Y nos dimos una mojada! Las mujeres, y los niños, todos nos mojamos pero si hasta los huesos. Y todos chorreados, friolentos, hambrientos, llegamos a México y cada quien se acostó.

Y me sentí con más fuerza, con más vigor al otro día, y hasta con más ánimo para salir al patio. Eso sí, me empezaron a preguntar todos —curiosidad morbosa de mis amigos— que cómo era la cárcel por dentro, cómo se habían portado conmigo.

Y aunque no me gustó, de buena o mala gana, les estuve dando pormenores con la intención de prevenir a algunos para que no robaran, pelearan, y así por el estilo.

Y volví con la palomilla... siempre había algo que hacer. Durante la Semana Santa, el Sábado de Gloria, los muchachos juegan y echan agua uno al otro, bañan a los transeúntes, y bueno, un desbarajuste. Y no me diga cuando se juntan dos o tres palomillas. Imagínese a cincuenta o cien individuos haciendo eso... Es una tradición que data de años, pero a veces hacen abusos. Ya no avientan agua, sino piedras, y rompen los cristales de los autos, de los camiones, de los escaparates. Y habemos muchos que nos enojamos, porque da mucho coraje eso, ¿no?

Una vez un Sábado de Gloria llegó la policía a desbaratar un lío que se hizo ahí por las calles de Luna. De un jeep se bajan tres policías a querer aplacar a más de ciento y tantos individuos. Y ande que por ahí son algo picosos todos, o por decir braveros, ¿verdad? Y bueno, pues que se quisieron llevar a uno y que por una azotea que le echan la primera cubetada de agua al jeep. Eso fue el principio del fin para los policías, porque a la primera cubetada siguieron otras con naranjas, jitomates, limones y uno se mandó demasiado con una piedra tamaño familiar contra el parabrisas del jeep... Y que corretean los policías al muchacho aquél y mientras agarraron otros el jeep y lo voltearon, y otros se metieron entre los policías y el muchacho para que éste tuviera tiempo de escapar, y tal como fue, escapó.

Y luego vieron los policías su cucaracha ahí volteada, y más bravos que un león los condenados, pidieron refuerzos. Vinieron cuatro jeeps con policías. Cuando llegaron, todos muy santos con su aureola, pues nadie hizo nada, claro. Y no agarraron absolutamente a nadie.

Otro día que me gusta celebrar es el 24 de junio, día de San Juan. Se acostumbra abrir los baños y balnearios a las dos de la mañana. A esa hora ya hay nadadores por dondequiera, no importa el tiempo que esté haciendo, la cuestión es la tradición. Se empieza a nadar a las dos de la mañana y se sigue todo el día. En Bella Vista se acostumbra dar tamales y atole, y echar peras y claveles en la alberca para que los saquen los mejores nadadores y buceadores. ¡Y es un relajo también el que se arma, que cállese la boca! Concurre tanta gente que aunque no se quiera, va usted nadando, ¿no?, y al dar una brazada ya no mete usted la mano al agua, sino al seno de alguna dama. También en los balnearios grandes va mucha gente y se hacen desmanes. Y hay mujeres que van especialmente ese día a que las manoseen. Van con el parapeto de que van a nadar, ¡muy deportivas!, y en todo el año no van un día. Pero eso sí, el 24 de junio, ahí las tiene usted.

Hombre, pues lo que más me ha gustado siempre, lo que más he gozado y he sido más feliz es cuando estoy practicando mi deporte favorito, la natación. Y también el ciclismo, y la cacería. Y cuando los he practicado es cuando más feliz he sido en mi vida, porque, ¿cómo le diré?, ahí es donde me siento, por lo menos por el momento, me siento alguien, que me tienen en cuenta. Porque yo siempre me he sentido ignorado. Y claro está que debe de ser así, porque, ¿quién soy yo para que el mundo tenga su vista fija en mí?

La cacería he tenido muchas oportunidades de practicarla en Veracruz con mis tíos. Hemos ido a tirar al tigre, al jabalí, al venado. Una vez me vi perseguido por los jabalíes, y si no hubiese sido por unas peñas, este negrito ya estaría rezando allá con San Pedro... si tan buena suerte me tocaba.

Otra vez fui invitado por un amigo a Putla, que es un lugar al que hay que llegar caminando tres días en la serranía y no hay quien hable una palabra en español, puro «popoloca». La gente allá anda tapada con un puro taparrabo, y no hay malicia ni maldad. No crea que me lo creen como yo digo y si lo digo es porque lo he visto. La gente de por allí no conoce la palabra miedo. En Putla no cazan lagarto como forma de trabajar de los indígenas, sino porque les causa mucho daño a su ganado. No duré mucho allí, pero estuve feliz. Siempre que salía a mis aventuras tenía cuidado de llegar a tiempo para firmar en la Delegación. Estuve firmando por espacio de cuatro meses, y entonces me agarraron preso de nuevo.

Mi segunda vez en la cárcel fue horrible y todo se debió a una confusión. Sucede que en septiembre de 1951 andaba yo en Chapultepec cazando pajaritos con una resortera. Andaba yo matando tórtolas porque desde pequeño las he comido con mucho gusto. Por desgracia me vieron dos guardias y me llamaron. Y ahí fui, y ni modo de decir que no andaba haciendo nada malo, porque es castigado tirar a los pájaros. Fui y les dije:

—No me perjudiquen, porque si es por esto, tiro la resortera.

Traía yo como 2 pesos; les ofrecí este dinero y no lo aceptaron.

Uno de ellos dijo:

—Oye, se parece al que andamos buscando.

Yo no le di importancia a esto, porque como estuve en el Ejército sé las tretas para distraerlo a uno. Y me dicen:

—Acompáñenos.

—Para esto, uno de ellos ya me tenía atrás encañonado con su arma y el otro con la bayoneta en la mano. Me dio mucho coraje... siempre que me sacan un arma... ¿será por miedo?

Si yo hubiera sabido lo que me esperaba, no hubiera aceptado, pero como no lo sabía se me hizo fácil. Llegamos frente al intendente y me dice:

—Nos volvimos a ver, ¿eh, amigo? ¿No se acuerda de cuando se me echó a correr?

Y le dije:

—Me está confundiendo.

—¿No te acuerdas? Y por cierto... pareces un venado. ¡Amárrenlo!

Y un soldado trajo una reata y me amarró de las muñecas.

—Súbanlo al torreón.

Esto era en el mismo Castillo, y me amarraron al barandal de una escalera de caracol. Me echaron el lazo alrededor de mi cuerpo y para que no anduviera me pasaron las reatas por las rodillas. Tenía yo bastante coraje y los soldados nada más se reían. ¡Si serían buenos con un hombre solo y hasta amarrado!

Me acusaban de que era el autor de varios robos; mangueras, alambres, faroles, y de muchas cosas que, según ellos, allí se habían extraviado. Querían obligarme a que me declarara culpable, y mil veces me preguntaron por las cosas que faltaban, y cómo las había sacado, y adónde las había vendido; infinidad de preguntas que siempre recibieron una respuesta negativa. El mismo soldado que me amarró me echó la soga al cuello, y la jaló duro deteniéndose en el barandal. Solo alcancé a decir:

—Jijo de la... y perdí el sentido, pero no caí en el suelo. Solo clavé la cabeza por un lado.

Y eran las nueve de la noche y yo amarrado como verdadero criminal y echándoles ajos y cebollas a todos. Y me decía uno de los soldados:

—Ay cuate, se están encajando contigo. Yo no creo que ni a los grandes criminales les han puesto centinelas de vista amarrados de pies y manos.

Le dije:

—Aflójame un poquito aquí en las manos.

Y dice:

—Bueno, sí puedo, pero no debo hacerlo.

—Creo que el mismo intendente reconoció su falta. Me preguntó si tenía hambre y mandó traer unas tortas y café. Pensé que siquiera me irían a desamarrar para tomar el alimento, pero el mismo soldado me las dio en la boca.

Llegó entonces la patrulla; me desamarraron del barandal y me llevaron a la intendencia. Y dije:

—¡Ay chirrión! Qué bueno que llegaron ustedes, porque me han castigado duramente y no sé ni por qué.

—Eso es mentira —el intendente dijo.

—¡Cómo va a ser mentira si lo acabo de desamarrar, y tenía bien marcadas las muñecas y no sentía nada, las tenía bien dormidas!

Me llevaron a la guardia de agentes en la patrulla, y de ahí me llevaron a la Sexta Delegación. Ahí levantaron un acta, pero a mí no me preguntaron absolutamente nada. Se agarraron escribiendo en la máquina, y no sé qué tanto escribirían. Me querían hacer firmar aquella acta que según ellos era mi declaración. Yo no había abierto la boca más que para dar mis generales y nada más.

Después les dije que si me permitían leer lo que iba a firmar, ¿verdad?, porque yo sé que se debe leer una cosa cuando se va a firmar. Pero ellos no quisieron. Y entonces me dijeron:

—¡Firmas, hijo de la chingada, o te vamos a calentar!

—Pues hagan ustedes lo que gusten, pero primero déjenme ver qué es lo que voy a firmar.

—Ahí paró la cosa. Entonces me metieron a los separos.

El separo es un cuarto como de unos cuatro metros por seis, con excusado. Pero no puede llamarse excusado, porque aquello es una porquería, un muladar. Ahí se me acercó uno de los mismos presos que la hace de capataz porque es el más gallo para los puñetazos o los fierrazos, como dicen aquí, ¿verdad? Se me acercó y me dice:

—¿Qué te pasa, qué te comiste?

Le digo:

—No, nada, dicen que robé unas cosas.

Dice:

—No, mira, no te chivees, aquí habla derecho, aquí estás entre pura broza. Me estaba hablando en caló. Yo el caló lo entendía desde mucho antes, y para no sentirme como extraño, empecé también a contestarle en caló, porque así debe ser la cosa. Porque si yo le hubiese contestado correctamente...

Dice:

—Aquí es la casa de los inocentes, porque aquí todos llegamos y no hemos hecho nada.

—No, hombre, de veras, derecho, no me he tragado nada.

—Bueno, ahí muere. Entonces vas a pasar para la veladora.

—Sí, hombre, cómo no.

Hay la costumbre de que aquel que llega debe depositar 1 peso, 2, 5, 10 centavos —según sus posibilidades económicas— para comprarle una veladora a la Virgen. Porque siempre hay un altarcito confeccionado por los mismos presos, delincuentes empedernidos o que por primera vez hayan caído. En la Penitenciaría hay una celda especial convertida en una capillita, con su altar y velas que arden día y noche. Un padre viene cada semana a decir misa y uno de los presos tiene a su cuidado el altar de la Virgen.

Entonces el cabecilla se me acercó y dice:

—Pasa para acá la billetera.

—Solo traigo 20 centavos.

Y le dice a su lugarteniente:

—A ver, pásalo a la báscula.

Esto quiere decir que me esculcaran de pies a cabeza. Y lo que en la vida no me ha gustado, allí tuve que soportarlo. Protesté, pero ni modo. Les di los veinte, y ya no me pidieron más.

La comida en la Sexta es horrible. Le dan a uno café con lo que ellos llaman leche, y es solo agua pintada. No hay nadie que lo distribuya, cada quien se sirve de la olla. Al primero le toca café limpio, mientras que al último lo que queda después de que todos han metido la mano con mugre y todo, ¿no? Algunos no tienen taza para sacarla y usan cualquier botella de refresco.

Hubo necesidad de que me peleara yo ahí dentro por la sencilla razón de que aunque todos dormíamos en el suelo, unos amontonados sobre otros, había quien tuviera su lugar de preferencia. Y, ¡ay de aquel que se vaya a acostar a aquel lugar sin su permiso! Siempre escogen los mejores lugares, o sea los apartados del excusado. Hay quien duerme, ya no parado, sino sentado sobre la taza del excusado.

No se puede dormir, porque hay un olor hediondo que no lo soporta uno. Bueno, lo soporta, pero solo Dios sabe con qué sacrificio. Dichoso aquel que puede tener el lujo de una cama hecha de periódicos, o el superlujo de una hoja de cartón para echarse encima. Así es que yo me fui a sentar a uno de aquellos lugares de preferencia de uno de los más gallos de ahí. Y que llega y me patea y dice:

—Ese bato, párese de ahí.

—¡Ay! ¿Y por qué? ¿Por qué crees que me voy a parar?

—¿No? ¡Pues te vas a parar, o de chuladas nos vamos a aventar una sopa!

Y luego luego nos empezamos a agarrar a puñetazos. El capataz, o sea el que me pidió dinero para la veladora, dijo que si no se calmaban —porque ya todos empezaron a gritar y hacer lío— él iba a entrar en funciones y a cual más le iba a partir la boca.

—Déjenlos que se avienten un tiro sabroso los dos y que sea parejo.

Total, no puedo decir que gané ni que perdí, ¿verdad?, salimos parejos, porque la pelea la paró el capataz. Y después dice:

—Miren, este muchacho demostró que es derecho y es valedor, así es que el que se quiera meter con él ahora, se las va a ver conmigo.

Y ya no se volvieron a meter conmigo, ¿verdad? Entonces me dije: «Bueno, ya pasé este trago amargo, ya nadie me va a molestar».

Pero qué equivocado estaba yo. Me volvieron a molestar, pero ya no los presos, sino los agentes. Había yo pasado seis días en la Sexta Delegación; aquí en el Distrito Federal su solo nombre es sinónimo de tortura, de tormento que pocos aguantan. Me castigaron los seis días; a tres golpizas diarias; por desayuno, una golpiza, por comida otra, por cena otra, y como postre, en la madrugada, otra.

Esto lo hacían con el fin de que yo les dijese dónde había yo vendido las cosas que —según ellos— yo había hurtado del Castillo de Chapultepec; cosa inexacta, ¿verdad? Pero aquí la policía emplea esos métodos para que alguien se confiese culpable aunque no lo sea. Porque las golpizas que le proporcionan a uno pues siempre son duras, ¿verdad? A mí me golpearon muy fuerte en el estómago y creo yo que por eso quedé delicado desde entonces.

La primera vez que pasó, se oyó: Zas, zas...

—¡Roberto Sánchez Vélez, a la reja!

Todos los que estaban ahí, por desgracia, eran la flor y nata del hampa de la metrópoli, y ya sabían que cada que llaman así a un individuo, es para que lo calienten —como dicen en caló hasta los mismos agentes— o sea para que lo golpeen a uno. Así es que ya nada más se concretan a verlo a uno y a esperar sus ayes de dolor.

Me agarraron entre tres; en el hampa se denominan el cordero, el verdugo y el pastor. El cordero es el agente que le habla a uno con una voz muy afable y la mejor de sus sonrisas, a fin de que por la buena uno confiese. El pastor es el que está —puede decirse— a la expectativa. Y el verdugo, bueno, pues su nombre lo dice.

El primero, el cordero, me dice:

—Mira, muchacho, no seas tonto. Ya estás adentro, y aquí te puede ir mal. Es más, te podemos matar a golpes, pero eso será si tú lo quieres, y no nos sueltas la sopa. Mira, vamos a ver, queremos que sueltes la sopa y nos avientes unos santos.

Esto de santos quiere decir que le diera yo noticias de otros robos o cosas por el estilo, ¿verdad? Debe usted darse cuenta que desde ese momento me empezaron a tratar como a uno de los peores delincuentes, porque me estaban pidiendo datos de robos de una cuantía enorme y que yo no había cometido.

Ya iba a contestarle al cordero, cuando el verdugo dice:

—¡No te hagas pendejo, hijo de la chingada!

Y me pegó un puñetazo en la boca del estómago. Ya nada más pude doblarme y cubrirme el estómago.

—¡Ah, y te defiendes todavía! No, ni te defiendas —y me hace el engaño por abajo, y me cubro yo abajo, y entonces me pega acá arriba —entre la quijada y la oreja— y así me tenía.

«Ay, Dios mío, aquí sí quién sabe cómo va a estar la cosa. Si me siguen golpeando más no sé si aguante yo. Me declararé culpable con tal de no pasar por estas cosas.» Guardaba la esperanza de poder aguantar aquel castigo, porque, pensé, no será más que ahora o mañana quizás.

Y no, fueron seis días de cuatro golpizas por día. Pero no me sacaron nada.

Así por lo regular eran las «calentadas». Cuando le gritaban a alguien por su nombre, los demás se mofaban gritándole:

—Órale, compadre, ve a que te calienten, porque hace frío.

Y el más templado temblaba porque sabía que le esperaba una buena golpiza. En el transcurso de esos seis días, a los que sacaban —hombres fuertes, hombres hechos y derechos— lloraban. Y siempre, la curiosidad morbosa... En el separo donde me encontraba había una pequeña ventana que, por desgracia, daba al corredor, y desde allí nos subíamos a ver cómo castigaban a los compañeros en desgracia.

Me dieron el castigo del «ahogadito». Consiste en que lo hacen desnudar a uno de pies a cabeza, solo lo dejan en calzoncillos. Y procuran distraerlo, y cuando más distraído está, un golpe al estómago o al hígado, y en lugar de dejarlo respirar, le agarran a uno de los cabellos y lo empinan a uno en un barril con agua —de los que usan para el pulque— y lo sumen. Lo tendrán a uno apenas unos cuantos segundos, pero parecen siglos.

—Ahora vas a cantar —decían. Yo ya no pedía hablar. Y no daban tiempo de respirar, cuando, de vuelta.

Yo se las «mentaba» a los agentes y a todo mundo; les mandaba a ver su árbol genealógico. De todos modos me castigaban. Y ay de aquel que meta las manos cuando lo están castigando, porque entonces el castigo es peor. Hay otros castigos, como el del «changuito». Consiste en desnudar al reo y colgarlo con la cabeza hacia abajo de una viga que está atravesada del techo, haciendo que cuelgue de las corvas. Con un alambre con corriente eléctrica les dan toques en los testículos. Dicen que muchos no resisten y mueren. Hay otro castigo que consiste en prender una parrilla eléctrica y le ponen a uno las manos, palmas hacia arriba, en ella. No exagero al decir esto, porque aunque quisiera exagerar se queda uno atrás de la realidad; no hay palabras para describir lo que ahí pasa.

Después de la Sexta Delegación me llevaron a la Penitenciaría y me pasaron a manos de los juzgados. Un criminal pasa primero por la Jefatura y la Sexta Delegación para su declaración. Los agentes hacen las investigaciones necesarias, y su modo de averiguar consiste en golpear a los individuos y hacerlos confesarse culpables de delitos que no han cometido. Conmigo, gracias a Dios, no lograron nada, porque creo no me castigaron tan fuerte como lo hacen con otros pobres.

¡Cómo se me grabó la fisonomía de los tres agentes! A uno de ellos lo mataron. Si en mis manos estuvieran, sí les daría tiempo a defenderse, no como ellos a mí. ¡Cómo odio a toda la policía uniformada, y no uniformada! Solo con que sepa que representan a la mentada justicia, si a mi alcance estuviera borrar del mapa a todos éstos, los borraba.

Al segundo día de que llegué a la Penitenciaría me sacaron a juzgado. Me tocaba un juzgado federal porque se me acusaba de robo a la nación, o sea robo federal. Así que me sacaron en la «julia», un camión de caja grande, en el cual me sacaron junto con otros individuos a los juzgados de Santo Domingo, en las calles de Cuba y Brasil.

Yo ya no llevaba zapatos, ¿verdad?, eso sí, llevaba un pantalón ya muy raído y una camisa desgarrada, de camisa no tenía más que el nombre. Uno de los mismos presos me la quitó para tener dinero para su «mota». Ahí mismo dentro del penal se vende mariguana, cocaína, heroína, opio, todas las drogas. Ésa es la perfecta vigilancia que hay en el penal. Fíjese nada más si será perfecta, los mismos celadores son los que la meten.

Yo todavía tenía esperanza. Decía: «Dios mío, Dios mío».

Si algo tengo de bueno quizás sea eso, una fe ciega en Cristo, Nuestro Señor. Mi pensamiento quería yo que Dios me permitiera transmitírselo a mis hermanos, a mi familia, a algún amigo que se apareciese de oportunidad por ahí. Y tal como fue; me estaba yo asomando a través de la reja de donde nos tenían encerrados, cuando vi a mi hermano Manuel que subía las escaleras.

Le empecé a gritar, a silbar, y él volteó. Ya se acercó, pero no lo dejaban los policías. Le hablé al comandante de los celadores a cargo de nosotros:

—Mi comandante, por favor. Deme permiso de hablar con mi hermano. Tengo tantos días que estoy incomunicado, es la primera vez que lo veo; no sabían de mí.

—Bueno, está bien. Un momento nada más. Sal.

Y ya hablé con mi hermano. Me llevaba una bolsa de plátanos y un suéter. Claro que renació en mí la vida porque dije:

—Vaya, por lo menos saben que estoy vivo, y si muero sabrán dónde quede.

Me empezó a regañar mi hermano:

—¿Ya ves?, por andar de vago... eso te sacas por no trabajar como mi padre dice. ¡Tú siempre metiéndote en líos!

—Está bien, hermano, ya déjame en paz... por lo menos compréndeme un momento —y empecé a darle pormenores, en pocas palabras porque el tiempo era limitado. Y me dice:

—¿Y qué... ahora cuándo sales?

Le digo:

—Pues no sé. No sé cuándo entré, mucho menos voy a saber cuándo salga.

Entonces nos pasaron de nuevo a las crujías. A mí me tocó en la Crujía A, donde está la flor y nata del hampa. Siempre yo he andado en lo peor, aunque puedo decir con orgullo que tocante al vicio soy «como las aves que cruzan el pantano y no se manchan el plumaje...».

Me tocó ir a una celda hasta el último rincón de la crujía, donde siempre estaba yo en más peligro de salir de pleito, ya sea que me mataran o que matara yo. Para evitar eso le di unos centavos al mayor para que me cambiara a una de las celdas que estaba más cerca de la puerta. Tuve mucha suerte, porque solo éramos ocho. Dormíamos en el suelo de concreto, sucio, sin cubrirnos excepto por lo que teníamos puesto.

Me fueron a visitar mis hermanas, Manuel y mi papá, uno por uno. Mi papá empezó a moverse para ver cómo me sacaba. Y le habló a un licenciado, y pues este licenciado durante siete meses me trajo con que:

—Ahora sí, mañana se va joven...

—No, no, ahora en la tarde se va —me decía otra vez. Y luego en otra ocasión:

—A mediodía sale usted, se va con su familia...que le traigan su ropa, y se va usted con su familia, y derechito a la Villa a dar gracias —y ahí me tiene, esperando aquel momento ansiado. Prometí al Señor de Chalma irlo a visitar de nuevo si les hacía ver que era yo inocente. Día a día se lo rogaba yo, a cada instante, cada momento; cada latido de mi corazón era una plegaria para el Señor. Pues así estuve durante siete meses.

Allí mismo dentro de la Penitenciaría hay asaltantes. Hay individuos que se dedican a asaltar. Son individuos que no tienen visitas, ¿verdad? No tienen familiares, o si los tienen, no los van a visitar, quizás por calaveras. Así es que estos muchachos se dedican a ir al patio de visitas para ver a quién es al que le dejan cosas y después quitárselas.

Una vez fueron a verme mi hermana Consuelo, mi tía Guadalupe, Marta y mi tío Alfredo, que en paz descanse, y me dejaron 5 pesos. Dentro de ese lugar es una cantidad fabulosa de dinero. Aquel que es drogadicto es capaz de matar por esa cantidad. Llegando de la visita, a la hora de ir pasando hacia su celda, nada más se veía que se abría la puerta de una de tantas celdas, salía un brazo y se metían al fulano aquél y desde fuera solo se oían ayes y mentadas de madre. Era porque estaban, como dicen en el penal, «bajando» a aquel muchacho, le estaban quitando su dinero, comida, cosas que le habían dejado sus familiares.

Así es que en aquella ocasión volví a mi celda. El piso no era muy parejo; el cemento estaba en algunas partes levantado y abajo estaba la tierra suelta. Metí allí mi dinero, entre la tierra, y salí para ir por mi ración. Iba yo muy campante con mi comida, cuando un preso de nombre Aurelio me empezó a ver insistentemente. Yo comprendí lo que me podía suceder porque era, es decir es, porque todavía vive, drogadicto nato, el condenado. Yo creo que si le destapan los sesos, en lugar de sesos le sale humo de mariguana. Tiene años de fumarla; lo digo porque él me lo dijo, pues fuimos pues, si no amigos, pero sí compañeros de infortunio, ¿verdad?

Pues Aurelio dice:

—Vas a pasar para mota.

—¡Caray! Me hubieras hablado hace rato y te hubiera yo pasado para tu mota. Mira, si quieres pásame a la báscula; ya no traigo nada. Acabo de repartir ahí con los muchachos, y ahorita bajé a comprar una veladora a la Palluca con el último dinero que tenía.

—No, a ver, ven para acá.

Y me quiere agarrar del hombro, y me doy un sacón. Y dice:

—No, no, ni te pongas arisco.

—Ahora, es más, ni me vas a pasar a la báscula, ni te voy a pasar para mota, ni me vas a hacer nada.

Él entonces que agarra y que pela su fierro y me tira un planazo. Es decir que en lugar de darme con la punta o con el filo, me tiró con el lomo, con la cara del cuchillo. A esto le nombramos cintarazo o planazo. Alcancé a meter la mano y le dio a mi veladora. Siempre ya me enfureció más de lo que estaba. Y entonces se me viene de nuevo encima y me lo quité a como dio lugar, y gracias a Dios que me ayudó y salí adelante. Ni me quitó nada, pero sí me dio un buen susto. La segunda vez entonces sí ya me asaltaron. Iba yo pasando después de la visita a dejar la comidita que me habían dejado cuando me jaló uno y va para adentro el Negro. Ya adentro uno me para el cuchillo en la garganta, y otro por las costillas. Y eran cuatro. Pues entonces, el que tiene un poquito de sentido común, o bueno, si no lo tiene pues se le despierta, ¿verdad?, así que lo mejor era no moverme, y a lo que ellos dijeran.

Dicen:

—Vas a pasar para un toque.

—Bueno, está bien. Nada más déjenme feria para comprarme mi veladora y uno que otro pan.

—¿Cuánto traes de feria?

—Creo que traigo 4 o 5 pesos.

—Te vamos a dar un varo.

Y éstos son mucho muy peligrosos, me consta. Porque, pobres individuos, después de todo los compadezco. Cuando no tienen la droga, sufren mucho —se retuercen, se revuelcan, y ellos dicen que les duele todo el cuerpo, ¿verdad? Por dentro, la sangre sienten que les quema. Un drogadicto es muy conocido porque su fisonomía lo delata a leguas, ¿verdad? Aunque lo niegue, nada más hay que verle el antebrazo.

Bueno, pasó, y me salí más enchilado que un toro, ¡caramba! Pero no pude hacer nada más, porque si yo me hubiese puesto en un plan que se me hubiera subido lo Roberto a la cabeza, entonces iba a quedar peor. Esto no es permitido, ¿verdad?, pero por desgracia hay entre los celadores muchos que aunque vean las cosas se hacen de la vista gorda. En cada crujía hay un garitón en el cual hay un vigilante con una ametralladora Thompson y un teléfono. Y cuando hay pleitos pues el vigilante está viendo y no hace absolutamente nada por evitarlo. Ya no que baje sino por lo menos un telefonazo a la dirección para que manden a alguien a separar a aquellos individuos, porque cuando pelean dos no solo ellos salen lastimados sino los demás en la celda.

A las seis de la mañana, a toque de diana, se paran todos los reos. Suben cuatro pelotones, uno por cada costado, tocando con sus garrotes para que despierte la gente. Gritan los celadores:

—Ora, hijos de la chingada, se acabó la buena vida... a formar y a recibir su atole... ¡y que viva Dios y nunca se acabe la Penitenciaría!

Qué expresiones de fulanos. Para mí, que se acabe la Penitenciaría y todos esos fulanos; de un solo golpe que se acaben todos.

Entonces bajábamos y nos formábamos y el cabo empezaba a pasar lista a su pelotón. Después con el tiempo llegué a ser cabo, así que a mí me tocaba pasar lista a mi pelotón en las mañanas.

—Fulano de tal...—ya todos iban contestando. Yo decía el nombre y ellos contestaban con su apellido. Luego rendíamos cuentas al mayor de todos completos y sin novedad.

Muy bien. Entonces tocaban rancho; nos formábamos todos y recibíamos nuestro desayuno. Nos daban atole blanco de maíz con leche, un bolillo grande y frijoles. Luego bajábamos a instrucción que duraba hasta tres horas. Pocas veces fui a recibir instrucción militar porque me convertí de la noche a la mañana en un influyente, ¿verdad? Pagaba mis listas, o sea daba un peso cada ocho días al mayor de la crujía. Es uno de los presos, pero se encarga de vigilar a todos; con él hay que dar las quejas, lo que uno quiera. Al dar el peso uno ya no tiene necesidad de pararse a las seis de la mañana para tomar sus alimentos y luego salir a instrucción militar. Yo no la hacía porque andaba descalzo dentro del penal.

Entonces vuelven todos a sus celdas, bueno, quien quiera ir; quien no, puede bajar al patio y andar ahí como león enjaulado, nada más vuelta y vuelta. Yo era uno de esos leones.

Daban las doce de la mañana y tocaban reunión y de nuevo a pasar lista. Una vez que pasaban lista, se recibía la ración. Entonces se componía de sopa, guisado, frijoles y pan. De guisado dan carne de res, según ellos; para mí que es carne de caballo. A esa hora está un poco más pasadera la comida. Después de rancho, vuelven a tocar reunión para que se vuelvan a formar y vayan saliendo hacia el campo deportivo para instrucción militar. Otras dos, tres horas de instrucción, y de regreso a las crujías.

Como a las seis vuelven a tocar reunión para bajar la bandera. Después el corneta toca rancho y a recibir el alimento de la tarde; café con leche o atole de maíz, y pan. De regreso en las celdas más tarde se cerraban los pasadores y quedaban todos encerrados hasta el otro día.

El toque de silencio es a las nueve de la noche, pero antes —aún en el día— empiezan los «petroleros», los traficantes de droga. Andan ahí a lo descarado como si anduvieran vendiendo cigarrillos o dulces.

A peso, a peso, sus motas —o a 2 pesos... Y a cuál más, formado ahí:

—Psst, psst... —como llamar a un ambulante cualquiera.
—A ver, pásenme una, ¿de cuál es?
—De la chiva.
—¿De veras es de la chiva?
—Sí, de la cola de borrego.

Ahí formados —aun en el día— empiezan a espulgar su mariguana, para sacarle la semilla. Y forjan sus cigarrillos con papel de estraza, y a fumar ahí, como si fuera la cosa más natural del mundo. Aunque siempre se recatan un poco, por los celadores.

Todo esto es muy penoso. Una cosa que por mucho que se diga, aun exagerando, se quedaría uno corto. Porque en realidad no hay que precisamente sufrirlo, solo con verlo basta para comprender. Las pandillas dentro de la Penitenciaría son las peores que he conocido, porque están compuestas por individuos que ya no les importa el estar libres o el estar presos, el matar o el dejar de matar, ¿verdad? Para pertenecer a una de esas pandillas es necesario que, por lo menos, deba uno dos o tres cabezas. Estas pandillas se organizan dentro de la Penitenciaría, pero aún después se vuelven a reunir en la calle, para andar haciendo atropello y medio.

El jefe de la pandilla no escoge a cualquiera; los va escogiendo a su manera. Callado, va platicando con uno y con otro, y los reos, aunque a la policía no le digan ni pizca —así los estén matando— se platican mutuamente qué hizo uno y qué hizo el otro. Así él los va catalogando y ya cuando se decide a hablarle a alguien, es porque escogió al más calavera de todos.

En mi celda no había pandilla, pero me di cuenta de ellas porque trabajaba en la peluquería de la Penitenciaría como «chícharo» y luego estuve en la panadería. Ahí en la panadería estaban los peores, empezando por mi patrón que era uno de los cabecillas, aunque nunca se metía con nadie. Porque eso tiene el que es cabecilla —cabecilla hasta donde se para— siempre callado, salvo cuando está bajo el efecto de una droga, y eso cuando ya esté muy débil su cerebro; entonces empieza a hacer perjuicio.

Yo oía ahí pláticas, ¿verdad? Por cierto que una vez al patrón mío le dijeron:

—Oye, manda al chavo éste para afuera.

—No, puedes hablar con confianza, es derecho.

Ya se aventó una fierriza con Aurelio.

—Bueno, chavo, usted se va a callar de lo que vaya a oír aquí.

—Sí, está bien.

En realidad no creo haber oído nada de importancia. Hablaban en un caló tan refinado que yo no alcanzaba a veces a comprender las palabras. Estaban planeando una fuga, pero nunca se llegó a realizar.

Una vez que las pandillas estaban formadas eran los amos y señores no solo de los reos, sino hasta de los mismos celadores y hasta de los comandantes. Porque ahí hay quien manda al director del penal, ¡eso ya es demasiado! Es un reo, el Sapo, un individuo que debe 132, 134 muertes. Fue sargento primero —me parece— de infantería y estaba de destacamento, y no sé qué borlote hubo de estudiantes. No se explica todavía la gente qué pasó, pero éste empezó a disparar su ametralladora sobre la multitud, y mató estudiantes como barrer moscas. Por eso es que debe ciento y tantas muertes, aparte de que dentro de la Peni mató a un hampón y a un celador.

Eso de que mandaba al director del penal no lo leí, porque nunca se ha publicado, y tampoco era solo un rumor dentro de la Penitenciaría. Dentro de lo que cabe, él andaba libre ahí dentro, y llegaba el director y el Sapo andaba delante del director, no el director delante de él. Y si alguna cosa no le parecía bien al Sapo —porque se preocupaba porque la gente estuviera bien— decía:

—Hay que hacer esto... hay que hacer el otro... —lo decía como pensando en voz alta, para que lo oyera el director. Y el director cumplía las órdenes del Sapo.

Por cierto tuve varios tratos con el Sapo. Cuando trabajé en la panadería robaba para él manteca, escobetas, y bueno, no me robé a la madre del director porque nunca llegó, ¿no? Yo le entregaba las cosas al Sapo, se las vendía. No lo digo con orgullo, pero las circunstancias me obligaban; si no me hubieran tratado como al más «primo» de todos. En palabras mayores quiere decir pendejo.

Así que le entregaba todo al Sapo porque tenía su tienda dentro del penal; vendía cigarros y otras cosas. Aunque un prisionero no hubiera tenido influencias con el director teniendo dinero puede tener su tienda. Aunque cuesta un ojo de la cara obtenerla. Hay dos hermanos, hombres de pesos, que tienen a su cargo el restaurant Paolo, ahí dentro de la Peni, como el mejor de México.

Sobre la vida sexual... se vive ahí en una promiscuidad de las más bajas, aunque los homosexuales están separados de los hombres. Los homosexuales tienen su crujía al fondo de la Penitenciaría, ¿verdad? Esos hombres —bueno, no sé cómo nombrarlos— tienen barracas de madera nada más. Y ahí hay quién se anda pintando los labios en el día; unos lavan, otros cosen su ropa, otros cocinan, otros echan tortillas, otros florean a los hombres.

Y por desgracia hay individuos que han caído tan bajo que como no tienen mujer para desahogarse, sobornan al guardia —con un tostón, con un peso— para que los deje salir de su crujía, y se van a la «jota», la crujía de los homosexuales. Ahí dentro escoge a la «mujer» que mejor le guste —porque andan vestidos de mujeres aunque cuando hay revista todos se visten como hombres, porque así lo ordena el reglamento, ¿no?

Esto del homosexualismo se me grabó mucho. Un día en la tarde en el parte que se rinde por el micrófono por el mayor de cada una de las crujías, la novedad del día fue... «Con la novedad de que el reo...pasa a castigo a Tres Marías por haber violado al reo...», un muchacho de dieciocho años. Antes en la Penitenciaría había mujeres, en una crujía aparte, y ahí sí no podía entrar nadie. Bueno, no tanto como nadie, porque todo es cuestión de soborno, pero este soborno es más pasadero porque iban a cohabitar con mujeres, ¿no?

Yo nunca llegué a hacerlo. Es mucho arriesgar. El solo hecho de sobornar al guardia y salir de la crujía —si lo sorprenden a uno— amerita que lo manden a uno a Tres Marías. Tres Marías son unas celdas triangulares en un edificio de forma circular, de un solo piso y cubiertas solo a la mitad. Así es que si llueve pues ya se imaginará el frío tan tremendo que se pasa ahí, más si es de noche. El Sol le da a uno de día, y si no se va uno a la sombra. Pero no tiene uno derecho ni de fumar, ni de tener cobija, ni de visitas, ni nada, ¿verdad? Cuando tenía allí unos meses vi a Ramón Galindo ahí en la cárcel. Conocía a Ramón y a sus hermanos desde que era pequeño, aunque él era mayor que yo. Vendían carbón, tenían una carbonería en la calle de Arteaga, y eran tan pobres como nosotros. Empezó después con una bicicleta alquilándola, luego dos, luego tres. No sé en qué artes estuvo, que él de la noche a la mañana cambió la agencia por una tienda. Se hicieron de una casa como para gente decente y se dedicó a prestamista. Se dedicó a prestar con módico 20 %, tiene su coche y maneja miles de pesos; le ha ido muy bien.

Conoció a mucha gente del bajo mundo en la tomadera. Era muy tomador, muy briago; se quedaba tirado en las calles. Pero hizo el juramento de jamás volver a tomar en la vida; hasta ahorita lo ha cumplido y le ha ido muy bien. Luego se dedicó a comprar «chueco» discretamente de la gente que él más o menos comprendía que era «maciza», y se convirtió en el más rico del vecindario.

Estaba en la cárcel porque mató a un ruletero en una riña callejera. Cuando llegué a verlo allí era maestro instructor de defensa personal, y no sé cómo vino a hacerse maestro instructor de los celadores y de todo el personal que tiene a su cargo la Penitenciaría, y salió ligado con el Servicio Secreto. Se convirtió en agente del Servicio Secreto y siguió de comprador de chueco; yo fui su brazo derecho alguna vez.

Bueno, y en los siete meses que estuve en la Penitenciaría aprendí también un poco tocante a los amigos. Porque aquellos que me profesaban amistad fuera, y cuando yo tenía dinero me andaban siguiendo por dondequiera, cuando estuve en desgracia no recuerdo que uno solo se haya parado a visitarme, ¿verdad? Ni siquiera un saludo me mandaron con mis familiares. Aprendía que amigos en el mundo son muy pocos los que hay y es muy difícil dar con uno que sea sincero.

Al fin salí libre después de tantas veces que me decían iba a salir. Era una de tantas veces que me llevaron a juzgado en la «julia». Me peiné y medio arreglé, pero siempre descalzo y sobre todo con el traje de rayas, muy denigrante, parece uno cebra. Llegué al juzgado; ahí estaban mi hermana Marta y mi papá. Me dice el licenciado:

—Se va usted libre. Hemos comprobado que usted no es el culpable, ya agarramos al culpable. Así que haga usted el favor de dispensarnos.

—Señor licenciado, ¿usted cree que con una disculpa se van a borrar siete meses de sufrimiento que yo he pasado aquí; no nada más yo, sino la pena moral que le di a mi familia, y sobre todo la marca que me dejaron para toda la vida?

—No, no, no. Tampoco se ponga en ese plan, porque si no entonces sí se queda.

Y no me quedó más remedio que callarme, porque de haber seguido tenía yo mucho que decirles a todas las autoridades. Así que salí a los siete meses, libre, con esa disculpa de: «Dispense usted, agarramos al culpable».

A mi papá le costó 1.200 pesos que le estafó el licenciado, porque en realidad no devengó esos honorarios. Un asunto como el mío era sencillo. Porque en primera yo no tenía el cuerpo del delito. Dos de los testigos de la parte acusadora contradijeron a los otros tres. Estoy de acuerdo en que cuando uno comete una falta debe ser castigado, pero a mí me acusaron en falso.

Antes de que cometieran esta injusticia conmigo creía en la ley. Después ya no. ¡Si esto es justicia, qué será la injusticia!

¡Siete meses se robaron de mi vida! No es que esté amargado, pero odio todo lo que representa a la ley. La policía y el Servicio Secreto son ladrones con licencia. Por cualquier cosita lo golpean a uno. Siempre estoy listo a enfrentarme con ellos, por eso es que cuando hay alguna huelga o un pleito, me uno, sin preguntar el motivo, solo para tener una oportunidad de darle a la policía. Y cuando matan a un policía, no precisamente me siento feliz, pero siento que le dieron su merecido.

No hay ley aquí, solo la de los puños y la del dinero que es lo que más cuenta. Es la ley de la selva, la ley del más fuerte. El que es económicamente fuerte puede reírse. Comete los peores crímenes y es una inocente paloma ante los jueces y ante la policía porque tiene dinero. ¡Pero qué diferente es para un pobre hombre que comete una ofensa ligera! Lo que me pasó a mí no es ni una milésima parte de lo que ha pasado y sigue pasando a otros. En realidad no sé lo que es justicia, porque nunca la he visto.

Si hay infierno, allí en la Penitenciaría está el infierno. Estar en un lugar de ésos no se lo deseo ni a mi peor enemigo. Seis muchachos de Bella Vista han estado en la cárcel, pero solo uno era un verdadero criminal. Los otros, como yo, se metieron en dificultades por pleitos y mala suerte. No digo que no merecía que me dieran una lección, porque aunque me acusaron de algo que no hice, he hecho otras cosas. He sido un mal hijo, un mal hermano, un mal tomador... estoy convencido que necesitaba un castigo, pero nunca me quejaré bastante de que me encerraron injustamente.

México es mi patria, ¿no? Y tengo por México un sentimiento muy especial, un cariño profundo, sobre todo por la capital. Para mí tiene una libertad de expresión y sobre todo una libertad para hacer cualquier cosa que uno quiera. Me es más fácil ganarme la vida aquí en México que en cualquiera otra parte de la República... aun vendiendo pepitas uno se mantiene. Tocante a los mexicanos no tengo muy buena impresión que digamos. No sé si esté equivocado, o será porque yo soy el que me he portado mal, pero me parece que aquí no existen los buenos sentimientos.

Aquí estamos como ya he dicho con la ley del más fuerte. Aquí al caído nunca lo ayudan, al contrario, si pueden herirlo más todavía, lo hunden. Nunca dejan sobresalir a nadie, tratan de hundirlo. Yo no soy un ser inteligente que digamos, pero en mi trabajo he sobresalido un poco... he llegado a ganar unos centavos más que los demás. Cuando mis compañeros de trabajo se han dado cuenta de ello me han hecho una política tremenda y me hacen quedar mal con las empresas. Y no falta quien diga que o que robó, o que mató, o que anda en malos negocios, o que esto y que lo otro.

¿Será también por la falta de cultura que hay aquí en México? Hay tanta gente que no sabe ni siquiera escribir su nombre. Pero dicen que ha llegado la época del constitucionalismo. Eso es nada más una palabra rimbombante y bonita, incluso yo no sé ni lo que quiere decir. Aquí se vive por la violencia... homicidios, robos, asaltos. Hay que vivir muy deprisa y constantemente en guardia.

Me dejaron salir como a las dos y media de la tarde. Me fui directamente a la Villa a dar gracias a la Virgen. Avisé a mi familia que tenía la promesa de ir a Chalma. No fue precisamente en la fiesta del Señor y fui solito. A mi tía Guadalupe le dije, y me dice:

—Sí, hijo, cumple en todo lo que tú puedas.

—Fui caminando descalzo desde Santiago a Chalma, serán unos 30 o 35 kilómetros. Y caminé, y caminé y caminé. El camino se me hizo pesado porque había llovido y estaba lodoso como chicle y las piedras por dondequiera se me enterraban.

Yo no les hacía caso, no me dolía. Yo nada más llevaba la mira fija de cumplir con el Señor y no renegar de nada absolutamente. Al contrario, si más escabroso hubiera estado el camino, hubiera sido mejor, porque entre más sufría yo dolores físicos más satisfecho me encontraba yo. Bueno, ésa es la razón de las mandas para mí. A la ida me sentía yo apesadumbrado, me sentía desesperado; una vez que llegué ahí sentí un gran alivio.

Un tiempo después, me aprehendió la policía porque dejé de firmar por mi primera falta, durante los meses que estuve preso. Cuando se deja de firmar tres veces consecutivas, la compañía afianzadora da parte al Servicio Secreto. Creo que esto es anticonstitucional, debería tener sus agentes privados, y no de la judicial. Bueno, salí luego luego. Me quedé por aquí por algún tiempo y luego salí para Veracruz.

Consuelo

Aquella noche en que Marta faltó a casa, la verdad, más que por ella, temía el momento en que mi padre llegara y se enterara. Roberto ya la buscaba por todas partes mientras Paula y yo esperábamos en la casa. Por fin —con la boca amarga de espanto— oímos cómo las llaves de mi padre daban vuelta en la cerradura. En cuanto llegó preguntó:

—¿Dónde está Marta?

—Yo en la pieza fingía coser, Paula y el chiquito dormían. La voz de mi padre sonó seca, como de castigo. No me atreví a contestar. Fue Roberto —quien había saltado como siempre que llegaba mi padre— quien contestó:

—No ha llegado, papá.

Nosotros esperábamos un diluvio de palabras fuertes y maldiciones, pero mi padre sabe dar sorpresas. Lo único que dijo fue:

—Ay, ay, vamos a buscarla.

Roberto salió detrás de él.

Manuel no había llegado a casa todavía; no era su costumbre llegar temprano. Cuando oí que silbaba le abrí la puerta sin decir nada, y tampoco era su costumbre preguntar qué pasaba en la casa. Tendió su «cama» y se disponía a dormir cuando mi padre entró.

—¿Qué pasó, entró?

En cuanto oyó a mi padre aventó por allá los costales y se levantó sin comprender.

Mi padre lo sacó de su adivinanza:

—A ver, váyase a buscar a su hermana. ¡Cabrón, güevón! Usted aquí echado y la otra por allá. ¡Vamos!

Generalmente Manuel era pesado para cumplir con lo ordenado, pero esta vez se volvió tan ligero como una pluma. Ya muy noche regresaron los tres. La cara de mi padre se veía dura, amarga. Roberto estaba cabizbajo y Manuel con los ojos más restirados por el sueño.

—¡A echarse!

La voz de mi papá ordenaba dormir. En un instante la casa quedó a oscuras y en silencio. Yo desde mi cama observaba la corta figura de mi padre, sin movimiento, de pie, como de una sola pieza pegada al cemento. Solo su cigarrillo destellaba una lucecilla roja en la oscuridad. No alcanzaba a comprender el verdadero acto de mi hermana. Solo sabía que ella no estaba en casa y mi papá estaba muy triste y preocupado. Quedé dormida esperando, esperando. Al otro día mi padre se levantó muy temprano ordenando a mis hermanos buscarla. Me dejó el teléfono del café apuntado y salió a trabajar. Eran como las tres de la tarde cuando Marta entró. Se veía tan niña con sus moñitos y sus tobilleras. Pero comprendí que estaba dispuesta a pelear y esto desde luego me sublevó a mí que tomaba muy en serio el papel de hermana mayor.

—¿Dónde estuviste anoche?

Solo volteó a verme con una mirada de burla que me sacó de quicio. Empezó a lanzarme insultos que me calaban y agarré un cinturón que estaba colgado detrás de la puerta. Acerté a darle dos o tres cuerazos, pero ella se defendía, gritando y arañando. Al final de la lucha llegó mi hermano Roberto. Fui al lavadero a lavarme la sangre de los brazos y estaba yo ahí cuando supe por Irela que Marta había pasado la noche con Crispín, el que después fue su esposo. Ya no me dijo más, comprendí y lloré, lloré. Los papás de Crispín fueron a hablar con mi papá, pero no logré enterarme de lo que hablaron porque me sacaron para el patio.

Cuando Marta se fue a vivir con Crispín yo estaba en verdad muy enojada. Yo que había soñado verla de azul y de blanco, azul en sus quince años, blanco en su casamiento.

Pero si se casaba iba a ser dentro de muchos años. Primero tenía que estudiar. La veía con tacones altos, con un bonito vestido, con el pelo hacia atrás y con lentes y sus libros bajo el brazo. En sus quince años la soñé con todos sus chambelanes rodeándola, y en su casamiento mi padre llevándola al altar. En lugar de mi sueño empecé a ver una pesadilla. Mi hermanita viviendo en unión libre, cargando a su niño, yendo a la plaza con el babero caído, el pelo enmarañado, los zapatos flojos. Y así fue como se desbarató otro de mis sueños.

En la primera visita a la vivienda que Crispín le puso a mi hermana Marta me agradó. Tenían todo lo necesario, una cama, una mesa, sillas, una estufa de petróleo, cazuelas, platos y tazas. Pero más tarde tenían muchos disgustos y cuando mi hermana me contó que él la había golpeado, ¡qué coraje me dio contra él! Mi primera impresión se borró para dejar paso a la visión de un hombre desobligado, celoso y pegalón. Me metía en sus pleitos y siempre defendía a mi hermana. Más tarde supe la versión de Crispín y comprendí que mi hermana había tenido la culpa de esos disgustos. A pesar de las advertencias de Crispín se salía a la calle con sus amigas y con Roberto y su palomilla como antes. Cuando Crispín le manifestó que ahora era otra su vida y que no le gustaba llegar a casa y encontrarse con que ella andaba fuera, Marta lo amenazó con echarle encima a Roberto. Roberto apoyaba a Marta en todo y como resultado Crispín no quería que fuéramos a visitarlos. Cuando critiqué a mi hermana por no arreglar su casa, o por no obedecer a Crispín, me dijo que lo que pasaba era que Crispín me gustaba y por eso me ponía de su lado. Desde entonces escarmenté y ya no me volví a meter en su vida, pero sigo creyendo que si Marta se hubiera portado mejor, ella y Crispín hubieran tenido una vida mejor juntos.

En la casa, Paula esperaba a su segundo niño. Mi padre mandó poner cortinas cercando su cama y ahí fue donde nació Alanes. Más de un año después Domingo vino al mundo. Mis sobrinos siempre fueron bien recibidos cuando nacieron, pero la primera, Mariquita, siempre fue la favorita. Era la única que alegraba esa casa. Y desde el primer momento la quise mucho.

También a Paula la quise mucho. Fue una mujer abnegada que vivía para sus hijos, aunque luego los castigaba de una manera que me daba rabia. Mi Mariquita a los once meses probó el sabor de las manos de su mamá. Paula siempre tenía motivos para golpearla: ya porque se orinaba su hermanito, ya porque el otro se caía, o porque tiraban algo; en fin, siempre Mariquita tenía la culpa de lo que hicieran sus hermanitos, y ella se llevaba los jalones de cabellos y las nalgadas.

Yo nunca me atreví a intervenir, sino que me salía y mostraba mi desaprobación aventando la puerta.

Paula quería a Manuel aunque él se portaba con ella en una forma canalla. Ella siempre cubrió todas las faltas de mi hermano y nunca le dio una queja a mi papá, ni con nosotros se quejó de nada. Pasaba día tras día cosiendo la ropa de sus niños, preparando su alimento. Rara vez salía al cine, o a la calle, o se compraba un vestido. Manuel siempre estaba fuera de casa y llegaba a medianoche o muy de madrugada. Paula tenía que pararse a darle su cena, encendía la luz y, claro, a todos nos desvelaba. O a veces, a las tres o cuatro de la mañana, mi hermano prendía el foco para leer. Esto me daba mucho coraje porque al día siguiente me tenía que levantar muy temprano para ir a trabajar, pero Paula nunca dijo una palabra.

Nunca vi a Manuel cariñoso con ella. Siempre le hablaba con brusquedad, o no le hablaba, se ponía a leer sus novelas del periódico o las revistas. En todo caso no creo que la quisiera. Hasta optaba por acostarse en el suelo que dormir incómodamente con Paula y los tres niños. Cierto que en casa no había libertad para su vida marital. Así que yo digo que cuando la llevaba al cine —que era de vez en cuando— también se iban a un hotel.

Conforme fui creciendo me di más cuenta de las restricciones que existen cuando toda una familia vive en un solo cuarto. En mi caso, para mí —que mi vida se formó de sueños y de ilusiones— era una verdadera molestia verme interrumpida en mis sueños. Mis hermanos me hacían volver a la realidad:

—Y ora tú, ¿qué tienes? Pareces mensa.
—O luego oía la voz de mi padre:
—¡Despierta! Siempre en la Luna... Vamos, ¡muévase!

Cuando volvía yo a la tierra me veía precisada a olvidar la casa tan bonita que me había imaginado y mis ojos veían mi casa. El ropero tosco de un color muy oscuro se me antojaba una caja de muerto y siempre estaba lleno de la ropa de cinco, siete, o nueve gentes, según las que estuvieran viviendo ahí. La cómoda también se tenía que repartir entre toda la familia. Vestirse y desvestirse sin ser visto por los demás era también un problema. En las noches teníamos que esperar a que se apagaran las luces, o con mil trabajos sostener la cobija con los dientes y quitarse el vestido, o meterse bajo las cobijas con todo y vestido. A Antonia no le importaba mucho que la vieran en fondo, pero Paula, Marta y yo teníamos pena. Roberto se levantaba envuelto en la cobija y se salía a la cocina a vestir. Las mujeres nos esperábamos a que los hombres se fueran a trabajar y los niños se salieran para poder cerrar las puertas. Pero no faltaba quien llegara a buscarnos, o a querer entrar. Claro que ya no podíamos estar a gusto.

Muchas veces tuve ganas de verme por largo rato ante un espejo, a peinarme o a ponerme bilet, pero no era posible debido al sarcasmo y las bromas de los demás. Mis amigas de Bella Vista se quejaban de sus familias por el mismo motivo. Ahora todavía veo mi imagen muy deprisa en el espejo, me asomo nada más, como si estuviera haciendo algo indebido. También tuve que aguantarme toda clase de comentarios cuando cantaba, o recostarme en una postura que me parecía cómoda, o hacer otras cosas que para el resto de mi familia no eran aceptables.

En esta forma de vivir en un solo cuarto se debe ir al ritmo de los demás. Voluntaria o involuntariamente no queda más remedio que seguir el deseo de los más fuertes. Después de mi padre, Antonia hacía lo que quería, luego la Chata, luego mis hermanos. Los demás, los débiles, nos limitábamos a observar, disgustarnos, criticar, pero sin exponer nuestra opinión. Por ejemplo, todos teníamos que ir a la cama cuando mi papá nos lo ordenaba. Hasta cuando ya estuvimos grandes mi papá siempre decía:

—¡A la cama, mañana hay que trabajar! —podían ser solo las ocho o las nueve de la noche, cuando no teníamos sueño, pero como mi padre debía levantarse muy temprano al otro día las luces debían apagarse. Muchas veces quería dibujar, leer o coser, pero apenas había empezado, oía:

—Apaguen la luz, ya es hora de echarse —y me dejaban con el dibujo en la mano y el cuento sin terminar.

Teníamos forzosamente los programas de radio que mi padre o Antonia querían. Durante el día Antonia escogía los que le gustaban, y por las noches mi papá. Había un programa que no nada más a mí me caía mal, sino también a mis hermanos, se llamaba «Los niños catedráticos». Y nos caía mal porque mi padre decía:

—¡Un chiquillo de ocho años y sabe tanto... y ustedes, burros, que no quieren aprender nada! Pero ya más tarde se arrepentirán.

Cuando mi papá o Antonia no estaban, cómo nos peleábamos por el radio. Cuando la Chata estuvo a cargo de la casa ella era la que imponía su voluntad a su modo. Impedía el paso a todo el que quería entrar cuando estaba limpiando. Yo, debido al frío, continuamente quería estar entrando al baño. Ella se disgustaba y no me dejaba pasar. Yo saltaba, muy apurada frente a la puerta:

—Ay, ay, Chata, déjeme pasar, ya no aguanto, ya no aguanto.

Entonces me dejaba entrar, pero siempre renegando de que le ensuciaba el piso. Entonces ella abría las puertas de la entrada de par en par y a mí no me gustaba que estuvieran abiertas cuando estaba en el baño porque se me veían los pies, yo trataba de esconderlos, o le pedía que cerrara la puerta, pero ella siempre contestaba:

—¡Oh, quién se va a fijar en una escuincla!

El baño solo tenía media puerta y era muy angosto y esto daba lugar a muchas escenas vergonzosas y chistosas. La Chata tenía verdadera dificultad para entrar, tenía que meterse de lado y la puerta quedaba semiabierta. Antonia era quien más bromas hacía con respecto a estos problemas. Manuel era quien casi siempre tardaba más, y cuando lo hacía Antonia empezaba:

—Ya córtale..., ¿te llevo las tijeras?

A mí me decía:

—Uh, ¿qué todavía estás aquí? Yo te hacía ya por San Lázaro.

—San Lázaro es la desembocadura del desagüe de la ciudad y ella me quería decir que me había caído dentro de la tubería. En otras ocasiones yo era quien les daba lata. Cuando Roberto entraba al baño yo abría la puerta de entrada alegando que era demasiado fuerte el olor. Él me gritaba:

—¡Cierra esa puerta porque vas a ver!

Claro, momentos antes que él saliera yo salía corriendo para el patio. O cuando estaban los muchachos, Antonia, Marta o mi papá, empezaba yo a bailotear frente al guáter gritando:

—Apúrate, que quiero entrar.

Recuerdo que salía Manuel sosteniendo la revista o sus Pepines con la boca, con los pantalones en la mano, echándome unas miradas de puñal. A Antonia sí que no le importaba que otros quisieran pasar. Teníamos que acusarla con mi papá para lograr que saliera. Mi papá le decía:

—Ándale, tú, muchacha... apúrate.

Y ella respondía:

—Oh... pos que se aguanten, ¡ni miar dejan a uno!

Y a veces que no quería salir, tenían que irse los demás afuera, pues teníamos que usar la borcelana.

A veces las bromas eran muy pesadas. Tonia padeció estreñimiento y sufría terriblemente por los gases. A veces le dolía el estómago cuando los soportaba, pero cuando no, solo se reía y decía:

—Oh, bah, por qué me voy a aguantar si luego me duele mi panza.

Pero si alguno de los otros entrábamos al baño por esta necesidad, ella hacía bromas:

—Qué ronca estás... ¿tienes tos, cuata?

Nosotros le decíamos:

—Oh, cállate, no seas grosera. ¿Y cuando tú estás como ametralladora en la noche? Si luego ya nomás vemos cómo se levantan tus cobijas.

Cuando estábamos chicas mi papá se reía y decía:

—Ay, ¿quién fue? ¿Fue el ratón?

Pero cuando ya crecimos nos regañaba muy duro y nos mandaba al baño. Cuando él no estaba Manuel y Roberto se llevaban más pesado en este sentido. Muchas veces estando los dos sentados juntos, Roberto se levantaba echando chispas de coraje y le decía a Manuel:

—Puff... ¡cómo eres atascado!

En otras ocasiones era Manuel el que se alejaba rápidamente del lado de Roberto diciendo:

—Cabrón, tan cochino, váyase al guáter.

Roberto le contestaba:

—¿Verdad que da coraje? ¿Te acuerdas el otro día qué me hiciste...?

—Otras veces estábamos los cuatro juntos y de pronto todos volteábamos a ver a Roberto. Él levantaba la vista algo sorprendido:

—Qué... ¿y ora qué hice?

Y Manuel le decía:

—Ándele, cabrón, váyase al guáter.

Y Marta:

—Siempre han de estar con sus cochinadas.

Y yo:

—Como si fuera un chiste... lárgate de aquí.

Roberto solo decía:

—¿Qué? ¡Vaya! —y empezaba a reír.

Pero todas estas molestias eran insignificantes comparadas a la de ser reprendida por mi padre enfrente de todo mundo. Yo hubiera deseado que cuando cometía yo algún error, él me hubiera reprendido en privado, a solas, y me hubiera regañado todo lo que hubiera querido. ¡Pero eso de que todos se tenían que dar cuenta! A mí me daba tanta vergüenza que me dijera las palabras tan ofensivas en presencia de los demás, aunque éstos se hacían disimulados. Creo yo que cuando mi padre regañaba a alguno de nosotros los demás lo sentíamos como regaño propio. Aquellas palabras de mi padre se iban desenvolviendo poco a poco, hasta que nos envolvían totalmente y nos hacían caer en una crisis de llanto.

Empecé a estar fuera de mi casa lo más que podía. Cuando mi papá no estaba viviendo con nosotros iba a todos los bailes aunque a Roberto no le gustaba que fuera. A Manuel no le importaba mucho lo que yo hiciera, pero Roberto me vigilaba todavía como un gavilán. Si bailaba yo dos o tres piezas seguidas con el mismo muchacho de inmediato se metía:

—¡Ya no bailes con ése, me cai gordo!

Y le lanzaba al muchacho una mirada que lo quería fulminar; solo con voltear a verlo los jóvenes se daban cuenta de que me estaba cuidando. Cuando no le obedecía, enojado iba y me gritaba y me arrancaba de los brazos de mi compañero y me metía a la casa. Al rato volvía yo al baile solo para demostrarle que él no me mandaba y menos con gritos ni groserías. Él me acusaba con mi papá y yo recibía los regaños. Aunque eran fuertes y lloraba yo y a mí misma me decía que ya no iba a salir, al escuchar la música no podía contenerme. Cuando iba a tomar café pues dejaba yo todo en la mesa y me salía a bailar. Un amigo de Roberto, Pedro Ríos, que vivía en Bella Vista, era mi novio desde antes que se fuera mi papá. Pedro era muy bueno y me pasaba todas las majaderías que le hacía. Una de las cosas que más le chocaban era que yo fuera a los bailes. Pero yo iba de todos modos para desquitarme porque él se embriagaba. Primero me observaba y luego me sacaba a bailar y me hablaba mientras bailábamos.

—Te estás burlando de mí. Fíjate que me haces quedar mal —decía—, y lo haces porque sabes que te quiero. Pero si sigues haciendo esto vamos a tener un pleito muy serio.

—Primero rompo contigo que dejar de bailar —yo decía. Y así fue como pasó a fin de cuentas.

En ese tiempo entre los muchachos de la vecindad existía un dicho: «Las muchachas de Bella Vista nomás para nosotros», y así era. Pobre del desconocido que tratara de hacer novia en Bella Vista, porque le buscaban pleito. Pedro y los de la palomilla habían dicho que nosotras no debíamos hablar ni entablar conversación con los que fueran de la calle. Pero esto no rezaba conmigo. Me importaba muy poco y salía yo a bailar con el muchacho que me simpatizara. Así fue como en un baile conocí a Diego Toral.

Diego era un joven güero, muy serio —mejor dicho entre serio y bromista— y bien vestido. Me gustó mucho. Iba yo a buscar un pretexto para terminar con Pedro y hacerme novia de Diego, pero Pedro no me daba el menor motivo y como me gustaba mucho Diego, pues me hice novia de los dos. Veía yo a Diego nada más cuando iba a los bailes. Opté por retirarme cuando veía que estaban Pedro y Diego en los bailes. Un día Diego me citó en los colegios. A Pedro le había yo dicho que me esperara en el zaguán de las calles de Camelia. El edificio tiene dos salidas y Pedro me esperó en una, mientras que yo corriendo salí por el otro lado del jardín para ver a Diego. El corazón me brincaba fuertemente:

—Vine solo por unos minutos, tú sabes cómo son mis hermanos.

Diego estuvo conforme.

Regresé a ver a Pedro. Echamos a andar para el jardín, yo no quería ir porque Diego podía estar todavía ahí pero Pedro insistió y no me quedó más remedio que ir. No sabría cómo explicarlo pero yo me sentía a gusto, no sentía miedo. Y por dentro reía.

Duré poco tiempo con Diego de novio, pero él me propuso matrimonio. Pero entonces qué me iba a llamar la atención el matrimonio, ni me imaginaba qué era en realidad. Diego me había dicho:

—¿No te gustaría tener tu casa muy bonita, con los muebles capitoneados, todos así forrados como eso que parece colchoncito?

—¿Capitoneados?

No sabía qué era eso. Me seguía explicando acerca de su trabajo, pero mientras él hablaba yo pensaba: «Eh, ¿y tú qué dijiste? ¡Ya se creyó! ¡No, Chucha! ¡A poco me vas a engañar! No te creas, Consuelo, no te creas». Pero tornando mi voz dulce decía:

—Sí, sí me gustaría. Sería bonito.

Pero por dentro reía. Desconfiaba de todos. No sé por qué. Quizás porque el amor nunca fue mi ideal.

Los amigos de mi hermano Roberto pasaron a ser mis amigos. Pero siempre gracias a la influencia de mi hermano y a que nunca me gustó que se llevaran con bromas pesadas delante de mí, todos me respetaron. Los de otras palomillas le tenían temor a los muchachos de Bella Vista porque eran muy braveros, es decir muy peleoneros. Seguido oía yo que los de Bella Vista se pelearon con los de la Casa Verde, o con los de Soto. Entre los de Bella Vista tenían la costumbre de reunirse en el zaguán y formaban un grupo bastante grueso que no permitía el paso. Se ponían a cantar, a tocar un son, a decir chistes, en fin, eran muy locos.

Por las noches cuando había Luna o muchas estrellas, los «vagos», los «güevones» —como les llamaba mi padre—, se reunían junto a mi puerta a cantar. Cantaban unas canciones muy sentimentales y llenas de amor si Pedro y yo estábamos contentos, y si estábamos enojados, canciones de despecho. Por ejemplo, cuando estuvimos enojados muy fuerte Pedro y yo me cantaron: «Hipócrita, sencillamente hipócrita... perversa, te burlaste de mí. Con tu labia fatal me emponzoñaste y como no me quieres me voy a morir». Yo desde mi cama me deleitaba con «sus hermosas voces» y me sentía arrullada sabiendo que Pedro se encontraba ahí. Sentía como si todas las canciones fueran dirigidas a mí. Pero a las vecinas les molestaba y los insultaban:

—¡Güevones, no les da vergüenza! ¿Por qué no se largan para otro lado con su lata?

Algún tiempo después llegaron a vivir al número 78 unos señores que tenían un tocadisco para alquilar. El 10 de mayo, Día de las Madres, como cortesía para todas las madres les tocaban las Mañanitas. También se hizo costumbre darle las Mañanitas a la Virgen de Guadalupe entre cuatro y cinco de la mañana y traer al padre para que la bendijera cada año. Nos levantábamos las muchachas y algunas vecinas bien arropadas porque hacía frío y antes de empezar las Mañanitas el portero aventaba cohetones para anunciarlas.

El día que me chocaba a mí y me daba berrinche y coraje era el día de San Juan, el 24 de junio. Exactamente a las dos de la mañana tocaba el silbato del baño. ¡Y vaya si tocaba fuerte! Aturdía. A esas horas todo mundo despertaba. Los jóvenes de la palomilla a esa hora se iban a nadar; algunas de las muchachas también iban, por mi parte yo nunca fui. Marta me platicaba que ese día regalaban atole, tamales, colación y flores y había competencias de nadadores a las cuales entraba mi hermano Roberto. El tocadisco del baño tocaba toda la mañana y se ponían a bailar todos. Me decían que, ¡se echaba un relajo!, pero yo pensaba:

«¿Cómo se verán bailando en traje de baño?» Por eso nunca fui.

Poco después surgió una nueva costumbre. El Sábado de Gloria se aventaban agua hasta empaparse. Yo creo que empezó con eso de los «Judas». Ese día yo observaba desde la azotea grande. Vi que mientras quemaban los judas, unos jóvenes aventaron polvo de ladrillo dentro de una bolsa de papel hacia un grupo que estaba en la calle. Otros aventaron polvo de carbón. Luego la palomilla de Soto hacía un círculo grande en toda la calle y daba de vueltas y llegó alguien con un bote y les echó agua. De pronto aparecieron otros con cubetas y botes con agua y unos a otros se bañaban; yo creo que así nació la costumbre.

Después esta costumbre degeneró y yo la condenaba. Ya no respetaban a nadie. Dentro de Bella Vista inclusive empezaron a mojar a las muchachas. Hombres y mujeres se correteaban para echarse agua. No importaba si alguno estaba limpio y dispuesto para irse a pasear, pues generalmente ese día se descansa. Las muchachas daban un espectáculo desastroso. Mojadas de pies a cabeza, con el pelo escurriendo, el vestido pegado al cuerpo, se podía decir que estaban desnudas. Por un lado me divertía —viendo desde la azotea o espiando detrás de la puerta— pero por otro me daba coraje.

Lo que sí me gustaba era la celebración de la Navidad y en eso sí participé. El día de Nochebuena todo era animación. Entre todas las vecinas lavábamos bien el patio y nos cooperábamos para adornarlo. Luego nos encargábamos de vigilar que el adorno no fuera tumbado por chiquillos de otros patios. Después otros bajaban palos de las azoteas para hacer luminarias por la noche.

Pero después de todo ese trabajo, mi padre no me dejaba salir. Casi siempre los pasaba llorando. Desde mi casa oía cómo a las doce de la noche exactamente el silbato del baño sonaba, en los postes de la calle los chiquillos pegaban con piedras o palos, los silbatos eran sonados con insistencia, las campanas redoblaban y todos se abrazaban y decían: «¡Feliz Navidad!». Qué duro era esto para mí. Yo quería salir a divertirme igual que los demás, pero a esa hora ya todos estábamos acostados, la luz apagada y mi padre vigilando que no saliéramos.

Me gustaban todas las cosas religiosas y nunca dejaba de asistir a todos los deberes religiosos que me había impuesto con tanta conformidad y gusto. Había depositado toda mi fe, toda mi confianza en Él, en Él a quien siempre pedía permiso para todo. A Él le ofrecía todos los sufrimientos y alegrías que recibía en la escuela, en el trabajo y durante el día. Durante las tardes y por las noches, cuando me encontraba sola, todo se lo ofrecía a Él, y hablaba con Él y le hacía promesas a Él. Siempre cumplo con el Primer Mandamiento: «Amarás a Dios sobre todas las cosas», el Segundo no lo he cumplido:

«No jurarás el nombre de Dios en vano», me he visto en la necesidad de mentir.

La primera vez que entré a una iglesia parecía que entraba a un recinto sagrado, es decir, como si las puertas de aquella paz grandiosa iluminada por rayos tibios se abrieran ante mí. Mis ruegos siempre fueron porque mis hermanos no fueran a salir malos, que Él los hiciera cambiar y los perdonara, que me diera fuerzas para continuar adelante. En una iglesia me sentía pequeñamente insignificante. Todo para mí lo abarcaba Él, allá en el altar. Casi siempre iba sola a la iglesia y al panteón, siempre prometiendo ser buena y humilde. «No permitas que la soberbia entre en mí», era lo que pedía. Quería ser tan buena y humilde como San Francisco de Asís. Pero no fue así.

Por años no cesaba de pedir a mi papá que me internara en un colegio de monjas. Lo intenté por mucho tiempo, hasta que cumplí dieciocho años. Qué desilusión sentí cuando Yolanda y su esposo, el señor Alfredo, me dijeron que había que dar dote para poder ser monja. También me platicaron los sufrimientos por los que tiene uno que pasar, pero eso no me importaba. Dormir en un lecho duro me parecía una cosa meritoria, un sacrificio, sí, pero era por servirle a Él que tanto había sufrido. Entonces vi una película en donde salía toda la Pasión de Cristo y lloré, lloré mucho. Sentía ganas de gritar y de haber estado ahí para abrazar al Señor y ayudarle con su Cruz. Nunca se me borrará esa impresión. La humildad con que Él sufría. Entonces fue más firme todavía mi amor a Él. Cuando los muchachos me hacían llorar, o mi padre me regañaba, o en cualquier mal rato, pensaba yo: «Si Él que es divino sufrió tanto, ¿por qué yo pobre ser humano no lo he de sufrir? ¿Qué vale mi sufrimiento ante lo que Él sufrió?»

Y me sentía yo conforme.

El significado de la Misa lo supe hasta cuando tenía yo diecisiete o dieciocho años. Una tarde salimos de trabajar Lupe, una compañera de trabajo, y yo. Trabajaba con un contador. Ella era más instruida que yo acerca de religión y siempre iba a Misa, a los ejercicios, en fin. Me preguntó que si iba a Misa; yo le dije que sí. Como yo la veía tan sencilla me atreví a preguntarle:

—Oye, ¿y qué quiere decir la Misa?

—¿No te lo han dicho?

—No, nunca. Yo cuando voy me hinco cuando se hincan, me paro cuando se paran, y digo lo que dicen, pero yo no sé por qué. ¿Por qué tiene uno que levantarse o hincarse con la campanita?

—Mira, cuando tocan la campanita...

Así fue como supe el grandioso significado de la Misa. Cuando menos lo esperaba descifré esto.

La primera peregrinación a la que asistí fue cuando mi tío Ignacio y mi tía fueron a la de la Unión de Voceadores. Íbamos formados de cuatro en cuatro. Unos llevaban flores. A pesar de ser gente tan humilde iba con orden. Unos cantaban alabanzas. Yo solo miraba hacia adelante, hacia ese punto lejano que pronto iba a sentir muy cerca. Asistí con mucho gusto. La segunda vez fue cuando me gradué y todas vestidas con la toga y el birrete emprendimos la caminata para ir hasta la Basílica a dar gracias. Nunca, nunca perdí la esperanza de verlo a Él. Un día era el santo de mi hermana y Crispín pagó el tocadisco para festejarla. Iba yo a sentarme cuando Crispín y Marta me quitaron la silla donde me iba yo a sentar. Había varias personas presentes y desde luego se rieron cuando me caí. Sentí morirme de vergüenza y coraje. No dije una palabra, me metí de inmediato a la casa. Ahí estaba a salvo de las risas, porque mi padre no había dejado que las puertas se abrieran, solo había dado la luz para que funcionara la música.

Después me desquité de los dos. Desde la azotea les vacíe una bandeja de agua al verlos que bailaban cerca de mi alcance. Marta, no soportando la inocente broma, se metió enfurecida con mi padre, gritando:

—Papá, mira a esa Flaca. Nos mojó. Ni le hacemos nada. Dile que no se lleve con Crispín.

Yo bajaba las escaleras riendo, pero una vez que estuve frente a mi padre se me acabó la risa. Delante de todos me llevé un bofetón y las palabras:

—Siempre de majadera, de lépera. Estoy cansado de mantener a gente que no lo merece.

—Me había herido muy hondo mi padre, por lo cual durante la noche no cesé de pensar que al otro día escaparía. Y así lo hice. Reuní la poca ropa que tenía y me fui a la casa de Santitos.

Santitos vivía en un puesto construido de tablas y láminas de cartón en el mercadito de la colonia González Martínez. Su mercancía era verduras al por menor, dulcecitos, raspados y yerbas que tenía en una tablita. Con ella comía con mucho gusto nopales asados en el comal, con sal únicamente, y dormía en el suelo de tierra protegida por un pedazo de petate y por cobija un pedazo de colcha. La colonia está en las afueras de la ciudad y nos dormíamos sintiendo esa especie de arrullo que proporcionan un conjunto de sapos y ranas al croar. Amanecía con toda la espalda picoteada por las pulgas y dormía envuelta de la cabeza a los pies por miedo a las ratas.

Por las noches, a la luz de la velita que compraba Santitos cuando se le acababa el petróleo, sentadas las dos en un banquito, ella me platicaba cosas de religión, o dormitaba, y yo con la mano en la barbilla entrecerraba los ojos y escuchaba su voz muy dulce, muy bondadosa que me hacía sentir lo que siempre buscaba: el hogar.

En verdad que estuve feliz los ocho días que pasé con ella. Me sentía yo su hija. No tuve un solo disgusto, no tenía prisa por nada. No me regañaba ni me hacía sentir lo infeliz que era. De no haber sido porque mi papá llegó y con su voz muy seca me dijo:

—Te vas para la casa, o te encierro en la correccional. Tú sabes... —me hubiera quedado con ella.

—Yo no me quiero ir, yo aquí estoy muy a gusto —le había dicho a mi papá. Pero no había valido de nada. Mi padre seguía en la puerta esperando. Me despedí llorando de Santitos. Ella también lloró, pero yo regresé a mi casa.

Poco después me fui para casa de Lupita en las calles de Rosario. Mi hermano no podía entrar a esa casa, así que aunque quisiera no me podía hacer enojar. Entre Antonia, María Elena y yo había una especie de amistad superficial pero en el fondo yo adivinaba que no me querían. Tonia en varias ocasiones que me presentó con sus amigos decía que yo era su amiga, casi nunca me presentaba como su hermana. Esto me ofendía pero tampoco le peleaba; después de todo a mí tampoco me gustaba decir que era mi hermana. Yo la veía muy grosera, su vocabulario y sus chistes hacían enrojecer y reír. María Elena por su lado tenía un carácter muy voluble y no podía yo quererla porque era muy grosera con mi papá, le contestaba en una forma muy ordinaria y exigente. Las que me trataban bien eran Lupita y sus hijas mayores Isabel y Élida. Ellas eran hijas de otro señor a quien ella había abandonado cuando supo que era casado. Mi papá también la engañó al ocultarle que era casado y yo creo que ella nunca se lo ha perdonado. Ella nunca le pidió nada aun cuando sus hijas estaban chicas y ella en realidad necesitaba ayuda. Se puede decir que él la tenía abandonada hasta que Antonia cumplió ocho años, a pesar de que tanto él como Lupita trabajaban en el restorán La Gloria. Cuando Antonia estuvo muy mala y pedía que viniera su papá, él las empezó a visitar cada tercer día y a llevarles comida y regalos. Creo yo que como fue tan bueno con Antonia, Lupita volvió con él. Pero aun cuando nació María Elena, Lupita no le pidió nada a mi padre.

Al principio no sentí cariño por Lupita. Cuando me trató tan bien pensé que era una hipócrita. Para mí era la otra señora de ni papá y había hecho sufrir a mi madre. Pero cuando vi el trato que tenía para sus hijas y lo buena que era con ellas y con todos nosotros, dudé que fuera capaz de ninguna maldad. Además cuando pude comparar y vi que su cuarto era más humilde y más pobre que el nuestro pensé que sin duda mi madre y nosotros éramos los preferidos de mi padre.

Mi papá nunca prestó a Lupita la misma atención que a sus otras esposas, quizá porque Lupita es más bien gruesa y más grande que él. Para ella no existe un solo hombre que sea bueno; todos son desobligados y enamorados. Cuando tuve de novio a Pedro Ríos y le pregunté a Lupita qué le parecía ese muchacho que se veía muy serio, solo alzó los hombros y me dijo:

—Cuídeme Dios de los serios, que de los payasos yo me cuido.

En su opinión no existe un hombre lo bastante bueno para que una mujer se case con él. Pero su desconfianza y su resentimiento no lastiman a los demás porque ella es buena y amable con todos. Ella sacrificó todo por sus hijas y nunca las abandonó. Su mundo eran sus hijas y para mí es la madre ideal.

Isabel y Élida no se metían conmigo como mis medias hermanas. Alguna vez les confié que me sentía como arrimada y Élida me consoló con estas palabras:

—No, Chelo, tú no les hagas caso, déjalas. Al fin tú aquí estás con tu papá y ésta es tu casa.

—Yo se lo agradecí pero no dejaba de sentir el comportamiento de mis medias hermanas y la diferencia en el tratamiento que nos daba mi padre.

A mi papá dejé de darle dinero desde el día que me aventó mi quincena. En esa ocasión le había dado 50 pesos y no me había quedado nada. Por la noche le pedí que me diera para medias y no quiso darme. Al día siguiente le insistí pero ya con seguridad:

—Papá, dame para mis medias. Nada más tengo éstas y están rotas. Nada más 9 pesos.

Mi padre, creo yo, se encontraba de mal humor y me aventó el dinero a la cara:

—Toma. Ahí está tu dinero. Yo no les pido nada. Ni un quinto quiero de ustedes, todavía tengo bastantes fuerzas para trabajar. Como siempre, no contesté nada y me salí a llorar al barandal. Lupita se acercó y me dijo que no hiciera caso de mi papá, que ya lo conocía cómo era. Tampoco le contesté nada, mis lágrimas me impedían hablar. Pero pensé: «Me prometo que desde ahora en adelante jamás le vuelvo a dar nada. Ya sabré qué hago con mi dinero». Y así fue. Me consolaba al saber que podía comprarme las cosas que necesitaba. Tenía el trabajo y podía obtener préstamos cuando yo quería. No volví a darle dinero a mi padre, ni él me preguntaba. Solo una vez me atreví a preguntarle cómo estaba el puerquito que compró con los primeros 50 pesos que le di. Me contestó que lo iba a matar porque ya estaba muy gordo. Eso fue todo.

Puedo decir que mi mundo estaba fuera de la casa. Por las mañanas me levantaba, tomaba un poco de café después de asearme o irme al baño, levantaba mis cosas y al trabajo. Ya una vez ahí estaba contenta. Por las tardes casi nunca tenía trabajo. No hacía corajes durante el día, por el contrario. Diariamente tenía regalos y palabras de halago. Parece mentira pero palabras como «niña de los ojos verdes», o «Miss Consuelo», levantaban mi ánimo. Cuando me ordenaban hacer algo, siempre me lo decían con tacto y cuando cometía algún error —casi siempre— solo recibía como regaño:

—¡Niña de los ojos verdes! Yo ya casi no iba a Bella Vista, solo una vez por semana para ver a Paula y a los niños. Manuel había pedido dinero prestado a mi padre para montar un taller de zapatos y al principio empezó a trabajar con ahínco, parecía estar a gusto y atendía su negocio. Yo recuerdo que lo veía continuamente con el cigarro en la boca y con unos cortes de zapato en la mano, yendo y viniendo del taller a la casa en el número 64. Siempre podía decir cuándo le estaba yendo bien porque entonces caminaba rápidamente con paso firme y seguro como si estuviera más en contacto con la tierra. Se sentaba a la mesa y comía y hablaba con más seguridad. Esto quería decir que traía dinero en la bolsa. Cuando tenía un buen rollo lo sacaba de seguro y nos lo pasaba por enfrente de nuestros ojos.

Un día el papá del compadre de Manuel, que también era zapatero, me encontró en el patio y se dirigió a mí y me dijo:

—Qué tal...tú eres la hermanita de Manuel, ¿verdad? Dile a tu papá que si tu hermano no se compone va a quebrar el taller. Tu hermanito juega mucho a la baraja, mi hijo también, con su grupito de amigos, y si siguen se van p'abajo. Ya tienen tres días jugando ahí encerrados en el taller.

Yo escuché sus palabras pero no me atreví a decirle a mi papá. Mi hermano debe haber perdido mucho dinero porque después empezaron a llegar los oficiales a buscar a Manuel para que les pagara su salario. Se escondía detrás de la puerta y decía:

—Diles que no estoy, diles que no estoy.

Un día le grité:

—Manuel, te buscan...

Y a querer o no salió insultándome:

—¡Escuincla, chisme caliente! ¡Se te quema el hocico por meterte en lo que no te importa!

Después de una semana solo quedó el cuarto vacío del taller...lo había vendido todo, y mi padre llamándole severamente la atención mientras Manuel permanecía parado con la cabeza hacia un lado y las manos en las bolsas. Cuando trataba de hablar, las palabras, casi en gritos de mi padre, lo callaban. No solo perdió Manuel el negocio, sino la confianza de mi padre.

Tonia tomó coraje contra mí al ver que su mamá me trataba bien y dejé la casa en la calle de Rosario por un fuerte disgusto que tuve con Tonia. Roberto había ido a buscar a mi padre, no sé para qué. Antonia trabajaba en un cabaret y había llegado tomada a la casa. Antonia al ver a mi hermano lo corrió. Yo sentí hervir mi sangre. A pesar de todo Roberto era mi hermano y me dolía que lo humillaran en esa forma.

Estaba yo dispuesta a hacerle frente a Antonia y poner un hasta aquí a sus majaderías. Desde su enfermedad todo mundo le tenía miedo y ella era dueña de la situación. Tonia antes me había contado:

—Me agarro de que todos saben que estuve enferma para pelearles. Nada más les echo un grito y se sumen. A mí me conviene.

Era cierto, pero en esos momentos pensaba que la iba a desenmascarar. Les demostraría que sí se la podía controlar. Cuando estaba enferma, estaba bien, pero ahora que se había dado de alta, ¿por qué se le iba a seguir soportando?

Al ver Tonia que la veía con coraje me insultó. Tres manazos me aventó que no me alcanzaron. Le contesté pero tampoco la alcancé. Lupita y mi padre estaban alarmadísimos. Lupita me decía:

—Criatura del Señor, vete pronto. Bájate las escaleras. ¡Te va a hacer trizas!

No me di cuenta quién entró y me jaló, me sacó para el patio. Me fui a Bella Vista maldiciendo mi suerte. Yo que siempre huía de los pleitos y siempre había de tener uno.

Cuando llegué a la casa le conté a Roberto lo que había sucedido. Yo sabía que también a él le dolía lo que me habían hecho. Salí de la casa y me fui a sentar a las graditas del jardín. Eran más de las diez de la noche y todo estaba oscuro. Era cierto lo que me había dicho Yolanda:

—Humm, Chelo, cuando uno es huérfano todos abusan de uno. ¡Yo también fui huérfana y si vieras cómo sufrí! Todos tratan de traerte como trapeador y si tú te dejas, ¡pobre de ti!

Era verdad todo lo que me había advertido esta señora. Nos habían robado por completo el cariño de nuestro padre. Por eso era que él se portaba en una forma tan distinta en esa casa. En casa de Lupita mi padre pasaba las bromas de ellas, platicaba con las vecinas, comía tarde y permitía que se apagara la luz hasta las once o doce de la noche. A las doce del día que iba a almorzar encargaba limonadas para todos y cuando se despedía les permitía a mis hermanas que salieran a buscarlo y les daba dinero para el cine. Lupita le llamaba por un sobrenombre y con todo esto parecía estar complacido mi padre.

En todo esto pensé esa noche mirando a las estrellas. Cuando no era yo feliz por las noches miraba hacia arriba y buscaba en el cielo algo, algo que anhelaba con todo mi corazón. Había una estrella que llamaba mi atención especialmente porque en una ocasión mi tía me había dicho que mi madre desde el cielo me cuidaba y que todas las noches tomaba la forma de una estrella para vigilarme. Aunque ya estaba yo grande tenía algo de esta creencia y se la comunicaba a Marta. Empecé a hablar en voz baja con la estrella pidiéndole que me diera fuerza, y si en realidad era ella, por qué no hacía algo para detener lo que pasaba, por qué no hacía ver a mi padre todo lo que nos hacía.

Al poco tiempo mi padre regresó a la casa, el motivo no lo sé. Solo llegó una tarde con su caja al hombro, la puso en su lugar y volvió a salir sin decir nada. Poco después Tonia volvió a vivir con nosotros. Ya casi no le daban ataques pero era muy nerviosa.

En el mes de marzo de 1949 nos dijo mi padre a Tonia y a mí:

—¿Qué piensan estudiar? ¿Se van a pasar la vida de flojas o qué? A ver qué van pensando... Yo, como pueda, haciendo sacrificios, les pagaré una carrera. Así que vean en qué colegio y qué es lo que quieren estudiar.

Esas palabras me tomaron desprevenida, pero me dio mucho gusto y dejé mi trabajo en los zapatos.

Pensé qué cosa sería una carrera, en verdad que ni sabía lo que era, pero yo quería estudiar. Vera, una vecina, estaba platicando con Tonia y conmigo una tarde y nos dijo que el Instituto María del Lago donde ella estaba estudiando Comercio era muy bueno y además no era caro. Cuando dijo «estoy estudiando Comercio» pensé que estaba estudiando una carrera importantísima. Tonia, cruzada de brazos, la oía sonriendo:

—Pues le voy a decir a mi papá, a ver si quiere —Tonia le dijo a mi papá y él aceptó.

Antonia quiso seguir la carrera que le gustaba a mi padre, corte confección o modista diseñadora. Yo pensaba: «Qué flojera estar todo el día en una máquina. Y luego hay unas personas tan latosas: que esta pinza no le quedó bien, y este botón... Ah, qué latoso debía ser coser para los demás». Le dije a mi padre:

—Me gustan más las letras y los libros. Él aceptó y entré a tomar clases de taquigrafía, mecanografía, castellano, archivo, documentación, contabilidad, correspondencia, aritmética.

Ahí en el Instituto fue donde adiviné que después de todo mi persona no era ni tan insignificante. Ahí podía exponerle mis sueños a mis compañeras sin temor a que se voltearan haciéndose disimuladas o se burlaran. Trabajé muy duro el primer año y tomé muy en serio los consejos que escribíamos en los ejercicios de las clases de. mecanografía: «Persevera y alcanzarás», o «Condúcete por el buen camino y vencerás».

Pero el segundo año empecé a cambiar. Hice amistad con un grupo de ocho chiquillas y comencé a irme de pinta. Ya no estudiaba y solo pensaba en divertirme. Éramos tan incorregibles que la profesora nos bajaba puntos en las calificaciones. La maestra me llamó la atención y agradecí su interés.: pero las amigas influyen en el comportamiento de uno. Pero no me arrepiento, ni lo lamento, puedo decir que ése ha sido el único tiempo que fui feliz en verdad.

Durante el tiempo que estuve en la escuela me olvidé de mis problemas. Solo pensaba en trabajar más adelante, en vestirme, seguir estudiando y arreglar mi casa muy bonita como siempre había soñado. «Me gustaría que se cambiaran las vecinas de al lado y mi padre tomara la casa. Después yo le ayudaría para mandar tirar la pared y esa pieza la podímos usar como sala, con una chimenea, un juego muy bonito de sofá-cama, el piso encerado y las paredes muy bonitas. La cocina lo mismo, unidas las dos, con una estufa muy bonita, unos macetones con plantas muy verdes desde la entrada, y sus cortinas. La recámara tendría su ventanita hacia la calle y si querían entrar los rateros, bueno... le mandaba poner barrotes. Tendríamos también un tocadisco y lámparas muy bonitas. Yo le ayudaría a mi papá a pagar mano de obra y todo.»

Mi ideal fue siempre ver a mi familia unida y feliz. Yo soñaba con formar a mis hermanos y darles consuelo para que no se sintieran como yo. Cuando mi papá regañaba tan fuerte a Roberto que lo hacía llorar, yo sentía cómo todo dentro de mí se rebelaba y gritaba un ¡no, no es justo! Pero siempre callaba. Sangraba toda yo al ver a mi hermano con la cabeza baja en un rincón de la cocina y sus lágrimas que incontenibles caían sobre sus mejillas. Le decía:

—No le hagas caso a mi papá, está enojado.

O les hacía seña a mis hermanos para que salieran al patio y ya no oyeran más.

Las palabras de mi padre siempre fueron destructivas para todos, pero Roberto era el que más las sentía. Manuel había optado por volverse cínico. Permanecía callado y con la cabeza baja mientras mi padre lo reprendía. Pasados unos minutos, alzaba la cabeza y riendo salía al patio, silbando.

Finalmente, optó por dar la espalda a mi padre y salir inmediatamente. En cambio Roberto quedaba clavado en su lugar y lloraba.

Yo creo de ahí nació mi anhelo por ayudar a mis hermanos. Yo quería ser —¡qué sueño el mío!— quien los dirigiera y formara. Para Manuel soñaba con una carrera de licenciado o maestro. Para Roberto, una carrera de arquitecto o ingeniero. Mi padre, ya para entonces, no trabajaría tanto, ya no habría necesidad. Soñaba yo con sacarme la lotería para comprarle a mi papá una granja y sus gallinas y tener unos muebles muy bonitos. Por las noches se sentaría en un sillón muy cómodo frente a la chimenea, puesta su bata y sus pantuflas, rodeado de todos sus hijos —cuatro y pensaría, o nos diría:

—Éstos son mis hijos, yo los formé. Yo los eduqué.

—Siempre vivía con la esperanza de que algún día pudiese yo realizar todo esto.

Qué amargo desengaño para mí cuando pasaron los años y conforme pasaban solo veía desintegrarse mi familia. Y siempre choqué con la roca dura, inflexible, de mi padre. Quería oírle decir con orgullo:

—Éstos son mis hijos.

Pero solo oí:

—Infelices, malagradecidos. Así les ha de ir. Nunca han de levantar cabeza. Sin embargo siempre guardaba la esperanza de que algún día lograría poner armonía en mi familia. Mi ideal, mi sueño dorado, mi ilusión era ésa. Después, cuando empecé a rebelarme contra mi padre, soñaba con estudiar para demostrarle que sí serviría para algo. Yo no sabía ni para qué, pero tenía que demostrarlo.

Cuando me gradué en el Instituto sucedió lo mismo que en sexto año. Cierto que mi padre me compró todo lo necesario y me dio el dinero para pagar el colegio, pero no se presentó en mi graduación, ni en la misa en la Basílica de Nuestra Señora de Guadalupe. Qué emoción sentí al estar cantando junto con todas las graduadas el Ave María de Schubert. No sabría explicar lo que sentí cuando empezó el órgano a tocar las primeras notas y fueron entrando nuestras voces, suaves primero, para después alzarse y llegar nuestra plegaria a los pies de la Virgen para depositar nuestra fe y nuestro amor.

Todas estábamos vestidas de riguroso negro y blanco —la toga y el birrete negros, guantes, zapatos y capita blancos. El negro significaba seriedad, el blanco pureza. El director nos habló por el micrófono y nos dijo que así como salíamos del colegio siendo unas criaturas sanas, así debíamos conservarnos hasta el día en que Dios nos mandara al hombre que nos había de hacer felices.

—Han salido de este mundo para entrar a otro en el que deben luchar a cada paso, un mundo muy distinto al que hasta ahora han conocido. Van a conocer nuevas caras, nuevos caracteres, pero no se olviden que deben seguir siendo rectas, honradas y puras —fueron unas palabras que alcancé a oír pues me tocó ser de las últimas.

Cuando al fin terminó, las notas del órgano se fueron perdiendo poco a poco hasta quedar de nuevo todo en silencio. Mis padrinos, la señora Cristina, que vivía en la vecindad, y el doctor Ramón, médico de mi papá, me recibieron fuera de la iglesia con un ramo de flores.

A mi padre le supliqué no fuera a faltar, pero recibí la contestación de siempre:

—No puedo dejar el trabajo tirado. No puedo ir.

Luchaba por comprender a mi padre. Cuántas veces al mirarlo por la espalda he pensado en lo que ha sufrido, en su corazón noble, en su sentido de responsabilidad absoluto. Por la espalda me da la impresión del hombre vencido, del hombre cansado, del padre que inspira mucho cariño y admiración. Pero si me encuentro con sus ojos fríos y sus palabras secas me da la impresión del adversario que nunca da oportunidad para demostrar amistad y cariño. Era como una persona que tiene un animalito y le diera de comer, y le proporcionara casa y abrigo, pero todo arrojado sin cariño, sin amor, sin fijarse que aquel animalito también piensa y siente.

Un mes después de mi graduación, en enero de 1951, empecé a trabajar con el señor Santiago Parra y su esposa Juana. Ellos necesitaban una persona que les hiciera escritos a máquina así que empecé a trabajar con ellos ganando 100 pesos mensuales. Me trataban muy bien y me estimaban mucho, lo pude ver las veces que me invitaban al cine o me invitaban a comer.

Tenía yo dieciséis años cuando fui a su casa la primera vez. Su casa me pareció muy bonita y me llamó poderosamente la atención su sala. Siempre había yo querido tener una sala así. Bueno, yo me sentí como muy importante y a la vez avergonzada. Porque muy dentro de mí parecía que los ojos de mi papá me vigilaban y su boca decía: «¡Imbécil! Andas metiéndote donde no». Me había quedado parada y apretaba mi bolsa y un fólder entre mis manos sudorosas hasta que Juana me invitó a sentarme.

El señor Parra, al verme tan turbada, me dijo:

—¿Te tomas una copita?

«¡Híjole! Voy a tomar —pensaba—, ¿y si lo saben en la casa? Tomar... tomar...» Debo confesar que yo no sabía que en la clase media acostumbraban el aperitivo. Se me figuraba que «tomar», era como en la vecindad; tomar allí era hasta emborracharse. Aunque para mis adentros estaba yo asustada, presumiendo de valiente, como si estuviera acostumbrada a esas cosas, tomé la copita de vermut que me ofrecieron. Fue la primera vez en mi vida que probé el licor y que alcé una copa para brindar en compañía de amigos en una casa mejor que la mía; por eso me sentí a gusto.

Cuando la comida estuvo lista fuimos al comedor. La mesa estaba muy arreglada con mantel y cubiertos. Hasta esos momentos sostenía entre mis manos la bolsa y el fólder; no acertaba dónde ponerlos. El señor Parra me los pidió y los puso sobre la vitrina. Cuando nos sentamos a la mesa mis ojos miraban los cubiertos sin saber cuál debía ser su uso. En mi casa estaba acostumbrada a comer solo con cuchara, o haciendo «cucharitas» con la tortilla. El señor Parra y Juanita tomaron el tenedor. Tomé yo también el tenedor y con mil dificultades comí el arroz y el pescado, aunque a cada momento que me los iba a llevar a la boca se caían del tenedor. Pero cuando vi la ensalada, ahí sí que renuncié. ¡Qué momentos! Nunca me había sabido tan amarga la comida como ese día. Cuando terminó estaba yo colorada y sudando. Y ellos no me quitaban los ojos de encima, no comprendiendo que me avergonzaban. El señor Parra sonrió y acarició mi cabeza. ¡Uh, pues más me enojó! Yo tenía el concepto que solo a los animales se les acariciaba. Mi papá solo a un gato que tuvo Tonia le pasaba la mano sobre el lomo, o a un perro le pasaba la mano por la cabeza. Así que en esos momentos me dio coraje pensando: «Si no soy un gato», y esquivé la cabeza. Salimos de ahí y yo me sentí aliviada.

En un principio el señor Parra era correcto y respetuoso, pero luego empezó a enamorarme. Sin recato se me declaró diciéndome que estaba dispuesto a casarse conmigo. Si lo aceptaba dejaría a Juanita. Cuando oí esto me quedé perpleja. Desde luego que no acepté, le hice ver que yo no era una muchachita de tantas.

Desgraciadamente Roberto mi hermano fue encarcelado en ese tiempo. Al otro día que lo supe me fui al trabajo y me encerré a llorar. ¿Cómo ayudarlo? Yo no sabía ni qué podía hacer por él, además se necesitaría mucho dinero. «¡Ay, Dios mío, ayúdame!»

Abrí la puerta y vi al licenciado Hernández —que tenía su despacho al otro lado— que llegaba a su despacho. Cuando me vio se extrañó y me preguntó qué tenía. Pensé en esos momentos pedirle ayuda, no importaba ponerme en vergüenza, después de todo le iba a pagar y así le expuse mi dificultad. Cuando el licenciado Hernández me dijo:

—Vamos, vamos. No se preocupe. Vamos a ver qué hacernos por su hermanito —sentí que volvía a la tierra.

Le pedí permiso al señor Parra para faltar esa mañana y concedido el permiso fui con el licenciado a la Penitenciaría. Parecía yo una niña siguiendo a una persona que da una golosina. No logramos ver a mi hermano, era muy tarde para visitas. Más tarde volví sola y vi a Roberto y a su amigo Hermilo, sin zapatos y todos desgarrados. Me espanté: estaba acostumbrada a ver a mi hermano en mal estado, pero no a tal grado. Me dijo que los demás presos los habían golpeado y les habían quitado sus cosas. Quise llorar pero no pude. «Si lloro también él va a llorar», pensé.

Roberto me dijo:

—Sácame de aquí, manita. Te juro que ya me voy a portar bien.

Firmó los papeles que había yo llevado y salí. Estaba un poco más calmado; pero cuando salí sentía el corazón hecho pedazos al verlo ahí entre tanto hombre sucio y mal encarado.

Anduve en los juzgados informándome en dónde estaba su expediente y el licenciado ese mismo día tramitó la fianza. Le dije a mi papá el dinero que se necesitaba para que Roberto saliera libre, pero su contestación fue:

—No doy un solo centavo para ese canalla. Él se lo buscó, que se amuele. Yo no quiero saber una palabra de esto.

Pasé toda la noche pensando cómo conseguir el dinero. ¿Qué iba a hacer para lograrlo? Iba a vender mi ropa o empeñarla... pedir a un prestamista, no importaba que los réditos fueran fuertes... Me dolía la cabeza de tanto pensar. No quería pedirle prestado al señor Parra. Me daba vergüenza y además, sabiendo que me enamoraba, después iba a ser peor. El día que se cumplió el plazo para que fuera pasado a las galeras y no tenía el dinero, lloré, lloré mucho.

El señor Parra me observaba y por fin me preguntó qué tenía. Llorando le dije qué me pasaba. Él se enojó en contra de mi papá:

—¡Pero qué tu padre! Debía ser él quien anduviera en estos líos. Tú qué necesidad tienes de andar entre esa bola de maloras y malvivientes, subiendo y bajando escaleras, poniéndote en vergüenza. Yo quiero hablar con tu papá.

—No se meta con mi papá, señor Parra, él sabe lo que hace. Después de todo ya estamos grandes y no tenemos por qué molestarlo.

El señor Parra sonrió y me extendió el dinero, 200 pesos. Estuve indecisa por unos momentos. Él me dijo que lo iba a descontar de mi sueldo y así lo acepté. Al recordar a Roberto no tuve más remedio que bajar mi cabeza y recibir el dinero.

Después de haber dado la fianza Roberto salió libre. Pero ¡cuánto no me costó esto! Me ardía la cara de vergüenza al salir del penal. Cuando alguien de la vecindad volteaba a verme, tenía que bajar la cabeza. Ya todos lo sabían y yo no quería ni saludar a nadie. Creí que de verdad Roberto se iba a portar bien, pero me equivoqué. Él debía ir a firmar cada ocho días al penal. Al principio fue, ya después no. Si le insistía yo que fuera recibía cachetadas «por alzarle la voz».

Como no obedeció después de un año lo volvieron a encerrar y nuevamente fui yo quien se encargó de ese lío. Esa vez una compañera de la oficina me presentó al licenciado Marroquín y él me ayudó. Roberto estuvo más o menos ocho meses dentro del penal y todo el tiempo que duró encarcelado mi padre nunca fue a visitarle, no quería saber nada de él, ni siquiera oír su nombre. Roberto preguntaba mucho por mi papá. Cuando me decía:

—¿Y mi papá?

Yo sentía refeo y solo contestaba:

—Está bien, mano. Ya sabes que él por su trabajo no puede venir.

La cara de Roberto se transformaba y aparecía una sombra de amargura:

—Está bien. Que no venga. No debe venir a este lugar, se mancha —y bajaba la cabeza.

Manuel solo una visita le hizo a Roberto, pero mi tía, Marta y yo lo visitábamos cada ocho días y llevarle lo que podíamos. Casi todos los días iba a la iglesia a rezar y encender mis veladoras.

Cuando Roberto salió libre el licenciado no me recibió nada, ni el regalo que por parte de Roberto y mía le obsequiábamos, ni nunca me insinuó nada, ni me trató mal. Siempre se portó muy bien conmigo, lo cual yo le agradecí en lo infinito. A Roberto lo valiente y lo grosero no se le quitaba conmigo, nada más que ahora cuando me quería pegar le decía que podía encerrarlo y con eso lo detenía.

El señor Parra, cuando vio que no lograba nada de mí, empezó a tratarme mal, al grado de hacerme llorar. Siempre llegaba al despacho de mal humor, me aventaba los papeles, por un error que tuviera me reprendía muy duramente. Una vez me dijo avergonzándome:

—Voy a esperar para cuando te cases.

—Ya casada me será más fácil tenerte... tener tu cuerpo que es lo que quiero.

Ya no iba tan seguido a su casa. Ponía a mis hermanos como pretexto:

—No me dejan salir los muchachos, Juanita, ya ve cómo son.

Pero cuando iba a comer, por debajo de la mesa el señor Parra me rozaba el pie, o esperaba que Juanita se metiera a la cocina para hacerme señas pidiéndome un beso o acariciarme la cabeza. Soporté todo esto porque todavía le debía yo dinero de la fianza, pero después me salí. Nunca dije nada a Juanita. Duré muchos años llevando amistad con ella, y el señor Parra siempre esperando... hasta que se cansó de esperar.

Después entré a trabajar con el licenciado Hernández. Fue cuando descubrí que si me había ayudado era porque yo le gustaba. Una tarde me dijo que fuera a su privado, que me iba a dictar. Me dictó seis, ocho, diez palabras, para después quedar callado. Cuando levanté la cabeza me encontré con sus ojos que me veían y bajé la cabeza avergonzada cuando me dijo:

—Su boca parece ciruela carnosa, como esa fruta sabrosa que dan ganas de morder... y sus ojitos estirados me dan ganas de cerrarlos.

No contesté nada, me quedé seria. Para mí, me había faltado al respeto. Además me había hecho recordar a mis hermanos, que cuando era más chica me hacían llorar al llamarme Flor de té, Ojos de alcancía, Ojos de chale, Ojos de rendija, Chala, Mirada de gato, calificativos que me ponían cuando se enojaban conmigo. No me gustaba que me dijeran así porque en una ocasión que iba con mi padre vi a un chino muy feo, muy delgado, de color entre amarillo y blanco, sin pelo, que caminaba lentamente por la calle y con la mirada casi perdida por lo estirado de sus párpados. Además Imelda y sus primos que de verdad llevaban esa sangre se enojaban cuando los llamaban así. Entonces debía ser algo malo, pensaba yo. De ahí me despedí —solo una quincena duré— porque me enfermé.

Cuando volví a trabajar fue para el señor García, un contador. Tenía su despacho en un edificio muy alto, el primer edificio con elevador en el que yo había estado. Yo solo tenía de compañero a Jaime Castro, un jovencito muy bajito, pues apenas si me llegaba a la oreja. Tenía sus cejas muy pobladas, sus ojos saltones, su boca no muy grande de labios regulares, la nariz muy afilada, su pelo negro, negrísimo y brilloso por la brillantina que se ponía, pero muy rebelde. Se me figuraba un muñequito de esos de pastel cuando se ponía su saco que le quedaba tan ajustado. Pero qué buen compañero era, de todo apuro me sacaba adelante. Jaime era el ayudante de contabilidad, yo nada más la secretaria. Cuando no sabía yo hacer las cosas y las echaba a perder, de inmediato mi disculpa era:

—Yo no sé, señor García. Jaime me dijo que lo hiciera así.

Jaime solo volteaba a verme y sonreía. Él sabría cómo quitarse la molestia. Yo por el momento me había salvado.

Me invitaba al cine, a tomar café, al futbol americano, a la Villa, a Chapultepec, al desfile del 16 de septiembre. Me llevó a muchos paseos; tenía la costumbre de cada ocho días llevarme a diferentes lugares. Por él conocí San Jerónimo, los llanos de Cruz Blanca, el Desierto de los Leones, Contreras, diferentes albercas, el Toreo. Me llevaba dulces, flores, regalitos sin importancia, muy insignificantes, pero que me hacían fijarme que él sí me tenía en cuenta.

En fin, se ganó mi voluntad y empecé a cobrarle afecto de amigos. Él me contaba sus problemas amorosos, lo mismo que yo a él los míos. Cuando me invitaba al cine creí que se me iba a declarar o besarme, pero en esas ocasiones —al igual que en muchas otras— jamás me dijo nada. Llegué a considerarlo diferente a todos los demás. Esto me encantaba porque podía tener paseos cuando yo quería sin temor a nada. Sentía compasión por él, pero nada más. En realidad no me gustaba por sus rasgos físicos y su estatura.

Yo sabía que Jaime estaba enamorado de otra joven y por eso tomaba. Era lo único malo que veía en él, pero entonces no me importaba. Trataba de darle consejos. No llegué a quererlo sino hasta más tarde. Él me enseñó el verdadero significado de la palabra amor.

Éramos muy buenos amigos pero nunca me invitaba a bailar y el baile para mí era como algo encantado. Cuando bailaba, ¡cómo me daba vuelo! Los pies no los sentía, no sentía el cansancio. La música era irresistible. Las notas del danzón venían a mí penetrando mi alma; nota a nota iba penetrando, hasta que, sin darme cuenta, me hallaba yo bailando, casi volando. Venía la música a mí, dulce, como un agua perfumada en la que se baña uno. Las señoras que se paraban a observar el baile condenaban su estilo:

—¡Ay, ya no tienen vergüenza! ¡Ya parece que en mis tiempos iba yo a hacer tales desfiguros!—Pero esto no me importaba a mí. Así era como escapaba de lo que sucedía durante el día.

Cuando ya nos queríamos Jaime me prohibió el baile. Mientras él estaba de visita en mi casa, no salía a los bailes, pero después que se iba me iba a bailar. A pesar de mi baile y de los problemas con mi familia, Jaime era muy bueno conmigo y con toda mi familia. No había día que no llevara juguetes, pastelitos, muñequitas, a mis sobrinos. A Paula no dejaba de darle dinero los domingos para que pudiera comer en casa. El día del santo de Paula le llevaba su ramo de flores y su regalo. Lo mismo a mí, me llevaba serenatas y regalos.

En fin, conquistó a la familia, pero mi padre no lo quería porque tomaba. Un día le dijo a Jaime:

—Jamás consentiré que se casen y he de luchar hasta el fin para que ustedes se separen.

Siempre que Jaime trataba de platicarle o darle algún regalo, solo recibía un sí o un no, y los regalos nunca los aceptó. Trató de ganarse el cariño de mi padre pero nunca lo logró. Un día del santo de mi padre le compró un pastel y le dio a mi cuñada para que hiciera chocolate. Todos estábamos en la mesa esperando que mi padre llegara y compartiera con nosotros el humilde obsequio. Lejos de alegrarse mi padre hizo a un lado el pastel y no cenó. Me daba vergüenza con Jaime porque a mí en su casa me servían primero que a nadie de comer, me sentaban en el mejor lugar y nunca me hicieron una grosería. Pero mi papacito le hacía a Jaime cada majadería que me hacía temer que Jaime dejara de quererme o insultara a mi padre. Pero no fue así. Siempre aceptaba mis disculpas y besando mi frente decía:

—Sí, mi vida, comprendo.

Una Nochebuena fue la vergüenza más grande que me hizo pasar mi papá. Jaime y yo le habíamos dado a Paula dinero para que hiciera la cena tradicional. Ella había hecho la ensalada y otros dos platillos, Jaime había comprado las botellas de sidra y Paula había arreglado la mesa y la casa muy bonitas con las flores de nochebuena que Jaime compró. Los niños, la casa, todo estaba preparado para recibir a mi padre y cenar. Yo, conociéndolo, había dicho a Jaime que era mejor que cenáramos nosotros y le guardáramos la cena a mi papá. Jaime me dijo: Debemos esperarlo. Toda la familia debe estar reunida. Sin tu papá la cena no tendrá chiste.

—Yo temía pero guardaba una esperanza. Llegó mi padre como a las diez de la noche y entró sin saludar. Yo lo recibí con una sonrisa, pero de miedo.

—Papacito, te estamos esperando para cenar.
—No quiero nada. A echarse. ¡Vamos! ¡Quiten todo eso de ahí!

Acto seguido cerró las puertas de la pieza. Había lanzado el mantel a una cama, las flores quedaron en una silla.

—Cuando menos permíteme sacar la mesa para cenar en la cocina.
—Usted no saca nada de aquí. La mesa no sale.
—¡Vamos, ya, échense! ¡Apague esa luz!

Paula se acostó con sus niños.

Salí al patio con Jaime. Había baile. No sabía qué decirle, me limité a mirarlo. Sacó un cigarro y lo encendió:

—No te fijes, Flaquita, tal vez alguien lo hizo enojar y por eso procedió así.

Yo no dije nada. Me recargué en su pecho y empecé a llorar. Después de estar media hora más, Jaime se despidió de mí. Lo dejé ir, muy apenada y con un sentimiento muy hondo. «Va a perderme el cariño. Va a cambiar conmigo», pensé.

Y no me equivoqué. Empezó a criticar a mi padre y a darme órdenes. Quería que le obedeciera a él en lugar de a mi papá, y yo desde luego no iba a hacerlo. Jaime se portaba como si estuviéramos casados y empezó a mostrar su verdadera cara. Empezó a tomar más; iba a verme en completo estado de ebriedad. En ocasiones a las tres o cuatro de la mañana llegaba a silbarme, y si no salía yo empezaba a golpear la puerta. Yo empecé por mi parte a disgustarme con él, tratando siempre de que ya no tomara.

Luego un día me pregunté cómo había sido tan inocente al creer en este noviazgo. Una muchacha llamada Adelaida entró mucho después que yo a trabajar con el señor García. Ya todos sabían en el despacho que Jaime y yo nos íbamos a casar, así que por lo tanto no creo que esta joven lo haya ignorado. Una tarde regresé de comer más temprano que de costumbre, entré a la oficina, cerré la puerta del privado y me senté en la silla del señor García. Quedaba abierta nada más la pequeña ventanita donde estaban los teléfonos. Asomé la cabeza y vi que Jaime abrazaba a Adelaida y le acariciaba la cabeza. Iba a decir algo cuando me vio. Él quedó mudo.

Me quedé parada pensando: «¡Habráse visto! ¿Pero será verdad? ¿Quién sabe si la conoció antes que a mí?» Pensé con amargura, sintiéndome derrotada, para después sentir coraje para mí misma: «¡Grandísima imbécil! ¿Pues qué no has visto las atenciones que tiene para con ella? ¿No has visto cómo lo busca ella para cualquier cosa?» Sentía yo que los celos me quemaban y un odio infinito hacia él. Él trató de darme una explicación, pero yo tenía el corazón hecho pedazos. De regreso a la casa lloraba yo en el camión.

Al llegar a casa quise de nuevo romper a llorar, pero una vocecita muy querida, mucho más que la de Jaime, detuvo mi llanto. Mariquita, mi sobrinita, me decía:

—Tía, tía, ¿nos llevas a los caballitos? Yo tengo mi quinto.

Al oírla se borró lo amargo y dejó paso a la dulzura del cariño tan grande que le tenía yo a esta niña:

—Sí, madre, ponte el suetercito, y a Alanes también.

Su alegría borró por completo la decepción que había yo llevado por la tarde. Ya una vez en la muy humilde feriecita y al ver a mis sobrinos contentos olvidé y reí junto con ellos. El simpático mareo que me producían las vueltas de los caballitos, el subir y el bajar de los caballos, y los niños en mis brazos, me hicieron reír abiertamente. Mi sobrinita era mi adoración. Tal parecía que era mi hija. Hasta Jaime se encelaba al ver el cariño tan grande que nos teníamos. A veces me preguntaba a quién prefería, a mi sobrinita o a él. Contestaba siempre que a mi sobrina.

Yo ya no quería que Jaime entrara a la casa, pero sus celos lo hacían dudar de mí. Si le decía que no me acompañara hasta la casa, decía que iba yo a ver a otro. Como lo quería yo, cerraba los ojos a mi vergüenza y permitía que viniera. Yo en realidad necesitaba su apoyo moral porque mi padre me trataba mal debido a mi salud.

Estaba yo delgadísima y tosía mucho. Siempre le había preocupado que yo me volviera tuberculosa y me llevó con su amigo el doctor Santoyo, que en realidad no era médico sino una especie de curandero. El doctor Santoyo opinó que era tuberculosis y me recetó dos o tres inyecciones diar ias —intr ave n os as, s ubcutánea s, intramusculares—, tónicos, pastillas, transfusiones, sueros... Ya me dolía el cuerpo de tanto piquete y mi boca tenía un fuerte sabor a yodo.

Por esto dejaba de inyectarme, pero mi padre no entendía esto. Cuando dejaba de inyectarme y me oía toser me trataba mal y decía que estaba dispuesto a internarme en el hospital donde estuvo Elena:

—Te voy a internar y vas a ver, ¡imbécil!

¡Parecen animales que no entienden! De ahí no sales más que para el horno crematorio. Aun en presencia de Jaime, con su mirada altiva me gritaba estas cosas:

—Con esa tos de perro tuberculoso que tienes pronto vas a ir a la fosa.

—Yo oía todo con mi cabeza baja. No me atrevía a contestarle. ¡Qué falto de compasión era mi padre! Por su parte el doctor Santoyo tenía todo preparado para internarme; nos dijo que ya tenía una cama lista. Yo lloraba con desesperación.

Cuando la mamá de Jaime lo supo me llevó con su médico. Pasé por rayos X y recibí una buena noticia. No era cierto, no tenía yo el menor indicio de estar enferma. Juanita y el señor Parra, el que había sido mi patrón, también ellos me llevaron con un especialista que me tuvo en observación toda la tarde. Mi esputo, sangre, pulso, mis pulmones, todo fue examinado. Otra prueba más que venía a demostrar lo contrario de lo que aseguraba el doctor Santoyo. Armándome de valor y atreviéndome a contestar a mi padre le dije que había visto a otros doctores y ellos certificaban que estaba completamente bien. Mi padre, lejos de creerme, me obligó a callar. Desde luego que el doctor Santoyo se enojó por haber ido con otros médicos, «que eran unos charlatanes que no sabían nada». Mi «tratamiento» siguió a pesar de toda mi voluntad.

Mi papá se comportaba en forma tan rara y, ¡no!, decididamente eso no podía continuar así. Fui a visitar a Santitos y le conté lo que estaba pasando.

—¿Por qué, por qué, por qué? ¿Por qué mi papá es así? —le pregunté. Ella se encogió de hombros al mismo tiempo que fumaba su cigarro y me decía:

—Hmmm... alguien ha de estar «trabajando» a tu papá. Yo creo que alguien lo anda embrujando.

—¡Ay, Santitos, yo no sé... pero sí quisiera saber quién es...!

Entonces fuimos las dos a ver a un adivino, uno que era telépata. Me dijo que mi papá no estaba embrujado, que ya de por sí era como era y que no me preocupara. No me ayudó con mi problema para nada, pero vio algo en las barajas acerca de mí que me dio miedo. Me dijo que tenía una voluntad inquebrantable y que podía llegar a ser algo muy alto, pero si no me cuidaba podía llegar a algo muy bajo. Me dijo que lo fuera a ver seguido para que me pudiera aconsejarme, y decirme cómo debía hacer para no llegar a eso tan bajo. Le di creo que 3 pesos y salimos de ahí, yo avergonzada de haber hecho el papelito que hice. Yo no creo que era un buen adivino, pero por muchos años recordé lo que dijo acerca de mí.

Las cosas para mí empeoraban en la casa. Mis platos y mis cubiertos los tenían aparte y les habían prohibido a mis sobrinitos acercarse a mí. No sabría explicar lo que sentía cuando mi cuñada los alejaba jalándolos del pelo o del brazo. Mi Mariquita lloraba mucho porque le pegaban de una manera bárbara por acercarse a mí. Pero ahí sí no me podía yo meter, porque desde un principio cuando mi hermano llevó a su esposa a la casa nos dijo mi padre:

—Ay de ustedes el día que sepa que le hicieron alguna majadería a Paula, porque les rompo la cara.

Nunca le hacíamos nada, ni ella daba motivo. No se metía para nada con nosotros, muy por el contrario, era muy buena.

En una ocasión Manuel le pegó a Paula despiadadamente. Junto con mi hermana Marta y Cuquita, la mamá de Paula, me metí y traté de defenderla. Marta había abandonado a Crispín por tercera vez y estaba viviendo con nosotros, ella y sus niñas. Yo estaba en la cocina cuando todo empezó. Paula estaba tirada en el suelo de la pieza y Manuel la pateaba. Ella solo lloraba y le decía muchas cosas de vez en cuando. Él como loco le pegaba no importándole dónde caían los golpes. Yo con una desesperación tremenda le gritaba que la dejara. Logré sacar a los niños de la casa y los dejé llorando en el patio. Marta y Cuquita lo jalaban de la ropa pero él continuaba pegándole a Paula. Su vientre ya estaba muy abultado —pues iba a tener otra criatura— y precisamente ahí era donde Manuel más le pegaba, ahí, en su vientre, en su lindísimo vientre.

No sé, no recuerdo bien, quién quitó el cuchillo de manos de mi hermano, pero gracias a Dios, no logró su intento, encajarle el cuchillo. Fue tanta mi desesperación que agarré lo primero que tocaron mis manos sobre el brasero —olla, jarro, cazuela, quién sabe— y sin más se lo estrellé sobre su cabeza, esperando que de un momento a otro se volteara contra mí. Pero él en verdad ni cuenta se dio del golpe que le di. Con la misma rapidez pensé en lo que en ocasiones había visto en el cine y juntando mis manos, palma con palma, haciendo uso de todas mis fuerzas, lo golpié en la nuca a modo de machetazo... una, dos, tres, cuatro... Y este bárbaro ni cuenta se daba. Hasta que por fin las fuerzas lo abandonaron.

Yo defendí a mi cuñada más de una vez, así que no podía comprender por qué le dijo a Manuel no sé qué y éste sin más ni más nos pegó a Marta y a mí. Lo único que sé es que una mañana al despertar oí la voz de Manuel que me decía:

—¡Ya párate, tú! ¿Crees que tienes criada, o qué? ¡Nada más echada! No haciendo caso, escupí en el suelo. Todavía estaba medio dormida cuando sentí que mi ojo se me hinchaba. Me senté en la cama sobándome el ojo y la frente, abrí el otro ojo y vi a mi hermano sentado en la otra cama insultándome muy enojado. El caballito de cartón que entre Jaime y yo habíamos comprado para los niños estaba tirado en el suelo, después de alcanzar a lastimarme en el ojo. No dije nada, pero volví a escupir. Manuel me gritó:

—¡No escupas ahí, que no eres tú quien limpia! —pero yo, necia, volví a escupir y con esto vino un bofetón de Manuel que había pegado un brinco de su cama.

—¿Y por qué me pegas? ¿Quién eres tú? ¡Imbécil! ¡Idiota! ¡Estúpido! —él siguió pegándome. Entonces mi hermana Marta saltó y le pegó a Manuel.

¡Pero cómo íbamos dos mujeres a imponernos a unas manos duras acostumbradas a pelear en la calle! Estaba yo aterrada al ver cómo Manuel sin compasión pateaba a mi hermana en el suelo. Yo trataba de meter las manos pero no podía; si lograba dar un polpe, recibía dos o tres. Traté de salir corriendo, en camisón, a llamar a Yolanda. Tenía yo un pie en el patio, lista para echar a correr, cuando sentí un empellón tan fuerte que me hizo rodar hasta la pieza.

Se cansó mi hermano de pegarnos. Quedamos Marta y yo moradas del cuerpo y de la cara. Pero Manuel también se había llevado araños y patadas. Lloraba mucho Marta. Le dije que se vistiera, que nos íbamos a ir de la casa, que iba a conseguir dinero. Estaba segura que Jaime no me negaría su ayuda. Le hablé por teléfono y solo fueron minutos —cuando mucho diez— que llegó él corriendo; había tomado un carro y llegado de inmediato. Nos llevó a desayunar y nos dejó en casa de Lupita aconsejándonos quedarnos allí hasta que Manuel se fuera de la casa. Yo estaba renuente porque pensé que si Paula se iba de la casa los niños iban a sufrir. Yo sabía que mi hermano no iba a hacerse cargo de sus hijos. Ni siquiera el Día de Reyes se acordaba de ellos; yo era la que les compraba sus juguetes.

Le contamos a mi papá lo sucedido y acordó que era Manuel quien debía de salirse. Cuando regresamos Paula no estaba, se había ido con los niños. Nos quedamos solas Marta y yo. Pero Paula mandaba cada ocho días muy limpia a mi Mariquita. Por cierto que esto trajo murmuraciones; decían que la niña era mía. En realidad yo la sentía como parte de mí.

Encontré un trabajo eventual rotulando sobres de propaganda de Ron Bacardí. Marta había otra vez vuelto con Crispín, el padre de sus hijas. Una tarde vino una joven a buscar trabajo. Me dijo que se llamaba Claudia, que era de Zacatecas y que habían llegado recientemente y carecían de todo. Me compadecí y de inmediato le di el empleo. Cuando se lo dije a mi papá esa misma noche no quería que la aceptara. Pero yo insistí, le dije a mi padre que yo le pagaría y muy a pesar de mi padre se quedó.

Habían pasado unos meses cuando mi padre me dijo que iba a llevar a Paula a la casa porque estaba muy enferma. Estaba muy alarmado. Cuando me dijo que Paula estaba hecha un cadáver no lo creí. Pensé: «Mi padre siempre tan exagerado». Hacía poco se había ido Paula y ella era muy gorda. Le advertí a Claudia que iba a tener otro poco más de trabajo, pero que yo iba a ayudarla. La ropa se iba a dar a lavar. Solo los niños la iban a quitar tiempo. Si no podía terminar el quehacer no importaba, primero eran los niños, que los cuidara y después lo demás. Ella aceptó.

Cuando mi padre llevó a Paula casi quedé muda al verla. Era cierto lo que mi padre decía, no exageraba. Paula estaba irreconocible; tan solo era pellejo que cargaba a un esqueleto. Solo se mantenía en pie por el gran amor a sus hijos. Me sobrepuse y tragándome las lágrimas la recibí sonriendo:

—¿Qué tal, Paula? Venga, acuéstese.

En cuanto se acostó salí a la cocina a llorar. Yo quería mucho a Paula, mucho más que a mi hermana. Estaba tan mala que no podía creer que era ella. Sin embargo ahí estaban los tres niños y la chiquita como prueba. Mariquita en cuanto me vio corrió a abrazarme, lo mismo que Alanes. Paula, con voz muy opaca, me decía:

—Dale su leche a mi hija, tiene hambre. Yo no tengo qué darle.

—Calenté la leche y se la di en una botella. Estaba muy hermosa la criatura, sus ojos principalmente que resaltaban en su cara. Estaba gordísima como los otros tres que habían crecido de gran tamaño y llenos de vida y color.

Claudia cuidaba a los niños mientras yo me iba a trabajar. Las cosas iban bastante bien y yo estaba contenta con ella. Cuando regresaba yo preparaba la comida. Una vez por semana hacía la limpieza y lavaba todo —el piso, la mesa, las sillas, la estufa— y acababa agotada. La chiquita tenía solo siete meses y tenía que darle su botella muy temprano en las mañanas y cambiarle su pañal.

El cuarto estaba muy apretado. Paula, con la chiquita junto, dormía con Manuel y los otros tres niños atravesados en una de las camas. Roberto dormía en el suelo de la cocina, y yo en mi cama. Después Manuel tendió su «cama» como antes en el suelo enfrente de la cómoda porque «los condenados escuincles no dejan a uno dormir». Por la noche a veces alguno de los niños se orinaba en la cama y Paula lo jalaba del cabello o lo pellizcaba y lo hacía llorar. Para no tener que soportar eso mejor pasé a los niños a mi cama. No dormía muy bien pero no me quejaba.

Por las mañanas la situación era también muy difícil. Tenía que pararme y con todo cuidado pisar entre los montones de ropa, bancos, sillas y vestirme mientras los demás dormían. Manuel, por su modo de dormir, siempre estorbaba y tropezaba con él para sacar mis cosas del ropero.

—¿Qué demonios estás haciendo, maldita escuincla? —o:

—Te voy a romper todo el hocico si me vuelves a despertar —decía Manuel.

—Vamos a ver si eres tan hombre —le contestaba—. ¡Sí, muy hombre y no das un centavo a la casa!

Y el pleito continuaba hasta que todos se despertaban y los niños lloraban. Yo me iba dando un portazo y con una sonrisa en los labios y con solo café en el estómago me iba a trabajar. Esta situación no duró mucho porque poco tiempo después murió Paula. Cuando ella murió también yo casi morí. Hubiera querido mejor ser yo la muerta y no ella. Mejor dicho lo desié con toda mi alma y así lo gritaba al cielo que me quitara a mí la vida y la dejara a ella. Pero no fui escuchada. Solo Él sabe por qué lo hizo.

La noche que estaba agonizando nos llevamos a los niños a otra casa después que ella les dio su bendición. Yo ya veía a Paula como un cadáver pero aquella llamita que nos da la sed de la vida me hacía guardar una esperanza. El doctor Ramón llegó a inyectarle suero. También el doctor Valdés la estaba recetando. Pero todo fue inútil, desgraciadamente ella murió. Fue el golpe más terrible que había tenido en mi vida. Fue como si de pronto una mano de cera oprimiera mi cerebro. El Sol cambió el color de sus rayos a un blanquizco como el de los huesos que había visto en el panteón. No sé qué sentí cuando ella murió. Solo lloré. Lloré mucho, mucho, hasta que mis ojos me dolieron.

El día que enterramos a Paula llevé otro golpe muy duro. Cuando regresamos del panteón pedí a mi hermano Roberto que me tendiera unos costales para acostarme; no tenía fuerzas para nada ni quería hablar con nadie. Claudia se sentó a comer junto con mi padre y mi hermana María Elena y no había servido a mi hermano Roberto. Los vi comer juntos. Me dio coraje mirar a esta muchacha sentada comiendo con mi padre. Sospeché que algo había entre ellos. Pero lo que sí ya no soporté fue cuando mi padre le gritó a Roberto:

—A ver, usted, vago... agarre el cuchillo y póngase a raspar el suelo. ¡Lávelo!

No sé de dónde saqué fuerzas para decirle a Roberto:

—¿Y por qué lo vas a hacer tú? Yo creo que para eso se le paga a esta muchacha. A ella le corresponde hacer eso. Déjalo, no lo hagas.

No terminé de decir esto cuando mi padre de un salto estaba junto a mí. Con verdadera furia me gritó:

—¿Y tú quién eres, infeliz? ¡No vales ni quinto! ¡Mira nada más cómo estás! ¡De un aventón te manda uno al diablo y todavía te pones perra!

Esa noche me hizo dormir en la cama donde había muerto Paula. Tal vez creyó que era un castigo. Una vez apagada la luz empecé a llorar, pero ya no por el dolor del cuerpo sino porque en mi corazón sentía una herida.

Después tuve que soportar la presencia de Claudia. Ya no era ella quien debía hacer las cosas, sino yo. Cuando le llamaba yo la atención porque no había traído agua, o cualquier otra cosa, se quejaba con mi padre y yo llevaba humillaciones y malos tratos. No debía yo ordenarle nada a Claudia. De nuevo sentí que no era nada en la casa.

Pero quedé yo a cargo de los cuatro niños. Mi padre advirtió que Manuel debía hacerse cargo de mantenerlos, y Roberto y yo ayudar con los gastos de la casa. Mi trabajo para Bacardí se terminó en esos días pero no tenía por qué preocuparme entonces de pagar renta o luz. Después Manuel dijo que lo que ganaba no era bastante y yo tuve que buscar trabajo otra vez para poder cubrir los gastos. Estaba a gusto con mis cuatro sobrinitos, cuidándolos, bañándolos, y de vez en cuando les daba de nalgadas por groseritos. Empezaban a engordar. Trataba de darles de comer lo mejor que tenía: jitomate crudo en rebanadas con sal por las mañanas y leche durante el día. Trataba de traerlos limpios, lo mismo la casa. Yo estaba también un poco más gorda. Yo quería apartar el sufrimiento de estas criaturas. Los ideales y sueños que había tenido para mi propia familia ahora se concentraban en ellos.

Mi padre empezó a mostrar más favoritismo por Claudia. Mi papá le daba dinero o le autorizaba a que sacara cosas en abonos. Claudia diariamente me enseñaba ropa nueva, cuando pedía un adelanto siempre se lo daba, en cambio yo cuando pedía que me prestara para mis camiones para ir a buscar trabajo no me daba un solo centavo. Empezaba yo a ver mi terreno perdido en los derechos que yo consideraba tener como hija soltera única que le había quedado a mi padre. Marta tenía su casa con el padre de sus hijas, Antonia y María Elena vivían con su mamá, aparte. Por lo tanto yo era la única que vivía con mi padre, la que día a día sabía cómo estaban las cosas en la casa y, ya que Paula había muerto, no había nadie más que yo para quedar al frente como mujer. Cuando empecé a ver peligro en Claudia.

Ya hablando con mi padre una noche él me dijo que pensaba casarse con ella. Le dije que yo no me metía en su vida, que hiciera lo que gustara, que nada más se reconocieran mis derechos como hija suya y por lo tanto se me diera el lugar que me correspondía. Luché por hacer ver a mi padre que no me enojaba porque quisiera casarse con ella, sino por el modo como me trataba. Me criticaba, me humillaba, me decía que era una orgullosa, presumida que trataba de salirme fuera de mi clase. Me decía que me largara, que me largara, que ya estaba fastidiado. Sus palabras se volvieron más y más terribles. Una noche me dijo:

—Te pareces a la raza infeliz de tu madre, todos briagos... Y tú eres tan estúpida como pareces. Así como tienes tu cara es lo que haces.

—Mi madre ya está muerta, papá. ¿Qué daño te hace? No la menciones. A mí dime lo que quieras, pero a ella no —me dolió mucho esto porque Claudia estuvo presente. ¡Cómo la odiaba!

Al día siguiente fui a casa de mi tía y le conté lo que había sucedido. Lloraba y me tallaba la frente maldiciendo mi mala suerte. Otra vez volví a preguntar a mi tía:

—Dime la verdad, tía. ¿Qué no soy hija de mi padre?

Mi tía estaba muy enojada con mi papá y dijo que se iba a llevar nuevamente a su casa el retrato de mi mamá que estaba colgado junto al de mi padre en nuestra pieza.

—¡Mi hermana no va a servir de burla a ninguna desvergonzada! —dijo, y las dos fuimos a la casa por el retrato. Cuando vi la foto de mi padre pensé: «Ya no tiene caso que este retrato esté aquí. Así como él nos trata debo corresponder». Lo arranqué de donde estaba, lo azoté contra el piso y lo hice pedazos. Este cuadro lo había pagado en abonos.

Claudia y mi tía me veían con ojos muy asustados.

Yo lloraba de muina. Entonces llegó Roberto. Estaba furioso, empezó a insultarme y me dio un bofetón. Pero lo que me hacía llorar, lo que me dolía, era que mi santo —mi padre— había caído de su pedestal. Y esa noche él me castigó en la forma que menos esperaba. Llegué ya un poco tarde a la casa. Él ya estaba ahí sentado, había sacado las fotografías de todos nosotros, sus hijos, cuando éramos niños. Con la caja de fotos en sus piernas, metía y sacaba una y otra observándolas detenidamente. Las lágrimas rodaban por sus mejillas. Tenía el cigarro encendido —cosa rara— entre los dientes. Me preguntó con voz débil:

—¿Por qué rompiste el retrato?

No supe qué decirle. No sabría explicar el sentimiento tan profundo de arrepentimiento que sentí en esos momentos y estallé en sollozos. Hincada a sus pies lloraba pidiéndole perdón. Y mi papacito no contestaba, ni se movía. Solo sostenía las fotografías en sus manos y las lágrimas seguían cayendo por sus mejillas.

Pero mi rebeldía continuaba y decidiéndome a todo le dije a Claudia que no la necesitaba más. Pero cuando llegó mi padre y vio que ya no estaba ahí la muchacha, me corrió a mí y mandó a Roberto a que fuera a traerla:

—Si esa muchacha no regresa se van a arrepentir los dos, porque traspaso esta casa y ustedes se van a la calle.

Claudia regresó y desde luego ya con esto hacía lo que quería en la casa. Entonces opté por pasar casi todo el día en casa de mi tía; ya casi no estaba en la casa.

Entonces fue cuando pensé en Dalila, la hermana de Paula. Había dejado a su marido que era un borracho y necesitaba un lugar donde vivieran ella y su hijo. «Lleva la misma sangre de mis sobrinos, es su tía. ¿Cómo no va a cuidarlos bien?» Le dije a mi padre. Insistí en que Claudia no servía para ayudar en la casa y no podía cuidar bien a los niños. Manuel había desaparecido y no daba nada de dinero para ellos. Mi papá se convenció y fue por Dalila, pero Claudia siguió en la casa.

¡Cómo iba a saber cuando le dije a mi padre: «Deja que se venga Dalila», que iba a llegar a odiarla! Las pocas veces que había tenido oportunidad de verla se me figuró una muchacha tan dulce, tan sufrida y que necesitaba ayuda. Pero ahora me doy cuenta que solo era una pose, una máscara tras de la cual se escondía para estudiar a la persona a la que intentaba dar el golpe. Así tenía ella la ventaja de la que se aprovechaba sin escrúpulos. Ella era como la víbora que se esconde echada en el zacate y espía a la víctima gorda, a la que intenta destruir para satisfacer su hambre. Era astuta y mañosa. Para mí es el signo del mal.

Cuando llegó Dalila, se portó muy bien al principio. Dejaba a su hijo Godofredo con su mamá para que no molestara. Platicábamos y también íbamos al cine. Pero inexplicablemente fue cambiando poco a poco, mejor dicho no ella, mi padre, que se fue haciendo más tenaz en su actitud hacia mí. Ya no podía tocar nada porque me acusaba de que era una ratera que me sacaba las cosas para llevármelas con mi tía. Yo no me explicaba por qué más que nunca mi padre me odiaba. Mi padre también estaba fastidiado con Jaime, que se había vuelto verdaderamente insoportable hasta para mí. Sus borracheras ya eran más continuas. Roberto por las noches se tenía que levantar para ir a dejarlo a su casa o echarlo en un coche para que a los treinta minutos estuviera de nuevo ahí tocando a golpes la puerta de mi casa. Lejos de consolarme por lo que veía me hacían en casa, se enojaba, me insultaba, me presionaba por los hombros y me sacudía, diciéndome que el motivo de mi enojo era porque tenía a otro. Una ocasión estando en completo estado de ebriedad estrelló el cuadro que me había regalado, contra la puerta, haciéndolo mil pedazos. Otra vez trató de cortarse las venas y me dio un susto tremendo. Por esto no podía terminarlo, porque cada vez que intentaba hacerlo él atentaba contra su vida. Además su mamá me recomendaba mucho, llorando, que no fuera mala con él, que tenía que cambiar.

Una noche pensé que debía hacerle ver las cosas; el plazo que nos había dado mi padre se estaba terminando. Tres años había dicho mi padre cuando le presenté a Jaime. Si durábamos ese tiempo podíamos casarnos. Cuando le dije lo que pensaba, que ya casi estaba por terminarse el plazo, contestó:

—Mira, Flaquita, ya tenía yo el dinero junto para casarnos, pero como te enojaste, me enojé y lo gasté con mis amigos.

Sentí que el cielo se me caía. Me había aferrado a la ilusión de que nos íbamos a casar. Su mamá me aseguraba que nos casaríamos.

—Usted y mi hijo se casan en agosto. Vamos a hacerles una fiesta muy bonita. Yo le voy a escoger el vestido... me gustaría uno con mucho encaje y un gran velo.

Cuando me hablaba de la boda me decía lo orgullosa que se iba ella a sentir y cómo iba a comprenderlo mi padre. Sus palabras me hacían soñar de nuevo, me hacían forjar mil ilusiones blancas, como cuando iba a cumplir quince años.

Honrar a mi padre era mi más grande anhelo; entrar del brazo de mi padre con mi vestido blanco hasta el altar donde me esperaría el que me iba a dar su nombre; mis damas rodeándome cuando bailara Lindo Michoacán, que es como el himno de los michoacanos, y el gusto que debía sentir mi papá al ver que la hija que él más maltrataba y despreciaba lo había honrado. Después ya casada tendría mi casa bien amueblada y cada ocho días recibiría a mi familia para comer todos juntos. No pensaba ser desobediente en nada para con el que iba a ser mi marido. En una palabra, podía ser su esposa sin tener vergüenza de nada. Podría presentarme en todos lados con él y alzar mi cara. Pero todo se vino abajo cuando supe que no había dinero.

Pero Jaime no era mi único problema. Una mañana Dalila estaba haciendo el desayuno y mi sobrinito Alanes estaba sentadito en el quicio de la puerta tratando de abrocharse su zapato. Dalila le dio un manazo y le ordenó que fuera a la tienda no sé por qué. El niño muy apurado le contestó:

—Orita, tía, me estoy abrochando mi zapato.

—Dalila le empezó a gritar y a pegarle en la cabeza con una cuchara.

—¿Por qué le pega? —le dije—. No sea irrazonable. El niño no puede hacer dos cosas al mismo tiempo.

Esto fue suficiente para hacer que Dalila viniera adonde estaba yo gritando:

—Y a usted qué le importa. Yo soy la que me estoy jodiendo aquí y puedo hacer lo que yo quiera con ellos. No meta sus narices donde no la llaman.

La miré un momento, sonreí y le dije:

—Ah, pobrecita. Qué duro trabaja. No se mate trabajando, no se me vaya a morir ahorita. Y eso de que puede hacer con ellos lo que le dé la gana, no se va a poder. Primero me tiene que pedir permiso a mí.

—Y quién se cree usted que es, la reina de Saba, ¿o qué? Usted no es nadie en esta casa; su padre así lo ha dicho.

Mi rabia estalló y le grité:

—La razón por la que está aquí, idiota, es porque yo le pedí a mi papá que la trajera, no porque él quisiera que viniera.

—Eso a mí no me importa. Yo estoy aquí porque su papá quiere. Yo puedo hacer que se largue sin mover un dedo. Vamos a ver quién se va primero, usted o yo.

—Una vieja como usted se va a la cama con cualquiera.

Trató de echárseme encima y golpearme. Yo me paré a defenderme, pero los niños empezaron a llorar y no pasó nada. Yo hice que se calmaran, después de todo no había razón para asustarlos.

Pensé que le estaba dando demasiada importancia a la bruja ésa. Me fui para la casa de mi tía. Allí estuve casi todo el día y no llegué a la casa a hablar con mi papá antes que Dalila hablara con él. Cuando entré a la casa mi padre de un fuerte golpe cerró la puerta y con voz muy seca me dijo:

—¿Por qué le contestaste en esa forma a Dalila? ¿Qué te ha hecho ella? ¿Por qué trataste de pegarle? —traté de explicarle—. ¡Mentiras, mentiras! Siempre con la mentira en la boca. Para eso es para lo único que sirves, para levantar falsos. Habladora. Canalla. Te pareces a los otros hijos de la chingada, llevas el mismo camino, pero así les ha de ir... Nunca han de levantar cabeza. Se parecen a la raza infeliz de tu madre, todos briagos, todos...

Ya no lo dejé seguir. Parándome enfrente —mis lágrimas como por encanto se secaron— le dije:

—Con mi madre no te metas. No pronuncies siquiera su nombre delante de esta infeliz. ¿Qué te pide ella si ya está muerta? Ni ella ni mis tíos jamás te han molestado a las puertas de tu casa... Serán muy pobres pero a ti nunca te piden nada.

Entonces Dalila dijo:

—Si lo que pasa es que tiene coraje porque quería que se viniera su tía a trabajar aquí para llevarse después las cosas.

Me paré frente a ella:

—Mi tía le pide a usted lo que el aire le pidió a Juárez —le grité al mismo tiempo que hice el intento de darle un bofetón. Mi padre me detuvo la mano y me aventó. Yo salí corriendo y me metí a casa de mi amiga y ahí lloré y me desahogué.

Esa mujer cumplió su palabra. Día a día para mí era un infierno vivir en esa casa. Cada noche que llegaba yo a la casa a dormir encontraba o mi ropa cortada o el cajón de mis cosas revuelto. Mi sobrina me había dicho que el hijo de Dalila esculcaba por las mañanas mis cosas... Una ocasión se me perdió dinero de ahí. Fue cuando di la queja a mi padre.

—Papá, dile a la señora ésta que corrija a su hijo. Siempre está esculcando mis cosas. Que respete lo ajeno.

Mi padre —que estaba ya acostado— se sentó en la cama y me dijo como siempre con su voz fuerte y cortante:

—Si no quieres que nadie toque tus cosas, llévatelas de aquí. Así nadie te agarrará nada —aventó la silla a un lado y me corrió. ¡Lárgate de aquí, lárgate!

Tomé mi abrigo de donde lo había dejado y al salir le dije a mi padre:

—Sí, me voy. Y gracias por tu hospitalidad.

Cuando llegué a casa de mi tía ya todos estaban durmiendo. Había un fuerte olor a alcohol. Mis tíos estaban en la cama y algunas visitas estaban acostadas en el suelo. Aguantando mis lágrimas le dije a mi tía que me iba a acostar ahí. Como estaba tomada casi no me entendió. Como pude logré subir a la angosta cama, me acosté con ellos y me tapé con mi abrigo.

Solo pensaba, pensaba, cómo escapar de ahí. Yo quería a mi tía por su dulzura y su bondad pero odiaba vivir en aquella miseria. Mi tía era como una niña de nuevo, una niña feliz, brindando su amistad a todo mundo, sin reserva, sin desconfianza, sin fijarse quién era bueno y quién era malo. Su cuerpecito, su cabecita blanca, su risa feliz, le hacían parecer una muñequita deteriorada por el mal trato. Su mundo era reducido y sus juegos el lavado y el planchado de la ropa y tomar sus copitas con mi tío y sus amistades. Con todas sus virtudes, era muy hablantina y sus chismes y sus expresiones vulgares me mareaban.

Las amistades de mis tíos eran muy distintas de las gentes que yo conocía. Estaba muy bien que me trataran con respeto, con mucho respeto, pero el olor a alcohol, a humedad, las chinches, la estrechez de la casa, la gente que vivía ahí... Cuando llegaban las lluvias el cuartito de mi tía al que se llega bajando unos cuantos escalones casi siempre se inundaba. El patio donde estaban las llaves del agua se convertía en un mar de lodo. Para conservar un trabajo tenía que ir arreglada y ahí no podría hacerlo. ¿Cómo iba a vivir ahí? Todo esto pensé hasta que me dolió la cabeza. No hallaba la solución.

Esa noche para acabar de acompletar mi situación Jaime llegó en la madrugada muy tomado a gritar:

—Si no sales pateo la puerta.

Todos los vecinos se daban cuenta. No me quedó más remedio que salir:

—Jaime, Negro, otra vez tomado! ¿Pero es que no tienes compasión de mí? Por favor, déjanos descansar.

Él decía incoherencias, estaba completamente beodo y se iba a caer. Él decía que podía pelear con seis o siete, que le echara a mi padre o a mi hermano. Había tenido muchas batallas con varios esa misma noche en las cuales había resultado vencedor y la gloria de haber ganado era para mí. Sentí gusto y cesaron mis lágrimas, pero al momento sentí odiarlo cuando dijo:

—¡Si vieras cómo te pareces a Blanca! Nada más que ella si me obedecía, hacía lo que yo quería. Para ti no soy más que un muñeco, un títere. Para ella no. Ella me quería, Blanca, Blanca. Y lo que era peor, esperaba compasión y consuelo por parte de Jaime en quien veía todavía un rayito de esperanza, de luz para salir de aquello que me cegaba, que embotaba mi cerebro. Pero en vez de palabras amorosas, solo tenía unos ojos vidriosos, perdidos en la nada, que me veían como algo muy lejano.

Paz, hacía mucho tiempo que la pedía. Nunca hasta entonces la había tenido. Tal parecía que entre más clamaba por tenerla, eran mayores las calamidades que me venían. El fuego por dos lados me quemaba. Por una parte mi padre, sus insultos diarios y el deseo de que ya no volviera yo a la casa; por la otra, ahí en casa de mi tía el ambiente, la pobreza, la incomodidad, el no poder evitar a Jaime, el no tener trabajo, me tenían en un estado de nervios que con cualquier cosa me ponía a llorar. Recurrí al consejo de los padres de la iglesia:

—No puedes hacer otra cosa que independizarte. Si tienes algún familiar vete a vivir con él. Deja a tu padre, aléjate de él —estas palabras, o casi iguales, eran las que me decía mi tía:

—Vente para acá, hija. Aquí aunque sea frijolitos y tortillitas duras comemos. El día que tengamos, comemos, y el que no, nos aguantamos. Ya quítate de tantas mortificaciones. Deja a tu padre.

Una noche había ido a ver un baile en Bella Vista. Estaba yo con mi tía. La forma en que se dio cuenta mi papá que estaba yo en el baile no la sé, lo cierto es que me mandó llamar con mi hermano. Me negué a ir.

—¿Para qué me quiere, para correrme?

Entonces salió mi padre, se me quedó mirando, le hizo señas a Roberto y éste por la fuerza me metió a la casa. Ya una vez allí me paré frente a mi padre dispuesta a todo:

—¡Qué bonito espectáculo está dando, babosa!

Calló por unos instantes y después me dijo que llevaba yo una vida muy bonita andando en bailes y no sé qué más. Que era yo una libertina que tenía a uno y a otro.

—¿Quieres que te pase lo mismo que a las otras... quieres quedarte para el montón?

Cuando dijo esto mi rabia estalló. Antes estas palabras me las había dicho y siempre había yo bajado la cabeza. Pero no desde que me echara de la casa por esa mujer. Apretando los puños le contesté:

—Si me quedo para el montón será tu culpa. No hago más que seguir tu ejemplo. Primero esa Claudia y ahora esta vieja, que al igual que ella puedes encontrar muchas a la vuelta de la esquina.

Cuando terminé, mi padre me había abofeteado, pero no sentí los golpes.

—No me callo. Y pégame cuanto quieras, no me callo —entonces Roberto me dio un bofetón.

Les grité:

—Péguenme, péguenme todo lo que quieran, pero el odio que siento nunca lo borrarán. Y óyelo bien, padre, yo soy tu hija y muerta seguiré siéndolo. En cambio de ésta te has de cansar y ni quién se acuerde de ella después. Y conste que te lo advierto, si algo me pasa será tuya la culpa, y únicamente tuya.

Estaba ya fuera de quicio. Sentía la sangre agolparse en mi cerebro y veía chispas. Pensé que la cabeza me iba a estallar. Mi pobre padre estaba asustado y trató de abrazarme, pero le grité:

—No me toques. Te digo que no me toques. Quítate.

—Baja la vista —me dijo— a mí no se me ve así.

—No la he de bajar porque tengo mi cara limpia.

Una vez fuera, en el patio, seguí llorando, pensando en una y otra cosa sin hallar la solución. Vi hacia el cielo y al ver las estrellas más relumbrantes les pedí a Elena y a mi mamá que hicieran comprender a mi padre. Me senté en el cemento y mi mano tocó una navaja de rasurar.

¡Ésa era la solución! Abrirme las venas de los brazos y los pies. «Vamos a ver la cara que pone mi padre al salir a su trabajo y encontrarme tirada a su puerta sangrando. ¡Se va a arrepentir!»

Lloré con más fuerza al pensar en Jaime. Pero también él iba a ver que yo sí lo haría, no nada más espantar como él. Empecé por rayarme las venas de las muñecas, pero me dolió y pensé: «Se me va a infectar». Pero, o mi piel estaba muy dura, o la navaja no servía, o más acertadamente, no tuve valor; solo logré hacerme una pequeña cortada que me dolía mucho. Aventé la navaja con coraje y decidí irme a dormir con mi tía.

Al pensar en mis tres hermanos venía la amargura a mí. Traté de buscar refugio en ellos y ninguno quería o podía ayudarme. De los tres Manuel es el más duro de corazón. Nunca estaba presente cuando se le necesitaba y cuando estaba nada parecía importarle. Se me antoja un individuo que va de espaldas andando en el espacio oscuro sin tocar el suelo donde pisa. Camina, camina, camina... sin caminar, y siempre permanece en el mismo lugar. Solo mueve los pies para dar la impresión a quien le observa que está haciendo algo. Tiene la mirada fija en unos pequeños luceros que brillan en el firmamento. Ha tratado de atraparlos y cuando ha logrado retener uno se sienta en el vacío infinito, y con él en las manos se recrea con aquello hasta que su luz deslumbradora ha perdido fuerza. Entonces deja a la estrella apagada flotando en el aire, y corre irresistiblemente tras otra.

No voltea hacia la izquierda ni hacia la derecha, ni hacia abajo, porque si lo hace verá el profundo y oscuro abismo bajo sus pies. Le tiene pánico a descender; si encontrara el suelo sentiría lo duro y escabroso que es el sitio por donde se camina. Él voltea hacia arriba, hacia lo alto; no para implorar, no, sino para tener una fuerte disculpa y decir cuando cae:

—Yo no vi... yo no sabía.

Quizás tiene temor a ser juzgado, a ser aplastado, o a encontrar que no tiene salvación. Quizás por eso tiene dos o tres personalidades y muchas caras. Trata de demostrar que tiene un valor mundano invencible. Y eso es mentira. Solo es superficial y raya en el cinismo. Tiene un chispazo generoso, algo de aprecio, quizás porque conoció amor de madre, amor de esposa. Pero, ¿por qué no es más humano? Sabe cómo obra, cómo perjudica, pero por ningún motivo diría:

—Sí. Yo lo hice.

¿Por qué en el pleito demuestra tanta furia y al encararse a los problemas que surgen a su alrededor les da completamente la espalda? Él dice haber querido mucho a Paula. Entonces, ¿por qué no se casó con ella? Lo primero que hace un latino cuando en verdad quiere —sea simplemente por capricho, vanidad u orgullo— satisfacer, llenar una ilusión, es casarse. Logró vencer y sobresalir en el juego de cartas, ¿por qué entonces cuando tuvo la oportunidad que le dio su padre para poner un taller de calzado no venció en este campo? Si en el juego estudió hasta llegar a saber, ¿por qué no investigó en la misma forma el valor del clavo, por ejemplo? ¿Por qué? ¿Por qué siempre ha de estar evadiendo responsabilidades? Es un ciego que no quiere ver nada. Con él hay que desechar cualquier idea de unión o ayuda. Cuando estuve en apuros me dijo:

—El día que necesites ayuda ni esperes nada de mí. Si alguna vez te llego a ver en un cabaret haz de cuenta que ni soy tu hermano, que ni te conozco.

—En su egoísmo no es capaz de tener un sentimiento puro, hondo, ni siquiera el de ser padre. Su vida es libre, libre completamente y defiende su libertad antes que nada. Para Manuel la libertad se ha convertido en un vicio abominable. Traté de buscar refugio en mi hermana Marta.

Ella, que tenía su casa, me dijo:

—No. ¿A mi casa para qué vas? No, allá no —yo que en tantas ocasiones me disgusté con mi cuñado y pelié con su familia porque maltrataban a Marta, que cuando la vi sin zapatos o sin dinero me quitaba yo de algo para dárselo a ella, que estuve expuesta a recibir golpes por defenderla, que atendí siempre sus quejas... ahora que más la necesitaba me decía esto.

—Mira, Marta, pídele a Dios que siempre tengas tu marido y tu casa y que nunca andes rodando de casa en casa como yo. Pídele a Dios.

Marta ha sido siempre la favorita de mi padre y también de Roberto, pero nunca que yo recuerde se ha acercado para ayudar o consolar a nadie, excepción de aquella mañana en que Manuel nos pegó a las dos. Fue la única vez que sentí una chispita de consideración por parte de ella. Nunca ha tenido hermandad, ni siquiera para sus hermanos hombres. No siente, no quiere, obligación espiritual; no da algo si antes no recibió. Para mí es el tipo falso de la mujer. Pero lo que menos me gusta de ella, lo que para mí es imperdonable, es el no querer mirar el mañana de sus hijos.

Roberto es el mejor de los tres. Me dijo:

—Lo siento por ti, hermana. Yo como hombre puedo largarme donde sea, pero tú, ¿qué vas a hacer?

—Es de corazón noble, generoso, sincero, pero no tenía dinero y tampoco un verdadero hogar. ¡Y qué chiquillo! Es violento y aún hace berrinches. Se cree un Sansón que puede acabar con batallones. En contraste con Manuel es todo sentimiento, pero aún gira dentro de un círculo emocionalmente infantil.

Roberto, a pesar de ser un hombre, camina por la vida como un niño de ocho o nueve años, vestido con pantalón corto, blusa de manga corta y zapatos fuertes. Es un niño espantado cuya inteligencia desvió un camino quebrado. En el transcurso de su camino lleno de accidentes ha caído infinidad de veces y le han quedado cicatrices profundas de aquellos golpes. Camina con la mano derecha extendida tratando de alcanzar aquello... una figura borrosa de mujer que, flotando, camina delante de él. Y él camina llorando, clamando, llamándole que se detenga. A veces «eso» desaparece y es cuando Roberto se tira al suelo haciendo berrinche.

Patea, avienta, golpea aquellas piedras que parecen burlarse de él. Siente coraje y piensa: «¿Quiénes son ésas para tratarme así? ¡Ora verán, les voy a enseñar quién soy yo!» Y arremete contra ellas sin pensar que al chocar contra esas rocas puede lastimarse. Al cabo de un rato, pasado su berrinche, lamenta el haberse neciamente estrellado contra aquello. Ahora piensa: «Solo me miraban».

En contraste con Manuel, Roberto lleva un rumbo fijo... encontrar la protección deseada. Cuando la haya logrado el llanto cesará y sonreirá al observar todo lo que anduvo. Y con «aquello» emprenderá una nueva ruta. Roberto es un chico bueno mientras se le atienda en sus problemas, se escuchen sus quejas, se compartan sus alegrías y se le dé una opinión sobre su modo de vestir. A pesar de todo tiene una docilidad, una obediencia, que a Manuel le son ajenas.

La prueba más dura, más amarga, la más triste de la vida de Roberto fue cuando estuvo en la cárcel. He sabido de muchos que al salir de ahí se envilecen, se endurecen, cobran más odio contra todos. Mi hermano no. Siempre dejó encendida aquella llamita de la esperanza y no se tiró por completo al vicio. Aún se fija que tiene familia y guarda un sentimiento de amor hacia los demás. Es capaz de quitarse la ropa que lleva encima con tal de cubrir al que está desnudo: «No, pobre, que se tape». ¡En cambio Manuel! Ése piensa: «¡Pos... por pendejo! ¡Uno qué culpa tiene!».

Roberto ve las cosas con apasionamiento y trata de encontrar su ideal. Para él nadie en el mundo debe pecar. Se espanta de tal o cual incidente, y Manuel es más mundano en este aspecto. Para Roberto tal parece que todo está santificado. Que no le toquen a sus santos porque se vuelve un diablo.

Si esto sucede, o si a Roberto se le descuida, se le desatiende, sus emociones irracionales se libertan. Infinidad de veces en que se iba a meter a un rincón a llorar su arrepentimiento y nadie le consolaba, todo aquel dolor se tornaba en furia, en coraje, en envidia. Llevado por su desesperación trataba a toda costa de obtener ese consuelo. Roberto necesita alguien que lo guíe y le dé apoyo moral, alguien que le diga:

—Si haces esto, viene el coco; si haces lo otro, la bruja viene por ti.

—Si le dejan solo, algo malo puede sucederle.

Siento más tristeza aún por mis hermanos al ver que no quieren salir del estado en que se encuentran. Están satisfechos con tener una ropa tan pobre y pasar el tiempo peleando. Para mí, el techo bajo el cual se abrigan es inseguro, porque el día de mañana se acabará la columna que lo sostiene y caerá... Pero no piensan en el mañana, solo viven su presente.

Y aunque trataran de cambiar no creo que pudieran. Ninguno de ellos —quizás yo inclusive, aunque he tratado de luchar— parecen tener las cualidades adecuadas de carácter. Pienso: si alguien diera una piedra a Manuel... la sostendría en la mano y la observaría. En unos segundos empieza a tener brillo. Primero la ve como si fuera de plata, después de oro, y así hasta convertirla en la más preciosa piedra imaginable. Se deslumbra y luego aquel brillo se apaga.

Roberto sostendría la misma piedra y murmuraría: «Mmm... ¿para qué servirá?» Pero no sabría la respuesta.

Marta la sostendría solo un momento y sin pensar, haciendo un gesto despreocupado, la tiraría hacia cualquier parte.

Yo, Consuelo, la miraría en mis manos diciendo: «¿Qué será? ¿Será, podrá ser acaso lo que he estado buscando?»

Pero mi padre tomaría la piedra y la pondría en el suelo. Buscaría otra y la pondría encima de la primera, luego otra, y otra, hasta por fin convertirla en casa. Aunque mucho lo temía tuve por fin que irme a casa de mi tía. No había más remedio. Resultó que viví como seis meses en esa vecindad de las calles de Magnolia. El ambiente de esa vecindad es uno de completa pobreza. La gente vive ahí como animales. Dios les había dado la vida, pero carecían de lo esencial para vivir; solo tenían el pan diario y a veces ni eso. Muchas de las mujeres y niños tenían que trabajar para sostenerse porque la mayoría de los padres eran borrachos e irresponsables. Los niños más pequeños jugaban en la tierra completamente desnudos y los mayorcitos conseguían diversos trabajos para ganar unos cuantos centavos. Muy pocos iban a la escuela uno o dos años cuando mucho. Las mujeres frecuentemente tenían que empeñar el radio, la plancha, las cobijas —si la familia tenía estos artículos—, un vestido, un par de zapatos, para pagar la renta o comprar frijoles para dar de comer a su numerosa familia.

Los hombres, indiferentes con sus mujeres y sus hijos, gastaban su dinero en tomar, o en mujeres, que a veces vivían ahí mismo en la vecindad. Si la esposa se quejaba, lo más seguro era que le pegaran, o la corrieran de la casa, porque es el deber de la mujer proteger al marido y que no se avergüence por sus líos amorosos. Los hombres pasaban la mayor parte del tiempo que tenían libre en cantinas y por las noches las mujeres tenían que andarlos buscando y casi cargarlos hasta la casa.

En casa de mi tía se comía solo dos veces al día, como los demás en la vecindad. Por las mañanas me levantaba, destendía mi «cama», barría, en una palabra, aseaba un poco el cuarto. Luego acarreaba una o dos cubetas de agua de los lavaderos que están en el patio para poderme lavar en el cuarto. Esta vecindad no tiene zaguán, así que todo se puede observar muy bien desde la calle. Los demás se lavaban en el patio pero a mí me daba vergüenza. Por falta de dinero no podía ir al baño público. Mientras esto hacía yo, mi tía, «mi viejita» —como siempre la llamo— se iba a traer a la plaza las cosas para el almuerzo, en tanto mi tío se quedaba un ratito más recostado, a veces, y otras se levantaba e iba por su pulque.

Me sentaba en la silla grande —la única que tenía mi tía— a almorzar café negro o té, sopa que quedaba de un día para otro y a veces chilaquiles, que tanto me gustan. Mi tía me daba la silla para darme a entender que ella y mi tío estaban a gusto de que yo estuviera con ellos. La cuidaba mucho y ya tenía muchos años con ella. El almuerzo de ellos era el mismo que me servían a mí pero ellos no tomaban café, ni té, sino pulque. Para ellos era esencial una salsa picosísima, o rajas con cebolla guisada en aceite. Me decían que debía yo comer como ellos, porque así aumentarían mi sangre y mi apetito. Pero como no estaba acostumbrada a comer chile me rehusaba a comerlo. Mi tío me decía que no era yo mexicana, y que a poco era yo de sangre azul. Siempre estaba bromeando.

Una vez que terminaba el almuerzo mi tío Ignacio acarreaba su agua para mojarse la cabeza, lavarse y arreglarse el bigote y la barba. Después de haberse aseado se persignaba, le daba su alfalfa a San Martín Caballero para que le diera muchos clientes para su periódico —La Prensa, Excélsior, las últimas Noticias, el Esto— que él vendía para obtener la pequeña ganancia que traía a mi tía. Mi tía lavaba ropa ajena o iba a trabajar como galopina en una lonchería denominada Lonchería Guerrero frente al cine Guerrero. Cuando trabajaba de galopina se iba desde las ocho de la mañana hasta las nueve o diez de la noche en que llegaba con sus migajas de pan para darme a mí. Y cuando trabajaba en la ropa ajena se iba a los lavaderos ahí mismo en la vecindad desde las once de la mañana hasta como a las tres o cuatro de la tarde. Descansaba un momento para después proseguir en su tarea hasta que terminaba como a las siete de la noche.

Casi no tomaba alimento hasta que venía mi tío Ignacio, que le traía unos pesos para la comida, mejor dicho, la cena que era otra vez sopa, cuando nada más le daba 2 pesos. Cuando le daba cuatro o cinco me compraba una poca de leche y pan, y del guisado que ellos comían, comía yo. Cuando no, mi café negro y ellos frijoles. Y eso sí, pulque. A ellos les podía faltar que comer, pero su pulquito, ¡eso sí que no!

En ese tiempo mi tío andaba de pillín, tenía otra señora y mi tía peleaba mucho por eso. Cuando estaban un poco tomados mi tía le decía:

—No te mato, chaparro éste, por no espantarme con tu calavera —al principio yo me espantaba mucho, lloraba y les gritaba que no se pelearan. Cuando me veían espantada ya no peleaban.

Después cuando ya los conocí un poco mejor, solo me daba risa, pues a pesar de que tomaban en la cena su pulque y después su chinchol y ya estaban bastante tomaditos, sus pleitos eran graciosos y no llegaban a hacerse daño. El chinchol, según me han dicho, se compone de alcohol, fruta de tejocote y no sé qué yerbita. Esto era por lo regular noche tras noche, hasta como a las once, porque a esas horas se cansaban de pelear o se quedaban fuera de sus sentidos por el alcohol que tenían en la cabeza. Entonces les tendía su cama y ya se dormían.

En casa de mi papá no había nada de eso. Yo nunca vi tomar a mi papá con nadie. La cena era a las siete de la noche y no faltaba nada en esa mesa —leche, pan, huevos, mantequilla, algún antojo que se nos ocurriera, sopes, pambazos, taquitos, cabeza de pollo frita en aceite con ensalada, frijoles refritos con queso rallado, tortilla dura frita en aceite, pozole... Eso era en casa de mi padre antes de que llegara el diablo. Para mí Dalila eso significa.

Con mi «viejita», por las tardes, mientras comíamos, llegaban sus amistades y se sentaban en el quicio de la puerta, o donde mejor se acomodaran, a comer el taco que mi tía les brindaba y a escuchar los chistes de mi tío, o recuerdos de su vida pasada. No sé cómo se entenderían, ya que unos hablaban de una cosa y otros de otra. Aún después de la comida permanecían en la casa y yo sentía que todo me daba vueltas. Me mareaba con el humo del cigarrillo, el olor del chinchol o del pulque, y tanta boruca que armaban.

Cuando se acababa la reunión yo preparaba mi «cama». En el suelo de cemento tendía un pedazo de petate y algunos cartones y los cubría con una sábana y una cobija o colcha viejita. Me dieron mi almohada, y para taparme otra colcha un poco mejor y un abrigo de mi tía ya viejito. Después me dejaron la cama y ellos dormían en el suelo, porque he sido muy friolenta, padezco mucho frío. Algunas veces me apené mucho, pero ellos no parecían molestarse, al contrario, parece que me querían de veras como una hija.

Cuando mi tía me puso a moler en el metate el chile que iba a ser para el mole del día del santo de mi tío, sobra decir que no me fue posible molerlo. Mi tía me dijo:

—Ay, hija, ¿qué vas a hacer cuando te cases? ¿Qué tal si te toca un marido que sea exigente como fue mi primer esposo? Imagínate, yo tenía que levantarme a las cinco de la mañana para moler tres, cuatro, cinco cuartillos de nixtamal y echar tortillas para darle de desayunar. Y cuando no podía yo —al principio que no sabía— el me pegaba para que aprendiera.

El cumpleaños de mi tío hubo una reunión familiar y a las vecinas no las invitó, porque de tanto decirle yo y de regañarla se fijó que no eran buenas vecinas. Siempre que ellas necesitaban comida o ayuda, mi tía se las prestaba, pero cuando nosotros la precisábamos entonces nadie nos hacía el favor. Pedían cosas prestadas y no las devolvían. Así que nada más nos encontrábamos en la comida mi hermana Marta, mi hermano Roberto y dos amigos muy allegados de mi tío, mi tía y yo. Para esta humilde fiesta mi tía logró comprar un cartón de cerveza y pulque.

En casa de mi tía aprendí más acerca de las fiestas religiosas. Cuando comienza la Cuaresma, el Viernes de Dolores, mi tía baja la imagen de la Virgen de los Dolores y la pone sobre la mesa cubierta primero con un mantel blanco y luego con papel de China morado. A los lados de la imagen seis macetitas con trigo algo crecido, flores, y lo esencial, su veladora. Por la noche mi tía le reza con mucha devoción. Mi tío cuida del altar y no permite que nadie ni por descuido deje un lápiz o cualquier cosa allí; esto enoja mucho a mi tío.

Durante este tiempo de Cuaresma hacíamos abstinencia de carne los viernes y los días más grandes que son Jueves Santo, Viernes Santo y Sábado de Gloria. Desde el miércoles mi tía asea toda la casa y durante los días santos no hacíamos quehacer, solo tendíamos las camas y comíamos cosas preparadas de antemano. El Jueves Santo si tenía dinero mi tía hacía «romeritos», un guisado que se compone de esa yerba con nopales, charales y papas, todo esto en mole o pipián. Ya el Viernes Santo no prendía ni la lumbre. Ese día comíamos la comida fría y no hacíamos nada de quehacer.

Ese día nos fuimos como desde las ocho de la mañana a la iglesia de la Virgen de la Soledad y permanecimos ahí para presenciar las Tres Caídas de Nuestro Señor Jesucristo. Durante esto mi tía me decía:

—Fíjate, hija, qué lindo representan... y cómo sufrió Nuestro Señor. A ver, cómo Él aguantó todo esto y nosotros que venimos a este mundo a sufrir, con tantito renegamos —esto me lo dijo haciendo alusión a que yo estaba muy enojada con mi papá y era muy rebelde con él y no debía yo ser así. Entonces yo comprendí todo mi error y prometí no ser más así.

Después que regresamos de la iglesia el Viernes Santo mi tía compró en la plaza cosas que se pueden preparar sin encender lumbre. Comimos sardinas, charales, ensalada de lechuga con jitomate y tomamos agua. Ese día mi tía no me permitió salir y las dos nos pusimos un vestido negro. Ese día ni ella ni mi tío tomaron pulque, ni chinchol. Tomaban un té de naranja, yerba de la prodigiosa, yerbabuena o manzanilla.

Mi tía es muy devota del Señor de Chalma y le gustaba contarme de las peregrinaciones que año tras año hacía al Santuario. Yo era la única de la familia que nunca, nunca había ido a Chalma. Siempre me decía:

—Este año vas conmigo, hija, y verás qué bonito, qué lindo es el Santuario del Señor de Chalma. Pero no vayas a renegar o a quererte regresar porque el Señor se enoja y te castiga —ya con esto menos me daban ganas de ir. Pero me gustaba ver las reliquias y los listones que traía de allá y comer los tamales de capulín, la zarzamora; cada año trae y reparte entre las personas que considera más allegadas.

Para el mes de mayo ya tenía yo trabajo y el Día de la Madre le compré a mi tía su regalo. Ella por su parte le prendió su veladora a mi abuelita y a mi mamá; bajó sus retratos y los puso en la mesa y ahí colocó flores. Ese día quisimos ir al panteón pero como no había dinero y yo trabajé, no fuimos.

El día del Padre, que es el día 15 de junio, mi tía me aconsejó ir a ver a mi papá, pero resultó contraproducente, porque como estaba esa mujer mi papá casi no me habló. Esto me dio coraje y salí de la casa sin despedirme. Durante este tiempo yo no desistía de ir a la casa de mi padre; yo quería que reconociera que todavía tenía una hija. Mi tía me aconsejaba:

—No vayas, hija, ya te he dicho que no vayas a su casa. Total, déjalo, si no quiere comprender que no comprenda. ¿A qué vas, nada más a que te haga chillar? —mi tío no intervenía en esto, pero los dos tenían mucho coraje con esta mujer y toda su familia.

Cuando ya tuve trabajo mejoró un poco la situación; ya teníamos qué comer y la renta se estaba poniendo al corriente. Pero durante este tiempo yo sufría enormemente porque no me gustaba estar ahí. Cuando no hacía el quehacer —por el motivo que fuera— mi tío me regañaba, decía que parecía muñeca de aparador que nada más servía para exhibirse (bueno, no eran éstas las palabras, sino otras). Esto me decía cuando mi tía no lo oía. En algunas ocasiones le decía mi tío a mi tía:

—Enséñale. Si se casa, ¿qué le va a dar a su marido de comer, las teclas de una máquina? A ver, ponla a que me eche unas tortillas, que me haga una salsa de chile verde y tomates.

Esto era cuando estaba contento; lo decía —creo yo— en broma. Mi tía le contestaba:

—¡Oh, no estés molestando, condenado chaparro! Déjala porque ¡vamos a «comernos un pollito» tú y yo!

Yo no contestaba. Así nos educó mi papá, a no responder nunca a nadie, aunque tuviéramos la razón. Que en este caso no tenía, porque yo no sabía hacer nada, mejor dicho, casi nada.

Un día le dijo mi tío que me pusiera a lavar la ropa. Yo creí que mi tía lo decía en broma, pero ¡triste verdad! Me dio el jabón negro, la lejía, la cubeta para echar la ropa y la bandeja diciéndome:

—Ándale, Flaca, vé a lavar la ropa. Y que quede bien lavadita, si no te la regreso.

A mí me disgustó esa orden, pero no porque me causara molestia lavarla, sino porque pensé que me iban a ver los de la misma vecindad y todos los que por ahí pasaran.

Estaba yo lavando hincada en el piso y empezaron las vecinas a pullarme.

—¡Cómo!, ¿ya está usted lavando?

Leonor le decía a otra muchacha:

—Ahora sí, mana, ya estuvo bueno de estar de... Hasta que se está viendo que eres mujer. ¡Ya era tiempo! —y otra decía:

—Es que ahora ya no estoy en casa rica, ya mi padre me «levantó la canasta».

No contesté nada. Sabía que con ellas no me entendería y en mi concepto ya estaba yo muy bajo y si me igualaba a ellas entonces sí que era un desastre.

Casi terminando junio enfermé. Adelgacé mucho y mis nervios andaban mal. Mi tía me decía que pidiera permiso por unos días, pero yo no quise. Total, que caí a la cama y perdí el trabajo. Empezó de nuevo el ayuno para nosotros; con lo que daba mi tío para gasto no era posible vivir bien. Hubo días que nada más el almuerzo tomaba yo, y ellos por las noches su pulquito o su chinchol. Empecé a comer la salsa picosa pero nunca acepté el pulque, pero les hubiera gustado que yo lo tomara porque decían que es muy bueno para engordar los pulmones, que tiene vitaminas y que con eso me compondría de la bilis. Cuando me dolía el estómago por las muinas, mi tía me hacía un té de ajenjo, o de cuasia, o de manzanilla.

Sufría yo mucho más porque no estaba acostumbrada a todo eso. Cuando enfermábamos mi papá llevaba al doctor a la casa y me encamaban y me daban medicinas. Pero allí en ese medio, la gente trata las enfermedades a la ligera. Hasta cuando la gente está herida de gravedad en algún accidente no se les ocurre llamar un doctor. Todos, aun la familia del herido, se quedan parados alrededor platicando como si nada. Y nadie se acuerda de esto al otro día. Al principio fue un resfriado —catarro, tos, calentura— pero como no me cuidé me atacó bronconeumonía; temperatura muy fuerte y un dolor en los pulmones, en el pecho y en la garganta que me asfixiaba, no me dejaba respirar. Mi tía no sabía qué era lo que yo tenía y me curó con un bañomaría, una friega de alcohol y en la cabeza me puso dos hojas de una planta llamada la «sinvergüenza». El bañomaría consistía en vaciar agua muy caliente en una cubeta, echarle ceniza y meter ahí los pies hasta que se enfría un poco. Mi tía me frotó alcohol en todo el cuerpo y me tapé bien hasta que sudé. Mi tía me explicó que con esta friega el cuerpo arroja todo lo malo. Parece mentira pero la temperatura bajó; solo el dolor tan intenso en todo mi sistema respiratorio no me abandonaba. Luego mandé hablar a mi tía para que viniera a inyectarme penicilina. Ya con eso me alivié un poco y fui al doctor, me medicinó y pronto alivié. Empeñó mi tía mi abrigo para tener dinero y mi papá no supo nada.

Durante los meses que viví con mi tía, Jaime seguía yendo a verme. Mis tíos nunca se atrevían a correrle, aun cuando yo se los pedía. Jaime supo ganarse la confianza y el cariño de ellos y creo yo que al ver la debilidad de mis pobrecitos tíos abusó más. Ya tenía toda libertad para entrar a la casa a la hora que fuese, en el estado que fuera y llevar amigos si quería. Hubo muchas ocasiones en que llegando tomado en la madrugada tuve necesidad de tenderme en el cemento, por toda cobija mi abrigo, para que pudiera dormir su borrachera en la cama.

La verdad es que mi tía empezaba a fastidiarse de que estuviera yo ahí, no tenía yo trabajo, no tenía dinero. Notaba cómo al servirme el almuerzo lo hacía con un gesto agrio, muy seria, no como al principio. Pero...tenía yo hambre. Buscaba yo trabajo por todas partes. Angélica me ayudaba con dinero para los camiones y palabras de aliento. Yo no tenía otra salida que irme fueras de México. Pero, ¿cómo? ¿Con qué dinero? No tenía ni para el pasaje, ni para comprar una maleta.

Mi tío empezó a regañarme muy duramente. Palabras que nunca me habían dicho, me las dijo mi tío. Por las mañanas antes de salir a buscar trabajo al verme que me arreglaba me decía:

—Tú nomás como las muñequitas del aparador. Nomás te paras y al espejo y la pinturita. Movilízate. Trae dinero, como sea. La cosa es que aquí se necesita. Tienes que dar dinero a la casa.

En otras ocasiones:

—El día que te cases, ¡pobre de tu marido! Si no sirves para nada, no sabes hacer nada. Entonces qué, ¿nada más para la cama es para lo que te va a querer? ¡Vamos! En la vida hay que moverse. No importa de dónde salga el dinero. Tú ves que aquí tu tía lo necesita. Yo no puedo ayudar mucho.

¡Nada más para la cama! Cómo me herían estas palabras. Me hablaba ya como si le hablara a una mujer hecha y derecha. Esas palabras me hacían salir de la casa haciéndome pensar en lo peor. Lo peor para mí era entregarme a un hombre por dinero. No podía yo, la vergüenza me retenía. No me quedaba otro consuelo en esos momentos que refugiarme en la iglesia y llorar. Pero desgraciadamente esto poco a poco lo fui perdiendo.

Si mi tía lo hubiera sabido, no se lo hubiera perdonado, aunque ella también murmurara entre los vecinos que no le ayudaba yo en nada, que no le daba ni un centavo, que su cama se la estaba acabando. Yo lo sabía porque luego las chiquillas cuando me ponía a lavar me decían que mi tía se quejaba mucho de mi. Pero, ¿qué podía yo hacer? Por más que buscaba trabajo en uno y otro lado, no encontraba. Casi siempre buscaba en los anuncios del periódico pero cuando llegaba o bien ya estaba ocupado el puesto, o los señores al ver mi aspecto tan deprimido no se detenían para hacerme proposiciones deshonestas:

—Si usted quiere, no tiene necesidad de trabajar... está muy jovencita. Yo, pues no puedo ofrecerle mucho, pero... si usted quiere... —en más de dos ocasiones tuve que salir dando el portazo.

¿Regresar a mi trabajo con el señor García? ¡Imposible! Ahí trabajaba Jaime.

Cuando Jaime llegaba y estábamos almorzando qué coraje y qué vergüenza me daba que me viera comiendo sentada en la silla grande o en un banquito. Él estaba orgulloso de su familia, tenían una casa bonita, se reunían todos a la mesa para comer y platicar. Me había dicho que su familia no se igualaba a la mía. Y sentía coraje con mis tíos porque no se daban cuenta que él se sentía más que ellos.

Él creía ser más poderoso que yo en esa casa y así me lo demostró aquella noche. Llegó tomado más o menos como a las ocho y media. Yo estaba en la cama cosiendo, el radio chiquito que él había prestado a mis tíos tocaba, mi tía estaba sentada en el quicio que divide la pequeña pieza de la cocina de miniatura. Cuando alcé la vista vi a Jaime tambaleándose, agarrado del marco de la puerta, la camisa abierta, la corbata a un lado, los pantalones en la cadera y con un cinturón que era para pachucos. «¡Qué bárbara! ¿Y con éste todavía guardo esperanzas? ¡Qué idiota, de veras!», pensé cuando lo vi en ese estado.

Él se paró junto a mí. De pronto, sin decir nada, me jaló de la manga del vestido, que se rompió, y me arañó el brazo. Yo no sé qué sentí en esos momentos. Me levanté más rápido de lo que pensé, lo aventé y él cayó sentado en la silla. Estaba yo muy enojada. Lo insulté:

—Pachuco mantenido, ¿qué te has creído, infeliz? ¿Qué te has creído que soy de tus viejas de cabaret? ¡Vamos mucho a la chi…!

Mi tía estaba asustada. Decía:

—Ya, mujer, cálmate, cálmate. Jaime, ¡mejor váyase!

Luego la tomé con mis tíos.

—Ya lo ven, ustedes tienen la culpa. Cuántas veces no les he dicho que no dejen entrar al briago éste. ¿Qué se cree que por su cara bonita lo voy a estar soportando? ¡Que se largue de aquí o llamo a un policía!

Jaime me veía con esa mirada airosa y vidriosa al mismo tiempo e hizo alusión a su radio. De un jalón lo desconecté y se lo aventé.

—¡Vamos mucho a la chi… con sus porquerías! No crea que me va a comprar con esto. ¡Ora lárguese de aquí con sus tarugadas! —mi tío logró detener el radio a escasos centímetros del suelo. Jaime empezó a llorar, pero sus lágrimas ya no me convencieron; me había colmado el plato. Estaba yo de pie apretando los puños. Mi tío lo sacó y lo encaminó.

Después que se hubo ido me puse a temblar. Yo no sabía fumar y sin embargo agarré un cigarro de los de mi tío —«tigres», o «leones». Mi tía nunca me había visto así, estaba callada. Regresó mi tío sonriendo:

—¡Qué bárbara! ¡Pobre chapatín, ora sí se le apareció el diablo! —fue hasta entonces cuando mi tía habló:

—¡Ay hija, pero qué es eso! Yo nunca te había oído decir una grosería. Es primera vez. Y conque si le quiebras su radio, ¿cómo lo pagas?

—Y qué me importa su radio, tía. Que se lo lleve. No quiero que tenga pretextos para que venga aquí. Y por favor, ya no lo recibas. Ya no lo recibas.

Una noche regresaba de buscar trabajo cuando al bajar del camión vi a Jaime que me esperaba. Quise hacerme la disimulada, pero ya estaba él junto a mí.

—Consuelo... Flaquita... Por favor, mi vida, tan solo unas palabras. No te detengo mucho. No seas así conmigo. Te quiero, no me importa que me desprecies. Sé que no valgo nada, para ti soy un infeliz, pero te quiero. Por favor... solo unos minutos.

Sentí que mi corazón dejaba caer un velo como de cartón y dejó pasar a mi mente y a toda yo aquel amor que le tenía. Acepté andar con él unas cuadras.

Oía sus palabras de arrepentimiento, hablaba de su mamá, de su amor por mí cuando vi que estábamos ya alejándonos. Habíamos llegado a un terreno baldío. No había luz por ese rumbo, apenas si alcanzaban a llegar las luces de los faros de los coches. Le dije que quería regresar. Llevé un sustazo bárbaro cuando su cara se transformó rápidamente. Me tomó con fuerza de un brazo. Sentí miedo, pero —como siempre— demostré calma y seguridad:

—Vámonos, Jaime. Quiero regresar a mi casa. Y ya me conoces, no me llevas tú, me voy sola.

Pero él no me soltaba. Fue soltando sus palabras poco a poco. Me sonaban distintas, muy huecas, muy gruesas:

—Crees que te voy a dejar ir, ¿eh? ¡Qué inocente eres! Te traje aquí para que decidas. Eres mía, o...

Jaime había sacado una daga, un estilete. Estaba muy cerca de mi estómago. Solo faltaba un pequeño empujón para que se me hubiera encajado. Sentí que la vista se me nublaba. Por unos minutos no contesté nada. Solo apreté mi bolsa y alzando mi vista al cielo pedí a mi madre me ayudara, a la Virgen de Guadalupe también.

Lo peor era que estaba en su completo juicio, así que no podía yo luchar con él. Ya sentía lo frío de la punta en el estómago.

Sin moverme, pero por dentro temblando y con ganas de echarme a correr, le dije:

—¡Vamos, no me asustes! ¿Vas a matarme? ¿Por qué no lo haces? De esto estoy pidiendo mi limosna. Tú sabes que a nadie le hago falta, y poco me importa morir aquí que en otro lado. Me harías un gran favor y harías algo que siempre te iban a agradecer los demás. Les quitarías de encima a la orgullosa, a la cínica, a la irrespetuosa, a la mujer vana como dices que soy, que no tengo sentimientos... Bueno, pues, hazlo.

—Hubo un silencio... Yo sentí que me iba a caer.

Al fin, Jaime bajó el arma y empezó a llorar. Yo respiré. Oía sus sollozos como los de un niño. Tiró el arma y me abrazó:

—Perdóname, mi vida. Es que me vuelves loco, eres tan indiferente. Pero te quiero, te quiero.

Sus palabras iban subiendo de tono hasta que al fin gritó:

—Qué me importa que me vean llorar. Te quiero. Te quiero.

Aproveché este momento:

—Vámonos, mi vida, olvida todo esto. Después de todo yo también te quiero. ¿Para qué hacernos sufrir en esta forma? Vámonos, Negrito. Te prometo que ya no voy a ser tan brusca contigo. Te quiero, mi vida.

Regresamos a la casa de mi tía. Yo estaba más muerta que viva. Sentía mis piernas como de chicle. Empecé a sudar y a temblar. El estómago me dolía terriblemente.

—¿Qué tienes? —me preguntaron los que ahí había. No pude decir nada delante de esas personas. Mi tía me dio té de hojas y eso fue todo. No volví a ver a Jaime sino hasta después de quince días en que llegó, para variar, borracho, delirando con Rebeca, Bárbara, Estela, Yolanda, Adelaida, y no sé cuántas más. Entonces fue cuando empecé a conocer a Mario. Fue el que se hizo cargo de mí. Así me dijo:

—Yo no tengo mucho que ofrecerte, sino mis manos que trabajarán para ti. No tengo una carrera, pero te prometo que haré todo lo posible porque no pasemos privaciones. Tal vez habrá veces que solo comamos frijoles de la olla, pero vas a ver cómo te quitas de todo esto.

Mario, que vivía cerca de mi tía, ya me había propuesto esto en dos o tres ocasiones. Pero yo sostenía la esperanza de encontrar trabajo fuera de esta ciudad, y hacer otra vida sin llanto, sin humillaciones, con deseos de vivir, de estudiar.

Intenté otra vez entrar a un convento. «No nací para estar fuera. Quiero paz, quiero calma.» Éste era mi pensamiento. Pero... «el dinero, el dinero, 1.000 pesos, 1.000...». El dinero que me habían dicho era necesario para entrar a un convento era 1.000 pesos. Esto no llegué a confirmarlo. Pero sí pregunté a una monjita la forma para que entrara ahí.

—Si tiene el consentimiento de sus padres...
—No tengo mamá.
—Bueno, si su papá acepta, puede entrar.
—¿Qué otro requisito es necesario?
—Ser hija legítima.

Esto me paró en seco en mi deseo de ingresar. Mi padre no había sido casado por la Iglesia, ni por el civil, con mi mamá.

Encontré trabajo, pero fue por poco tiempo. Precisamente el día que me salí vi a Mario y él me prometió que iba a hablar con su padre para conseguirme un empleo. Ese día no quise darle la mala nueva a mi tía y viendo que ya no era yo tan grata con mi tío decidí nuevamente ir a vivir con Santitos. Mi tía lo sintió mucho y se enojó otro tanto.

Poco después encontré trabajo en el Sindicato de la CTM. Irma, una ex compañera del colegio, me dio la oportunidad al meterme a trabajar ahí. Empecé a sentirme bien y no hubiera vuelto para la casa de mi tía de no haber sido porque salía yo del Sindicato hasta las ocho y media o las nueve. Después que salíamos del trabajo por espacio de una hora íbamos a bailar Irma y yo a un salón de baile, así que ya regresaba a la casa como a las diez. La colonia donde Santitos vivía era un rumbo sin agua, sin luz, sin pavimento y a esas horas era un miedo el que sentía. Estaba cercana a un río donde decían que asaltaban. Ya cuando llegaba yo a la casa era porque ya había yo rezado todo lo que me sabía y con el corazón en los ojos, que abría yo más para poder distinguir en la oscuridad.

Una de las muchachas del sindicato aceptó otro empleo y su jefe me llamó para que trabajara con él. Pero mi mala suerte me perseguía. Irma se enceló porque no fue ella la designada para desempeñar ese otro puesto que significaba más dinero y a mis espaldas empezó a hacerme política. Ya no quería yo más dificultades. Me salí de ese trabajo y volví con mi tía.

Fue cuando decidí huir con Mario, mejor dicho, no huir sino quedarme en su casa. ¡Qué ironía! Yo que había prometido tener la humildad de un santo, San Francisco de Asís, y seguir su ejemplo; que deseaba ardientemente tener la pureza de una monja y la obediencia de un sacerdote, iba a irme con este hombre para tener paz. Poco a poco fui cambiando. En el fondo siempre me dolía lo que me sucedía pero no demostraba mi sentimiento. Trataba de portarme cínica. ¡Qué más daba! Cerré los ojos ante todo y me decidí. Después de todo, si a mi padre ya no le importaba, los demás no interesaban.

Una tarde Mario y yo regresábamos del cine y fuimos a su casa. Me dijo:

—Quédate, no te vayas.

—¡Si él hubiera sabido en esos momentos el torbellino que pasó por mi mente a pesar de todo lo que tenía decidido ya! Si me quedaba significaba que sería suya. ¿Pero a qué llegaba a mi casa? ¿A que me corrieran? ¿A que me dijera mi padre que a qué llegaba? Con mi tía ya no podía soportar. No tenía trabajo. Yo esperaba que otros me abrieran sus puertas, pero no me las abrieron. ¡Que sea lo que Dios quiera! En ese momento cerré los ojos al mundo. Ya no me interesaba nada, más que salir de ese mundo que me ahogaba. Quería que cesaran las punzadas que me daban en los ojos, las humillaciones diarias, detener mi hambre, librarme de Jaime.

—Está bien —contesté, y sentí un mareo. Mario se puso muy contento, desde luego, y le dijo a su mamá. La señora me aceptó, pero pude ver que no me quería. Esa noche dormí con ella y Mario durmió con su padre, el señor Reyes. Al otro día hasta el Sol me parecía diferente, más bonitas las calles. Qué calma había en esa casa. De inmediato la señora buscó un cuarto para Mario a una cuadra de allí. Por las mañanas iba yo a hacerle su quehacer después que él entraba a su trabajo. Su mamá quería que estuviéramos aparte hasta que nos casáramos. Mario estaba impaciente pero a mí me gustaba este arreglo.

Una mañana en que entré para dejar el pan oí como Mario y su mamá peleaban. Ella gritaba que él era un mantenido que quería que hasta a la mujer se le mantuviera:

—No digas mentiras, mamá. Te doy mi quincena.

Yo no descubrí que había oído. No dije una sola palabra. Sino que después que él se fue a trabajar y su mamá salió a la plaza, tomé toda mi ropa, la eché en una bolsa y me fui con mi tía. No tenía yo miedo, buscaría trabajo nuevamente. Pero el volver ahí me mataba. Estaba sentada en la silla de mi tía tomando café negro cuando llegó Mario, muy pálido, y cuando me vio empezó a llorar. Se había disgustado grandemente con su madre porque pensó que ya no iba a volver a verme. Me abrazó llorando y me dijo que nunca dejara de quererlo. Tuve que mentirle. No quiso volver a su casa y se quedó a vivir en un taller de zapatos junto a la casa de mi tía. Vendió su ropa y otras cosas para tener dinero para la renta y el gasto. Solo con un traje se quedó.

Fue cuando empecé a decirle que no me gustaba el barrio, que me hacía daño, que quería salir de ahí. Lo convencí de que saliéramos de México. Fue cuando me confesó que el señor Reyes no era su padre. Su padre estaba en el sindicato de la SCOP y podría obtener su cambio para otra cuidad. Yo ya no creía en nada. Pero su padre cumplió y le consiguió su traslado a Monterrey.

Ya todas las vecinas sabían que me iba. La tarde que nos despedimos estaban en casa de mi tía. Mi tía me dijo:

—Déjales algo, hija, para que se acuerden de ti.

Esto se me hizo raro, pero obedecí. Eran regalos muy humildes —un vaso, una falda, un saco ya viejito, unos aretes— pero vi que los recibieron con agrado. Cuando recibieron las cosas mi tía se dirigió a ellas:

—Con esto no se olvidarán de ella, ¿verdad?

Me dieron las gracias y se fueron pidiéndome que les escribiera muy seguido. Mi tía se quedó llorando.

¡Pobre Mario! Me llevó a Monterrey queriendo encontrar el amor. Buscaba un amor tan abstracto, que no se puede tocar, que no se puede ver, que no se puede entender ni explicar con palabras. Él trató de encontrar en mí este amor. Pero el amor es algo que deben sentir ambas personas, como un rayo de luz que cae de arriba y une a dos, hombre y mujer. La luz del amor estaba sobre su cabeza, mas no en la mía. Todavía quería a Jaime y no había lugar en mi corazón para Mario. Solo lo tomé como una soga salvadora para ayudarme a salir de aquel pozo profundo en el que había caído. Yo pensé que una vez llegando a Monterrey podría yo rehacer mi vida sola.

Marta

En casa de Crispín quien mandaba era mi suegra. Sus hijos a mi suegro no lo tomaban en cuenta. Crispín era muy lépero con su papá y se ponía al tú por tú con él. Un día regañó a su papá porque llegó borracho; allí el papá la hacía de hijo y el hijo de papá. Mi suegra consentía a Crispín, que era el más chico. Él es de esos hombres muy alegadores, que no quieren quedarse atrás en una charla. Era muy peleonero con su hermano mayor, Ángel, y cuando interviene su mamá hasta con ella es muy lépero.

Este hermano de Crispín está casado por la Iglesia y por lo civil con una mujer llamada Natalia, y no respetan eso. Han estado juntándose y separándose y me admira que siendo tan católicos traigan a la Cruz rodando de aquí para allá. Ángel se fue a trabajar a Acapulco y allá se la llevó a vivir. Él se iba a trabajar y ella se quedaba sola en la casa. Un día regresó del taller temprano, abrió la puerta, y la encontró en el propio lecho desvestida con otro hombre, un frutero. Ángel se peleó con él, a ella la golpeó; se lo llevaron a la cárcel, donde estuvo dos o tres días. Luego se vino a México y se la trajo.

Mi suegra decía que a una mujer así no la debería tener a su lado, pero él trató de vengarse. Yo oía en las noches que ella lloraba y le decía que la dejara ir a su casa, y luego la cachetada o el manazo. Así fue como quince días, noche tras noche. Crispín también es muy admirado: que vea que una mujer traiciona a un hombre y la quiere borrar del mapa. Y así pasó esa vez.

Durante el día Ángel dio la orden de que Natalia no saliera a ningún lado sola, que hasta al baño fueran con ella. Para ir a ver a su mamá también la acompañaban. Tenía su casa por prisión. Yo le pregunté a Natalia que por qué no se iba a su casa de una vez si le pegaba tanto y ella me dijo que él la amenazó con que si se iba le quitaba a su hijo; era el único que tenían. Ahora siguen juntos y ya tienen dos hijos más.

Otro hermano de Crispín, llamado Valentín, también tenía dificultades con su esposa. Cuando vino a México de Puebla ha de haber tenido unos dieciséis años y ya venía casado con una señora mucho mayor que él. Aunque también son casados por la Iglesia y por lo civil y tienen dos hijos, no respetan eso. En cuanto llegó a México empezó ella a tener tratos con otro hombre. Ella se fue con ese señor y dejó a sus hijos con Valentín, lo que es raro, porque lo que se acostumbra por aquí es que las mujeres se vayan y les dejen los hijos a los padres.

Valentín se los llevó después a la suegra y no le quedó más remedio que arreglar el divorcio.

Yo vi que desde un principio no le caí yo bien a la familia de Crispín. Yo no sabía hacer nada, lo reconozco. A su mamá le ayudaba muy poco. A ella le gustaba tener su casa muy limpia, tenía una limpieza exagerada; cada ocho días cambiaba de ropa de cama.

Se me hacía muy difícil atenderlo porque él era muy delicado para su ropa y para la comida. Cuando le lavé el primer pantalón se me ampollaron mis manos así es que mi suegra me ayudó a acabarlo de lavar. Yo trataba de hacer las cosas bien, pero nunca lo tenía contento. No sabía planchar ni lavar bien, y cuando me dieron sus camisas, por mucho que quería yo esmerarme nunca iban a quedar como lo hacía su mamá. En eso le concedo razón a mi suegra, pero no es cierto que siempre andaba yo en la calle.

Crispín quería seguir viviendo con su mamá pero yo no estaba ya conforme con esa vida. Como a los quince días me puso mi primera casa sola. Teníamos una pieza chica y su cocina en una vecindad pequeña, como de quince viviendas.

Crispín compró una cama y mi suegra nos dio una mesa, dos sillas, cazuelas y ollas.

En un principio me gustó. Reconozco que fue una vida muy desordenada. Yo comprendo que fui un fracaso rotundo, no servía para ama de casa todavía. Tenía la casa lo mejor que podía, no estaba perfecta, pero pues por lo menos no estaba muy sucia.

Su pleito de Crispín era porque tardé nueve meses en embarazarme. Cuando me paraba para ir al excusado él me seguía para ver qué estaba haciendo, porque pensaba que me hacía lavados. Luego me llevó con una doctora pues creía que me había hecho algo para no tener hijos. Pero al mes siguiente salí enferma de Concepción. Los tres primeros meses del embarazo tenía asco, tenía vómitos. Me sentía molesta: el pecho, el vientre, el movimiento de la criatura adentro, pos no está uno acostumbrada a traerla. Yo creí que a Crispín le iba a dar gusto que yo estuviera embarazada, pero fue entonces como me mostró de plano cómo era él. ¿Sabe qué clase de hombre resultó ser? Uno que quiso tener hijos, y quiso tener mujer, pero cuando los tuvo ya no los quiso, era muy desobligado. Cuando estuve mala empezó a andar con otras mujeres, y después supe que tenía un hijo con otra.

Ya con marido desconfía uno de las amigas —porque he visto muchas cosas— y yo tenía el presentimiento.

Yo veía que platicaban mucho Irela y Ema con mi marido de sus problemas y Crispín les daba consejos. Yo esperaba que Ema me hiciera la peor canallada. Y me salió chueco el tiro, fue Irela. Siendo una amiga tan íntima y si tenía ella marido, yo no lo esperaba, pero se metió con él.

Crispín ha sido muy mujeriego, tiene una moral muy baja. Yo me imagino que él se encontró a Irela; se le hizo fácil decirle vamos a tomar una nieve, y ella pues fue. En otra ocasión la invitó al cine y después la llevaba a la feria. Mientras yo estaba con mi suegra, encerrada y mal vista, mientras, él gozaba. Yo vi que empezó a cambiar antes de saber lo de Irela. Yo empecé a notar porque uno de mujer tiene otro sentido; yo sabía cuándo andaba de mujeriego; haga de cuenta que me decía lo que hacía. Se arreglaba. Y me preguntaba si tenía camisa limpia, si me había podido ocupar en tener una camisa limpia, y me lo decía delante de la madre. Yo procuraba tenerle una lista. Y nada más se quitaba la que traía y yo se la lavaba inmediatamente.

Cuando se salía a mí no me decía nada. En cambio a la madre le decía:

—Ahora vengo, mamacita.

En las noches cierran el zaguán y cada vecino tiene su llave; llegaba a las doce de la noche, y no usaba su llave, yo tenía que abrirle. Yo creo que me tomó odio. Se enojaba y decía que yo nunca lo podía servir, que solo sus padres. No tomado, no, porque no toma, pero como si hubiera estado borracho, por insignificancias. Nunca lo tenía contento.

Crispín me prohibió que fuera a la casa, pero yo me muero si no veo a mi papá, así es que yo iba a escondidas casi diario. A mi marido tampoco le parecía que mi papá me ayudara con dinero y comida. Crispín me daba 25 pesos a la semana y para una mujer que empieza a hacerse cargo de una casa no le alcanza para nada, porque no sabía ni dónde comprar, ni nada. Y mi papá me daba que los 30, que los 15 pesos en efectivo, y me mandaba azúcar, leche, pan y otras cosas. Pero a Crispín no le importaba si había, o no, todo lo que quería era alejarme completamente de mi familia.

Una vez que vine de visita a la casa, Antonia me empezó a poner al tanto de que Crispín andaba con Irela. Y yo todavía no quería dar crédito, pero un día que yo iba a comprar petróleo los sorprendí. Venía de casa de mi suegra por el callejón, yo iba pasando cuando vi que él le hizo señas a Irela de que a qué horas se veían. Ella vio que me di cuenta y se puso colorada. Yo no dije ni una palabra.

Al día siguiente él vino para llevarme al cine. Regresábamos y Ema e Irela estaban juntas, nos vieron y se rieron. Crispín dijo:

—¿Se ríen de ti, o contigo?

¡Tan cínico! A mí me dio coraje y dije entre mí: «¡Ahora me agarro a esta canija!»

Cuando fui por pan me la encontré en el zaguán de Bella Vista. Le dije:

—Oye, Irela, ¿qué tanto lío te traes con Crispín? Otra se hubiera quedado callada, o me habría dicho: «tú piensas mal». Pero ella se denunció luego luego, y me dijo, muy nerviosa:

—Crispín tiene la culpa. A fuerza quería que fuera yo con él al cine. No había más remedio que ir, no nos fuera a caer mi marido.

—Mira, ¡qué tonta te la encontraste!, para creerte... Y, ¿por qué se reían tú y Ema? Y todavía siguió:

—Pues de que como no pudo ir conmigo te llevó a ti.

Yo estaba muy enojada y no me importaba que nos oyera la gente.

—Ya te dedicaste a cazar maridos. ¡Verás cómo te va! No creas que cada vez que tenga viejas Crispín me voy a estar agarrando con ellas. Pero eso sí, si te vuelvo a ver con él, verás cómo te va.

Luego le vi una esclava de plata que traía puesta. Roberto mi hermano me la había regalado, era muy bonita. Crispín me la quitó y luego me dijo que la había perdido. Entonces supe a dónde había ido a parar. Se la arranqué y temblando vine con Crispín y le dije de plano.

—¡Cómo eres «camión», cómo eres cínico! Cásate con Irela y déjame a mí en paz tener a mi hija.

Luego le platiqué todo a la suegra para que si me llegaba a separar de él no me echaran la culpa. Pero Crispín negó todo y su familia siempre encontraba la forma de darle la razón a su hijo. No nos separamos y las cosas siguieron como siempre. Cuando mi hermana Antonia me contó en un principio lo de Crispín, me dijo que cuando los maridos andan de enamorados se le reza a la Santa Muerte. Es una novena que se reza a las doce de la noche, con una vela de sebo, y el retrato de él. Y me dijo que antes de la novena noche viene la persona que uno ha llamado. Yo compré la novena a un hombre que va a vender esas cosas a la vecindad y me la aprendí de memoria. Va así:

> *Jesucristo Vencedor, que en la Cruz fuiste vencido, quiero que por tu intervención, Padre, me traigas a Crispín, que esté vencido conmigo, en nombre del Señor. Si es animal feroz, manso como un cordero, manso como la flor de romero tiene que venir. Pan comió, de él me dio; agua bebió y de ella me dio. Y por todas las cosas que me prometió quiero, Señor, que por tu infinito poder, me lo traigas rendido y amolado a mis pies a cumplirme lo que me prometió. Como creo Señor que para ti no hay imposibles, te suplico encarecidamente me concedas esto que te pido, prometiendo hasta el fin de mi vida ser tu más fiel devota.*

Sabia la novena pero nunca la usé porque no quería nada a fuerza. Si él volvía iba a ser porque él así lo quería.

Muchas mujeres que conozco, para que venga una persona le rezan al ánima de Juan Minero. A las doce del día se le prende su veladora y se le pone un vaso de agua detrás de la puerta, y se le dan tres golpes a la puerta uno con cada Padrenuestro que se rece. San Antonio también es muy bueno para traer a los maridos, a los amantes, o a los novios.

La que sabe mucho de estas cosas es Julia, la vecina de mi tía, y dice que se pone un San Antonio de cabeza y se le tapa al niño y atrás el retrato de la persona y se le amarra en cruz con un listón rojo. Se le prende su vela y se le dice: «San Antonio, si no me cumples lo que te pido, no te dejo ver a tu niño». Dicen que San Antonio quiere mucho a su niño y por eso para que se apure en cumplir lo que se le pide debe tapársele. Si uno tiene una prenda de aquella persona calcetines, calzones— con ésta se envuelve a San Antonio; es más efectivo.

San Benito también trae a los maridos pero él los golpea cuando están con la otra mujer. Yo tenía miedo de rezarle porque a la mejor me sale chueco el tiro y regresaba peor que antes.

Yo nunca lo celé, ése fue mi error. Otras mujeres, como ahora Irela con su marido, lo hacen descaradamente. Porque el respeto tan grande que tengo a mi papá es como una muralla que se interpone entre la vida decente y la vida alegre. Además en este rumbo no podía encontrar entre todos un hombre que sea bueno. Los hombres de aquí no son muy responsables; raro es aquel que se dedica a su mujer y a sus hijos. Aquí no hay hombres derechos; al que no ve uno parado todo el día en la esquina, lo ve uno en los bailes, borracho. Y yo qué espero sacar de éstos más que puros hijos... porque otra cosa no saco.

A pesar de que soy corta de estatura, y ora de bonita, pos no soy bonita, siempre se me han ofrecido oportunidad y media; a los hombres se les hace fácil hablarle a una mujer casada. Cuando Crispín y yo pusimos nuestra primera casa sola, un vecino que se llamaba Ruperto nos pasaba la luz, pero verá que este señor quería cobrarse lo de la luz a su manera. Después le dije yo a Crispín que ya no le pidiera luz a él; era mejor usar velas.

Sí. No me llamaba la atención tener otro hombre. Porque si con uno no podía, menos con dos. Pero Crispín siempre andaba trayendo amigos a la casa y nunca faltó quien me hablara.

Una vez fuimos a una fiesta de un bautizo con unos amigos de Crispín del taller de carpintería. Y empezaron a tomar y un amigo me sacó a bailar, yo no quería pero Crispín estaba bailando con otra. Otra cosa que hacía muy mal mi marido era insistir en que yo bailara con quien quisiera. El amigo me repegaba junto a él cada vez más y quería juntar su cara con la mía. Y llegamos donde casi no había luz y quiso besarme pero yo me le solté y lo dejé parado a media pieza, porque mi suegra estaba afuera en el patio pendiente de los terrenos de su hijo. Luego el compadre de una de sus hermanas de Crispín me sacó a bailar. Es un hombre casi de mi estatura, muy guapo, muy simpático, muy agradable, chino, blanco, de ojos azules. Él se me quedó ver y ver, su insistencia era mucha.

—¿Cómo se llama usted? —me preguntó.

Y le dije mi nombre:

—Marta.

Pero yo siempre he sido muy adelantada, cuando ellos van, yo ya vengo.

—Marta... ¡qué bonito nombre! —contestó él—. Usted es la mujer con la que había soñado.

Estaba allí su esposa, pero no importaba. Este hombre me quería llevar a lo más oscuro y quería al bailar pegar cachete con cachete.

—Es usted muy simpática y si usted quisiera...

—Si yo quisiera, ¿qué?

Nos podríamos ver en otro lado.

Diga, ¡cómo son los hombres de traidores! Él estaba como el gato que teniendo ratón en casa sale a buscar carne.

Y él seguía:

—Usted me simpatiza mucho. Por qué no vivimos juntos, nos llevaríamos muy bien.

—Yo procuraba sacarle bromas, pero él quería tener un arreglo conmigo. Yo me puse a pensar que si yo quisiera y mis suegros no se dieran cuenta, pues no me faltaban oportunidades. Pero pensé: «¿Para qué me meto en aprietos?», y me negué a bailar ya con él. ¡Crispín enfrente y él haciéndome señas y como perro detrás de mí!

Estaba vigilada constantemente por la familia de Crispín. Mi suegra decía que yo me salía de la casa y que tenía muchas amigas. Y las cuñadas... la que no decía que era yo una sucia, decía que era yo una floja. Y no faltaba qué. Tan pronto como hacía yo algo o iba a algún lado se lo decían a Crispín. Me buscaron mucho la vida.

Una vez mi hermano Roberto me fue a ver. Estaba sentado en la cama y llegó mi cuñada Sofía. Yo estaba enferma. Nomás dijo:

—Qué haces... bueno, ahí nos vemos —y se salió luego luego. Y Roberto también. Así es que le fueron a contar porque ya en la noche llegó Crispín reenojado.

—Sí dice— de mis sobrinos sí te enojas si siquiera tientan la cama. Pero tu hermano viene, se acuesta, y cómo ni dices nada.

¡Fíjese! Sofía le fue a contar que Roberto estaba comiendo y estaba muy echado en la cama, siendo que la cosa no fue así. Crispín enfurecido me dijo que la casa no la había puesto para mí, sino para su familia y que él no iba a estar manteniendo a mi familia.

Yo tenía coraje y le dije:

—Pos si la casa es pa' tu familia que se vengan... yo no —fue cuando me dio las primeras bofetadas.

Dejé de ir a ver a mi papá esperando a que se me bajara la hinchazón. Ya después Roberto iba, pero ya muy poco, casi nunca. Yo creo comprendió. Yo le tenía miedo a Crispín. Solo de verlo enojado me ponía a temblar. Y no podía levantarle la mano porque me iba peor. Una vez intenté levantarle la mano —ya tenía yo tres meses de embarazo— y me pegó. Fue cuando ya no aguanté esa vida y me vine para mi casa. Como los guáteres estaban afuera le dije que iba allá, y me vine para acá.

A mi cuñada Sofía le dijo que iba a cambiar. ¡Y vámonos de nuevo! Mi papá me dijo que le pidiera una disculpa a Crispín. Siempre a mí se me hizo difícil, pos qué voy a ir a pedirle perdón. Verdad que le había levantado la mano pero fue para defenderme. No le di ninguna disculpa pero me fui con él. Entonces fue peor. Peleaba con cualquier pretexto. Me pegaba duro y ponía el radio fuerte para que no se oyera cuando yo gritaba. Un día me dio una patada en la cintura que por poco me hace abortar. Entonces me separé, dejé la casa otra vez. Me fui al lado de mi papá, a casa de Lupita en la calle de Rosario, donde también estaba Consuelo. Manuel y Paula estaban entonces en Bella Vista.

Yo nunca le dije a mi papá ni a mis hermanos que Crispín me pegaba. Sí se daban cuenta pero no me preguntaban nada, porque entonces ellos le reclamaban y a mí me iba peor. Mi papá nomás decía que yo podía ir a vivir a la casa si yo quería. A mí no me costaba nada con hacerme la chiquita y decirles de plano lo que me pasaba, pero pues era un compromiso muy grande. Porque ya peleándose dos hombres no se detienen ni por nada; tanto pueden dar como les pueden dar. Roberto y Manuel pos son muy locos pa' pelear, y yo siempre me he puesto a pensar en las consecuencias. Y yo sé que de las manos pos no tendría nada de malo, pero si de las manos pasan a las armas... ¿Y todo para qué? ¿Para que después volviera uno con la misma? Tenía yo dieciséis años cuando nació mi hija. Mi papá estuvo conmigo en el sanatorio y yo me agarraba de sus piernas cuando me venían fuertes los dolores. Mi papá pagó por todo y Crispín ni supo cuánto costó. Ni tampoco preguntó. Crispín quería niño, pero cuando nació y fue niña yo vi que tuvo mucha ilusión. Y estuvo ahí todos los días mientras salí del sanatorio y después a casa de Lupita y luego a Bella Vista, con el pretexto de la niña. Pero yo ya no lo quise, le tuve odio, porque ya me veía con una hija y yo tenía la responsabilidad. Y todavía cuando me venía a ver, por cualquier cosa me daba el pellizco.

Él seguía viniendo diario, pero no me pasaba ni un centavo. Mi papá pagaba todo, mi ropa, mi comida y los gastos de la niña. Hablaba con mi papá y le pedía disculpas. Mi papá le decía que por qué no podíamos estar nosotros cerca y él siempre me echaba la culpa a mí. Que los pleitos eran por mí, que yo era de un carácter muy variable, que no lo atendía, y que siempre andaba yo en la calle.

¿Usted cree? Siendo que estaba vigilada constantemente por la cuñada, y por toda su familia. Ni aunque hubiera querido hubiera podido.

La suegra comenzó a decirme que quería ver a su niña, tenerla cerca y me propuso que me fuera con ellos. Y acepté, pero no tardé mucho, tardaría como un mes. El pleito comenzó por una sobrina de Crispín. Es huérfana, murió su madre que era hermana de Crispín. Ésta se metió con un señor ya grande que la abandonó. Total una niña sin padre y madre.

Estaba yo planchando y Lidia, la sobrina, me cargó a la niña. Y la empezó a besar y abrazar muy fuerte y no me gustaba porque era muy exagerada. Me daba mucho coraje, me desesperaba. Yo le dije que dejara a la niña. Como si le hablara a un perro. Tres veces le llamé la atención. Entonces le dije a mi suegro —él es sastre y trabaja en su propia casa— que le dijera a Lidia que dejara a la niña. Y él contestó:

—Ay, qué delicada es usted. ¿Pues qué le hace a la niña?

Entonces Lidia me dijo:

—¡Chocante! ¡Si no quieres que te la agarre métetela por donde te salió! —y mi suegro oyéndola no fue para reprocharle.

Fue cuando ya me enojé y empecé a hacer mi maleta luego luego. Mi suegro me cerró el paso diciéndome:

—Usted no sale de aquí...

—¿Y usted quién es? —le dije yo.

—Yo soy su padre y no sale de aquí hasta que no venga mi vieja —mi suegra no estaba, había ido a la plaza—. Y ándale, Lidia, vela a buscar...

Y yo queriendo salir, con mi veliz y mi hija en los brazos.

—Y usted es una lépera, ordinaria, desgraciada, mal agradecida...

Y yo contestándole. Allí estaba Natalia, que le habían hecho la vida tan pesada como a mí y decía:

—Corre, Martita, porque va a venir la suegra y cuando llegue será peor.

Y así fue. Me corrió. Yo solo había recogido mi ropa, pero ella me hizo sacar todo, trastes y una cama. Y me dijo que era una mal agradecida, y que no era esposa para su hijo, y que esa hija que tenía con suerte no era de su hijo. Salí corriendo.

En la noche Crispín fue a buscarme a casa de mi tía Guadalupe, enojado, hecho una furia y diciéndome que qué tanto les había yo dicho a sus padres. Que les había yo mentado a la mamá. Yo le dije que no era cierto, y lo que la escuincla me había dicho a mí. Y en lugar de creerme a mí, me pegó.

Así era él siempre. Lo dejé de ver como un mes pero después él venía y me chiflaba afuera para que saliera.

Yo le dije a mi papá que ya no quería ir con Crispín porque ya no lo quería, y mi papá decía que no podía obligarme si yo no quería. Pero no era fácil quitarme de encima a mi marido. Mientras no estaba cerca de él yo no tenía deseos, pero cuando estaba cerca y empezaba a tentarme, despertaba mi deseo y me excitaba. Sin querer empecé a ir a hoteles con él. Pero no le satisfacía, porque decía que nunca podía estar bien conmigo, que no podía hacer uso de mí, porque siempre estaba yo con mi jetota, rezongando, y como palo, ni me movía ni nada.

Él era de esos hombres muy bajos que quieren lo peor de las mujeres. Que si estaba en la casa un momento solo conmigo, era eso, que si salíamos, era para eso; era en lo único que pensaba. Solo me tuvo para descargarse. Y yo le servía porque era limpia y sabía que conmigo no corría ningún riesgo de enfermedad. Pero no le satisfacía porque era muy exagerado, siempre me estaba manoseando y besando. Yo he sabido que otras mujeres son ellas para despertar a los hombres; se desvisten y ya desnudas se acercan a ellos, le hacen de un modo y de otro, son expertas. Y yo no. Él quería dos o tres veces en la noche y yo muy bien sentía que no podía resistir tanto; a mí me hastiaba todo aquello. Y yo con mi coraje, y él con sus ganas, no podíamos hacer nada.

Cuando Concepción tenía un año dejó de mamar porque yo salí enferma de Violeta. Y como la cosa más natural... a él no le importaba si salía enferma, o lo que dijera mi padre o cualquier otra persona. Él se consideraba mi marido y cualquier rato podía yo salir enferma. Entonces él me dijo que viviéramos juntos otra vez, por las niñas, y por quedar bien delante de otras personas. Y yo acepté, no por deseos; por interés, por conveniencia, porque entre hermanos siempre hay dificultades cuando ya tiene uno hijos. Y yo ya tenía dificultades con mis hermanos y quise alejarme de mi familia. No congeniábamos.

Mi hermano Roberto me estaba acabando la vida porque tomaba y por las cosas que robaba. De chica —aunque tenía miedo de que me fueran a agarrar con una polvera o unos aretes de los que se había robado— nunca me metí en sus cosas, ni le dije a mi papá lo que sabía. Luego de grande, cuando se sacaba los pedazos de bronce, fierro, tubería y otras cosas de la fábrica donde trabajaba pensé: «A ver si un día no le caen», y entonces sí le dije a mi papá. Pero Roberto no entendía. Traía tubos, tubería, aquí la partía en pedazos, la limaba y se la llevaba a Tepito a vender. Luego se soltó agarrando llantas, tanques de gas, lo que se podía. Una señora de aquí de Bella Vista vino a reclamar unos tanques de gas que le habían desaparecido de la azotea; después otra unas gallinas o unos guajolotes. Ya mi hermano tenía una reputación malísima por aquí y yo ya me estaba cansando de andarlo defendiendo.

Luego hubo un gran pleito con Manuel. La cosa empezó entre Paula y Consuelo porque ella ha sido siempre bastante difícil. Mi cuñada se quejó con Manuel y entonces él le aventó un caballo de cartón que era de mi sobrino Domingo. Le dio a Consuelo en la cabeza y comenzó a llorar. Consuelo lo insultó y él le dio una bofetada. Y entonces yo intervine, tuve que sacar la cara por Consuelo.

Comenzamos por palabras y luego nos hicimos de manos. Me puse como cualquier hombre contra hombre; le daba de patadas, trompadas, arañños. Consuelo estaba espantada. Alguien fue por un gendarme, pero no vino. Manuel me tenía en la cama y yo lo tenía agarrado de la parte más delicada, y más se movía y más lo apretaba.

—Ay —me decía— suéltame.

Y a Paula le decía:

—Dile que me suelte, mira cómo me tiene.

Pero primero cedió él que yo.

La gente de la vecindad ya se había juntado y criticaba a Manuel por pegarle a su hermana, la más chica. Después fue cuando Paula empezó a sacar sus cosas porque pensó que vendría mi papá y echaría la viga y de seguro sacaría la cara por sus hijas y no por su nuera. Cuando llegó mi papá le dio dos bofetadas a Manuel y le dijo que se largara de su casa puesto que no podía vivir con sus hermanas. Él y Paula se fueron a vivir con la mamá de ella y su hermana Dalila. Consuelo se quedó con Roberto en Bella Vista y entonces yo volví con mi marido.

Fue cuando Crispín puso casa, la segunda, en las calles de Lerdo. Iba a nacer Violeta y él me llevó a la maternidad del Seguro Social. Tuve más dolores con Violeta que con Concepciónporque no me pusieron anestesia; ahí sufrí todo lo que tiene uno que sufrir.

De la maternidad salí como una madre soltera, porque el señor estaba durmiendo la borrachera muy acostado en la casa de su madre. Solo cinco días está uno en el hospital, cinco días cuentan exactamente. Y yo salí sola, sin centavos, sin cubrirme la espalda —solo había llevado vestido y fondo— y me tocó canastilla para Violeta porque me tocó regalo de Navidad. Si no hubiera sido por esto... Las tiendas estaban cerradas pues era 25 de diciembre y no pude telefonear para avisarle a mi papá o a mi suegra. A lo mejor la familia de Crispín no fue a verme porque había sido otra vez niña. Antes de que naciera me dijeron de broma —eso creí— que si era mujer no iban a ir a verme. Crispín siempre quiso niño y para sus sobrinos, mucho cariño, y para las niñas no, todo porque fueron mujeres.

Y empezamos de nuevo con las dificultades, por la cuñada y porque otra vez andaba con una mujer. No me pegó tanto en esta casa porque sabía que lo podía oír mi cuñada. Él me pegaba solo cuando estábamos solos él y yo. Pero ya no podía aguantar y yo también le pegaba; no lo hacía por mí sino por mis hijas. Y me ponía a pensar: «Él me da un mal golpe, yo le doy otro... y si me llega a matar... qué necesidad hay de que mis hijas sufran».

Cuando le pedía yo para zapatos, ropa, me decía:

—Mañana, espérate.

Y mientras las niñas se quedaban sin nada. Siempre estaba esperando y entonces tuve que trabajar para poderles comprar lo que necesitaban. Fue y le dijo a su mamá que iba a dejarme y ella le dijo:

—Está bien, hijo, aquí está tu casa.

La suegra no intervino en mi favor sino que me dejaba a mi suerte. Luego hasta vino a ver a mi papá para decirle que no me aceptara.

Yo le dije que no me iba de la casa y él sacó sus cosas. Me dejó una cama, me dejó un ropero que no era de nosotros. Desconectó la luz —se llevó el alambre y la lámpara— y me dejó a oscuras, con sus dos niñas.

Me dejó y no supo si sus hijas tenían para comer o no. Al día siguiente fui —me acompañó Roberto— a la delegación. Lo citaron a él y se presentó con su padre. Allí dijo que no tenía culpa de nada, que él me había puesto la casa y yo me había salido. Pero mintió. Nos preguntaron si éramos casados y como dije que no, dijeron que no le podían hacer nada. Como no soy casada no tengo ningún apoyo de la ley. Violeta tenía tres meses cuando volví al lado de mi papá.

Ya para ese tiempo mi cuñada Paula murió y su hermana Dalila se había venido a vivir aquí a cuidar a los niños de Manuel. Dalila será como unos dos años mayor que yo, y ya entonces iba a tener un niño con mi papá. Yo la conocía desde antes, cuando ella vivía con Cuquita, su mamá y un montón de familiares en la Ciudad Perdida de las calles de Piedad, cerca de Tepito. Paula me llevó a su casa. En un solo cuarto había mucha gente y mucha porquería; la casa sin barrer, los trastes sin lavar, las camas destendidas, ellos ahí comiendo y la bacinica ahí a un lado. Todo sucio, todo cochino, mucha porquería.

Cuando Paula vivió en Bella Vista, la casa siempre estaba llena de sus parientes. Crispín y yo llegamos a venir a mediodía y estaban todos comiendo en el patio. Tenían mucha comida y no nos ofrecieron de comer. De todos modos ni hubiera comido, porque el señor de Cuquita que trabajaba en el Rastro había traído tripas y corazón para comer. Siempre les traía pajarilla, tripas y corazón; por lo regular comían eso. Y Cuquita...

¡era tan fea! Veía uno la cara de esa señora y ya no daban ganas de entrar; nos corría a todos solo con su cara. Y la santa señora siempre nos ha mal visto a Consuelo y a mí. No nos podía ver y siempre estaba echándonos la viga; que éramos unas flojas, unas putas, detrás de nosotros, porque a nosotros no nos decía nada. Y todo porque decía que su hija Paula era la que hacía todo el quehacer y nosotros no hacíamos nada.

Dalila era muy alegre, le gustaba mucho arreglarse, le gustaban mucho los bailes, como a mí. Y en un descuido también se le fueron los pies y tuvo un niño, pero chico se murió. Tuvieron otro niño, Godofredo, pues se casó con el papá de los dos por la Iglesia y por lo civil. La mamá de él tenía un terreno y allí fincó varios cuartos de madera y uno se lo dio a su hijo y a Dalila para que vivieran. Pero él comenzó a andar de mujeriego, borracho, pegalón y resultó ser hasta ratero con antecedentes. No le daba centavos y Dalila tuvo que trabajar. Y cuando Dalila se salía a trabajar la madre le alcahueteaba a él bien y bonito. ¡En la misma cama donde dormía con ella se iba a acostar con otras mujeres! Esto lo supe porque tenía yo una amiga que fue su vecina y se dio cuenta de todo. Un día Dalila salió y mientras él le vació el cuarto y la dejó a los cuatro vientos. Entonces ella acusó al tal Luis con la justicia y tuvo una buena pelea con su suegra y la vieja la atacó con unas tijeras. Pero Dalila no es de las que se deja pegar y aventó todo lo que tenía.

Estaba viviendo con su mamá cuando aceptó el ofrecimiento de mi papá para irse a vivir a Bella Vista. Su marido vino a reclamarle pero ella le dijo que si le buscaba la vida y la molestaba ella lo acusaba con la justicia y él, como ya tenía antecedentes, por el miedo se quedó callado. Las gentes dicen que a veces va a verla, quién sabe si será cierto. Pero yo no le he dicho nada a mi papá, porque ya se sabe que mata más la duda que el desengaño.

Así es que cuando yo me vine al lado de mi papá me encontré a Dalila como quien dice de su querida, porque aunque no lo quiera decir en ese plan está. Mi papá es libre... a él no lo amarra ninguna ley, solo su propio sentimiento. Si mi papá fuera otro ya nos habría abandonado a todos. Pero ahí está a cargo de todos: Consuelo, Dalila y su hijo, los cuatro chamacos de Manuel, yo y mis dos hijas, Antonia y su niña, Lupita y María Elena.

Manuel estaba en los Estados Unidos y Dalila le tenía mucho coraje porque se había llevado a su hermano Faustino. Según ella Manuel y su amigo Alberto vinieron a su casa en la madrugada y convencieron a Faustino de irse con ellos.

—¡Mi pobre hermanito! —decía Dalila— nomás se lo jalaron y ahora anda buscando comida en los botes de basura.

Creo que les había ido muy mal antes de cruzar la frontera en Mexicali y que no tenían qué comer varios días.

Ya que estuvieron del otro lado en Estados Unidos ya les fue bien y hasta mandaron dinero a la casa. Debe ser muy bonito por allá. Yo me imagino —no sé— que es un país tan civilizado que al menos es muy distinta la gente a la de aquí. Porque aquí si no lleva el interés por delante no le hacen a usted ningún favor. O se lo hacen, verdad, y esperan… cuando menos espera uno, y cuando más lo necesita uno, se cobran ese favor. Aquí la gente es demasiado interesada. Y hay mucha gente que también es buena gente, ¿no?, pero pos aquí no sale uno de beneficio. Como digo, de hambre no se muere uno, pero no es ésa la cosa. Es como si estuviera uno en un charco de agua… no sale, está estancada y no tiene ningún beneficio en nada. Como he visto en películas, he leído en periódicos y todo, no es igual por allá.

Siempre ha sido mi sueño irme a vivir a Estados Unidos, vivir allá aunque sea en una casita muy humilde. Pero por mis hijos también me da miedo, porque he leído, ¿verdad?, que allá la delincuencia juvenil es un poco más avanzada que aquí, y que jovencitos, muy chicos, les faltan al respeto a los padres, les gritan, los amenazan… Y los padres no pueden decirles, ni gritarles, y pues quién sabe por qué se dejarán mandar por los hijos. Que las mujeres pueden agarrar y salirse con cualquier hombre y que el hombre no ve en eso nada malo. Y aquí, pos no puede uno hacer amistad con otro hombre porque ya el marido está golpeándola a uno, o la deja. Luego dicen que ya los gringos nos quieren venir a gobernar. Y que ya todo México se está haciendo a la ley de Estados Unidos más que Estados Unidos… Pero yo digo, eso sí es imposible, que el chico se coma al grande y que el hijo menor pueda mandar al mayor.

Bueno, cuando Manuel y Faustino empezaron a mandar dinero a la casa ya Dalila dejó de quejarse de mi hermano. Así es Dalila, el carácter de la madre, que cambia, es muy dos caras. Ella está disgustada con una persona y es capaz de desquitarse con otra. Dalila orita le está hablando a usted muy bien y al rato le da la espalda y se lo está comiendo.

Desde un principio Dalila tenía coraje porque mi papá me estaba ayudando. Le daba envidia de todo lo que mi papá les daba a sus hijos o a Lupita. Era su gran envidia. Ya Consuelo me había hecho la advertencia que Dalila nos iba a sacar a todos. Casi parecía santa cuando dijo que mientras Dios le prestara vida iba a cuidar de los hijos de su hermana muerta, pero según Consuelo estaba usando a los niños para conseguir sus malos fines. Consuelo estaba viviendo con mi tía Guadalupe y Roberto sabe Dios dónde. Los dos no podían ver a Dalila.

Cuando Paula murió, mi papá trajo a una muchacha, Claudia, para que ayudara con el quehacer y los niños. Consuelo cometió un error... se enceló de la muchacha porque mi papá le compró un saco y Consuelo sospechó que mi papá le andaba hablando y dijo:

—Yo corro a esta muchacha para que mi papá no se meta con ella.

—Y le salió junto con pegado... Cuando Dalila vino, Claudia estaba todavía en la casa pero con Consuelo y Dalila celosas no aguantó; cumplió su mes de su sueldo y se fue.

Luego empezaron los pleitos de Consuelo con Dalila; no se podían ni ver. Cuando ya Dalila estaba embarazada aumentó el odio de Consuelo. Mi hermana dormía en el mismo cuarto, así es que ella se dio cuenta que mi papá se subía a la cama de Dalila cuando apagaban la luz. Tenía celos y mucho coraje y se puso muy lépera. Cuando regresaba de trabajar y veía a Dalila agarraba y azotaba la puerta para que todos pudieran darse cuenta. Consuelo le buscaba la vida a Dalila. Y nunca le decía las cosas directamente. Llegaba y le decía «indirectamente» a Mariquita, la niña más grande de Manuel:

—¡Qué sucio está todo! —o:

—Aquí no hay nada de tragar.

Pues ella pensaba que todo lo que sobraba se lo llevaba la mamá de Dalila. Si le faltaba un fondo o unas pantaletas tranquilamente le agarraba los suyos a Dalila. Era como decir que Dalila le robaba su ropa.

Cuando Consuelo se puso tan lépera con mi papá el golpe fue muy fuerte para él y mi papá hasta lloró. Me platicaron que una vez le gritó a medio patio enfrente de todos los vecinos:

—¡Qué clase de padre eres cuando tienes tantas mujeres! Una noche mi papá estaba cenando y llegó Consuelo y aventó la puerta. Le pidió a mi papá dinero para unos zapatos. Y él le dijo que no podía darle porque tenía muchos gastos. Y que ella para qué trabajaba, que qué hacía con su dinero.

Consuelo le dijo que para sus hijas no tenía y que para otras mujeres sí. Y le dio coraje a mi papá y le dijo que a sus hijas no les importaba y que él se había preocupado para que ellas pudieran valerse por sí mismas.

Luego Consuelo le gritó que no a cualquier mujer le daban lo que él le daba a Dalila y que primero tenía que reconocer a las hijas de la primera esposa y no a cualquier mujerzuela.

—¡Cállese el hocico, desgraciada! ¡Salga de aquí, no quiero volver a verla!

—Sí me largo, ahora mismo, pero antes voy a hacer otra cosa —y fue cuando descolgó un retrato que había mandado amplificar de uno chiquito de mi papá, lo sacó del vidrio, lo hizo pedazos y luego lo pisoteó diciendo:

—¡Maldita la hora en que gasté en mandar hacer esto!

Y desde entonces mi papá ya no la ve bien. Cuando me dijeron lo que había hecho a mí me dio coraje con ella también.

Qué se andaba ella metiendo en las cosas íntimas de mi papá. Es nuestro padre y no debemos juzgarlo. Y mientras mi papá sea feliz con una mujer no tenemos por qué meternos. Luego Consuelo dijo que estaba enferma del cerebro, pero yo digo que no. Hace las cosas conscientemente. Siempre ha sido de un carácter muy variable y los ataques que ha tenido han sido de coraje.

Yo por el contrario siempre he tenido la suerte de que me he hecho amiga de cualquiera y así pasó con Claudia y con Dalila. A mí no me importaba si mi papá se subía a la cama de Dalila, aunque pos sí me daba vergüenza oír sus cosas íntimas. No podía ver nada porque estaba muy oscuro pero podía oírlos hablar. Un día tardé en dormirme y oí que dijo que cuanto antes pusieran otra casa porque no podía hacer libremente lo que él quería; y después se regresó abajo donde dormía.

Cuando Dalila y yo teníamos pleitos era generalmente por los chamacos. Dalila consentía mucho a su hijo Godofredo y lo dejaba hacer lo que quería. Era más dura con los hijos de Manuel, y les pegaba y les decía groserías cuando la hacían enojar, y les daba mucha libertad... por puro desordenada. Un día el hijo mayor de Manuel, al que le decíamos Flaco, empezó a estarle pegando a Concepción. Dalila estaba ahí en la cocina con su mamá; estaban desayunando. Y le dije lo que estaba haciendo el Flaco, y no me hizo caso.

Y en una de ésas el Flaco le jaló las trenzas a mi hija. Me dio coraje y le digo:

—¡Ah, cabrón escuintle, estése quieto! Y que se enoja Dalila:

—No —dice— a él no lo saques de cabrón. Total si no quieres estar aquí, ¿por qué no le dices a tu marido que te busque tu casa?

Le dije:

—Porque es la casa de mi padre, no es ni tu casa. ¿Tú crees que tú me vas a estar regañando? Estás pendeja, a mí no me regañas. ¿Y a los chamacos por qué no les llamas la atención?, yo te estoy dando la queja y te estás haciendo taruga. Y de que busque casa, pos búscamela tú, si tantas ganas tienes.

Y fue todo. Agarro yo, que me saco mi cobija y mi colcha y me fui con mi tía. Había yo tendido mi cama en la noche cuando llegó mi papá.

—Vámonos pa' la casa. Tú no hagas caso de Dalila. De no hacer lo que yo te diga, tú nunca hagas caso de nada.

Y yo:

—Sí, papá.

Me tuve que ir. Ya después de ese pleito estuvo quieto todo, aunque le daba coraje que mi papá me seguía ayudando. Mi papá me daba mi gasto y luego en las noches mi papá me decía:

—Vente a cenar —o:

—Ten, vete a comprar un pozole, o quesadillas —como sabe que siempre me ha gustado a mí eso. Pero Dalila decía:

—Pos aquí hay café, aquí hay frijoles, ¿por qué no se viene a tragar aquí de lo que hay?

O luego me decía a mí que mi papá me dejaba el gasto y que ella estaba cargando con toda mi carga y que cómo pasaba a creer que mi marido no me pasara ni un centavo, que yo teniendo marido y mi papá me seguía ayudando.

A pesar de su carácter difícil, Dalila me cuidó a las niñas cuando yo volví a mi trabajo en la paletería. Trabajaba desde las nueve de la mañana hasta las ocho de la noche por 4 pesos diarios. Más que todo lo hacía para no estar metida en la casa. Mi patrona me mandaba por carne para su comida y así fue como volví a ver a Felipe, el carnicero.

Lo conocí antes de que fuera novia de Crispín. Todas las muchachas de la palomilla andábamos detrás del carnicerito porque estaba muy simpático de chico. Una vez me encerró en el refrigerador y no me dejaba salir hasta que le diera un beso. Ya que me besó me dijo que me fuera yo con él y que uno de sus hermanos o su mamá iban a hablar con mi papá. Sentí quererlo mucho, me gustaba más que Crispín, pero le dije que no porque era muy chica.

Felipe me reconoció luego luego y platicamos. Un día me mandó un chamaco con un papelito y me decía: «Me hablas a tal teléfono, a tales horas». Le hablé —pues la curiosidad mata a uno— y me dijo que me esperaba en el frontón entre las ocho y nueve de la noche. Y me costó mucho trabajo verlo. Y le empecé a tomar cariño. Él no fue para decirme vámonos, él me respetó. Me siguió viendo casi dos o tres veces por semana, hasta una vez en que me citó y no fue.

Me sentí ofendida y le reclamé y le colgué el teléfono; no oí lo que él me dijo. Le volví a hablar por teléfono y le dije que me perdonara; él me colgó y me dejó con la palabra en la boca. Yo lo extrañaba mucho y fui a la carnicería a rogarle que me perdonara. Y lo que me dijo este muchacho no me lo dijo el padre de mis hijas. Me dijo que no quería que yo trabajara, que me quería a mí y a mis hijas, que sus ideales eran juntarse conmigo y ponerme casa. Era para que me propusiera: vámonos a tal parte, pero nunca me lo propuso. Dijo que no quería meterse en forma íntima conmigo hasta que estuviera ya de planta conmigo, porque era muy feo andar de hotel en hotel o hacerlo delante de mis hijas. Era todo lo contrario de Crispín.

Felipe tenía carro y nos íbamos lejos por otros rumbos. Cuando salíamos llevaba a las niñas conmigo. Yo le dije:

—Si crees que voy a abandonar a mis hijas estás muy equivocado.

Y él me dijo:

—No, yo no te voy a pedir eso nunca, ni que fueras una perra para abandonarlas.

Mi papá supo que alguien me andaba hablando y yo le pregunté para saber sus pensamientos. Me dijo que si yo creía que otro se iba a hacer cargo de mis hijas, que estaba equivocada, que no pensara poner a otro en lugar de su padre porque yo no sufriría, sino mis hijas.

Sentía temor, mucho miedo de salir mala otra vez, pero a Felipe le llegué a tener un gran cariño así es que fui con él a un hotel. Yo tenía desconfianza porque a lo mejor nomás me iba a hacer el favor y a dejarme con ganancia. Me han dicho que ni para mujercita sirvo porque luego luego salgo con ganancia. Muchos hombres solo se burlan de la mujer y no les importa nada lo que les suceda. Por eso todos respetan a mi papá. Él tiene un gran sentido de responsabilidad que dicen sacó de su padre. Ninguno de los dos abandonó a sus hijos.

Pero Felipe y yo na'más nos fuimos a dormir dos veces. Entonces me empezó a pasar 7 pesos diarios para que dejara de trabajar y ya no volviera con mi marido. Yo quería a este muchacho y ya no me ocupaba del padre de mis hijas. Me gustaba su modo de Felipe porque no nos dilatábamos nada, lo hacíamos tan rápido... mejor que las exageraciones de Crispín. Si Crispín me hubiera dejado entonces, apuesto que estaría yo viviendo con Felipe. Yo quería tenerlo cerca; era para mí mi dios.

No era el interés de que me diera lo que el otro no me dio, más bien fue que hizo que yo me sintiera feliz de la vida. Por mucho tiempo yo había estado deprimida; ya no salía, ya no veía a mis amigas y ya no me importaba nada arreglarme. En las noches lloraba y llamaba a mi mamá... pensaba en la muerte. Felipe hizo que cambiara todo para mí; él me necesitaba y eso me devolvió mi interés en la vida.

Él había tenido otra mujer pero le hizo una babosada. Él me dijo que ya estaba aburrido de andar de un lado para otro y que procuraría ser un buen padre para mis hijas. Pero yo todavía tenía temor y todo me salió chueco. En vez de dejar de plano a Crispín y decirle la verdad, yo dejaba que viniera a verme a Bella Vista cada quince o veinte días.

Entonces le tomé más odio a Crispín y decía:

«Por culpa de éste no puedo ser feliz con Felipe.» Crispín venía a verme, y pleitos. Me espiaba; ha de haber dicho: «Le caigo en una maroma». Pero yo tengo la cara tan alta que no puede decir que me haya visto con nadie. Le dijeron que andaba con un carnicero y sí fue cierto, pero él nunca me vio. Pero de todos modos perdí a Felipe. Una tarde veníamos peleando Crispín y yo, veníamos por Soto. No sé cómo dimos la vuelta y yo me confié pensando que no era hora de que Felipe estuviera en la carnicería. Pero le tocó hacer aseo, estaba abierta la carnicería y pasamos enfrente de él.

Sentí que me temblaban las piernas. Y por la vergüenza lo dejé. Pensé que ya no me iba a tratar tan decentemente; yo misma me alejé de él. Yo dije:

«Ya me vio con mi marido... y va a creer que ando con mi marido y con él... a lo mejor cree que los centavos que me da no son para mí y mis hijas, sino para Crispín. En primer lugar ya no me va a respetar.» Yo preferí alejarme de él y no le di ninguna explicación. No hubiera podido resistir que él pensara o me dijera que era yo una cualquiera. Y por eso no podía ni levantar los ojos.

Por culpa de Crispín perdí el cariño más grande que yo había tenido. El gran cariño que le tenía y la vergüenza me hicieron retirarme. Él me trató tan bien y sin embargo le di ese pago. Perderlo es una de las cosas que más me han dolido… y todo por culpa de Crispín.

Por eso se me había acumulado el coraje contra él. Ya no lo quería y él seguía buscándome pero yo ya no quería verlo. Entonces me metí a trabajar en la fábrica de faldas pero ganaba muy poco, no ganaba ni 40 pesos a la semana, no me convino y me salí. Entonces Consuelo trabajaba con unos licenciados y se quiso salir del trabajo y no pudo ir a dar las gracias y mandó a mi tía. Y ella siempre anda abogando por otros. Les dijo que tenía una sobrina que tenía unas niñas y que necesitaba trabajar —esa sobrina era yo— y mi tía me consiguió el trabajo, atender el despacho y el teléfono por 100 pesos quincenales.

Tenía que tomar el camión frente a la carnicería así que volví a ver a Felipe. Quería abrazarlo, pero mi vergüenza me contuvo. Chocábamos nuestra vista y yo veía que él me quería mucho… pero mejor cogía mi camino y no quise hacerle ni la más mínima plática. Yo había andado con él como unos dos o tres meses pero yo estaba con el pensamiento en él; no me podía quitar ese pensamiento.

Y Crispín seguía detrás de mí. Y nada más se comenzaba a acercar y me encomendaba a algún santo para que no me tocara. Y yo le decía:

—Solo piensas en «eso».

Y el decía:

—¿Con quién te metes antes de que yo llegue para no tener ganas?

Algunas veces despertó mi deseo, muchos momentos me excitó, pero sabía controlarme. Cuando me iba con él al hotel, era tanto y tanto aquella forma que él se ponía exagerado, manoseando, que muchas veces me imaginaba que estaba con Felipe. Con él sí hubiera hecho lo que él hubiera querido, de una manera y de otra, hasta me hubiera desvestido por completo. Pero con Crispín me daba coraje porque me hacía sentir muy baja.

En cualquier lado donde yo trabajaba, Crispín me «casaba» con el dueño, el empleado, el mozo. Cuando estaba yo en el despacho, me decía:

—Solo tú y el famoso licenciado saben lo que hacen allí dentro. Sabrá Dios cuántas veces te habrá echado en esos sillones.

Cuando estaba trabajando en una tienda decía:

—Qué casualidad que con tanta facilidad consigues un trabajo.

Y:

—¡Cómo voy a creer que estando en la tienda no se vayan adentro a la trastienda el señor Miguel y tú! —y si no en otro trabajo decía:

—Claro, hablas tan bien del señor Santos porque ya te dio para tus tunas.

Yo no podía trabajar porque ya estaba yo «casada» con todos. Sí es cierto que los patrones y los empleados andaban hablándome porque aquí no hay respeto para la mujer que trabaja. Cuando estaba trabajando todo lo que ganaba lo usaba para comprar lo que necesitaba para las niñas y para mí. Ya andaba pintada y me hice un permanente, ya tenía un suéter o un abrigo en vez de usar chal y ya no traía los zapatos rotos. Estaba reina al lado de como estaba con Crispín. Me encontré a la abuela de mis hijas en el mercado; hizo una cara de asombro. Antes siempre se quejaba de que andaba yo muy sucia, muy chorreada. Se me quedó viendo y ha de haber creído que andaba con uno y con otro, tal vez como queriéndome decir que cuando andaba con su hijo por qué no andaría así de arreglada. Pero entonces solo tenía tres vestidos —que me servían de maternidad y para todo— y los zapatos rotos me los tenía que amarrar para caminar. Crispín, él sí quería que lo satisfaciera, pero no era obligado conmigo. No fue para decirme ten para que compres algo, lo único que me decía era que no tenía dinero. Y si no hubiera sido por mi papá que me mandaba el babero para taparme el vestido, y las bolsas de harina vacía para pañales... Ahora procuro estar más presentable y no verme tan de a tiro, y me ven las cuñadas con una cara de asombro, como si nunca me hubieran visto.

Crispín iba por mí a la salida del trabajo y me llevaba a la casa. Un día no llegó y yo me fui sola. Y entonces fue cuando saqué las uñas. Cuando fue por mí al día siguiente comenzó a alegar, y era de esos hombres que cuando le daba por algo estaba molestando, duro y duro. Si ya sabía que no había ido para qué me reclamaba. Había llovido y tomamos el camión. Y comenzó:

—¿Por qué no me esperaste?

Y yo callada, sin contestarle, por el miedo de que me pegara. Y de cualquier manera yo ya no le contestaba. Y:

—Te estoy hablando —y yo callada.

Bajamos del camión y veníamos por el jardín y seguía alegando en la calle. Yo llevaba un plato y un pocillo donde llevaba mi comida. Y veníamos por los colegios y se le hizo fácil darme una cachetada. Y en ese momento fue una cosa tan rápida que me puse a pensar: «A mí no me pegas, desgraciado, infeliz».

Veníamos por los colegios cerca de Bella Vista y me plantó otra cachetada. Él no se lo esperaba, ni yo tampoco... fue algo tan de repente, dejé caer la bolsa, el plato, cayó mi abrigo en el lodo... le di de trompadas, patadas, rasguños. Y se juntó la gente y se hizo la bola. Me dijo barbaridad y media y yo le contesté ese día todo lo que tenía guardado contra él. Me pegaba y yo le contestaba. Ni vergüenza sentí... yo nada más esperaba de un momento a otro que pasara algún conocido y se metiera a defenderme. Pero no. Desde esa vez jamás me volvió a poner la mano encima. Lo más triste de todo fue que ya en este pleito yo ya estaba embarazada con nuestra tercera niña, Trinidad, y ése fue el dolor. Cuando se lo dije a Crispín me contestó que ya iba a ver por mí y las niñas. Al día siguiente que nos peleamos habló con Manuel y le dijo que ya no fuera a trabajar, que él me iba a pasar mi gasto y que me iba a poner mi casa. Y me salí de trabajar inmediatamente. La primera semana fue diario a la casa y el primer sábado me dio 25 pesos para la semana. A la otra me dio 20. A la otra no fue a verme. El sábado se hizo el desaparecido, no fue desde el jueves y no le volví a ver sino hasta el martes de la otra semana. Y entonces me dio 15. Y yo me enojé y se los regresé diciéndole que para limosnas no estaba yo. Entonces me dijo que lo que iba yo a tener él creía que no era suyo. No sé en qué se basó, o qué chisme le contaron, pero desde entonces no me pasó ni un centavo. Consuelo me encontró un trabajo en el despacho de unos licenciados; estar ahí nomás apuntando recados y recibiendo las llamadas, y me puse otra vez a trabajar.

Estaba yo viviendo en Bella Vista, pero entonces hubo un pleito con Dalila y otra vez me fui con mi tía Guadalupe. Esta vez me quedé allí hasta que nació Trini. El cuarto de mi tía era muy chiquito y muy pobre y casi no había lugar para moverse uno; Concepción y Violeta tenían que comer sentadas en la entrada, en el quicio. Ellas dos y yo dormíamos en costales en el suelo. Mi tía nos invitaba a quedarnos en la cama con ella y con Ignacio, pero tenían una cama tan angosta que, ¿cómo?

Toda la vecindad estaba llena de chinches, ratones y otros animaluchos y los excusados que había afuera siempre estaban sucios. Pero yo estaba contenta ahí. Me llevaba muy bien con mi tía y yo era casi la que llevaba la casa, así es que pues estaba bien yo. Pero a mi papá no le gustaba allí y eso me daba tristeza. Siempre que venía a verme llegaba regañando y con mucha prisa por irse.

Cuando estábamos solas con mi tía sí estaba contenta, pero siempre había gente ahí. Pero de que empezaban a llegar los famosos compadres, o las comadres, no me sentía a gusto. Si no era el compadre, eran varias comadres que llegaban que a tomar el taco y a tomar cerveza o chinchol. No soportaba ver las caras de tanto borracho y había algunas que me daban asco. Me disgusté también porque alguno de ellos me robó mi reloj y algunos centavos.

Siempre estaban desapareciendo las cosas de ahí de la vecindad. Por eso era que mi tío tenía un perro para cuidar y las gentes nunca dejaban su vivienda sin vigilancia. Cuando algo se perdía iban los dueños a ver a un adivino y así saber quién lo había tomado, pero yo no fui porque nomás hubiera sido causa de pleitos.

Ahí todos usaban un lenguaje muy bajo, hasta mi tío, aunque él era generalmente amable. Cuando llegaba a la casa y encontraba a mi tía algo tomada para prepararle la cena empezaba a mentarle la madre y a decirle cabrona y jija de la chingada. Pero los dos se querían mucho, especialmente cuando él dejó a su otra mujer, Cuca. Él había tenido seis mujeres además de mi tía, pero siempre decía que no le importaban nada, que nomás eran habladas y que mi tía era la que tenía las llaves de su casa y era la dueña de sus centavos.

Mi tío era respetuoso y correcto conmigo y quería mucho a mis hijas. Él me platicaba de mi mamá, con la que iba a veces a vender, y de cómo mi tía Guadalupe se ponía celosa cuando a él lo tomaban por el esposo de mi mamá. Cuando él estaba tomado me insinuaba cosas, pero como yo no le hacía caso él ya no insistía. Cuando se quejaba de que las niñas gritaban o de que mi hermano llegaba borracho mi tía siempre nos defendía. Con la única que de veras peleaba mi tío era Consuelo porque ella siempre llegaba dando órdenes y queriendo mandar a todos.

Tanto Ignacio como Guadalupe eran bajitos de estatura, llenos de canas y con la cara arrugada, aunque no eran viejos. Mi tío decía a veces que la juventud no tiene nada que ver con los años que uno haya vivido, que lo que contaba era cuanto había uno sufrido. Él decía:

—¿No sabes la edad de una cana? ¿No? Te la voy a decir yo: Cada cana tiene su historia; su destino y su término. Salen de los golpes que da la vida, de los fracasos y de las gentes que uno ha visto morir.

A mi tía la llamaba «la criatura que tiene años» y creía que se había avejentado por todos los sacrificios que tuvo que hacer por su familia.

Mi tía tuvo una vida muy dura. Cuando nomás tenía trece años el hombre que la pretendía, un hombre de treinta y dos, se la robó y abusó de ella y como ya la había agujerado y ya no valía nada, su papá le puso una monda y la hizo casar con el señor. Su suegra no la quería bien y su marido la golpeaba y la andaba depositando con una tía y con otra hasta que nació su hijo.

Luego su marido se dio de alta en el ejército y ya nunca lo volvió a ver. Ella y su hijo no tenían donde quedarse y casi se murieron de hambre; se hincharon porque no tenían qué comer. Tuvo que irse a pie de vuelta a Guanajuato y ya se andaba ahogando al pasar un río que estaba retecrecido. Si no ha sido por un arriero que la jaló de las trenzas y la sacó ahorita no estaría viva.

En Guanajuato supo que su hermano Pablo había muerto por defender a un amigo y que su santo padre se había muerto de una muina y de pena. Su madre se había ido con el resto de sus hijos a México a buscar fortuna vendiendo café con piquete en las esquinas. Su tía de Guadalupe, la tía Catarina, estaba en la capital y le había aconsejado a su madre que se fuera para allá. Mi pobrecita tía anduvo buscándola; llevaba su hijo en brazos envuelto en su rebozo y pedía limosna y comida por el camino. Cuando llegó, su mamá la fue viendo y casi no lo podía creer, toda encuerada, parecía limosnera, no la reconocía.

Todos sus hermanos tenían el tifo y ella también lo pescó. Bernardo se murió, pero los otros se aliviaron. José y Alfredo trabajaban en una panadería; Lucio encontró trabajo de jicarero en una pulquería y mi tía y mi mamá vendían migas de pastel y café con piquete en un puesto en una esquina. Tres veces se la llevaron a la comisaría porque era ilegal ponerle piquete al café, y como su mamá no pudo pagar la multa a mi pobre tía la encerraron. Le dio miedo que después la mandaran a la Penitenciaría así es de que mejor entró a trabajar de recamarera, y después en una tortillería.

Mi tía siempre se ha quejado de que sufrió mucho con su mamá porque no la quería y la consentida era mi mamá, que era la más chica. Decía suspirando:

—Uy, yo sufrí reteharto con mi mamacita, que en paz descanse. Yo siempre andaba trabajando para ella, pero ella a mí no me quiso, muy dura que fue pa' conmigo. Cuando estábamos en la tortillería llorábamos mi hijo y yo, no teníamos ni qué comer y no nos llevaba ni un taco. No sabía si tenía yo una tortilla o no. Nomás a Leonor, a ella sí le llevaba de comer.

Le preguntaba a mi tía Catarina:

—Ay, tía, ¿pos qué no soy hija de mi mamá? ¿Por qué no me quiere?

Y me decía ella que era mala suerte, nomás.

Cuando el hijo de mi tía tenía cinco años su suegra vino y se lo llevó. Entonces le contó a mi tía que su padre había tenido un mal fin en la Revolución... lo habían macheteado y lo habían echado en una noria. Mi tía pidió por su marido que Dios lo haya perdonado y le juró a la Virgen de Guadalupe no volverse a casar. Ella dejó que su suegra se llevara a su hijo porque era muy duro para ella mantenerlo. Pero nomás mal enseñaron a su hijo, lo mal aconsejaron contra ella y lo hicieron borracho. Cuando tenía ocho años le empezaron a dar hojas con tequila, hojas y chínguere y pos él agarró la mala costumbre. Cuando la pobre de Guadalupe le llevaba un pedazo de pastel o fruta nomás le daba con la puerta en la cara. Se murió de una borrachera cuando estaba todavía muy joven. Nomás lo echaron a perder.

Mi tía agarró la costumbre de tomar cuando trataron de curarla del paludismo y de los fríos. Se fue a Veracruz de sirvienta y regresó enferma. Le dieron caña de azúcar y jícama; le pusieron un ratón en el pescuezo para que se espantara; le dieron alcohol verde y café, luego pulque curado con pirú molido; siete meses le estuvieron dando esto y lo otro, por lo general con alcohol, hasta que por fin una señora la curó con nopales, chile picante y aguamiel.

Luego un hombre nomás le hizo a mi tía la maldad y la dejó antes que naciera su hijo Salvador. Cuando ella conoció a Ignacio él quería casarse con ella y reconocer al niño como su hijo. Ella quería a Ignacio pero no aceptó casarse con él. El papá de Ignacio decía que debían casarse por la Iglesia porque antes eran más estrictos con estas cosas. Ahora nomás se junta la gente, como se dice, se casan nomás allá en la puerta, y dicen que están casados. Mi tío dice que es porque antes había ley de padre, el que mandaba era Dios Padre, no Dios Hijo. Su papá de Ignacio era una persona de ley y crió a su hijo para que tuviera conciencia. Ignacio no podía levantarle la mano a mi tía porque su papá luego luego agarraba un palo listo para meterse a defenderla.

Pero mi tía terca en que no quería casarse. Ella decía:

—Yo hice la promesa de no volver a casarme porque sufrí mucho de esposa. Si Ignacio quiere vivir conmigo así, bueno. Ya Dios sabrá dispensarme —y así fue.

Ignacio había sido voceador desde el año de 1922. Antes había sido barnizador y empastador en una ebanistería pero decía que «allí había dejado los pulmones» así es que agarró el primer trabajo que Dios le mandó. El hombre que es hombre trabaja en lo que Dios le da licencia. Él y Salvador salían a vender los periódicos juntos, bajo el Sol y la lluvia, y le daban lo poquito que ganaban a mi tía. Mi tío siempre decía que le iría bien en el negocio del periódico si lograba vender todos los que llevaba. Pero en el periódico no les dejan devolver los que no se venden así que perdía su ganancia por culpa de las lluvias que son el azote de todos los voceadores... ¡Dios Santo, todo lo que tenía que batallar para poder ganar unos pesos! Mi pobre tío yo creo que va a morirse agarrando sus periódicos bajo el brazo y transitando por las calles para un lado y para otro.

Ignacio era bueno con Salvador, pero mi primo se hizo muy tomadorcillo y se volvió muy peleonero. Y luego la cosa se puso peor cuando Salvador se casó y su mujer se le fue con otro hombre y se llevó a su hijo. Entonces sí agarró la botella con más fuerza y siempre andaba borracho. Yo tenía como cinco o seis años cuando mi primo murió. Borrachito, como siempre, estaba parado enfrente de una cervecería que había en la calle de Degollado cuando llegó el querido de su mujer, un tal Carlos. Y que le dijo Carlos:

—Así te quería encontrar, ¡hijo de tu tiznada madre!

—Nomás. Y cuando le dijo esto rápido sacó de su ropa un verduguillo y se lo metió a Salvador en la barriga.

Y Salvador, con las manos agarradas en el estómago, corrió. Entonces vivían Salvador, mi tía y mi tío con Prudencia, la primera mujer de mi tío Alfonso, a media cuadra de allí. Pero en lugar de darle para allá, mi primo le dio para Bella Vista. Y hasta ahí, hasta la puerta del zaguán lo fue a dejar el que lo había herido, hasta ahí lo dejó de corretear, porque Carlos lo correteaba con el cuchillo para darle otra.

Estábamos nosotros acabando de merendar cuando Salvador llegó y tocó y le gritó a mi papá:

—¡Tío Jesús, déjeme pasar! —se paró mi papá a abrir y dice mi papá:

—Ya vienes de nuevo borracho. Ya te he dicho que borracho no quiero que entres. Porque borrachos no quiero que entren... porque aquí están las niñas y no quiero que me les den mal ejemplo.

Agarró mi papá y se quitó de la puerta, pero ya no pudo entrar Salvador... se quedó tirado ahí en el quicio de la puerta. Cuando cayó tirado mi papá viola sangre. Mi papá se agachó, le sacó las manos, le desabrochó el pantalón y vio que estaba herido.

Al momento de caer Salvador nos espantamos y yo empecé a chillar. Mi papá me mandó a hablarle a Roberto que estaba cenando en casa de un amigo. Y ya fui a hablarle. Roberto le fue a avisar a mi tía. Y vino mi tía Guadalupe y vino mi tío Ignacio y Prudencia y su hijo. Y alguien llamó a la Cruz. Ya Salvador tenía las tripas de fuera porque aquel tipo le había hecho un boquetote grande y dijo mi papá que no creía que iba a durar.

Llegaron los de la Cruz y se lo llevaron. Pero no aguantó. A las pocas horas, lo estaban operando, cuando murió. ¡Qué golpe para mi tía! Pobre, si no se volvió loca yo creo fue por obra de Dios. Pero daba unos gritos tremendos. Luego en el café donde trabajaba mi tía, el viejo canijo de su patrón no le dio permiso de faltar ese día, y mi tía buscaba quien se quedara con mi pobre primo muerto.

Y luego esa Prudencia que siempre ha sido muy envidiosa, muy díscola, muy mala, le dijo a mi tía que en su casa no quería que se velara a Salvador, y pos ahí era la única casa que Salvador había conocido. Mi pobrecita tía me platicaba que la tal vieja Prudencia no quería a Salvador, bueno, que nadie lo quería, que hasta la abuela, su mamá de mi tía; Salvador se le acercaba y ella lo corría. Cuando mi tía tuvo necesidad de irse a arrimar a la casa de Prudencia, ¿qué fue lo que esta vieja le dijo?:

—La casa está pa'usté, pero pa' su hijo no.

De todos modos ahí se quedaron con Prudencia y tuvieron que sufrirle todas sus discolerías y maldades. A veces se encerraba con sus hijos en la pieza y no dejaba entrar a mi tía con mi tío y su hijo. Y ahí estaban cuando llovía que nomás les escurría el agua por la espalda, tapados solo con periódicos y ahí acurrucados hasta que a la Prudencia le daba la gana de dejarlos entrar. Por eso decía mi tía que es horrible tener que vivir arrimado y ella había nacido con mala estrella y por eso había sufrido toda la vida.

Pues el día que Salvador murió, mi tía Guadalupe le lloró y le suplicó a Prudencia para que se velara su hijo en su casa. Pero no se veló en el cuarto, se veló ahí afuerita. Por eso, años después, cuando el hijo de Prudencia se volvió loco y lo mandaron al manicomio, mi tía dijo:

—Todo lo que se hace en esta vida, todo se paga. Dios tarda, pero no olvida.

De admirar, admirar, pos a la única que puedo admirar es a mi tía Guadalupe. De ver que es una mujer sufrida, ¿verdad?, como toda una mujer debe de ser. La admiro porque veo que tiene valor para seguir adelante y nunca se da por vencida. Cierto que ella se queja siempre de que el dinero no le alcanza y siempre está preocupada por el pago de la renta, pero no sé ni cómo le hacía pero por poquito que tuviera se las ingeniaba para dar de comer a todos. Compraba por ejemplo 50 centavos de chicharrón, 20 centavos de tomates medio magullados, unos cuantos centavos de aceite, cebolla, ajo y con eso hacía una buena cazuela.

Ella siempre ha dicho que nunca nadie le ha dado nada, que nadie la ha ayudado y que ella ha tenido que abrirse paso sola en la vida. Aunque tuvo a su madre, nadie le enseñó el camino. Quizás por eso ella nunca me ha dado un consejo o ser como una madre para mí.

Y si de ayuda se trata, al único que pueden acusar de no ayudarla ni visitarla siquiera es a Manuel. Roberto y Consuelo sí iban seguido a verla y le dejaban sus cuantos pesos siempre que estaban trabajando. Todo el tiempo que yo viví con ella le daba para el gasto para que mis hijas pudieran comer bien. Todos los días compraba un litro de leche en la CEIMSA pero luego agarraron la moda de que pa' venderle a uno un litro de leche tenía uno que comprar un huevo. Luego no siempre se tiene para comprar un huevo diario, y el ahorro que tenía uno con esa leche pos ya sale igual que si la comprara uno en otra parte. Y hacen todo esto nomás por fastidiarlo a uno y pos uno también es tonto...

Yo me llevaba bien con todo mundo de ahí de la vecindad: con Julia y su marido Guillermo; Maclovio y su mujer; Yolanda y Rafael su esposo; Ana, la portera; don Quirino y todos los otros. Casi todos me conocían desde que era yo muy chica. Yolanda y yo lavábamos juntas nuestra ropa en los lavaderos y juntas íbamos al mercado. Yo no sé cómo aguantaba la vida que llevaba con Rafael. Este Rafael primero no era así, trabajaba; pero cuando murió su mamá empezó a tomar, pero seguía trabajando normalmente y sus centavitos no le faltaban a Yolanda. Pero todo fue que empezara con las famosas amistades... Como digo, a ellos les gusta, y luego las amistades que les insisten... ¡pos acaban de acompletar! Y por eso se descompuso y trataba a Yolanda de lo peor. Lo único que sacaba de él era hambre, golpes y niños. Ella estaba como fábrica, teniendo un niño detrás de otro. Ya tenía siete chamacos harapientos y otro en camino.

Julia, la mamá de Yolanda, quería curarla definitivamente. Que acabando de aliviarse le iba a dar un vaso de nieve de limón con vino tinto y más limón exprimido, pues decía que con esto se enfría la matriz. Pero Yolanda no quiso. Yo también ya estaba aburrida de traer criaturas al mundo y mi tía quería curarme dándome agua donde había hervido un anillo de oro y un pedazo de cuerno de toro. Pero a mí me dio miedo, quién sabe por qué.

Tampoco he tratado de abortar aunque conozco muchos remedios que usan montones de mujeres... té de orégano bien cargado, vinagre en ayunas, canela y aspirinas, pastillas de permanganato. Hacen muchos sacrificios para abortar pero para las que tienen la matriz dura, no queda más remedio que la sonda. Pero por ésta cobran 150 pesos y por eso muchas veces no se la ponen. Aquí le tiene uno más fe a las hierbas y a los remedios caseros y además la medicina y las operaciones son tan caras que en nuestro medio casi no se ocupan.

Y en la vecindad de mi tía tampoco faltaban los chismes. Ahí nomás estaban esperando que abriera uno la boca para hacer chisme grande. Siempre están en la puerta viendo quién entra, quién sale y qué es lo que hizo. Pero sobre todo siempre se andan fijando quién tiene más y quién menos, especialmente en ropa y comida. Si alguien tiene algo nuevo empiezan las envidias y las discolerías.

—Ay, ¿cómo le haría, tú? —se empiezan a decir. Y cuando tienen alguna cosa nueva, algún aparato nuevo, haga de cuenta que ascendieron un escalón; se les sube, se ponen muy pedantes, se dan un paquete que, ¡válgame Dios!, hasta le quitan a uno el habla. Allí los que tenían cama, colchón y ropero ya eran alguien. Cuando yo viví allí Ana era de las «de la alta» porque era la portera y las dos hijas estaban trabajando. También vendía pulque y sus nietos la ayudaban también con otros trabajitos. Ahora los de la «alta» son Julia y Guillermo porque ya tienen televisión.

Y la vida podía haber sido bastante triste en la vecindad porque todos eran tan pobres. Los hombres toman y las pobres mujeres tienen que mantener familias grandes con menos de 5 pesos. Cuando alguna de las mujeres se compra alguna garrita nueva, un vestidito cualquiera, luego se anda escondiendo cuando llega el abonero a cobrar. Pero a pesar de todo esto la gente siempre está de broma y riéndose. Las tragedias que algunos sufren les dan a los otros motivos para reír. Los hombres andan siempre de enamorados, siempre tienen que ver con mujeres. Si no era el marido de una yéndose a acostar con la esposa de otro, era alguna mujer que tenía que ver con el marido de la otra.

¡Los hombres! Nada más saben que dio uno su mal paso y le ofrecen todo. Aquí lo primero es que «te pongo tu casa», o «nos vamos a vivir fuera de aquí». Pero lleva uno desengaños tan crueles que ya no quedan ganas ni de charlar con un hombre. Y a lo mejor me llevan y me dejan a medio camino. En la vecindad de mi tía varios andaban detrás de mí: Rafael, Maclovio, don Chucho, don Quirino, pero a ninguno le hice caso.

De todo el montón el mejor era don Quirino. Con ese señor llevaba yo una amistad muy limpia. Él es zapatero y empezamos a hacer amistad porque yo le mandé a componer los zapatos de una de las niñas. Él ya era grande, como de unos cuarenta y dos años; ya tiene hijos grandes y a mis niñas les decía «hijas». Estaba separado de su señora y vivía solo. Luego me decía:

—No sea tonta, Chaparrita. Si ve que su marido no la hace feliz, ¿qué le busca? Para qué anda con ese muchacho que solo le hace la mal'obra.

Yo quería un hombre que ya no pudiera ser padre porque ya no quería tener hijos. Por eso me gustaba don Quirino. Él me dijo:

—Nos acostaríamos como hermanos porque yo ya no puedo... —además a mí no me gustaba que hicieran uso de mí a cada rato. Pero yo siempre le tomé a don Quirino todo a broma y nunca pasó nada entre nosotros.

Pero Yolanda me vino a contar que Soledad, la hija de Ana, creía que yo andaba con don Quirino. Soledad tendría como veintisiete años, era ya casi una solterona, y tuvo que ver con don Quirino. Ella afirma que es señorita, pero tanto tiempo como anduvo con él no es de creérselo. Pues fue mi mayor enemiga; de «resbalosa, cochina, caliente», no me bajaba. Tanto me trajo de arriba para abajo que las vecinas dijeron me andaba acostando con él. Y hubo tanto chisme que llegó hasta oídos de Crispín. Pues fue a ver a don Quirino y lo acusó de ser el padre de la criatura que iba yo a tener. ¡Fíjese nada más! ¡Que el señor ése que ya no podía era el papá de Trinidad! Siempre andaba dudando de la paternidad de sus hijas, sobre todo cuando él era el único que hacía uso de mí. Pero yo seguía en mi necedad, aferrada a él.

En ese año fue cuando fui a Chalma la primera vez. Yo desde chica siempre quise ir a Chalma con mi tía. Cada vez que se iba me quedaba chillando porque mi papá nunca me dejaba ir. Decía que no, que para qué, que eran puras payasadas, que sabrá Dios que nomás se iban a emborrachar y que a la mejor hasta me dejaban a mí por allá. Nunca quiso,

¿verdad?, no le faltaba pretexto que poner. Y luego, cuando ya vivía yo con mi marido, él tampoco me dejaba ir.

Así es de que cuando me dijo mi tía que iba a ir a Chalma con Mati, la sobrina de mi tío Alfonso, decidí ir con las dos niñas. Llevábamos como unos 25 pesos, dos cobijas, dos colchas, ropa de las niñas, una olla, café en polvo, azúcar y no sé qué otra cosa de comer. Tuvimos que cargar con las niñas y además dos maletotas.

Estábamos haciendo cola en la terminal de los camiones —porque se junta mucha gente— y le compré una capa impermeable a Concepción, porque estaba lloviendo esa tarde; 2 pesos me costó. Las llevaba yo a las dos —Concepción y Violeta— bien tupidas de sarampión, y por eso no quería que se mojaran. Llegamos allá a Santiago y estaba también lloviendo cuando bajamos del camión. Ya nos fuimos al palacio municipal; es grande, verdad, y en el patio se queda toda la gente que va, los peregrinos. Llega uno, escoge su lugar, medio lo barre con un trapo o con unas varitas. Ya tendimos nuestra cama y le apartamos un lugar a la ahijada y comadre de mi tía que iba a llegar más tarde en otro camión.

¡Uh, parecía borregada! Cantidad de gente dondequiera, unos los que venían para acá, y todos los que iban para allá, tirados con sus maletas, lleno el patio. Los soldados andan ahí cuidando que no roben. Muchos cuando buscan su maleta, pues ya no está, ya se la robaron, pero los soldados, los veladores andan allí que cuidando. Toda la noche hay boruca; van palomillas enteras, muchachos con muchachas o muchachos solos, los que salen y los que ya venían. Y nosotros tomamos nuestro jarrito de café, mi tía le echó su piquetito, y ya nos acostamos.

Eran como las tres de la mañana cuando nos paramos para prepararnos a salir para Ocuila. Dice mi tía:

—Vámonos —pos nos paramos y nos fuimos. Luz, la comadre de mi tía, también había venido con su esposo y su hija, así es de que cuando salimos ya éramos ocho. Nos fuimos caminando desde Santiago hasta Ocuila. En el camino tomamos café en unos jacalones. Por cierto que ya nos habíamos extraviado del camino, pos oscuro, desierto aquello, nomás allá retirado se veían luces, llamitas de los aparatos de petróleo de los jacalones donde vendían café. Ya nos orientaron y agarramos el camino. Es puro monte, puro empedrado. A mí me gustó reteharto, desde que llegué me gustó a mí esa movida. En el camino están indias vendiendo café, gorditas de maíz, de garbanza, crema, queso, mantequilla, huacalitos llenos de capulines y hay también puestos donde venden comida.

Y llegamos a Ocuila, un pueblito, es como ranchito, unas cuantas casas. Hay unos jacales grandes donde dejan quedarse. Ahí nos quedamos, nos cobraron 25 centavos por cabeza, porque ya íbamos muy cansadas y nos quedamos hasta el otro día. Alquilamos un burro, me cobraron 3 pesos, porque las niñas no querían caminar. Así que en el burro echamos las maletas. Yo ya no quería caminar, me quería yo regresar, pero las señoras que me encontraba me dijeron:

—No se regrese, se le va a hacer el camino muy pesado y no va a poder llegar.

—Creencias, ¿verdad?, o sepa... yo no sé bien. Ya llegamos al Ahuehuete.

Como íbamos por primera vez las niñas y yo teníamos que tener una madrina. Cualquiera a la mano se agarra pa' madrina. Ya mando comprar las coronas, tres. Ahí estaban unos inditos, ya viejitos, uno con un violín y otro con una guitarra. Se les da su peso, se les da su tostón, y tocan El *zopilote mojado, Zacatecas,* así puras marchas, ¿verdad?, porque no saben de otras. Y ya le ponen a uno la corona y baila uno. El chiste es medio menearle los pies. No se siente ni el cansancio, ¿cree? Ya después cuelga uno su corona en el ahuehuete. Es un árbol ancho, muy ancho, un árbol frondoso, muy bonito. Ahí están colgados muchos recuerdos, trenzas y patas de enyesado, retratos, vestidos, muchas cosas.

Debajo del ahuehuete está brotando harta agua y de ahí parte un río que va a dar hasta Chalma. Dicen que esa agua cura. Las niñas iban ardiendo en calentura y bien pintas del sarampión... lo llevaban hasta en los ojos. Y mi tía que las mete al agua. Yo dije:

—¡Ya se me van a moribundear aquí estas niñas, se me van a petatear aquí mis hijas!

—Pos no, no les hizo daño.

Ya es muy corto el camino del ahuehuete a Chalma, ya es muy corto; como unas dos horas. Pasa uno las rocas encantadas y ya llega uno a Chalmita, donde vivía la madrina de mi tía. Ya la madrina nos recibió muy bien y no nos cobró porqué nos quedáramos ahí. Ya después bajamos hasta el Señor de Chalma. De Chalmita a Chalma es pura bajada, puro empedrado. Hay muchos puestecitos y dondequiera se ven nomás techos, así con lona o láminas de cartón; son los lugares donde cobran por quedarse uno. Tienen nombres, Hotel «La *cama de piedra»*, y así, nombres muy payasos. En el camino estaban los danzantes, vienen tocando su chirimía, una musiquita retriste, triste. Y luego los que bajan de rodillas, vendados de los ojos, con coronas de espinas, otros van con unos nopales en el pecho y en la espalda, o en las piernas; son los que van a pagar las mandas. Bandas de música (porque ahí no falta la música), era un gentío enorme... Y de ver tantos fieles que van a venerar al Señor me dio sentimiento y lloré. Cada que yo entro en una iglesia, cada que veo una peregrinación, lloro, y cualquiera que llegue a Chalma, a las puertas de la iglesia, llora.

El Señor de Chalma dicen que es muy milagroso y muy castigador. Porque Él hace... pos ha de hacer, no sé, muchos milagros, pero también el que le queda a deber una manda dicen que lo castiga, ¿verdad? Yo pedí por mi papá. Pedí que me mandara un buen trabajo —pero creo no me lo mandó nunca— y que Él nos socorriera. Y que si no era, ora sí que para bien de mis hijas y para el mío este Crispín, que mejor me lo retirara. Fue todo.

De regreso me pareció el viaje demasiado pesado. Ya venía yo aburrida, ya venía yo cansada, y las muchachas chillando y ya estaba yo desesperada pa' venirme. Luego vendimos en el camino la olla que llevé, porque ya entonces me faltaban los centavos, ya no traía más que 5 pesos, creo. Ya no quise yo venirme a pie, así que de Santiago a Ocuila pagué 2 pesos por mi tía y por mí y nos venimos en una troca. Ya desde Chalma, Mati se separó de nosotros porque se agarró a tomar pulque con los otros. Y nosotras ya formadas para tomar el camión y eran 3.25 por cabeza y yo dije pos cómo le hago. Llevaba yo dos pares de zapatos, y unos que me había comprado el 10 de mayo, estaban nuevos casi, los tuve que vender. Los vendí en 4 pesos, ¿usted cree? Porque, fíjese, ni modo que yo nomás me fuera y mi tía se quedara. Ya entonces compré los dos pasajes y llegamos a México sin un centavo.

Hubiera querido ir otros años, una vez al año a ver al Señor y rezar, pos yo creo que está bien, porque yo nunca me acerco a la iglesia. De ir a misa cada ocho días y confesarme como antes cuando era chica, pos no puedo hacerlo porque estoy amancebada, y dicen que los amancebados no pueden entrar en la iglesia. Cuando rezo le doy gracias a Dios porque me da de comer sin merecerlo, o rezo un Padrenuestro y un Avemaría, no todas las noches, nomás de vez en cuando, en voz queda. O cuando de veras me siento muy triste y no hallo solución pa' mis problemas voy a la Villa a pedirle ayuda a la Virgen. Y cada que me alivio de mis hijos también voy a la iglesia, por lo regular a la Villa.

Porque si no soy muy católica, tampoco soy muy masona, pero quiero que mis hijas hagan su Primera Comunión y yo las mando a la doctrina cada que hay, cada martes, en Bella Vista. Y ya después si son apegadas a la iglesia será por ellas, no por mí. Yo no frecuento la iglesia, pero tengo mis santos favoritos... la Virgen de Guadalupe y la Virgen del Sagrado Corazón y dondequiera que he estado me las he llevado. Ahora, digo, para qué me confieso... confesarse con otro igual que uno, para qué. Y luego muchas dicen que los sacerdotes nomás sirven para engañar a una y llevársela a fregarla allá por otro lado. Antes de hacer la Primera Comunión, cuando tenía once años, me fui a confesar y me regañaron. Dije que había robado, agarrado dinero de la casa, y que no asistía yo a misa y le dije que tenía novio. Me puso creo un rosario de penitencia, y no me cayó bien. Ya después no he vuelto a confesarme.

Yo cuando rezaba lo único que pedía era que si no era para mí Crispín, pos que mejor me lo retirara, o que si era para mí que se compusiera, que nos pusiera a vivir una vida normal, que ya no anduviéramos pa'arriba y pa'abajo, y todo por las muchachas, al fin y al cabo es su padre. Pero mejor me escuchó lo primero que lo segundo.

También lo que yo pedía era por que mi papá nunca nos faltara. Para mí terminando la vida de mi padre termina todo para mí. Cayendo el muro, caen todos los ladrillos. Ese día ya no se levanta nadie; el que no se levantó ahorita imposible que se levante después. Como Roberto. Si no se casa ahorita —que mi papá nos vive, regañón y todo lo que sea— si no levanta su cabeza ahorita, ya después no la va a poder levantar.

Cuando yo me pongo a pensar que la muerte la tenemos tan cerquita, y de la noche a la mañana sepa Dios si amanece uno, digo: ¿por qué no hacer lo posible por hacer la vida feliz a otros? Como mi tía, ¿qué me va a durar ya mi tía?, ya no me va a durar casi nada. Quisiera hacer algo por ella. Pero todas mis ideas buenas yo las hago malas, porque pues a lo mejor dejo de existir de un momento a otro, y este mismo pensamiento ya no me deja hacer nada.

Cuando ya estaba muy avanzada en el embarazo se me empezaron a hinchar las piernas y los dientes me dolían. Aquí nomás le duele a uno una muela y luego luego se la sacan, así es que me sacaron dos. La ropa ya no me venía y no tenía dinero para comprarme otro vestido. Pues me vi forzada a pedirle dinero a Crispín. Pero él se negó que porque él no era el responsable de la criatura. Me dolieron mucho sus palabras. Él dijo:

—No. Por qué te voy a estar dando dinero si nomás andas de puta abriendo las piernas.

Estaba muy desilusionada. Para no encontrarme con Crispín y con otras gentes, cuando salía de trabajar agarraba a las niñas y me las llevaba al cine, o íbamos al mercado, o a ver los aparadores. Nunca salía sin las niñas. Siempre las tenía conmigo, porque si no sentía como que algo me faltaba. Su padre era todo lo contrario, nunca las quería llevar a ninguna parte y nomás las andaba regañando porque volteaban la cabeza. Y tampoco les compraba nada. Me daba tristeza sobre todo ver todo lo que no podían tener, los vestiditos de las niñas, o zapatos, medicinas cuando se necesitaban. Y cuando pasaban estas cosas yo me sentía muy infeliz y me daba mucho coraje con Crispín y lo llamaba yo sangrón, o pinche, delante de las niñas. Entonces Concepción decía imitando a mi tía Guadalupe:

—Déjalo... agua y sal se le ha de volver todo lo que gana a este Crispín —y no le decía papá. Y esto me dolía mucho porque después de todo es su padre. Y si esto es cuando ella no sabe nada, ¿qué será cuando sea grande?

Crispín venía a veces a verme y me chiflaba para que saliera. Luego me daba disculpas y decía que no me daba centavos porque lo que me iba a dar era muy poco y mi familia se pondría en contra de él. También me dijo que fuera a un hospital a aliviarme —aunque no se ofreció a pagármelo— y me pudo mucho porque no podía hacer el gasto. Él pertenecía al Seguro Social pero no me quiso dar la credencial, las tarjetas que necesitaba para poder ir a la Maternidad. Dos meses antes de que naciera la niña, Trini, ya no volvió y no lo volví a ver hasta que ya la niña tenía como seis meses.

Cuando ya estaba yo por caer, mi papá me dijo que dejara de trabajar y que me viniera yo a Bella Vista. Dalila ya no vivía allí porque estaba embarazada otra vez y yo creo tenía vergüenza con los vecinos y con mis hermanos. Mi papá le había puesto su casa aparte en la calle de Niño Perdido y como ya se lo había granjeado por completo él ya vivía allí. Ésa era su casa grande donde comía, dormía y le lavaban su ropa. Lupita, Antonia y sus hijos y María Elena vivían en la casa que mi papá había construido en la colonia El Dorado. Ellas cuidaban de los animales y mi papá les daba su gasto todos los días así es que no tenían por qué quejarse.

Mi papá por lo general no se mete en nada, pero me había dicho que quién me iba a atender. Yo le dije que una doctora titulada, y no una rinconera, pero tenía yo miedo de que me cayera en una mentira. Yo lo que no quería era que mi papá estuviera allí, porque se pone muy nervioso y además me daba vergüenza que él estuviera.

Los dolores me empezaron cuando mi papá estaba cenando. Yo no le dije nada y me senté en la cama y me venía un dolorcito y me quedaba quieta para que mi papá no lo notara. Ya los dolores me daban más seguidos cuando se fue. Mi comadre Angélica, la que vivía enfrente, vino más tarde y ella y Roberto se movieron inmediatamente y tendieron la cama, prepararon el alcohol, pusieron agua y no durmieron, sino que estuvieron al pendiente. Violeta se despertó y empezó a llorar. Yo no quise cargarla porque pensé que me haría daño; me paseaba y ella jalándome del vestido se paseaba detrás de mí. Como a las seis de la mañana Roberto fue a hablarle a la señora y vino inmediatamente. De Trini fue de la que me vi más mala, ya no podía, y me pusieron una inyección para apresurar el parto. Lo que sí, me sentí triste, desmoralizada, hasta arrepentida de que esa criatura viniera al mundo, por eso de que su padre la hubiera negado. Y siempre yo creo que la he querido un poco más que a las otras, pues pobrecita, estuvo sufriendo desde antes de nacer.

Tercera parte

Manuel

El viaje a la frontera fue muy duro. Mis compadres compraron boletos de camión de aquí a Guadalajara, y de ahí todo fue irnos de puros aventones hasta Mexicali, porque se nos estaban terminando los centavos. Salimos a la carretera y dice Alberto:

—Oye, compadre, pos yo ya traigo hambre.

—Pos yo también, compadre, pero hay que estirar los centavos, mano. Grita nos aguantamos, ¿no?

Nos daban aventones cortos los carros cargueros, y ayudábamos a cargar y a descargar en el camino. Después de un aventón de susto tuvimos que caminar un largo tramo adelante de Mazatlán. Esa parte de la carretera son puros columpios, subidas y bajadas, sin una sola casa a la vista. El Sol estaba muy alto y nosotros no teníamos qué comer, no teníamos agua, nada. Del asfalto se veía hasta que salía humito. Estábamos bastante mal, especialmente Faustino. Desde que se había quemado en el restorán, estaba como medio paralizado y no se podía mover con facilidad. Llevaba zapatos de esos de suela de llanta y son demasiado calientes y le estaban ardiendo los pies. Nos dieron un aventón en un bulldozer, y ahí vamos despacito, sentados en la cuchilla. Luego, desesperados, le hicimos la parada a un camión de pasajeros y le tuvimos que dar al chofer casi todos los centavos que traíamos. Ese día y el siguiente lo único que comimos fueron sandías. Por el camino vimos muchos muchachos y hombres a pie que iban para la frontera, y en el patio de la estación de Hermosillo, donde pasamos la noche, había bastantes, cientos, ahí acostados, hambrientos, llenos de polvo, igual que nosotros.

Tenía yo tanta hambre que ya no sentía dónde tenía el estómago. Entonces cambié mi chamarra por 12 pesos y otra chamarra vieja de algodón. Nos comimos dos bolillos y un plátano cada uno porque la comida estaba muy cara. A la mañana siguiente compramos más bolillos y trampeamos un tren de carga. Desgraciadamente en el vagón que nos metimos traían hielo. Pues ahí íbamos, parados en el hielo temblando, los tres penitentes, temblando en aquello que parecía caja de muerto, hasta que nos pasamos a otro compartimiento y ahí nos acostamos; hacíamos de cuenta que íbamos en pullman. Pero por el cansancio nos quedamos dormidos y se nos pasó Santa Ana. Tomamos otro tren para ir a Santa Ana, pero iba tan aprisa que Faustino no pudo brincar, perdimos otra vez la parada y nos fuimos hasta Benjamín Hill. Eran como las dos o tres de la mañana cuando llegamos, ¡y hacía un friazo! Pedimos permiso al velador para pasar la noche en el patio. Nos señaló una pila de tabiques y nos dijo que podíamos quedarnos allí atrás. Tendimos unos papeles en el suelo y ahí estuvimos tiemble y tiemble. Luego pensé que si dos se subían arriba del otro podríamos calentarnos, y así estuvimos, turnándonos; nos calentamos pero no pudimos dormir.

Y otra vez salimos a la carretera; pasaban los carros pero ninguno nos hacía parada. Luego un carro cargado de chivos paró.

—¡Súbanse muchachos!, pero para que no se vaya a romper el piso, párense uno en cada esquina —llevaba dos pisos el carro: chivitos chiquitos arriba y chivotes grandotes abajo. Bueno, pues ahí vamos en el carro con los mentados chivos.

Empezó a apretar el calor y había una peste de chivo allá arriba que no se aguantaba. Cada jalón que daba el carro los malditos chivos se hacían para atrás y yo me cansé de irlos empujando. Y entonces que me voy a platicar con mis compadres y con el peso de los tres y con un brinco que pegó el carro, que se rompe el travesaño, que se sume el piso y que se caen los chivos chiquitos encima de los grandotes.

El chofer nos echó la culpa y yo tenía miedo de que nos dejara en medio de aquel desierto, de aquella arena candente, donde nos hubiéramos muerto, seguramente. Así que sin decir una sola palabra compusimos el piso y seguimos empujando a los chivos para que no se cayeran encima de los demás. En el transcurso del camino se murió un chivo grande y el chofer dice:

—¡Tírenlo a la fregada por ahí para el lado de la carretera! —pues agarramos al chivo y lo tiramos.

—¡Ay, compadre! —le digo— ¡lástima tirar tanta carne! Estaba regordote, pobrecito chivo. Hubiera estado rebueno.

Más adelante el chofer se paró en un pozo.

—Muchachos, vamos a bajar los chivos para darles agua... se ponen abusados, porque se nos pueden ir.

—Nos lavamos nosotros primero, luego fuimos bajando a los chivos, uno por uno. Traían los ijares hundidos, estaban sudorosos, jadeantes del calorón, sin nada de comer... los pobres chivos estaban igual que nosotros.

Bajamos un chivo padre, grandote, con largos cuernos enroscados. Se hacía el borrachito, temblaba, hasta que bebió agua. Se nos quedó viendo, a uno y a otro, y empezó a trotar, despacito, y yo atrás de él. Y que aprieta el trote y yo que aprieto el paso. Entonces que se tira a correr y yo me le aviento a las patas; nomás me enterré en la arena por quererlo agarrar. Y ahí va el condenado chivo y ahí vamos todos detrás de él y el dueño gritando desesperado que no lo dejáramos ir. Bueno, pues se nos perdió y luego anocheció y se hizo muy oscuro para buscar. Quién sabe hasta dónde fue a parar el chivo.

El dueño dice:

—Yo no me muevo de aquí hasta que no recale ese chivo pa'cá otra vuelta. Es el mejor que traigo, el más grandote. ¿Cómo lo vamos a dejar aquí? —nos hizo pellizcarle las chiches a las chivas para que gritaran. Y por allá se oía que el chivo contestaba.

—Pónganse abusados, muchachos —dijo el dueño— porque ora en la noche baja —y ahí estamos todos en vela.

Y le digo a mi compadre Alberto:

—Oye, compadre, eso del chivo está muy emocionante, mano, pero vete a conseguir un poco de café.

Cooperamos y juntamos como 3 pesos y lo mandamos a buscar una casa, una tienda. Hicimos una fogata, sacamos agua del pozo, y ahí regresó Alberto con café, azúcar y una olla grande para hacerlo.

Cuando estábamos esperando el café el chofer nos estuvo platicando de todo lo que hay en los Estados Unidos... que la pizca de la uva era la mejor... que la primera pizca del tomate sí convenía... que de las últimas pizcas no saca uno ni para el «borde». Tuve que preguntar qué era el «borde»; es lo que paga uno por la comida. Tomamos café y todos nos dormimos.

Amaneciendo que nos levanta el chofer:

—¡Vamos por el chivo, muchachos! —pues estuvimos buscando al condenado chivo por todos los cerros, para arriba y para abajo, todita la mañana. El dueño reenojado quería mejor matar al chivo que dejarlo allí. Total que dejamos al chivo y nos fuimos. Antes de llegar a Río Colorado donde nos íbamos a bajar les digo a mis amigos: Muchachos, ¿qué tal si nos llevamos una chiva?

—Nomás dije chiva y todos nos echamos sobre ella. Alberto le apretaba el pescuezo y Faustino le pegaba en la cabeza hasta que la mataron. Le avisé al dueño que se había muerto y le pedí que si nos la podíamos quedar. Ya nos bajamos en un lugar donde la pudiéramos asar.

Estaba el solazo muy fuerte y yo me senté debajo de unas matas para taparme mientras los muchachos empezaron a destazar a la chiva con unos pedazos de lámina. Le sacaron las tripas y la sangre y luego hicieron una fogata. El olor de la carne quemada, de la sangre, de la zalea revolcada en la arena, y mis compadres que se estaban comiendo la carne casi cruda, Y la sanguaza escurriéndoles por la barba, ¡me dio un asco! Después de esa peste de chivo no pude comer nada. Yo me sentía débil y mareado y no podía pararme. Tendido ahí en la sombrita empecé a sentir un desvanecimiento, y mucho cansancio. Oía las voces, lejos, muy lejos. Quería abrir los párpados pero parecían de plomo y todo lo que quería era nada mas dormir. Oí que alguien dijo:

—Párenlo, no lo dejen dormir. Si se duerme se muere —me hicieron pararme y caminar.

Se me aclaró un poco la cabeza y de nuevo caminamos hacia el Pueblo.

—Mira, Alberto —le dije—, tú eres orgulloso y no quieres que pidamos. Nos estamos muriendo de hambre y ya no traemos más que un peso. Con este peso vamos a conseguir de comer —llegamos a una casa y les pedí que si podíamos trabajar a cambio de comida. La señora nos miró de arriba abajo, no dijo nada, dio media vuelta y se metió. Yo creía que había sido descortés y ya nos íbamos cuando salió con una olla grande de caldo con verduras y pedazos de carne, y un tambo enorme de tortillas de harina. Parecía que estábamos jugando brisca, ¡pum, para adentro, luego luego! Nada más comí y empecé a sudar mucho y se me quitó el mareo aquel que traía.

Llegamos a Mexicali, a la frontera, al día siguiente. No teníamos un centavo y no conocíamos a nadie, así que pensamos meternos de una vez al otro lado y buscar trabajo. Cruzamos como cruzan los jugadores y los vagabundos de la frontera, por un canal de riego y por debajo de las alambradas. Pensamos que si trabajábamos unas cuantas horas tendríamos dinero suficiente para comer y después pues que nos echaran de vuelta para acá de este lado.

Caminamos durante dos días y dormíamos en las zanjas, cubiertos de yerba; únicamente comíamos naranjas verdes que agarrábamos de los árboles. Alberto nos aconsejó trampear un tren para podernos meter más adentro. Bueno, pues nos echamos a correr, junto al tren, Alberto y yo. Y ya habíamos pescado la escalerilla, y vimos que Faustino corría, pero cojeaba, pobrecito, y no podía alcanzar el tren. Nomás me vio Alberto, y yo lo vi a él, y comprendimos los dos y nos tuvimos que bajar. Nos regresamos todos, muy tristes, al «dipo», nos metimos por una ventana rota en uno de los almacenes y nos acostamos a dormir.

Por la noche Faustino se nos desapareció. Pensamos que se había ido a entregar a la Inmigración. Estábamos alarmados y al mismo tiempo pensando por qué lo habríamos traído. Luego regresó y nos dijo que había ido a una iglesia a rezar. ¡Fíjese! Y nosotros estábamos hablando mal de él. Hasta ganas sentí de llorar, ¿verdad?, me dio mucho sentimiento. El mero día siguiente nos subieron a una camioneta de Inmigración. Cuando el «inmigrante» grandote se bajó de la camioneta, me impresioné. Luego luego me acordé de las películas y dije:

—Ay, orita va a sacar la pistola, nos va a patear.

No, nomás nos subió a la patrulla y siguieron recogiendo a los mexicanos que venían en un tren carguero. La cárcel estaba llena, atiborrada, asfixiante y no nos dieron nada de comer. Uno de los de Inmigración le dio una patada muy fuerte por detrás a un mexicano, y me dio coraje. Luego nos llevaron de vuelta a Mexicali en un camión.

Estábamos cansados y teníamos hambre, pero fuimos a buscar trabajo en una de las panaderías. No había trabajo. Nos veíamos en una condición tan miserable que el maestro nos tendió la mano con 3 pesos.

—Tengan, muchachos, para que se echen un café a mi salud.

Yo me sentí muy humillado, como que éramos limosneros, o algo así.

—Mire, maistro, le venimos a pedir trabajo, no limosna. Yo le agradezco su oferta, pero limosna no queremos.

Yo creo que captó aquella cosa, la tristeza que me dio, porque nos dijo que podríamos trabajar al día siguiente.

Bueno, luego nos fuimos a uno de esos restorancitos de mala muerte a comernos unos tacos. Entonces llegó uno de los panaderos y le ofreció un trabajo a Faustino, para hacer pan francés, es decir pan de sal, bolillo. Cuando nos quedamos solos Alberto dice:

—¿Sabes qué, compadre?, vamos a meternos al cabaré a ver a las putas.

—Ay, compadre, ya ni chiflas tú... Estamos que nos morimos de hambre y quieres ir a ver a las putas. Ya ni friegas tú... no se te quita lo cabrón.

—Sí, compadre, pero pos a ver si hay movida. A ver si podemos agarrar una putilla y luego que pase los centavos... Yo ya estoy que me friego de hambre.

Pues nos fuimos al cabaré, pero había consumo mínimo y las mujeres estaban horribles. Nos regresamos al restorancito y le pedimos a la señora si nos dejaba pasar la noche ahí sentados porque no traíamos dinero.

—Ah —dice— ¡qué barbaridad!, pos cómo no me habían dicho, muchachos.

Y que se mete a la cocina y sacó unas tostadas y frijoles y no quiso cobrarnos.

Estábamos muy cansados y teníamos harto frío cuando regresó Faustino como a las siete y media. Él se acostó ahí en el amasijo, sin frío y sin nada.

Muchos hombres como nosotros se quedaban en la aduana vieja y para allá nos fuimos. Y que nos vamos encontrando a Joaquín, un muchacho de Bella Vista, y él y mis compadres decidieron hacer una casa con cartones y varas en el patio. Yo me fui a dormir a un rincón mientras buscaban las cajas y las varas. Pues hicieron una casita con tres paredes, clavando unos palos y cubriendo el techo y las paredes con cartones y más cartones para tendernos abajo. Por el frente no tenía pared para sacar los pies cuando dormíamos. Juntamos trapos para acostarnos y nos tapamos con la cobija de Joaquín.

El mismo día que hicieron la casa encontré trabajo, echándome dos turnos en una panadería; me pagaban 20 pesos el turno. Llegué feliz con los muchachos y les digo:

—Compadres, ya no sufran, aquí traigo dinero. Ahora yo voy a hacer de marido y ustedes van a hacer de comer.

Ya habían acondicionado un braserito con unos tabiques y conseguido botes y una charola para hacer la comida. Ya entonces tuvimos bastante que comer.

Después ya se hizo célebre la casita y a nosotros nos decían «los muchachos de la casita». En las tardes, cuando todos los braceros estábamos ahí muy tristes yo me ponía a cantar y a bailar y me ponía a chancear para que se alegraran. Yo debería haber sido actor porque me encanta divertir a la gente y contar chistes y cuentos. Entonces ya cuando ellos estaban contentos y andaban todos brincando y haciendo payasadas, me gustaba a mí sentarme y observarlos. Y así pasó el tiempo. Durante mes y medio los días se nos fueron dándole a diferentes trabajos y por las noches ahí divirtiéndonos. Vivíamos a la buena de Dios, como decimos aquí.

Mientras tanto estuvimos tratando de entrar a los Estados Unidos legalmente y para eso íbamos al Centro todos los días y por fin tuvimos todos los papeles listos. Ya solamente nos faltaba presentarnos en la aduana americana. Nos formamos en la cola y a esperar.

Había gentes de todos los confines de la República, muertos de hambre, sucios, andrajosos. A causa del fuerte Sol que hace en Mexicali y la debilidad tan espantosa que llevaban, caminaban como borrachos. Vi uno o dos que se cayeron muertos, los pobres. En realidad muchos de ellos parecían almas en pena. Era una cosa triste, sí, triste de veras. Toda la gente estaba ansiosa por pasar; yo comprendí su desesperación porque yo sentía lo mismo.

Entonces empezaron los apretujones y los aventones. Le digo a Alberto:

—No te vayas a salir, agárrate... agárrate.

Faustino y Joaquín no estaban con nosotros porque habían sacado números mucho más altos y tenían que esperar. Por una parte estaba yo contento de habernos librado de Faustino. Teníamos que hacerle todo. Por mucho tiempo no pudo trabajar porque tenía los pies vendados. Teníamos que compartir nuestro dinero con él, tuvimos que sacarle su número, conseguir dinero para sus fotos... todo. Él no hacía por moverse en absoluto. Y cuando sí trabajaba, el dinero lo mandaba a su casa. Eso nos daba mucho coraje. Pero por otra parte, creo yo que haya hecho bien, y nosotros hayamos hecho mal en olvidarnos de nuestros hijos.

Los aventones se pusieron peor. A mí me tenían entre dos grandotes, mucho más altos que yo, y yo ya me estaba asfixiando, me sentía como emparedado, así que opté por agarrarme de los pescuezos de los dos y me subí arriba. Me decían que me bajara. «¿Cómo que bájate? —yo dije—. Si me suelto, me matan.» Luego Alberto se descuidó y que lo botan fuera de la cola. Había tanta gente allí que lo perdí de vista.

La oficina de Inmigración estaba arriba y había que subir unas escaleras. Bueno, entonces estos amigos que se suben la escalera y yo me subí colgado de ellos, porque de otra forma no se podía. Cuando nosotros íbamos subiendo un pobre muchacho gritó en una forma muy fea y todos volteamos a ver. Lo prensaron contra el barandal de la escalera y le rompieron las costillas. ¡Después de tanto sufrir y ya para pasar la frontera le rompieron las costillas!

Cuando llegué a la oficina me puse nervioso. Teníamos la creencia cierta y absoluta que el «inmigrante» conoce a la perfección quién decía mentiras y quién no y que tenía la facilidad de reconocer a todos los que van por allí. Entonces reparé en que no llevaba las manos ni mugrosas ni talludas... se me había olvidado untarme tierra. Quería acordarme cómo se siembra el maíz y cómo se cosecha y no me acordaba de eso. ¡Caray!, estuve temblando durante todo el interrogatorio. ¡Qué pesadilla!

«Bendito sea Dios... y Madre Santísima —pensé— creo que sí me admitieron.» Ya pasé un alambre y me llevan al «centro» donde nos examinaban. Me sacaron los primeros Rayos X de mi vida. Luego ya me encontraba yo en una cama de campaña esperando que me llamaran a trabajar.

¡Pensar que ya estaba en los Estados Unidos! Era una sensación... la emoción de lo desconocido, demasiado excitante para mí. Dije: «Pues bendito sea Dios que me permitió pasar. Cuando menos no voy a regresar fracasado y que mis amigos me vayan a hacer burla».

No tenía idea dónde había quedado mi compadre Alberto. ¡Qué bruto! Tenía yo un coraje de todos los demonios, y pensé que iba a tener que irme solo. Pero tenía yo permiso por tres días así que esperé. Los muchachos se pusieron muy hermanables, muy amables todos, y dando consejos unos a otros, y ya comoquiera pasó el tiempo. Al día siguiente oímos una campana y todos se empezaron a formar. Yo no sabía para qué era, pero me formé. Digo, cuando se trata de formación, yo me formo. Después del almuerzo empezaron a llamar a la gente para trabajar. Yo seguía esperando a Alberto y efectivamente lo vi venir. En el primer carro que llegó allí estaba. ¡Uy! Ya me volvió la alegría al corazón.

—Vente, compadre, van a escoger gente.

Ya nos escogieron, a sesenta, para ir a un campamento en Catlin, California. Nos salimos muy orgullosos marchando como soldados. Pasamos a huellas, cicatrices y cosas así que lo distinguen a uno y ya nos dieron el pasaporte. Al rato que llega un *bus* de la Greyhound y ahí vamos. Anduvimos en el camión todo el día y por la noche. Yo viendo todo, dije:

—¡Uy qué bonito está Estados Unidos!

Bajamos y entramos a un restorán y la gente —puros señores norteamericanos, señoritas— se nos quedaban viendo en una forma muy especial, ¿verdad?, y yo me sentí cohibido. Íbamos todos muy mugrosos, pero pues en realidad uno no tiene la culpa. No sabíamos una palabra de inglés y pues nos seguimos derecho al baño, nos lavamos, y nos regresamos al carro otra vez.

Estaba todo oscuro cuando llegamos al campo. El *manager* —se apellidaba Greenhouse— nos estaba esperando. Hablaba poco español pero comoquiera nos dijo:

—Bienvenidos, muchachos. Aquí van a vivir. Procuren portarse bien.

Nos llevaron a unas casas de madera con literas. Yo agarré una de mero abajo y Alberto la de hasta arriba, tres literas más allá. El cuarto era pequeño, vendría siendo de unos tres metros de ancho por unos cinco de largo y nos metieron como a dieciséis en ese cuarto. Era muy caliente y estaba muy sucio y en la noche no podíamos dormir por tanto mosca y mosquito que había.

Confieso que sufrí un desencanto cuando vi dónde nos habían llevado. No se parecía ni en mucho, ni en nada, a lo que yo me había imaginado; cuartos no bien amueblados y nada de eso, pero más o menos digamos como de un hotel, por lo menos de ladrillo... una casa con camas. Porque así pues tantos humores no se revuelven. Estas cosas no las encuentro bien.

Nos pusimos a asear un poco el cuarto y animamos a los otros muchachos para que ayudaran. Lavamos el cuarto con mangueras, cortamos la hierba que había alrededor. Total, que como mejor entendimos, dejamos el cuarto un poco más limpio.

Desde el primer día me atacó a mí la tristeza. Antes no tuve tiempo de acordarme de mis penas, de lo que me había obligado a irme. Pero ya estando allí, otra vez volvió aquello, y otra vez... No podía yo creer cómo Graciela queriéndome tanto había podido ser tan mala. Me sentía herido, amargado. Pensé en mis hijos y le escribí una carta a mi padre. Le conté que nos pagaban 90 centavos por hora y que estaba trabajando ocho horas, diez, por día, de lunes a sábado. También escribí una carta a la casa de Alberto.

Vimos una iglesia. El padre, desde el primer día que llegamos, muy atento, muy cariñoso. Vino al campo a hablar con nosotros:

—Muchachos, los espero mañana en la iglesia. Voy a tener una misa en honor de ustedes.

—¡Hombre!, pues con aquellas cosas se siente uno en un plan más humano. A lo menos así lo comprendí yo. Pero el domingo unos decían:

—Yo no voy —y otros se quedaron a jugar a la baraja.

Entonces empecé a decirles verdades:

—Hombre, no sean ustedes tan infelices. El padre se toma la molestia de venir con todo su corazón, con toda su voluntad, a invitarnos a una misa especial para nosotros, y ustedes lo van a dejar plantado. No es de gentes buenas hacer eso. Si nos invitaran a embriagarnos todos iban a ir, ¡quihubo!

¿Qué les cuesta ir a misa?, como una hora de su vida, ¡hombre! Muchos de ustedes están diciendo ahorita que los padres son igual a uno y a veces peor... que eso sea no tiene que ver, uno va a la iglesia no a ver al padre, uno va a rezarle a Dios.

Nada más uno de allí de la cabaña se quedó, porque ese muchacho era evangélico. Le dije:

—Pues, mira, estás en un error. Para mí cualquier religión es la misma, mientras se trate de adorar y respetar a Dios y se sienta y se crea en lo profundo del corazón. Yo respeto las creencias de todo el mundo, aunque yo soy católico.

En realidad yo ya en ese tiempo había leído la Biblia y empezaba a perder mi fe en los santos y en el catolicismo. En Mexicali un bracero que era evangélico me había regalado una copia del Nuevo Testamento. Antes de salir para los Estados Unidos me había dicho:

—Manuel, sé que tu religión te prohíbe que leas esto, pero si acaso quieres leerla algún día, aquí te dejo mi Biblia.

Siempre había tenido una curiosidad enorme de leer la Biblia pero tenía miedo de leerla por temor a ser excomulgado. Cuando tenía yo como catorce años leí el Antiguo Testamento por mi pasión por la historia. No sé de dónde la saqué porque mi papá no admitía eso en la casa. Un amigo me había dicho que podía leer el Antiguo Testamento, pero me advirtió que no leyera el Nuevo Testamento.

Una tarde en Mexicali, no tenía yo qué leer, empecé a hojear la Biblia. Los términos y parábolas son complejas, dificilísimas para mi intelecto, pero quise irme hasta la raíz, traducirlas, ¿no? Y en la Biblia no se admiten términos medios, o se es, o no se es, nada más. Sí era algo muy duro.

Después que penetré más en la Biblia le agarré temor, no porque fuera diferente de lo que me habían enseñado, sino que una vez penetrando ya sabe uno las leyes, es como un abogado graduado, que sabe por cada delito que comete la pena que le corresponde. Para qué voy a valerme de licenciados y secretarios cuando puedo hablar directamente con el presidente. Ahí me di cuenta que los santos eran ídolos de yeso y piedra, de barro, hechos por mano de hombre, así de que para qué iba a rezarles. También me di cuenta, por tanto santo que tenemos, tantos dioses como tenían los aztecas, la única diferencia es que modernizaron las imágenes. Para mí hay un solo Dios, y Dios es Amor.

Entonces me puse a hacer análisis, ¿verdad? Jesús dijo:

—Así como a esta higuera, los conoceréis por sus frutos.

En México, en las penitenciarías, de cien que están ahí, noventa y nueve son católicos.

Y si amigos míos, rateros, le prenden su veladora al santito antes de ir a robar, y las prostitutas tienen un santo dentro del cuarto y en una vela santificada se dan tres sentones para tener hartos clientes, bueno, si dentro del catolicismo hay tanta perversión, pues digo yo, eso no va de acuerdo con la verdadera religión.

¡Y de los curas! De los curas estoy desengañado porque no creo que sigan la ley de Dios. Hay un cura que conocí que hacía su jugada de póker ahí en la iglesia. Y da la coincidencia que siempre tienen una hermana viviendo en la casa, y los chamaquitos son sus sobrinos… Después de leer sobre la vida tan humilde de Jesús me pregunté: «¿Qué el Papa duerme en el suelo? ¿Qué él lleva una vida como la que llevó el Nazareno, pidiendo limosna en los caminos, sin comer, sufriendo aguaceros, a la intemperie, predicando el evangelio por amor al prójimo?»

No. El Papa vive en una opulencia portentosa, lo más fantástico en cuestión económica, porque dicen que todas las iglesias del mundo tienen que mandar el dinero para allá. Aquí, simplemente, na'más con lo que juntan Catedral y la Basílica de Guadalupe en un domingo yo podría vivir toda mi vida descansadamente con toda mi familia. Entonces, ¿cuál pobreza es la que vive el Papa? ¿Y dónde está su caridad si hay tanta miseria en la misma Roma?

En Mexicali, dos misioneros evangelistas llegaron desde California a hacer una misión entre los braceros. Nos invitaron a comer a todos los que habíamos sin comer… no es solo la comida que nos dieron, sino que lo que más vi fue la sinceridad, la compasión, el cariño que tenían. Cuando uno es de Tepito uno capta quién está mintiendo, quién es hipócrita. Juro que esos hombres vinieron tan sanos de corazón, y entregaban las cosas tan espontáneamente, sin que les costara ningún trabajo.

Luego me puse a examinar a los evangelistas, a los adventistas, a los anglicanos que conozco. No he visto a ninguno que esté tirado de borracho a media calle, a ninguno que ande drogado; no fuman, no andan diciendo barbaridad y media, no andan cargando cuchillos. En sus casas tienen todo lo necesario, a sus hijos los traen bien vestidos, comen bien, tratan a sus señoras con un trato digno de gente humana. Viven unas vidas sanas, pacíficas. Pero dentro del catolicismo, la gente vive, bueno, como yo.

No perdí mi fe... seguí católico, porque no me sentí con fuerzas suficientes para guardar los mandamientos y las reglas tan estrictas que tienen los evangelistas. Después no iba a poder fumar, ni jugar, ni fornicar, y bueno, yo era incapaz completamente de observar la ley de Dios. ¡Carajo!, las cosas más agradables de este mundo se le deben al diablo. Creo que no nací para mártir. Todavía me falta dominar mi espíritu.

Entonces llegó el lunes. Muy tempranito oímos el ruido de los carros, los «troques» que llegaban y la llamada para el desayuno. La comida que nos dieron los primeros días era mejor que la que nos dieron ya después. En la mañana nos daban un par de blanquillos, avena, pan y café con leche de bote. De *lunch* nos llevaban tres sandwiches y frijoles. En la noche cuando llegábamos era hígado con papas, tortillas, sopa, bueno, estilo mexicano. Estuvo buena... al principio.

Después del almuerzo, cuando iba yo para el carro, pasé por la cocina y vi que tenían un montón de platos sucios. Tony, el que lavaba los platos, estaba muy enojado y echando puras maldiciones. Le digo:

—Es mucho trabajo, ¿verdad, maistro? Sí, yo sé, también he trabajado en eso. ¡Y esos que tiene ahí... es un cerro!

Me salí, me subí en el carro con Alberto y me fui a trabajar. En el camino un muchacho de Michoacán dijo:

—No vayan a trabajar muy aprisa. Váyanse despacito, porque si no se van a acostumbrar a que hágamos mucho y luego el día que no téngamos ganas de trabajar y trabájemos más despacio, nos van a echar.

Cuando llegamos allí empezamos a agarrar botes y a pizcar tomate verde.

Bueno, pues que empiezo muy girito. Que agarro y que me doblo y ahí voy, pum, pum, corte y corte jitomate. Y ahí van todos, parejitos... Al rato iba yo hincado, al rato me volvía a parar, y al rato iba yo sentado, pero siempre procurando no quedarme atrás de ellos, porque se fijan en uno. Los dos que iban junto a mí, ¡ah brutos!, parecían molinos cómo pizcaban.

Bueno, hay que acostumbrarse al campo. ¡Qué bárbaro! Duro, duro y duro. Cuando se llenaba el bote, lo cargábamos al hombro, y, ¡a brincar surcos!, para ir a vaciar a las cajas. ¡Madre Santísima, cómo me dolía la espalda! Bueno, en la noche sabía que íbamos a descansar.

En la noche, cuando terminamos de cenar, el jefe de la cocina me habló:

—Eh, muchacho, ¿quiere trabajar en el restorán? ¿Sabrá lavar platos?

—Hombre, pues cómo no... todo el mundo sabe lavar platos.

Pues me pusieron a trabajar en la cocina. Servía el café, la avena, preparaba los lonches. Me pagaban nueve horas, pero cuando mucho trabajábamos tres. Fíjese, nomás por haberle hecho a Tony aquella observación en la mañana. Y Alberto dice:

—Mira qué suerte tienes tú. ¡Quién sabe a quién le rezas, hermano! Yo sí me voy a tener que ir a fregar allá... ¿cómo no me jalas pa'cá?

Luego me las arreglé para hacer otros trabajos entre comidas. Un filipino vino varias veces y nos daba un dólar por ir a trabajar a su campo. No debíamos hacer esto, pero no habíamos ido a pasar el tiempo durmiendo. Así que agarrábamos trabajos extra cuando se podía.

Cuando recibimos nuestro primer cheque me dice mi compadre Alberto:

—Compadre, ¿vamos a la «jamaica»? —(A la kermesse que le decimos.)

—No —le digo— nomás se trata de ir a gastar dinero; yo no voy, mano. Vas a empezar, «y que vamos a tomarnos una cerveza, y que vamos a tomarnos otra», y cuando menos piénsemos estamos sin un centavo, en la fregada. No, yo no voy, mano.

Total, sí fuimos a la jamaica, al baile. Tony nos llevó en su carro. Tony era mexicano, pero nacido allá, pocho, ni mexicano ni americano. En el baile las muchachas eran también americanas-mexicanas. Tenían unos vestidos muy bonitos, muy elegantes y pensamos que no iban a bailar con nosotros.

Pero Tony me presentó a Inés, una amiga de su novia, y ya bailé con ella toda la noche. Estaba muy bonita y hablaba español. Me cayó raro que luego luego de tú me habló y bailó conmigo. Antes de irnos me dijo:

—¿Por qué no vienes a mi casa mañana a platicar? Tengo muchas ganas de saber de México. Vente alrededor de las siete.

Aquella noche ya soñé con puros elefantitos color de rosa. Estaba feliz. Al otro día que me levanto con muchas ganas de trabajar y servimos a todo el campamento. En la tarde vino el «chapo» —así les dicen a los filipinos— y me llevó a pizcar granada. Trabajé cinco horas y gané 6 dólares 25. Ya en la nochecita me fui a ver a Inés. Siempre me daba vergüencita, ¿no?, entrar a su casa. Ella vivía sola con sus hijos, dos niños, que dormían en una recámara aparte. Había estado casada pero no sé qué había sido del marido. Bueno, pues entré a platicar y a tomar café. Luego puso música y empezamos a bailar. Y pues así bailando, se me quedó viendo y nos besamos. Y esa noche nos quisimos, luego luego. Dije yo: «Ahora sí, ahora sí». Ya tenía yo novia.

Al otro día estaba yo dormido en mi litera cuando oí que tocaban en la ventanita. Era Inés, había venido al campo a buscarme.

—Tenía ganas de que me cantaras una canción —dice. Me subí a su carro y ahí nos vamos los dos. Yo había aprendido a manejar en el carro de Tony así que andaba yo feliz manejando el carro de ella, cantando algunas canciones y besándonos.

Pero más expectación causó un día que a la mera hora que estaban saliendo todos para lonchar y yo llegaba de dar una vuelta con ella, que se mete en medio del campo y me baja en la mera puerta de la cocina. Todos la vieron y empezaron:

—Andale, canijo, qué calladito... Ahora sí agarraste una con zapatos.

Y así me siguieron vacilando.

Inés estaba bonita, ¿sabe?, pero no estaba enamorado de ella. Después de lo que me pasó con Graciela, ya no quería que me pasara otra vez. Para mí el amor es un estorbo. Me dejó con tanta amargura, el desengaño que sufrí fue espantoso. Cuando sentía que me estaba enamorando de alguien recordaba todos los errores y sufrimientos que pasé con Graciela. Pero fue el único amor verdadero que tuve. Y le agradezco a la vida que me haya deparado conocer a Graciela y vivir tan a temprana edad esas emociones. ¡Pero qué caro me costó!

En los Estados Unidos noté que el matrimonio es diferente. Me gustó la independencia y la fe ciega que se tienen el marido y la mujer. Yo creo que existe porque está basado en un fuerte principio moral. Mientras más dulce, más suavemente se tratan, mejor se portan. No les gustan las mentiras. Cuando dicen «no», es no, y aunque se hinquen y rueguen, es no.

En México no es igual. Pos de golpe y porrazo le sé decir una cosa, la fidelidad del marido a la mujer en México no existe. Nada más es nula. De cien amigos míos los cien son infieles a sus mujeres. Siempre anda uno a caza de nuevas emociones, no se conforma uno con una sola mujer, ¿verdad? Las esposas son más fieles... pudiéramos decir que de cien como unas veinticinco son absolutamente fieles. Las demás, ¡uy!, pos le dan vuelo a la hilacha.

Varios en el campo se empezaron a enfermar del estómago por la mala calidad de la comida. Se quejaron con Greenhouse, pero él les dijo que al que no le pareciera que agarrara sus cosas y que diera por terminado su contrato. Con eso nos espantaba luego luego a todos y ya ninguno decía nada. Luego se dio el caso que en otro pueblo doscientos y tantos braceros se envenenaron por la comida. Entonces más fuerte empezaron a protestar y fue cuando Greenhouse optó por estar manda y manda gente para afuera.

Y así transcurrió la vida, ¿verdad?, hasta que me mandaron a pizcar. Entonces ya estaba por destajo, lo que me hacía. Pero como he explicado ya como me mandaron ya a pizcar de tercera mano, pos ya sacaba yo apenas lo del borde, ¿no?

Entonces para este tiempo una vez que me fui yo al jardín de Catlin sentí una punzada. Como ya he dicho antes, yo andaba un poco enfermo del apéndice, ¿no?, pero poquito, no mucho. Entonces más bien ya no me gustaba el trabajo, no me gustaba, no me estaba conviniendo. Luego que mi compadre Alberto me había dicho que él ya había ido al hospital con el doctor y le dijo que iba a necesitar operación urgente. Y entonces dije yo: «Si mi compadre se va a operar pos yo entonces voy al hospital; ahí no le hace, también tenemos que estar ahí».

Entonces yo me hice el enfermo del apéndice y en una ocasión le dije al *manager* del campo que me dolía mucho, y que me dolía mucho de este lado.

—Oh —dice—, seguro entonces es del apéndice.

Vamos, te voy a llevar al hospital.

Llegamos al hospital y me inscribió. Entonces vino el cloroformista y me hizo análisis de sangre, me hizo análisis de orina y entonces nada más me dijo la nurse:

—*Do you have any pain?*

Yo no le entendía bien, ¿verdad? No sabía lo que era *pain* y yo creía que un «peine».

Le digo:

—Pos sí, sí tengo.

Entonces saqué el peine.

—*No, no, pain, pain* —porque no sabía hablar ella español—. ¿Dolor?

—Sí, dolor, ¿sabe dolor?

—Dolor, sí, dolor sí, me duele mucho.

Y me estaba doliendo mucho de este lado, aunque no me dolía tanto, no me dolía. Pero al otro día iban a operar a Alberto.

Luego resulta de que a los dos días lo iban a operar.

Esa noche me tuvieron ahí, me pusieron *ice pack* en el estómago y en la mañana, muy de mañana vinieron a preguntarme.

—¿Cómo te sientes?

—Pos ya mejor, ya no me duele nada.

Bueno, entonces me sacaron del hospital, telefonearon al *manager* y vino otra vuelta por mí; me llevó al campo. Entonces fuimos a pizcar tomate y andando allá en el campo vi que ya no andaba mi compadre Alberto, y en el campo me empiezo a hacer otra vez el malo.

—¡Ay, ay!

Que me vengo desde el campo andando, hasta acá donde andaban los otros. Y ahora me dolió, pues poquito, muy poquito, casi nada, pero yo lo que quería era ir donde estaba Alberto, yo quería estar junto de él cuando lo operaran, porque yo quería ver, ¿no? Decía: «A lo mejor lo matan y yo ni cuenta me doy».

Y entonces llegué y le digo al *manager:*

—No, ahora ya me duele otra vez esta cosa, ya me duele así muy fuerte.

—Oh —dice—, ¿de veras?

—De veras.

Entonces que me lleva otra vez al hospital, que me vuelven a acostar, pero entonces me llevaron a acostar en un cuarto junto con un señor norteamericano. El clorofomista luego que entró que me dice:

—*You again?*

Pos yo me lo quedé viendo, yo no sabía lo que decía. Otra vez me fueron a hacer los análisis pero yo lo noté así como enojado, medio malhumorado, dije: «Bueno, pos al cabo qué... pues él no tiene que decirme nada».

Resulta de que entonces estaba yo acostado ya en mi cama, ¿verdad?, y pues yo estaba calmado porque dije, «me van a hacer lo mismo que la otra vez, me van a poner *ice pack* y mañana por la mañana operan a Alberto. Ya mañana me voy luego otra vez, pero ya sé cómo está».

Entonces estaba yo acostado en la cama, estaba yo muy tranquilo y el señor norteamericano tratando de platicar conmigo y yo con él por medio del libro. Bueno, entonces me dice:

—Oh, ¿viene desde muy lejos? ¿Qué cosa pues lo que te trajo acá?

—A trabajar, señor, yo nomás vine a trabajar.

—¿Tienes hijos?

—Sí —digo—, tengo cuatro.
—¿Tienes mujer?
—No, *I have no woman, it's right?*
—Oh —dice—, *I am sorry, I am very sorry.*

Yo entonces no sabía qué contestarle, ¿verdad?, porque unas poquitas palabras decía yo en inglés y otras en español como podía.

Por ahí tiene usted que estaba yo acostado cuando van viniendo con la camilla y me dicen:

—Pásate para este lado.

Ya me habían puesto mi bata y todo, ¿verdad? Que me paso a la camilla aquélla y yo acostado así y ya empiezan a rodar ahora por el corredor y iba yo chiflando, ¿no?, y las enfermeras iban diciendo:

—¡Qué valiente!, ¿verdad?, ¡qué valiente!

Porque iba yo chiflando y que no tenía miedo. Pero pos yo no sabía a qué me llevaban, ¿no? Me dijeron en inglés. Entonces este... llegamos a la sala y que me meten, me dicen:

—Pásate a la plancha.

Y me pasé a la plancha, y dije yo: «A lo mejor me van a hacer, este, Rayos X, o cualquier cosa, ¿verdad? Ahora sí ya no es *ice pack*». Bueno, pues me pasaron a la plancha y ahí tiene usted de que estaba yo acostado cuando va llegando el doctor pues con su antifaz, puesto aquí en la boca. Va llegando el cloroformista y dos enfermeras y yo pos no, no tenía nervios, no tenía nada, todavía. Yo dije: «Nada más me van a hacer un reconocimiento». Pero me dice:

—*Give me your hand* —y que le doy una mano y me la amarró, y dice:

—*Give me another hand.*

—*Okay* —y me la amarró también. Luego que me la amarra de la cintura, ¿no?, y hasta ahí todavía yo me empecé así a medio a excitar, dije:

—Pos qué pasó... ¿qué, qué me van a hacer? No, esto ya no es examen.

—¡Y que me amarran los pies! Luego pos hasta ahí todo iba bien, pero yo dije: «No, pos ahora, ¿qué cosa me van a hacer?», Y cuando estaba yo pensando en eso: ¡pum!, que me tapan los ojos así con unos algodones. Yo gritaba:

—¡No! ¡Yo no quiero operarme! ¡Yo no quiero operarme! ¡Ya no me duele nada! —les decía yo. Pero ninguno hablaba español y yo no hablaba inglés—. Yo no quiero operarme —les decía yo—, yo no entiendo nada, no me duele nada.

Y entonces sentí cuando me taparon los ojos, me pusieron la mascarilla y empiezan a soltar todo el éter, pero fuerte, fuerte, ¿no?, que yo sentía que me ahogaba. Decía:

—Por favor, por favor, si ya no tengo nada, si no estoy malo. No me quiero operar, por favor. Me muero —decía yo—. *My heart, my heart* —porque el corazón me brincaba, ¿no?, me palpitaba. Y luego decía yo: «No, pues me van a matar, me van a matar con toda seguridad. Mil dólares, ¿qué son para estos señores? —dije— tan lujoso el hospital, ¿qué son para ellos 1.000 dólares? Seguro me matan aquí». Y luego otra vez estaba diciendo: «¿Ya ves? ¿Para qué te entregaste?, ¿pa'qué veniste?, ¿para qué te dejaste?».

Pues pa' todo esto yo tenía ya un miedo espantoso, ¿no?, entonces yo dije: «Yo no respiro y no respiro para que no me duerma, y no me he de dormir... Me voy a sentar y me voy a echar a correr. Yo me salgo aunque sea sin pantalones de aquí».

No creo que haya peor horror que el de tener que estar inmóvil y no poder respirar. Yo quería zafarme y no podía. Desde entonces le agarré pavor a que me sepulten. Sentirme sujeto y no poderme mover. Ahora sé que el infierno es la tumba y es un verdadero horror el que le tengo, y al infinito... Hasta ganas me dan de llorar cuando pienso que así vaya a ser.

Luego, nada más oí una especie de zumbido fuerte, muy fuerte en los oídos, y en medio de aquello sentí como que iba cayendo, cayendo, así, pero con una velocidad espantosa. No, primero vi como una luz de un reflector y como si me lo hubieran manejado así recio, recio, pero rápido —velocidad supersónica—, se lo iban alejando y luego no fue la luz, sino que yo iba cayendo, iba cayendo, iba cayendo, y entonces en medio de aquel pozo, de aquel abismo en que iba yo cayendo, a la mitad vi a mi esposa que estaba parada, a mi esposa muerta, y que me veía así, ¿no?, de frente, como con coraje o rencor en sus ojos, ¿no?, y entonces yo decía:

—Paula, espérame, viejita, espérame.

—Entonces ella se daba la vuelta y caminaba para aquel abismo hacia abajo, ¿no? Y entonces yo quería caer y me quedaba en el aire flotando, ¿no?, me quedaba así flotando con pies y manos. Y en eso se me apareció la cara de mi hija Mariquita, la más grande, me decía:

—¡Papá!

Pero así, tangible, así. Podría yo asegurar que casi la toqué así a mi hija.

Me decía:

—Papá.

—¿También ya tú moriste, hija?

Y entonces que hacía la lucha por caer, que ya me quería caer y no me caía, ¿no? Y entonces en medio de eso que estaba yo, quería decir:

—¡Auxilio! —quería decir—. ¡Auxilio! —y nomás decía yo:

—¡A...! ¡A...! —yo oía mi propia voz. Entonces en medio de aquello, oí que dijo el anestesista:

—*Now, doctor!*

Y digo: «Todavía no estoy dormido, todavía no», les quería decir. Todavía no me duermo y todavía no me duermo, pos no me meta el cuchillo, por favor, que si todavía no me duermo. Y entonces sentía que me abrían la boca... me iban limpiando así para arriba y para abajo, pero yo todavía creía que sentía el cuchillo; entonces ya no supe más, ¿no?

Entonces poco a poco fui volviendo, fui volviendo y, ¡pum!, que trato de sentarme y que me acuestan, y que me acuestan. Otra vez que me trato de sentar y que me acuestan otra vez, y entonces me dice mi compadre Alberto:

—Estáte quieto, compadre, te vas a lastimar.

—¿Eres tú, compadre, Alberto? ¿Eres tú? ¿Sí, compadre? ¡Compadre, compadre, no te dejes operar tú! No te dejes, de verdad, compadre, porque te chingan —le digo—. ¡Mejor no te dejes, córrele, compadre! Déjame aquí —le decía—, pero tú no te dejes —dije—. ¡Ay!, bájame los calzones, compadre, me arde de a feo.

—Déjate, compadre, es la venda.

—No, qué venda ni qué nada, son los calzones, me arde mucho, quítamelos. No te dejes, compadre, porque te van a fregar —le decía. Bueno, pues ya después, mi compadre dijo:

—Ya te operaron, compadre.

—¿Ya me operaron?

Y entonces me empecé a sentar, ¿no?, y me di cuenta entonces que tenía las vendas y yo quería controlarme, pero el cuerpo mismo, los nervios; así que trataba de levantarme y la enfermera, una enfermera grandota muy guapa acostándome, acostándome. Total, me pusieron una inyección y ya me dormí.

Luego al otro día me levanto. Y a todos yo les decía, a poco que me llevaron:

—Yo quiero a mi compadre Alberto. Luego aquél en el cuarto decía también:

—Traigan a mi compadre por acá mejor, ¿pos por qué lo tienen allá? Yo quiero a mi compadre Manuel —decía. Y todos los días estábamos así los dos. Él también estaba en el hospital, pero en otro cuarto, en otra sala, pero no operado todavía.

Entonces me levanto en la mañana y vino la enfermera con el desayuno. Desayuné y dije:

«Nomás ahora que salga voy a ver a mi compadre Alberto.»

—*Where is, ah, Albert?* —digo.

—*Yes* —dice—, en el cuarto *seventeen, room seventeen*. Le digo:

—Gracias, *thanks a lot*.

Dice:

—*You are very welcome.*

Ya ella se fue. Entonces después que ella se fue que me bajo de la cama y ya iba yo agarrándome de la pared y ahí voy, y ahí voy hasta el otro cuarto a ver a mi compadre. Llegué y le pregunté al mozo —porque el mozo sí era chicano, sí hablaba español.

—Oye —le digo—, ¿cómo está el del diecisiete?

Dice:

—Pos cáete que ya está muy malo porque tiene suero puesto, ya lo operaron.

—¡No, hombre!, ¿cómo que tiene suero puesto?, ¿ya lo operaron?

—Sí —dice—, tiene suero. Le pusieron unas botellas todo el tiempo, unas botellas de suero.

Y yo me acordé que a mi esposa ya le habían puesto suero ya cuando estaba agonizando. Dije:

«¡Madre Santísima! ¡No vayas a permitir que se muera! —dije— porque entonces sí, qué le digo yo a su tía, a su tío y a sus hijos, ¿qué hago yo?» Y ahí voy para el cuarto de él. Llegué y entonces estaba como dormido.

—Compadre, ¿oye, pa'qué te bajas de la cama?, ¿pa'qué viniste?

—No, pues yo quise ver cómo estabas.

—Pos estoy bien, compadre.

Pero yo vi que tenía abierto el estómago y de aquí salía una tripa que le habían dejado para que escurriera.

Dije:

«Cuando le cortaron yo creo, ¿no?» Yo vi que tenía un hoyo. Dije: «Es que le dejaron abierto. ¿Por qué le dejan abierto? Se va a morir».

—Compadre, ¿de veras te sientes bien?

—Sí, compadre —dice—, vete, ándale, si no me pasa nada.

—Me voy, compadre —digo al fin— porque, si no, van a venir, me van a regañar.

Yo le estaba diciendo eso cuando llegan las enfermeras con un carrito y de veras me regañaron porque me salí del cuarto.

—¿Para qué te bajaste de la cama?, es malo.

—Que me regañan, ¿no?

En realidad todo el mundo fue muy amable conmigo. Las enfermeras me enseñaron más palabras en inglés y me corregían la pronunciación. Yo ya brincaba y me bajaba de la cama como si hubiera estado bien siempre. Pero cuando llegó el doctor y me quitó la venda para quitarme los amarres, ¡que voy viendo el cortadón que me hizo! Y ya no me quise mover. Ya no pude ni caminar.

Estuve diecisiete días en el hospital. La compañía de seguros se encargó de todo... el cuarto muy bonito, unas camas muy lujosas con radio en la cabecera, teléfono en el cuarto... todo... algo que aquí en México está fuera de nuestro alcance. No nos costó ni un *penny*.

Realmente me sentí alguien en California. Todos me trataron bien, tanto en el hospital como en el trabajo. Me gustó mucho la forma de vivir de allá, aun cuando la encontré demasiado abstracta, demasiado mecánica, porque las gentes son como máquinas de precisión. Tienen un día, una hora, un horario fijo, determinado, para cada cosa. Debe ser muy bueno ese método puesto que tienen un nivel de vida tan alto. Pero el gobierno les cobra impuesto por la comida, por los zapatos, por todo en absoluto. Si nuestro gobierno tratase de implantar aquí eso de los impuestos creo que hasta una revolución iba a haber. Porque a uno no le gusta que le estén quitando lo que es suyo.

Los braceros que yo conozco estamos todos acordes en una cosa, que los Estados Unidos son a toda madre. Hay alguno que otro que se queja... como Alberto que dice que los tejanos son unos pinches, hijos de la chingada, que tratan a los mexicanos como perros. También veíamos con muy malos ojos la discriminación contra los negros. Siempre habíamos pensado que la justicia americana era muy estricta, justicia en una palabra... que ahí no valían influencias, ni dinero, como aquí. Pero cuando sentaron a un muchacho negro en la silla eléctrica porque violó a una mujer, y a tres blancos los dejaron ir por lo mismo, nos empezamos a dar cuenta que también la justicia americana es elástica.

Pero todos notamos que hasta los obreros aunque no fueran muy adinerados tenían su carro, su refrigerador. Si se trata de ser todos iguales y de un estándar de vida bueno... pues yo creo que me linchaban por lo que voy a decir, pero creo que los Estados Unidos son prácticamente comunistas... dentro del capitalismo, como dicen, ¿verdad? Al menos en California, porque yo vi que un obrero le gritaba al patrón y el patrón se callaba. Ahí protegen al obrero en todos sentidos. Aquí en México los patrones son tiranos.

Cuando pienso en el sistema de vida de México, me siento muy decepcionado. Simplemente cuando viví en los Estados Unidos yo veía que otro se alegraba porque su amigo progresaba, ¿verdad?

«¡Hombre, mis felicitaciones, qué bueno que te esté yendo bien!», todos lo felicitaban. Pero aquí... le voy a explicar... Un amigo mío se había acabado de comprar una camionetita. A base de sacrificios, de mucho trabajar y mal comer, poco a poco y guardando y guardando y guardando, creció y creció y llegó el día en que pudo comprar una camionetita nueva, nuevecita. Llegó a la casa donde él vivía y la estacionó en la puerta. Se metió a su casa y cuando salió, la pintura de la camioneta rayada, pero rayada, con un fierro. ¡Hágame favor!

¿No es envidia pura ésa?

En lugar de tratar de elevar la moral al individuo aquí tenemos por lema: «Si yo soy gusano, al otro lo hago que se sienta piojo». De veras, aquí siempre debe uno estar más arriba. Bueno, porque yo mismo lo he sentido por eso lo digo. Y pos en realidad creo que sí soy mexicano, ¿no? Lo he visto hasta en los papeleros, en los viñeritos que andan juntando papel. Hasta en los rateros hay categorías aquí. Luego se ponen a alegar, ¿no? «Y que no, que tú, que quién sabe qué, te robas puras chanclas viejas... Yo, cuando agarro, ¡agarro bueno!» Luego el otro le dice: «Tú, tomas puro aguarrás... yo siquiera m'echo mi alcohol del 96, refinado. ¿Cuándo tomas tú d'eso?» Así por lo general es aquí.

No es que odiemos a alguien porque ha tenido mejor fortuna. No siento odio contra el rico más que lo que dure en darle tres fumadas al cigarro. Al menos en mi caso, comprendo que me perjudica ensimismarme en eso, porque entonces me siento menos de lo que soy. Y yo quiero ser quien soy, cuando menos. Por eso no quiero analizar las cosas bien detenidamente. O a lo mejor es un caso de huir o no querer ver la realidad de mi condición. Cuando hay odio de mi clase hacia otra persona casi siempre es por razones sentimentales, nunca que yo me acuerde por razones económicas. Cuando uno siente odio hacia la humanidad es cuando uno está decepcionado de una mujer, o porque un amigo lo traicionó a uno. Las mujeres son las que tiran más contra la gente rica, posiblemente sea porque la mujer siente más las privaciones que el hombre, ¿no?

La cosa es que no hay igualdad aquí. Es tan grande, tan marcado el contraste, que el que es rico, es rico de veras, y el que es pobre, es pobre en toda la extensión de la palabra. Hay mujeres con niños en brazos y otros agarrados a sus faldas que van de puerta en puerta mendigando qué comer. Hay muchos como mi tío Ignacio que le dan a su mujer 3 pesos diarios para el gasto, otros que no saben de dónde van a sacar para la próxima comida; y a nadie le pasa por la mente todo esto. Para los ricos esto ha de ser un milagro, o punto menos que milagro.

Mire, en una orgía, en una fiesta, en una recepción que hacen en las Lomas algunos de los millonarios, gastan en una sola noche lo que alcanzaría para mantener a todo un orfelinato durante un mes. Creo yo que si pudieran descender de su pedestal y bajar a convivir, a ver siquiera, la miseria en que están sus compatriotas, por su cuenta mandaban meter luz, drenaje, y daban de comer a las gentes. A mí me gustaría tener lo que ellos tienen, digo yo, para aliviar un poquito el dolor de los pobres que conozco, los más allegados, y aliviarles sus necesidades. Pero a lo mejor estando ya muy ricote y al estar paseando en lancha, o andar en los caballos, o en el avión, ya no me iba a acordar, ¿no? Los pobres se juntan con los pobres... saben su lugar, y los ricos, bueno... ellos van al Hilton. El día que me atreva a ir al hotel Hilton es que ha habido otra revolución.

Yo no sé mucho de política... la primera vez que voté fue en las últimas elecciones... pero no creo que haya mucha esperanza ahí. Y no podemos tener ninguna clase de mejoras sociales para la clase obrera porque solamente serviría para enriquecer a los líderes. Los hombres en el gobierno siempre acaban ricos y los pobres siguen tan mal. Nunca he pertenecido a un sindicato, pero mis amigos, los que sí pertenecen, dicen que pueden correrlos sin ninguna indemnización porque los líderes y los patrones hacen arreglos entre ellos. Sí, tenemos un largo camino que recorrer aquí. Le digo, progresar es una cosa difícil.

Alberto salió antes que yo del hospital. El *manager* del campo, Greenhouse, lo llevó a esperar el *bus* para mandarlo a casa, pero él se hizo el que se le había hecho tarde, que esto, que l'otro, y en eso se pasó el camión. Se le fue al *manager,* desertó del campo y se fue con Shirley, su mujer de allá, se fueron para su casa. Yo salí al otro día y tuve dificultades para escaparme del *manager,* pero me metí en una zanja hasta que un amigo mío me dio un aventón a casa de Shirley.

Greenhouse nos reportó a Inmigración y por tres días nos estuvimos allá encerrados en la casa de Shirley. Ella me arregló una cama en el suelo y Alberto dormía con ella. Luego trabajamos en un campo de uva y veinte días después de operado me metí de *swamper,* a cargar cajas que pesan alrededor de 48 kilos. En realidad es un trabajo bastante pesadito y yo me enfermé. Le mandé a mi papá una carta en la cual le decía que me mandara centavos para regresarme, pero él me mandó decir que no tenía un centavo, porque todo mi dinero como iba llegando lo iba invirtiendo en material, porque él entonces estaba construyendo una casita en la colonia El Dorado.

Entonces opté por trabajar un poco más de tiempo para juntar dinero para irme. Fui a pizcar algodón, pero vi que era un trabajo en el cual yo no iba a hacer nada. Además me algodoné; se me hincharon las manos, se me pusieron muy feas. Por fin le dije a Alberto:

—Mira, compadre, hasta aquí hemos estado juntos, pero tú por lo que veo ya te ilusionaste con esa mujer. Yo no tengo aquí ilusión en absoluto. Si tú te quieres quedar, dime de una vez, porque yo me voy.

—No —dice—, no puedo irme, tengo mi ropa en la tintorería.

Pues yo al día siguiente tomé un carro para Mexicali. Para ese tiempo yo tenía nueve meses fuera y ya me ansiaba por ver a mis hijos, a mi padre, a mis amigos. En Mexicali no podía encontrar ni tren ni camión para salir de la ciudad. Había tanta gente que en todos los hoteles no había un solo cuarto. Era muy peligroso andar por las calles con 2.000 pesos, algo así, en la bolsa y cargando la caja donde traía yo toda mi ropa. Ahí en Mexicali seguido amanecían muertos los braceros que asaltaban por quitarles lo que traían. En esa ocasión sí experimenté miedo. Total, que decidí tomar un avión a Guadalajara. Estaba muy carote, 500 y tantos pesos, pero hacía yo nueve horas en lugar de cincuenta y dos en el camión, yo por venirme rápido, ¿no? Era mucho ahorro de tiempo. Yo lo que quería nomás era llegar. En Guadalajara tomé el camión de primera para acá para México.

Llegué como a las seis de la mañana, exactamente el 20 de noviembre. Me acuerdo porque era el día del desfile. Cuando llegué a Bella Vista apenas unas señoras salían a comprar la leche, ¿verdad?, porque era muy temprano. Luego el barrendero, don Nicho, andaba barriendo por allá por el cuadro que está en el jardín.

—Quihubo, Manuelito.
—Quihubo, señor Nicho.
—Pos ónde andabas, tú —me dice—, jodido éste.
—Pos me fui de bracero, señor Nicho.
—¡Ah qué loco éste!... También te entró la calentura.
—Pos sí, me fui a ver qué...
—Y, ¿qué tal?
—No, bien. ¡Bendito sea Dios!, señor Nicho.
Bueno, ¿usted gusta?, vamos a llegar a casa.
—Ándale, Manuelito, pos que te vaya bien.

Me fui caminando, entré por el patio, donde está el jardín, ¿verdad?, por los bañitos y después me paré en la puerta. El corazón me brincaba a mí de gusto, ¿verdad? Estaba yo gozoso que iba yo a ver a mis hijos. Dije yo: «¿Cómo reaccionarán?» Pero como nunca había tenido llave de la puerta porque mi papá era el único que la tenía, dije:

«Orita les voy a dar una sorpresa.» Y empecé a chiflar, ¿no?, como les chiflo a ellos. Y se oyeron ruidos dentro de la casa. Luego se oyó como que abrieron la puerta, y empezaron a gritar:

—¡Mi papá, mi papá, mi papá!

Luego se oyó el rechinar del tambor, como que alguien se bajó de la cama. Y se oyeron pasos así apresurados hacia la puerta de la cocina y abrieron. Era mi papá, en calzoncillos. Y al abrir le vi una expresión así de alegría en el rostro, ¿verdad?, pero él inmediatamente al tenerme frente a él procuró serenarse y tragarse esa emoción, ¿verdad?, y se puso serio.

—¿Ya veniste, hijo?

—Ya vine, papá.

Yo creo que tenía ganas con todas sus fuerzas de darme un abrazo. Yo también sentí unas ganas inmensas de abrazarlo cuando llegué... pero... la barrera, ¿no? se contuvo y al mismo tiempo le adiviné el gesto y me contuve yo.

Yo hasta lloré que vi a mis hijos otra vez. Mis hijos, abrazándome de la cintura, ¿verdad?, el más pequeñito de las piernas.

—¿Qué me trajistes, qué me trajistes?

Y le dije a Dalila:

—Fíjate, Dalila... —porque Dalila ya se paró, ¿no?

—¿Y quihubo, cómo le fue, cuñado?

—Pues bien, cuñada, a todo dar.

—Sí, ya se ve —dice—, está más repuesto, se ve más fuerte.

—Pos sí... pos el trabajo allá...me tenía que parar diario temprano, y luego cargar cajas y esas cosas... siempre se embarnece uno.

—Ah —dice—, y qué tal aquí... son las diez, las once y apenas se está voltiando p'al otro lado.

—Bueno —le digo— eso era antes. Ora ya me acostumbré a levantarme temprano.

Y después le dije:

—Mira, cuñada, te traía yo un relojito, pero el error que cometí fue traerlo en el estuche... traía yo unas sandalias para Mariquita, traía un patito para... y ahí en el aeropuerto —porque me vine en avión, ¿eh?

—N'hombre, no la friegue...

—Sí, me vine en avión.

—¡Hijo!, ¿no le dio miedo?

—Pos vieras que sí, tú. De primero que me subí al avión sí me dio miedo, porque, ¡ah jijo!, se ve refeo pa' bajo. Se ven las casas chiquitas y las gentes parecen hormigas. Pero ya después es muy bonito porque no se siente ningún golpe, ningún malestar. Viaja uno a todo dar.

—Ándale, cuñado, ahora sí se aventó usté, ¿no?

—Sí... Y así es de que pos... Miren, hijos, nada más les voy a dar centavos, porque como les decía... allí en el aeropuerto el de la aduana me dice:

—A ver... —empezó a revisar, y me dice así quedito, ¿verdad?—. Pásate unos centavos porque si no no te dejo pasar nada.

—No, qué le voy a dar.

Dice:

—Esto no pasa —y que me saca las sandalias porque venían en un estuche, me saca el reloj porque venía en un estuche, me saca los juguetes que traía en la cajita.

—Todo esto es artículo de lujo —dice— esto debe pagar impuesto.

—Bueno, pues a ver, ¿cuánto es del impuesto?

—Creo que me cobraban más de impuesto que lo que me habían costado en dólar. Dije:

—¡Qué...!

—No —dice— entonces tendrá que dejarlas.

—Sí, las dejo.

Y luego un tipo que estaba ahí me quería dar 50 pesos mexicanos por todo. Y le dije:

—Si no vengo muerto de hambre, cabrón.

—Que agarro las cosas y ahí delante de ellos que las rompo a patadas, todo que lo rompo.

Pero yo fui el pendejo, cuñada, yo tuve la culpa, porque Alberto ya me había explicado antes na'más que yo no me acordé, hasta después que pasó.

—¡Fíjate nada más qué bruto!

Alberto me dijo:

—Mira compadre, cuando vayas a pasar la aduana, echa unos calzones mugrosos, y los calcetines, arriba de la caja. Y así los de la aduana, como están acostumbrados a agarrar pura cosa limpia y eso —dice— les hacen el gesto y no revisan bien hasta abajo. Y si no quieres hacer eso, mete un billete de a veinte —depende de lo que lleves— mero encima de la caja, para que cuando lo abra, luego luego lo vea. Entonces ya se hacen majes ellos y agarran nada más el billete y hacen como que esculcan, pero no esculcan y te dejan pasar todo.

Entonces, mis hijos contentos, ¿verdad?, brincando, bailando que estaba yo ahí. Ya le di su peso a cada uno.

Mi papá mientras allá poniéndose el pantalón de mezclilla, al poco rato salió a trabajar. Pero antes de irse dice:

—Hijo, ¿no traes centavitos por ahí?

—Sí, cómo no, ahí tengo en la cartera —pero yo le quería dar la mitad de lo que traía. Y él dice:

—Échale, échale —y así de cien en cien le fui dejando todo y me quedé yo con 200 pesos en la bolsa.

Ya le digo, una vez que se hubo ido mi papá, vi un bultito chiquito en la cama, y vi que el bulto empieza a patalear. Mi suegra se levantó de dormir, y como no queriendo la cosa me dice:

—Pos es su hermana.

¡Ah, jodido! Yo sentí que me dieron un macanazo en la cabeza, me atarantó el golpe. Dije:

—¿Cómo mi hermana? Bueno, estaba yo tan pendejo así que no pude hacer deducciones pronto... Me dejó así como destanteado, ¿no? Dije:

—¿Mi hermana?... ¿por qué mi hermana?

Y luego Dalila me sacó de esa confusión que tenía. Me dice:

—Ésta es la causa por la que estaban enojados sus hermanos conmigo.

¡¡Ahhhh!! Entonces fue creciendo de tamaño mi admiración. Dije: «Hijo, pos sí, mi papá se mandó... Ah, fregado de mi jefe... se mandó. Fregado de mi jefe, ¡pos no ya se echó a Dalila!». Me hacía cruces yo, ¿no? Me decía yo: «Bueno, ¿pos mi papá cómo le haría pues, para convencerla?» Porque no creo que Dalila haya querido a mi papá cuando se juntó con él, no, no lo creo. Ahora sí creo que lo quiera porque a pesar de ser bastante joven para él —él puede ser su papá— es un hombre que es fácil de quererlo, por sus acciones, ¿no? Dalila ha de haber pensado así: «Bueno, mi hermana me dejó el encargo de sus hijos... son mis sobrinos, de mi sangre, y si al fin y al cabo he de estarlos cuidando por nada, bueno, pos qué mejor que... me caso con el papá de Manuel y así mato dos pájaros de un tiro. Si he de estar con ellos de todos modos... de sacrificarme de una forma, me sacrifico por entero».

Y así como que muy adentro me dio corajillo, ¿no?, pero me controlé y le dije:

—Hiciste muy bien, cuñada, hicieron bien los dos. A todo dar. Mis hermanos que se vayan al carajo, no les hagas caso, están locos los cabrones. Total qué, pos...

Como le digo, ya me dormí hasta mediodía, ¿verdad? Luego me salía a ver a los cuates. Anduve contento de ver mi barrio otra vez. Yo había vivido aquí todo mi vida y era todo mi mundo. Cada calle era algo para mí: Violeta, donde nací y donde todavía tenía las caricias de mi madre; Magnolia, donde los Reyes me trajeron mis primeros juguetes y me hicieron dorada mi niñez; Sol, me recuerda una canción, «Amor perdido, si como dicen que es cierto...», que una vecina estaba cantando cuando mi mamá iba rumbo al panteón; las calles donde mis familiares, mis amigos y mis novias vivían. Estas calles fueron mi escuela de sufrimiento, a las que les debo comprender lo que me va a perjudicar y lo que me va a beneficiar, cuándo debo ser sincero y cuándo ser taimado.

Fuera de mi barrio ya no me siento en México. Soy un pez en el agua dentro de Tepito, pero bajando de aquí y saliendo a la calle, siento que me miran sospechoso, que no es mi ambiente, ¿no? Y menos meterme digamos en Polanco o cualquier colonia de ésas. No, a estas horas no soy capaz de andar por ahí, porque pos pienso que van a creer que soy ratero —porque la gente es muy sospechosa por aquí, toda la gente de dinero, ¿no?— y no pueden ver a uno así jodido, que ande vestido así, porque inmediatamente es uno ratero. Y como donde hay pesos hay razón, pos no hay modo de ponerse uno a alegar, ¿verdad?

Pues me dio alegría llegar a México, pero después me dio sentimiento ver la pobreza en que vivimos, ¿no?, en la suciedad que comemos, porque pos solo cuando llegué de allá pude darme cuenta de todo eso. Es que usted sabe allá los mercados cómo son... y luego acá... en un papel periódico tendido en el suelo tenían las naranjas amontonadas, los tomates o los chiles... y luego, naranjas podriditas... namás les cortan lo que está podrido, y así peladas, mochas de un cachito, las venden. Los tomates, los jitomates, les hacen la misma receta. Y dije yo: «No cabe duda que estamos bien jodidos, sinceramente». Sentí tristeza por eso, ¿no? Y después con ganas, con ganas así, de veras de corazón, dije yo: «Me voy a volver a ir para Estados Unidos mejor». Pero pues en realidad la verdad de las cosas —y conste que no entra nada de malinchismo en esto, ¿eh?, porque no es malinchismo— me hubiera gustado más haber nacido en Estados Unidos o en algún país europeo, digamos Inglaterra... porque Italia... con todo su romanticismo, y paisajes y esas cosas... me hubiera gustado más haber nacido en una de esas naciones de una cultura más avanzada.

Como le digo, me sentía otro y venía ya con otras intenciones, porque allá en Estados Unidos pos le tomé mucho amor al trabajo, y tenía fama de ser trabajador allá. Luego quería yo que mis hijos almorzaran diario un par de huevos o una taza de avena. Bueno, venía ya con mis ilusiones, ¿no?, de mejorar, de prosperar en la casa.

Pero... lo que me decepcionó fue que llegó la primera noche, y yo agarré mis costales y me acosté en la cocina, ahí al ladito del brasero donde siempre me dormía. Y yo esperando un pequeño rasgo de mi padre, un cambio, ¿no?, porque ya era otro el que venía, que me hubiera dicho:

«Acuéstate en la cama, no te acuestes ya en el suelo, acuéstate con tus hijos.» Pero no, yo agarré mis costales y me fui a dormir en la cocina y él no me dijo nada.

Por un tiempo estuve con mi familia. Consuelo y Roberto se habían ido a causa de Dalila. Nadie sabía dónde Roberto pudo haber desaparecido y Consuelo estaba viviendo con mi tía Guadalupe. Por cierto siempre que veía a mi hermana insultaba a Dalila, la hacía punto menos que cucaracha para poderla aplastar. Consuelo vio a Dalila como enemiga desde un principio y mostró aversión hacia ella porque le iba a quitar el lugar que tenía en la casa. Y aunque Dalila le ofreció las ramas de olivo, la paz, ella se las aventó a la cara como si debajo tuvieran espinas de un metro.

En realidad —y siento feo decirlo— era egocentrista mi hermana... Egoísta, siempre viendo por ella misma. Desde que le entró esa cosa de completar sus estudios tiene un complejo de superioridad con nosotros, y se apartaba de todos, como si no tuviera ya nada en común con nosotros. Solo porque había adquirido unos pocos de conocimientos se volvió rebelde y ya no quería inclinarse ante la autoridad paterna. Alega que mi papá no tenía derecho a echarla de la casa porque él era responsable legalmente de ella. Estaba pidiendo algo así como una justicia legal de su propio padre, como si estuviera tratando con el gobierno. Y cómo podía hacer esto. Él es mi padre y puede hacer de nosotros lo que quiera.

Consuelo usó sus dificultades con Dalila y mi padre como excusa para irse a Monterrey con un tipo. Desde que se inventaron las excusas, me parece que no hay nadie que haga nada malo. La cosa es que a mi hermana le falta valor moral. Sí, yo conozco a una muchacha qué el papá corrió a patadas de su casa cuando únicamente tenía catorce años y eso no lo usó como excusa para largarse con el primer hombre que encontró. Se puso a trabajar y hasta hoy es señorita.

Consuelo decía querer mucho a mis niños, pero no se acomidió nunca a lavarles una ropa, ni hacerles un día de comer. Porque usted sabe, una cosa es decir quererlos y otra cosa demostrarlo, como Dalila. Es cierto que después de que murió mi esposa, Consuelo tenía buenas intenciones y se sintió bastante valiente y humilde para hacerse cargo de ellos, pero no pudo continuar con eso más de dos semanas. ¿Si era ella tan buena tía por qué nunca le dio a mi papá dinero para mis hijos? ¿Por qué? Es verdad que les compraba dulces y regalos, pero cuando les compraba ropa y esas cosas siempre venía a pedirme que se los pagara. Lo que yo digo es que Dalila, no teniendo dinero, ni teniendo mucho estudio, todos los días lidiaba con mis hijos, batallaba con ellos y eso es lo que vale para mí.

Marta, pues, pobrecita de ella, ¿verdad?, es la más... bueno, válgame la expresión, más insignificante, es la más humilde. A raíz del fracaso que tuvo con Crispín, el padre de sus hijas, se vino a vivir a la casa con sus tres niñas. Ella cree que el mundo ya se acabó para ella. Parece contenta porque tiene a mi papá, pero en el fondo yo sé que sufre. Porque ella ha de pensar que ya está condenada a vivir siempre en la soledad a razón de sus hijas; ha de creer que no va a haber hombre capaz de aceptarla con sus hijas. Yo sé que tiene problemas de esta índole y desgraciadamente no podía hacer nada en este caso, ¿verdad? porque, ¿cómo le diré?, no es persona que quiera abrir el corazón ni a sus hermanos, ni a su padre...

La verdad es que las vidas de mis hermanos y especialmente la de mi padre, siempre han sido un misterio para mí. Una cosa que no le encuentro explicación, y no quiero encontrarle explicación, en una palabra, es cómo se las ha arreglado mi papá... Siempre nos ha dado de comer bien, pues lo que se acostumbra aquí... manteniendo a tantos y con tan poco dinero. Me hago cruces cuando pienso en eso... no es que crea que hiciera nada malo... pero para mí, yo creo que mi padre, como es el que compra todas las cosas del restorán, en alguna cosa le ha de subir el precio, se ha de quedar con 50 centavos o un peso en cada cosa. Si no, ¿cómo podría mi padre con tanto? Puede ser también que como tiene muchos años comprando, las gentes que le venden a él le den fruta, café, barbacoa, y eso. Si no, ¿cómo iba a poder con un sueldo de 11 pesos?

Si mi papá se quedaba con un peso o dos cuando hacía las compras es cosa que no le tomo a mal. Por el contrario, yo soy el que me siento culpable, y mis hermanos, porque él lo hacía por nosotros. Cada día que pasa crece mi admiración por mi padre, no porque me haya ayudado con mis hijos, pero porque en realidad se necesita ser muy hombre para mantener las cosas como él.

¡Ah!, pues como le decía, entré a trabajar otra vez a los vidrios. Y luego una semana se me hizo tarde el lunes, se me hizo tarde para entrar. Entonces el patrón me castigó. Me dice:

—Pos no, sabes, de que te vas a descansar toda la semana.

—Pos ándale, está bueno —le digo. Agarré y me salí.

Entonces a este muchacho Joaquín, lo había yo conocido allá en Mexicali —es el que le digo que llegó a la casita de cartón que teníamos. Y él me había dicho desde aquella vez:

—Mira, cuando estemos allá en México, a ver qué día me vas a visitar a la plaza. No seas pendejo —dice— pa' qué trabajas, ahí —dice están los pesos y no necesitas trabajar mucho.

Porque yo le platiqué cómo era mi trabajo allá y todo.

Las experiencias que tengo de cuando vivía mi madre y estaba en el baratillo, pues son muy vagas, porque he de haber estado pues realmente chico, muy chico. Lo único que recuerdo que mi madre me llevaba con ella cuando empezó a trabajar. Me gustaba... se me hacía el ambiente bonito, se me hacía una cosa muy pintoresca. Los ayateros en aquel tiempo gritando por las calles: «Botellas... o ropa usada que veeendaaan...», como gritan todos.

Dentro de las plazas, es más bien el medio rural el que impera. Uno ya conoce a sus compradores y ya comienza uno a platicar, ¿verdad?, se entabla cierta... podríamos llamar... amistad entre comprador y vendedor. No como en Palacio de Hierro, Salinas y Rocha, Sears Roebuck, porque ahí son muy tajantes. No entablan plática con el comprador, salvo muy contadas excepciones; que sea un comprador que compre fuerte, ¿verdad? Entonces se atreve el dependiente a platicarle tantito, a jugarle alguna bromita, o contarle algún chiste. La gente que tiene centavos, burócratas, gente más o menos acomodada, se va a meter a esas partes, pero allá llegan y nadie les entabla plática, nada más les dan el precio y les explican la calidad, así, mecánicamente, ¿verdad?, y ahí hay precio fijo. Aquí en la plaza se tiene una ventaja, se puede ofrecer, y en esos lugares es «tómelo o déjelo». Aquí tienen el chance de defenderse.

En realidad la plaza de Tepito es muy próvida. Mire, para acabar pronto, todos los ayateros de aquel tiempo son los que ahoy, en la actualidad, son los que tienen casas muy bonitas y tienen bastante dinero. Porque antes —como no estaba muy generalizada esa costumbre— había muy pocos ayateros para todo el Distrito Federal, y por ejemplo, venían y en una inversión de 50 pesos, cuando menos se ganaban 200 en aquel tiempo.

Varios de los ayateros viejos —el Chato, el Contola, el Oso, la Gringa, el Mal Hombre— todavía se acuerdan que se llevaban 500, 700, 1.000, 2.000 pesos diarios de esa plaza. Y no es exageración.

Hay un individuo que llegó a traer en la bolsa —así efectivo, cargando en la bolsa— 200 y pico de miles de pesos. Y no lo asaltaron por ahí, porque yo me he dado cuenta que teniendo trato con los rateros son más honrados que el obrero, son más nobles...

Yo lo he experimentado. Pasa esto, mire, cuando me casé con Paula, siempre me encontraba yo uno que andaba por ahí, un raterito. Éste, pues, de repente andaba de traje de gabardina, andaba de reló de oro, de repente andaba hasta sin zapatos. Cuando llegaba el periodo de que andaba sin zapatos —no que me conociera, no que fuera mi amigo, no— sino que me encontraba en la calle y me decía:

—Muchachón, muchachón... Pasa un veinte, ¿no, mano?, pa'echarme un piquete.

—(Un trago, ¿no?)

Y yo pues en primera por estar bien con ellos —porque yo tenía que llegar noche, siempre llegaba noche a casa— yo decía: «Ya con el veinte no me hacen nada el día que me encuentren; no me asaltan».

—Sí, hermano, cómo no.

Ahí está el veinte, el tostón, los cuarenta, los treinta... siempre que tenía nunca le negué.

Bueno, una ocasión que Paula se empezaba a sentir mala, de la niña, salgo yo corriendo en la madrugada, salgo corriendo como a las cinco de la mañana, pero destapado, ¿no? No traía yo 5 centavos, porque entonces no estaba yo en la plaza —no sabía yo ganar el dinero ahí en la plaza, más que trabajando, y no había trabajo.

Bueno, pues ya le digo, salgo destapado con la intención de ver a la doctora. Entonces me encuentro al ratero éste que venía llegando. Traía un bulto cargando —pues yo creo cosas que se había volado por ahí, ¿no?—, hasta me tropecé con él.

Dice:

—Quihúbole, quihúbole, muchachón. Pos qué... ¿adónde vas?

Le digo:

—Mira, hermano, ahorita no tengo tiempo de platicar... Ahorita nos vemos...

Dice:

—A ver... ven, ven —yo ya me iba, ¿verdad?— ven, hombre. ¿Pos adónde vas? ¿Oye, pos qué te trais? Pos te ves... te ves muy apuradón...

¿Por qué sufres? A ver, dime... o qué, ¿qué te pasó?

—No, hermano —le digo— sabes qué cosa... que pos... voy a conseguir una feria.

(Yo quería ir a ver a la doctora, pero a él le dije que iba a conseguir una feria, pa' que me dejara ir, ¿no?) Le digo:

—Sabes que voy a conseguir una feria, mano, porque orita está mala mi esposa y no tengo ni 5 centavos, hermano.

—¡Uuuuh! —dice—, ¿eso? No, eso vale madre... No te apures, mira... ¿Cuánto necesitas?

—Pos no, hermano —le digo— pos...

(En ese tiempo 100 pesos —le anticipo— para mí era mucho. Era lo que yo ganaba apenas a la semana y trabajando bastante.) Le digo:

—No... pos...pos cualquier feria, mano, pero... pero... sí... este... pos sí, necesito algo.

(No le quise decir cuánto.)

Agarró, se metió la mano a la bolsa, sacó uno de a cien y me dice:

—Toma, muchachón, por los veintes y los tostones que me has dado... Namás no me niegue partido, cabecilla, cuando yo necesite, que ande quebrado... no me niegue partido.

—Bueno, fue una acción muy bonita de él. Porque ellos son así, ¿verdad? Así conozco varios tipos, de vista, incluso les hablo, que no es lo mismo que tratarlos, ¿verdad? «Quihúbole, quihúbole», nada más. Todos ellos son farderos, y a ellos no los molesta nada la policía. Están apalabrados con los jefes, con algún jefe de grupo, y se encargan de pasarle mensualmente dinero.

Pues ya le digo, volviendo a lo que estábamos... yo tenía nociones de lo que era la plaza por mi madre, ¿verdad?, que siempre trabajó en la plaza, por mi tío Alfredo, que trabajaba en la plaza, por mi tío José yo sabía cómo era la plaza más o menos.

Bueno, aquella ocasión no propiamente fui a ver a Joaquín, sino que andaba yo por la plaza, ¿verdad?, vagando. Dije: «A ver qué chacharita encuentro que me guste. «Y encuéntrome a Joaquín. Dice Joaquín:

—Quihúbole, mano, ¿qué andas haciendo?

—Pos nada, hermano —le digo— sabes de que vine a ver este... pos a ver qué me encontraba.

Dice:

—Qué, ¿ya te animastes a trabajar aquí?

Le digo:

—Hermano, pos yo creo a lo mejor yo no servía, porque oye, es muy aventurado eso de que ora agarras y mañana no agarres nada —le digo—. No. ¡Pos 'tá del carajo!

Dice:

—No, aquí siempre te llevas tu lana.

Para esto traía él cargando un pantalón de casimir usado. Pasa uno y le dice:

—¿Qué vende por ahí, muchacho?

Se para el otro, y me dice:

—Detenme el pantalón —mientras el otro veía las cosas que llevaba. Eran zapatos, unos suéteres, unos sacos... total, que no se arreglaron en el precio.

Nos seguimos caminando. Caminamos de la calle de ahí de los baños del Carmen, dimos vuelta por Héroe de Granaditas... se para otra vez Joaquín a vender. Pero yo traía el pantalón de él aquí en el hombro y me había dicho éste:

—Si te preguntan, 15 pesos lo menos, ¿eh?, lo menos 15 por el pantalón.

—Bueno.

Entonces estaba parado Joaquín en una acera, y yo con él. Y estaba alegando él con otro tipo. Y un muchacho de enfrente se me quedaba ver y ver, se me quedaba viendo. «Bueno, y éste, qué...»

Agarro y me atravieso —porque vi que na'más veía el pantalón— dije:

—Le gusta el pantalón, ¿verdad?

Entonces me atravieso yo, así. No me daba vergüenza para vender, ¿verdad? Llego y le digo:

—Órale, muchachón, le gusta el pantalón —le digo—. Se lo doy barato, joven.

Dice:

—No, pos sí me gusta... pero... este... no traigo dinero. Yo también vengo a vender.

Yo dije: «¿Pos qué venderá éste?»

Le digo:

—Qué, ¿pos qué vendes?

Dice:

—Pos traigo un relojito. ¿Me lo compra?

—Pos, a ver... lo vemos —le digo— a lo mejor sí.

Saca el reló, y era haste de 21 joya, de lujo, con un extensible muy bonito.

Le digo:

—¿Cuánto quieres por el relojito?

Dice:

—Pos... deme 125, ¿no?

Le digo:

—Oye, hermano, ¿pero de cuántas joyas es? Dice:

—Pos creo es de 15 joyas.

Le digo:

—¿Me dejas destaparlo para ver la máquina?

Me dice:

—Sí.

Agarré, destapé el reló y entonces veo: «Haste de Lujo, 21 joyas», ¿verdad?

Le digo:

—No. Ya ves, es de 15 joyas, hermano, y luego 125 pesos. No, muy caro —(Ya lo había cerrado otra vez.)—. No, es muy caro —le digo.

Entonces ya se vino Joaquín con el otro muchacho. Y se acercan otros dos coyotes. Y estábamos así rodeados de los coyotes y yo tratando con él —pero mientras alguien está tratando, ninguno se mete.

Entonces le digo:

—Mira, vamos a hacer un *transe*. Mira, ¿el pantalón te gusta?

—Sí —dice—, pos sí me gusta. Para qué's más que la verdá, me gusta mucho.

Le digo:

—Mira, es de tu medida exacta —se lo medí así en la cintura y le dije:

—Mira, te queda a la medida, exacta. Entonces le digo:

—Mira, yo por el pantalón quiero 50 pesos. Te voy a dar el pantalón y 25 pesos, ¿qué te parece?

—No —dice—, pos no. Así no. No me resulta. ¿Cómo va a resultar así?... entonces, ¿cuánto me viene dando por el reló?

—Caray, hermano —le digo— mira, yo namás porque lo quiero para mí. Si yo no trabajo aquí. Yo porque me gusta el relojito para mí... Te vengo dando 75 pesos... Bueno, a ver si cualquier canijo de éstos te los da... Ninguno de éstos te da 75 pesos por el reló.

—No —dice—, no. Es muy poquito... Bueno, mire, deme 50 pesos y el pantalón, y así sí tratamos.

—No, pos ya me sale en 100 pesos —le digo—, no. Pos así no me resulta.

Total, que para no hacerle largo el cuento, le vine dando 40 pesos y el pantalón. Así que me salió en 55 pesos el reló.

Se lleva su pantalón aquél, y agarro yo y le digo a Joaquín:

—Toma tus 15 pesos del pantalón.

Dice:

—¡No seas gacho, mano! ¡Cómo namás me vas a dar 15 pesos si agarraste una merca buena!

Le digo:

—Bueno, pos yo la agarré. Tú me dijiste, 15 pesos el pantalón, ¿no? Ahí 'stán tus 15 del pantalón.

Dice:

—Bueno, ni hablar. Pos 'ta bien, ora debutas aquí en la plaza, ¿no? 'Ta bien, llegaste con suerte.

Y otro de los coyotes, Cuco... hoy es amigo mío:

—¿Cuánto quieres por el reló, mano?

Y yo dije, «pos si éste me salió en 55, pos que me dé... que me dé 75. Me gano 20 pesos rápidos». Yo pensé rápido por dentro de mí, ¿verdad?

Entonces dice Joaquín:

—200 —antes de que yo le dijera.

—No —dice—, ¡cabrón! No seas cargado.

¿Cómo 200? Si acabas... ¡mula pantalón que le diste y 40 pesos! ¿Cómo 200? Pos cuando mucho valía una peseta el pantalón, y 40, 65. No, no seas cargado... gánate 35. Te voy a dar un siglo, ¿está bien? ¿No?

Yo dije: «¡100 pesos!». Yo ya quería dárselos, ¿verdad? Dije: «Ya me gano 45, luego luego, rápido». Ya me daban ganas de dárselo. En voz baja le digo a Joaquín:

—Oye, mano, ¿se lo doy?

—¡Qué pendejo! —dice no se lo des. Chist... 'pérate. Entonces me espero con mi relojito, ¿verdad? Y él se va detrás de nosotros.

—Pa' no 'star... —(porque todos somos muy mal hablados ahí en la plaza, ¿verdad?) dice:

—Pa' no 'star chingando tanto, ¿quieres 125?, ¿sí o no?

—Lo menos —le digo— 175, mano, si te gusta. Y si no, ¡cabrón!, pos vete. Nadie te lo está vendiendo «a güevo».

—No, no seas desgraciado —dice— ¡cabrón! Ya cuánto te ganas. No seas así. Está bonito el reló, mira, verdá de Dios lo quiero pa'mí, mano. No quiero pa' *transarlo*.

Le digo:

—Ahí 'stá, güey. Pos quizás pa' venderlo sí te lo daba en 125... Lo quieres pa' ti, 175, nada menos.

Me dio 170 pesos por el reló. Y ése fue mi debut. Bueno, entonces me gané 85 pesos así rápidos. Hay veces que allá en toda la semana, y trabajando bastante rápido, bastante fuerte, salía yo con unos 85, 90, 110 pesos, y ahí en un ratito, en un ratito me gané... Dije yo: «Bueno, pues, entonces en realidad... ¿qué estoy haciendo de bruto trabajando allá?» No, pos me gustó. Y luego ya andaba yo ahí en la calle también.

Me gustó vender... me gustó la libertad. Tengo más tiempo disponible y nadie me manda. Hasta entonces había padecida cierta ceguera que no me permitía ver más adelante de las narices. Como los otros obreros únicamente sabía una cosa, trabajar en un oficio. Sí, es precisamente lo único que saben hacer, trabajar. Y si ven que no les produce una cosa, persisten en seguir haciendo aquello, aunque sepan que no les va a producir. No buscan otros horizontes, no buscan otro camino.

Así era mi papá hasta que empezó con la cría de los animales... Entonces fue cuando empezó a salir adelante.

Me voy a oponer terminantemente a que mis hijos sean obreros. Si no llegan a ser profesionistas, los voy a meter a un comercio. Inculcarles siempre que no deben trabajar para otra persona, deben trabajar para ellos solos. Y los voy a meter a un comercio, porque es la única forma que pueden ganarse el dinero sin depender de nadie.

Tengo como unos dos años de trabajar en Tepito y en el baratillo. Manejo cosas de segunda mano, ropa, zapatos, oro, plata, relojes, muebles, lo que venga. En cierto modo uno se arriesga en esta clase de trabajo, pero realmente no me ha ido mal a mí. El peor día salgo con 12 pesos de menos, bastante para comer.

La única vez que he perdido ahí en la plaza fue la vez que compré un... este... mimeógrafo. Pero yo esos aparatos nunca había sabido ni para qué eran, ¿no? Sino que... mimeógrafo, se me hizo muy impresionante la palabra. Y luego vi el aparato. Dije: «Bueno, si es mimeógrafo debe valer unos centavos». Y este tipo me vio la cara de pendejo, ¿no? Sí, se burló... Sí, sí... pagué una de las muchas.

Le digo:

—¿Cuánto quiere usted por el aparatito éste?

Dice:

—200.

—«¡Ay, carajo! —dije yo— pos entonces sí vale, ¿no?»

—Noooo, le digo, pos son muchos centavos.

Dice:

—Bueno, ¿cuánto me da?

—Un tostón.

—¡Yaaa! —dice—, ¿50 pesos?

Le digo:

—Bueno, pos mire, la verdá de las cosas... yo no sé ni para qué sirve esta carajada. Na'más que usté me pide 200 pesos... bueno, pos a ver si de casualidá me dan 60, ¿no?

Dice:

—No. Y que... que...

Estuvimos alegue y alegue. Y total que yo ya me estaba rajando —porque yo estaba presintiendo, ¿no? Yo dije: «A lo mejor no sirve esta porquería, y yo nomás estoy ahí de hablador».

Entonces agarra y dice el señor:

—Bueno, total... preste los 50 pesos.

—Ahí 'stán mis 50 pesos.

Llegó un cliente, me daba 30. Llegó otro cliente, me daba 25. Así fue pasando... lo traje como quince días cargando, el dichoso mimeógrafo. Ya después me daban 10, 15. Dije: «Pos mejor que se lo lleve el carajo». Allí está en la administración del mercado. Por ahí está, lo dejé arrumbado. Pero por lo general saco buen dinero en el mercado, más de lo que puedo sacar en un trabajo.

Sobre todo yo pienso en esto. Si yo me meto a trabajar ahorita en un trabajo en el cual yo gane 12 pesos diarios no me va a poder permitir nunca subir de nivel ese salario. Porque si yo gano 12, de ésos tendría yo que dar a mis hijos por lo menos 6, vamos a poner, ¿verdad? Y con 6 pesos no puede vivir un hombre. Con 6 yo no puedo vivir, vestir, calzar, desayunar, comer y cenar diario en la calle, pagar una casa. Pongamos que alguno de mis hijos se enfermara... y yo necesito comprar una medicina que me cuesta 100 pesos —y las medicinas buenas cuestan eso de menos, si yo me echo una droga de 100 pesos, ganando 12 y en las condiciones que le describo antes, podría yo ahorrar cuando mucho 50 centavos diarios para pagar aquellos 100.

A lo mejor en ese lapso de tiempo me venía cualquier otra circunstancia y tenía yo que endrogarme otra vez. Y es una cadena que no se rompe. No hay manera de que un trabajador prospere.

En mi negocio solamente me hace falta capital. Con 500 pesos, 1.000, yo me desenvuelvo perfectamente; no me gano menos de 100 pesos diarios. Hay muchos muy raspas, vulgares y montones de malvivientes entre los compañeros, pero traen dinero en la bolsa.

Cierto, me horroriza vivir pobre. Me horroriza hasta el extremo de sentirme el más desgraciado del mundo cuando no traigo ni 5 centavos. O cuando veo a alguna persona que no ha comido, que no tiene nada para comer, me dan ganas de llorar, porque me duele en carne propia. Se me pinta el cuadro como cuando yo viví en la accesoria con mi esposa y mis hijos, y a veces no teníamos para comer, ni para un doctor. Y entonces no puedo soportar más esa vida. Y no estoy en paz hasta que me empiezo a mover para conseguir algo y traer dinero en la bolsa otra vez. Por eso es que he dejado que mi papá se encargue de mis hijos y yo no tener la responsabilidad.

Digo yo: si me voy a morir... bueno... pues entonces debo de tratarme bien en esta vida, ¿verdad? Quién sabe cómo me vaya a ir... Y si ahorita traigo 10 pesos —y ya solventé todos mis gastos, y aun a veces no solventándolos— pero a mí se me antoja algún dulce... con el único peso que traigo yo me compro ese dulce; no me quedo con las ganas.

Siempre me he preguntado la cuestión de que...

¿Qué vale más al fin de la vida, lo que uno logró acumular, o las satisfacciones que vivió, que gozó? Creo yo que la experiencia humana es la que más valga la pena, ¿no? Hay que recordar que toda mi vida me la pasé trabajando, y posiblemente ahoy no me quiero molestar en nada, así que a todas partes que voy —para acabar pronto— siempre voy en coche, nunca viajo en camión.

Yo, se trata de que vayamos a algún restorán... yo nunca pido frijoles, pido una milanesa, pido un par de blanquillos —española, italiana, en cualquier forma—, pido lo mejorcito que hay en el restorán. Si tengo ganas de sentarme, me siento. Tengo ganas de pararme a las ocho, me levanto a las ocho. No me dieron ganas de pararme, no me levanto. La herencia que yo quiero dejarles a mis hijos es que sepan vivir, que no sean tontos... Le juro por mi madre que me voy a oponer terminantemente a que sean obreros.

Pero no todo es fácil ahí en el mercado. Le exigen a uno la credencial, lo tratan de obligar a uno, a fuerza, a meterse a cualquier unión, que para que pueda uno meterse a trabajar en el mercado. Y el administrador es el que está en combinación con todos ellos... quiere decir que si no tiene credencial no puede trabajar ahí. Ya hoy exigen antecedentes de la Jefatura, tarjeta de Prevención Social, tarjeta de Salubridad... ¡para vender ropa usada! Yo no tengo tarjetas, pues más bien ha sido —en gran parte— rebeldía, ¿verdad? Cierto, yo quiero ir contra todo mundo. Pero voy a tener que sacar la credencial porque he hecho muchos corajes a causa de eso. Porque yo estoy tendido con mi mercancía y llegan los vigilantes y se la quieren llevar. Y entonces tengo que salir de pleito con ellos, ¿verdad?

Como una vez... Yo había acabado de hacer un coraje —un sábado— por el lugar. Porque ahí hay que echarse a correr para agarrar lugar. Abren las puertas y entra uno como caballo, corriendo. No hay lugares fijos, no. Ahí el que llega primero es el que agarra lugar, ¿eh?, como aquellas películas de vaqueros del Oeste. Así es en la plaza; abren las puertas y, ¡pum!, todos en tropel entramos corriendo, y el que llega primero al lugar, ése es su lugar.

Bueno, acababa yo de hacer un coraje por el lugar, y luego al rato llega el inspector. Yo creo que al que le gané el lugar se fue a rajar con él, porque él pertenece a la Organización. Entonces viene el inspector y se agacha así, ¿no?, y agarra mi manta con las cosas que tenía y la dobla y la iba a levantar.

—Esto —dice— lo vas a recoger a la Administración.

Yo estaba recargado así en la pared, ¿verdad?, y le dije —porque es el único idioma que entendemos la mayoría de los de ahí de la plaza, ¿eh?, por eso me expreso así con ellos —entonces yo, recargado así en la pared, na'más me le quedé viendo cuando él estaba así agachado, le dije:

—Mira, tú levantas las cosas del suelo, y yo te doy en la madre.

—Ah —dice— entonces hasta al pedo te vas a poner.

Le digo:

—Bueno, yo na'más te digo, te doy mi palabra, tú das un paso con mis cosas, y te doy en la madre.

—Bueno... es que tú no perteneces a ninguna organización, ni tienes credencial, ni... ni... ¡la fregada!

Le digo:

—El mercado no se lo hicieron para ustedes, cabrones... ¿Qué el mercado se lo hicieron na'más para la Organización?

Dice:

—Pos esto velo a arreglar con el Administrador.

—No —le digo—, el Administrador se toma atribuciones que no le corresponden. Él está para recaudar el dinero del Gobierno y ver que paguen todas las accesorias aquí. ¿Por qué él va a ser más que la Constitución misma? Si la Constitución dice ahí que ninguno está en derecho de prohibirle trabajar honradamente a otro individuo sin lesionar, según los intereses... Entonces, ¿por qué va a ser él más que la Constitución?

Dice:

—Bueno, pos eso velo a alegar allá. Yo me llevo las cosas.

Le digo:

—Bueno, pos, levántalas... na'más levántalas y ya te dije... Mira, te juro que nos damos en la madre.

Ya le digo... porque en la plaza —como he dicho antes— todos somos muy mal hablados, ¿verdad? Es el medio como se entiende uno ahí. El que grita más es al que más temor le tienen.

Una ocasión tuve que hacer una cosa que me repugnó, ¿eh?, como fue patear a un individuo. Pero es que pasaba una cosa. En la plaza todos somos muy picudos, braveros. Entonces este tipo —como yo— era nuevo y siempre que estaba tratando una mercancía, iba y se metía, y siempre me quitaba las mercancías. Le decían el Pecas.

Le decía:

—Mira, Pecas... por favor, mano, mira... no pienses que es miedo, es decencia en la forma en que te pido... No te metas por favor cuando yo estoy tratando las cosas, porque va a llegar el día en que vamos a salir mal.

Y siempre andaba tratando de apantallarme, ¿verdad?, y siempre me contestaba con groserías.

—Y pos qué... pos si quieres, de una vez... Y yo me abstenía, siempre me abstenía.

Llegó el día en que estaba yo tratando una mercancía. Como me daban muy baratas las cosas, entonces este tipo sacó dinero y pagó. Y luego yo tenía las cosas en la mano, ¿no?, y me decía:

—Presta la merca.

Le digo:

—¡Cómo que presta la merca! Pos si yo la estaba tratando, qué. ¿Quién chingados te dijo que la pagaras? Dice:

—Bueno, el caso es que yo la pagué, ¿no? Éntrale.

Le dije:

—No. Te doy... te doy, madre... yo no te doy nada.

Dice:

—Me la das, o te la quito.

Le dije:

—Pos yo creo que me la vas a quitar.

Pero cuando le dije «yo creo que me la vas a quitar», lo agarro y, ¡pum!, trompón entre nariz y ojo. Y se cayó al suelo. Se levanta, y lo pesco así contra la pared. Lo agarré del cuello y, ¡pam... pas!, más le seguí dando. De un golpe le rajé la ceja, ¿no? Empezamos a darnos así, ya después separados. Y como le llevaba yo ventaja —dos golpes— éste me aventó una patada, y me dio mucho coraje, ¿no? Entonces ya me cegué. En una de ésas lo logré prender, y se cae, y ya caído lo patié.

Entonces a la primer patada que le di, que le sonó feo las costillas, dije yo: «Pobre», ¿no? Inmediatamente sentí remordimiento de que le sonó tan feo. Pero como estaba yo rodeado de todos los de la plaza, dije yo: «Si no lo ejecuto feo a éste, entonces los otros van a decir que soy pendejo. Y van a seguirse metiendo... y en lugar de ser una vez la que me peleo, voy a tener que estarme peleando a cada rato». Yo pensé rápido, ¿verdad?

Y aun a costa de repugnarme lo seguí pateando. Pos desde luego no así a modo de matarlo, ni mucho menos, ¿verdad? Más o menos procuraba yo pegarle por las costillas, o por las nalgas, o así, ¿verdad? No, no le tiré ni una patada a la cara porque ya estaba todo sangrado. Hasta que me dijo:

—Ya estuvo... pos ya estuvo.

—Pos ya estuvo —le dije—. ¿Ya ves? Ya ves, hijo de la chin... ¿Ya ves? ¿Eso era lo que querías? Ora ya viste que no era miedo, y ora no te doy nada. Es más, ni tu dinero te voy a dar pa' que se te quite lo cabrón.

No, no le di. Desde esa vez no se metió conmigo otra vuelta.

El ambiente en que estoy en Tepito es mal visto ante los ojos de la gente. Piensan que todo en el mercado es chueco, es robado. Pero es mentira, sí, mentira. La verdad es que de 100 %, cincuenta llega mal habido, y un 50 % llega derecho. El 50 % mal habido —le voy a explicar— es, por ejemplo... que un manojo de herramientas, que una mascarilla para el polvo, que las botas de hule, que el babero que los obreros se roban de las fábricas y entonces los venden en la plaza. O alguno que se robó alguna bicicleta así, a la volada, y llega ahí a Tepito a ver a quién ensarta. Radios así ya casi deshechos. Sí, porque aquí en México —como en todas partes del mundo debe ser, creo yo— existen grandes capitalistas que son los más grandes compradores de chueco.

Mire usted. En la plaza, de «atacadores» —somos los que llega alguien y le preguntamos, «¿qué vende?», eso es atacar—, y de «goleadores»

—goleador es el que anda agarrando las cosas, que trae las cosas en la mano, «ándele, se vende esto, se vende barato, mire, barato» y anda uno pa'llá y pa'cá. Bueno, entonces de los atacadores —no somos menos de unos sesenta— que yo sepa que compran chueco declarado, son tres. Pero no compran grandes cosas, porque incluso no tienen mucho capital, compran una bicicletita, un radio, pero no de muy buena clase. Pero ya le digo, llegan cosas chuecas, pero puras cosas pequeñas. De lo bueno, de lo bueno no llega nada allá a la plaza.

Cuando yo sé que es robado, generalmente no compro nada. En mi trabajo, en cierta forma, hay que ser sicólogo. Así es de que uno está obligado a conocer el que es malviviente y el que no es, al agente, al drogadicto, a la mujer pública, o al inocente.

Ciertamente que entre mis compañeros la inmensa mayoría son maleantes regenerados. Hablan lo que se llama caló, y pues lo entiendo muy bien por cuestión de que, como he dicho, tengo que tratar con ellos. Cuando llega un ratero a vender algo, más o menos dice:

—Órale, 'ñero, le vendo la merca, ¿no? órale, le doy baratas las chivas. Le doy baratas las garras meras.

Dice uno:

—¿Cuánto quieres por las cosas?

—Mire, para no estar así...pa'pronto, para transar rápido, ¿verdad?, pase una «sura».

Una «sura» significa veinticinco; un «niche», significa cincuenta; una «cabeza» significa cien y un «grande» significa mil. El caló es en general de los rateros. Pero en la actualidad —me he fijado— los muchachos de sociedad hablan caló, es la moda. Hace diez años sí era mucho más lo que llegaba chueco a la plaza. Porque antes los agentes no estaban tan pegados. Es que ora ya lo han agarrado como una mina. Hoy ya hay guardias permanentes de agentes ahí. Aun cuando a estos tipos les toca descansar se van a la plaza a ver a quién joden. Porque todos ya lo agarraron ahí como negocio. Y como saben que todos, absolutamente todos mis compañeros se espantan, y nomás por subirlos al carro son los 20, los 30, los 50 pesos. Aun cuando no deban nada, na'más, que se sienten obligados éstos a darles dinero.

Le digo a usted que la policía mexicana es, sin lugar a duda, el mejor sistema de gangsters organizados en el mundo. Es un desastre, es una asquerosidad, sinceramente. Para acabar pronto, yo estoy asqueado de la justicia en México. Porque aquí existe para el que tiene dinero. Cuando alguien rico lo matan, los policías andan así, pero moviditos, porque hay dinero de pormedio. Sin en cambio, cuántos pobres amanecen ahogados en el canal, apuñalados, tirados en las calles oscuras, y nunca, na' más nunca, pueden esclarecer sus crímenes.

Aparte de eso hay gente que está en la cárcel porque no tienen quien abogue por ellos, o no tienen 50 pesos para pagar de mordida. Hay veces que se echan dos, tres años encerrados.

La mayoría de los policías —si no todos— entran queriendo enderezar el mundo. Entran queriendo ser muy derechos, no hacer arreglos, no aceptar ni un solo centavo. Pero después... ya una vez que les dan el poder, les dan la pistola, la placa, bueno pues ven que por dondequiera les ofrecen dinero... lo agarran por primera vez, lo agarran por segunda vez, y después ya se convierte en un hábito. Un general revolucionario dijo que «no había autoridad que aguantara cañonazo de 50.000 pesos». Y es la verdad de las cosas.

Pasa esto. Vamos a suponer que usted sufre un robo... bueno, le roban 25, 30.000 pesos. Entonces usted va inmediatamente a la Jefatura de Policía. Usted pone su denuncia. Entonces la asientan en el acta. Cuando ya se va lo alcanza uno de los agentes:

—Señor, yo me puedo hacer cargo de su investigación para activársela. Pero siempre y cuando, pues... usted sabe... una propina o algo así por el estilo para investigaciones y eso. Usted se compromete a pagarnos tiempos extras, nosotros lo investigamos.

Bueno, usted con interés de recuperar sus cosas dice:
—Está correcto. Les voy a dar... tanto, ¿verdad?

Entonces se movilizan. Empiezan a agarrar a sus «chivas», a sus soplones, en otras palabras. Ellos conocen a los compradores de chueco. Por lo regular no están en ningún mercado, están en su casa; hoy viven aquí, mañana viven allá y así sucesivamente cambian. Los soplones saben el modo de trabajar de cada ratero —porque es su tarjeta de presentación— y entonces les dicen a los agentes: fue fulano, o fue zutano.

Entonces se avientan a la casa de aquél. Que no quiere aflojar por la buena, lo llevan a la Jefatura y les dan una calentada. Entonces, ¿sabe lo que hacen? Van y recogen todas las cosas.

Ellos tienen sus compradores, los agentes. Entonces las cosas de usted van a parar con un comprador de chueco. Y usted vuelta a la Jefatura a ver qué pasó y qué pasó. Y aquellos que le pidieron dinero para hacer la investigación vuelven a sacarle otros centavos. Y así se lo llevan. Total, sus cosas nunca aparecen.

Incluso lo que dicen es cierto. Muchos agentes llegan a vender ahí a la plaza. Conozco a varios y les he comprado a varios de ellos. Pero yo les compro porque es la justicia, ¿no? Si es la autoridad yo no tengo desconfianza, es la justicia. Cómo voy a desconfiar de la ley.

Fueron unas dos, tres veces que compré chueco. Pero es que andaba mal económicamente y es la única forma de que con 50 pesos hacía yo 300 rápidos. Y entonces yo veía la posibilidad de que hubiera lío o no hubiera lío, según el tipo que me estaba vendiendo, y ya compraba o no compraba. Pero no fueron cosas de mucho valor.

No siempre corrí con suerte aunque las cosas fueran dentro de la ley. Una vez, fíjese, compré un chasis de radio —el puro chasis, ¿verdad?, no llevaba caja— de un ayatero de adentro de la plaza. Me lo vendió en 55 pesos y ni siquiera me lo caló para ver si tocaba. Pero ahí entre nosotros no nos engañamos; si a usted yo le vendo algo ahí en la plaza, si es compañero, y le digo «esto es oro», es oro.

Agarré el chasis y me salí del mercado. Entonces iba yo atravesando la calle cuando me agarra el cuate éste, un agente que le dicen el Zopilote. Es un tipo que no merece ni ser agente, bueno. Es un tipo rastrero. Mugroso anda. Mire, es gordo él, es obeso, siempre trae la manga del pantalón, una más alta y una más baja. Unos sacos todos grasosos, así, se les puede raspar con el cuchillo. Y no es que ande disfrazado —como aquí tenemos la creencia de que andan disfrazados para hacer sus investigaciones— ¡no! Ese tipo salió también de ahí de la plaza y ahora ya se voltió y se da muchas ínfulas, ¿no?

Me dice:

—La factura...

—¿Factura de qué, señor?

—Pos la factura del radio.

Le dije:

—Pos, mire, no... no tiene factura porque es chasis. Usted sabe bien que los chasis no necesitan factura.

—¿No? —dice—. ¡Súbete, cabrón!

—No, no, no. No me cabronee —le digo—, no me cabronee porque yo no me he comido nada.

Dice:

—Pos que te subas, te digo, o te subo. Dije: «No, pos este cabrón sí me sube», ¿verdad? Entonces agarré y me subí al carro.

Ahí traía tres rateros atrás, él, y traía su pareja. Entonces se sube así muy enojado por el otro lado, ¿verdad? Dice:

—¿Cómo te llamas?

—Manuel.

—Que cómo te llamas... ¡con una chingada!

—No me eche chingadas, por favor, señor. Yo no soy ningún delincuente, no me esté hablando con chingadas. Ya le dije a usted que me llamo Manuel. De qué se va a tratar —le digo— ¿quiere usted dinero? Mire, pa'acabar pronto, dinero no traigo. ¿Quiere usted factura? ¿Quiere usted saber dónde compré el radio? Ya le dije a usted. Acompáñeme adentro. Aquí no'más a veinte pasos está el ayatero que me lo vendió; vamos con el ayatero. Es más... si se trata de sacar dinero, orita hace usted un levantadero de ahí, de la chingada. Ahí hay un resto de chasises, traen muchos todos los cambiadores. ¿Por qué no les pide factura a todos ellos?

Dice:

—Voy, ya hasta te pones al pedo.

Le digo:

—No. No es que me ponga al pedo. Pero, ¿pos por qué me va usted a sangrar si yo no me he comido nada?

—No —dice—, pos vamos a la Jefatura.

¡Uy! Ahí vamos en el carro, pero en lugar de irse pa' la Jefatura se metió por otras calles. A uno de los rateros le dice:

—Órale, cabrón, bájate.

Dice:

—Jefe, ¿pero en cuánto me la va a dejar?

No sea cargado.

Dice:

—En cinco cabezas.

—Es caro, ¿no?

Dice:

—No. Aquí te chingas. Por correlón y por chiva te va a costar 500. Me los consigues, o te doy pa'dentro, güey.

Dice:

—No, jefe, pos sí se los consigo.

Se bajó, ¿verdad?, aquel tipo a pedir dinero. Se metió a una casa. Al rato ya salió; trajo 200 pesos. Dice:

—Ora vamos a tal parte, jefe, ¿no? A ver si me prestan el resto.

—Pos ándale, súbete.

¡Pum! Ahí va. Mientras estaba platicando con los otros rateros. Dice:

—Mira, tú me vas a conseguir 200... no... tres cabezas. Consígueme tres cabezas.

Aquel dice:

—'Ta bien, jefe, na'más que deme chance, ¿no?, d'ir a conseguir... En tal parte lo veo a tal hora. —(Porque se dan citas.) Dice:

—Bueno, ahí te veo. Ándale... bájate.

Aquél se fue a ver a quién jodía, ¿no? Y a tal hora se veían en determinado lugar para entregarle los centavos. Y al último —éste estaba sentado atrás— dice:

—Bueno, ¿tú qué, muchachón? Pos ya hace mucho que no firmas. Ya hace mucho que no corto una flor de tu jardín. Ponte a mano, ¿no?

—No, jefe, es que he estado jodido —dice—, pos he estado rejodido, no he salido a trabajar.

—Sí, se ve que andas derrotadón —dice— no, pos sí, tú estás jodido, hermano, tienes razón. Mira, bájate, consígueme 25 pesos.

Yo oyendo ahí todo, ¿verdad? Se bajó y arrancó. Fuimos a otro lado. Aquél le consiguió los otros 300 pesos, se los dio y le dice:

—A mano.

Dice:

—Güey, otra vez que te me vuelvas a echar a correr, entonces no va a haber lana de por medio. Te vas a chingar derecho. Te doy pa' dentro, derecho. Te lo anticipo, ya sabes que no me gustan los correlones.

Entonces ya se fueron. Bueno, y que llegamos a la Jefatura y que se mete así al subterráneo. Dice:

—Pos a ver, voy a hablar por teléfono a ver qué dice el jefe.

Yo sé que son puras muletas de ellos. Entonces se va hasta el fondo del subterráneo, descolgó un teléfono ahí. Pero ha de haber ido a reportarse na'más, que ya llegaron, o cualquier cosa, ¿verdad? Entonces regresa y dice:

—No, pos dice el jefe que te demos pa' dentro.
Le dije:
—Bueno, mire, señor, ¿de qué se va a tratar... por qué me va a dar pa'dentro?
Dice:
—No, pos por la factura.
Le dije:
—Bueno, pero' si ya le he dicho a usted... yo tengo dónde demostrarle... dónde lo compré. No tuviera dónde demostrarle, bueno, está correcto. Pero si yo tengo dónde enseñarle... yo tengo quién me lo vendió... es ayatero, es comerciante autorizado... ¿Por qué no me acompaña?
Dice:
—Yo no soy tu gato.
Le digo:
—Ahí 'stá, entonces está de la chinga. Entonces aquí que me chingue todo a como dé lugar, ¿no?
—No —dice— ¿pos sabes de qué se va a tratar? De 200 pesos.
Le dije:
—Mire na'más. Entonces en realidad va progresando la justicia, ¿no? Al ratero que es ratero declarado lo baja usted con 25 pesos, para que vaya a ver a quién chinga, ¿no? Y yo, por ganarme la vida comprando y vendiendo, por más pendejo, 200 pesos, ¿no? No, pos na'más no tengo. 200 pesos hace quince días, un mes, que no me los gano. No tengo.

Total, que me estuvo sacando muchas cosas ahí, ¿verdad?, y yo a todo le daba respuesta, pero respuestas siempre agudas. Y luego, ya que finalizamos la discusión me dice:
—Bueno, cabrón, tú eres una *cabulita* de la fregada. Te las sabes todas... Qué se me hace que estás muy *cacaleado*.
—Bueno, usted busque en los archivos. Si algún antecedente tengo, entonces deme para adentro. Pero va a ver, estoy limpio, no tengo ningún antecedente.

Total, como vio que no pudo conmigo así por cosa de ley, entonces me dice:

—Bueno, qué te parece... Ora te la voy a poner de otro modo. O le entras con una feria, o te vas a chingar por *razzia,* por sospechoso.

Le dije:

—Mire señor, acaba usted de tirar caballo, por eso sí me puede detener. Desde luego 200 pesos no traigo.

Traigo 50 pesos. Y escúlqueme... no traigo ni un centavo más. ¿Quiere usted los 50?

—Bueno, ya. Presta. Presta. ¡Vete a la chingada! Otra vez sí me agarraron los agentes y me salió muy caro. En esa ocasión estábamos el Toro que es mi socio y yo. Estábamos en una esquina vendiendo. Yo grito y grito ahí: «Cháchara baratas... levántele marchanta... venga, acérquese por este lado...». Y bueno, grite y grite todo el día. Entonces llega Macario, pues andrajoso, ¿verdad?, muy remendadito por dondequiera, mugroso, derrotado, porque ya hacía muchos días que no trabajaba. Macario es el hijo del portero de la vecindad y nos conocemos desde chiquitos, trabajamos juntos en la talabartería y yo siempre lo he conocido de persona honrada.

—Manuel —dice— ¡carajo, hermano!, préstame para mi gasto, ¿no?

Iba con dos amigos más.

—Sí, Macario, cómo no, ¿cuánto necesitas?

—Ya estaba casado y tenía su hijo.

Dice:

—Pos... préstame 5 pesos, mano, ¿no?

Bueno, yo traía como unos 10.000 pesos, entre el Toro y yo, en mercancía y efectivo. Y 5 pesos los ve uno tan fácil y los gasta tan fácil, yo pensé: «Pos, ¿pa' qué le alcanzan 5 pesos a este pobre», ¿no?

Le dije:

—Mira, Macario, llévate 10 pesos. Cuando tengas me los pagas, no te apures. Al cabo no corre prisa, mano. Orita Dios me ha socorrido, a la mejor mañana yo necesito de ti.

—Bueno, muchas gracias, mano. ¡Carajo!, Manuel, no alcanzo trabajo en la talabartería, está muy escaso.

Entonces hizo como que se iba, caminó unos veinte pasos, y se regresa y me dice:

—Manuel, fíjate que se me olvidaba lo principal, a lo que vine. El de la cachuchita colorada... —volteo y lo veo— fíjate que la mujer de él y la mujer de otro amigo iban a poner un taller de costura. Pero como éste es muy borracho, se emborrachó quince días seguidos y ahora que regresó, el socio se le fue con las máquinas y 5.000 pesos efectivos. Lo único que le dejó fue un bulto de telas que habían comprado para hacer babero.

Bueno, cuando se trata de negocios inmediatamente por dentro se pone uno en guardia. Bueno, yo no tenía mucha desconfianza que digamos, pero siempre, por aquello de las cosas, pos seguía la rutina común y corriente, ¿verdad?

—Macario, y qué crees tú... ¿qué no habrá lío de esto, hermano?

—No, hermano —dice—, ¡carajo! Después que me estás haciendo el favor y todo, ¿tú crees que yo iba a venir con una cosa chueca a embarcarte? No, no. Mira, ese muchacho es honrado, yo te garantizo que es honrado. Trabaja en la talabartería donde yo trabajo.

Mi socio fue a ver las telas. Arreglamos el precio. Eran mil ochocientos metros, a peso el metro. El Toro se quedó en el puesto y yo me fui a pagar los centavos y a recoger la tela.

Entonces llego a la vecindad y este cuate se había salido a echar una copa. Estaba su mamá, una señora de cabeza blanca ya, pues de mucho respeto, ¿verdad? Me metí a ver la tela, era batista, toda empacada, amarrada con sus flejes y todo, nuevecita, nuevecita la tela. Pos le hice plática a la señora y así, como no queriendo la cosa, se la solté a la señora:

—Bueno, señora, mire. Hablando en plata... es que es mi obligación, ¿no son chuecas las cosas? Porque, ¡caray!, traigo pocos centavos y luego que salga una cosa mal... vienen los agentes a chingar a uno y na'más trabaja uno para esos güeyes... y pos no estoy pa'meterme en líos sinceramente, señora.

¡Uh! La señora se puso colorada, ¿verdad?, y entonces me puso una maltratada, me regañó.

—Señor dice— si usted desconfía acerca de esto, de lo que va a comprar, mejor no compre nada. Esta casa es muy pobre, muy humilde, señor, pero no por eso tiene usted derecho de humillarme en esa forma. Porque es muy humilde mi casa, pero muy honrada. Y se lo puedo jurar ante quien quiera. Ustedes los de la plaza siempre están con la desconfianza por delante, porque «piensa el león que todos son de su condición».

—Bueno, señora, no se enoje, no se enoje —le digo—. Mire, es que pasa una cosa, si son chuecas, de todos modos yo se las compro. Pero necesito que me diga de dónde son. Porque si son de por aquí de por el rumbo y yo me voy a poner a venderlas aquí, a fuerzas tiene que salir el dueño, ¿no? En cambio si usted me dice que se las robaron aquí, bueno, las voy a vender a Pachuca, las voy a vender a Toluca. Por eso le pregunto, señora, si no porque me espante. Si yo no me espanto de nada. No me espanto del muerto.

Yo pensaba: «si me dice que es chueco no le compro nada». Pero yo quería sacarle la verdad.

¡Pos no hasta me maltrató! Bueno, ya quedé convencido que eran derechas las telas, y pos ahí vienen las telas.

Pos llegamos con las famosas telas.

—¡Ándele!... a uno cincuenta metro... marchanta, a uno cincuenta.

Y que se acerca un señor. Na'más la agarró, la vio, y de un jalón se lleva 600 metros. «Ah, cabrón —dije yo— 300 pesos de un jodazo nos vamos a ganar aquí.» Ya después les estaba yo gritando:

—A 2 pesos metro de tela, marchanta.

Y total que yo no alcanzaba a medir tantos metros al mismo tiempo. Nos quedó una sola pieza de a sesenta y tantos metros, de mil y pico de metros que llevábamos. ¡Imagínese!

Por la tarde tiendo la lona y bueno, pos ahí estábamos muy tranquilos, muy quitados de la pena. Para esto Macario había ido ese día a vender conmigo, pos muy apocado, así muy tímido.

—¡Ándale! ¡Grítale, cabrón! Pos qué... ¿Qué a poco te da vergüenza? Si vergüenza es robar. Grítale, mano, no te dé miedo. Mira, el comercio es muy bonito, es más bonito que trabajar. Echa de gritos, así pa' que se animen.

Y bueno, el mercado, verdad, en plena ebullición. Las señoras comprando. «¡Sus chiles y jitomatees!» Y allá aquélla gritando: «Los plátanos». Y otra: «Coloraditos... para la sopaaaa!». Y otra señora: «¡Papa, papa, buenas papas!». Total, que en la tarde, ya como a las seis, traía yo como... pos más de 1.800 pesos en la bolsa.

En ese tiempo comía yo en un café y los dueños, Gilberto y Carolina, eran mis amigos. Iba yo para el café y yo que doy la vuelta en la esquina y que me abraza un señor. «¡Ya la chingamos! No tiene saque», dije. Bueno, a los agentes, los huelo, así, los huelo. Los identifico pero fácil, ¡vaya! En mi vida había visto yo a ese agente, nunca, pero supe. Y que me pregunta mi nombre y a qué me dedico, y abre la caja que traía yo y saca el pendejo pedazo de tela que nos quedó. Me llevaba abrazado, caminando así para el café; afuera tenía parado el coche. Desde la mañana estuvieron esperándome ahí los agentes, pero Carolina no mandaba a nadie a avisarme porque no lo siguieran. Pero yo no tenía desconfianza de que fueran chuecas las telas, ni fueron chuecas tampoco, pero verá usted, es que la policía es algo especial aquí para trabajar.

Bueno, entonces llegamos junto al carro. Ya no me llevaba abrazado este tipo, ya me llevaba agarrado de aquí del cinturón. Dice:

—Pues sabe usted que si no es el que busco, va a hacer el favor de dispensarme. Pero en nuestro trabajo estamos expuestos a muchas equivocaciones.

Bueno, hasta me cayó a mí de extraño tanta decencia en ese cabrón, ¿no? Yo dije: «Todos los agentes son rearbitrarios. ¿Pos este güey de cuál fumó?» Que me sube al carro. Entonces ya le di la explicación de cómo estuvo lo de las telas.

—¡Uh, qué caray, Manuelito! —dice—, pos va a estar de la fregada, porque el acreedor quiere la tela, o 3.000 pesos y 2.000 para nosotros.

—¡Ah, no! —le digo—, pues entonces no tiene saque, pos me voy a chingar.

—No, pero no le conviene, Manuel. Piense usted las consecuencias. Se va a ir usted a fichar y luego nomás por unos cuantos pesos que usted puede conseguir.

—No, señor, es que pasa una cosa. ¡5.000! 5.000 pesos que usted quiere, nomás nunca en mi pinche vida los he visto juntos.

Bueno, pos echaron a andar el carro y pos que ahí vamos para la Jefatura. En el transcurso levantaron a otros cuates, otros rateros y los andaban llevando a conseguir dinero para soltarlos. Y ya los soltaron. El agente dice:

—Mire, piense bien las consecuencias. Los centavos van y vienen, pero el lío está duro, porque ya le digo, el acreedor es una casa fuerte y ellos quieren la tela.

Le digo:

—Bueno, mire, ¿por qué no hacemos una cosa? Lléveme usted con el dueño de las telas y a ver si yo logro convencerlo que me dé facilidades de poderle reponer esa tela poco a poco. De todos modos yo les doy unos pesos a ustedes, ¿no? No van a trabajar de balde.

—Pos no —dice, esa clase de arreglos no podemos hacer nosotros.

Entonces me acordé de Abraham, el compadre de mi papá que trabaja en la Jefatura, y le empecé a platicar de Abraham y de que él me conocía la clase de tipo que soy, de todas esas cosas. Pero no hubo más remedio; que vamos a la Jefatura. Pos que llegamos. Yo en mi vida, nunca había estado en una Jefatura. Yo iba con un miedo horrible por dentro. Entonces llegamos y el de guardia me preguntó si no traía yo centavos. Yo llevaba más de 1.800 pesos en la bolsa pero si se los daba a ese cabrón, cuándo los iba a volver a ver.

—Mira —dice— si traes dinero, déjalo aquí, porque allá adentro te van a dar en la madre y te van a quitar todo.

Le digo:

—Pos sí. Pos si trajera, pero no traigo, no traigo nada. Iba yo bien vestido, ¿verdad? Llevaba mi pantaloncito de gabardina, una camisa muy fina y mi chamarrita. Me abren la puerta de la leonera y pos, ¡pa dentro! Una de canijos ahí, más mal encaradotes que la fregada. Y dije: «¿Cómo le hago? ¡Madre Santísima! Me van a bajar estos güeyes... A ver si se apantallan estos pendejos».

Y entro así como enojado, ¿verdad?, como con mucho coraje. Pero por dentro me brincaba el corazón. Pero dije: «Pos pa' que éstos vean que soy muy toro». Y estaba uno sentado en el suelo, y ¡pras!, le doy una patada por las nalgas.

—Hágase pa'llá, ¡hijo de la chingada!

—Ora, güey, pos qué...

—Cállese —Y, ¡pum!, que le pongo otra patada—. Cállese el hocico, güey. Hágase pa'llá, le estoy diciendo, ¿no?

Y se corre y entonces todos me hacen cancha. Estaba yo diciendo:

—¡Pinches... rajados... putos!

Y, ¡pas!, pegaba yo de trompones en la pared, y de patadas, y pegaba yo con la mano en la puerta. Bueno, según yo, muy enojado.

—Qué, 'ñero, pos qué *torzón* trais —dice uno.

—Pos qué chingaos le importa. ¿Qué yo le estoy preguntando por qué está usted aquí, güey?

—Uuh —dice— pos no sea tan *pleito*. Pos yo le pregunto pos a ver si lo puedo *desafanar* en algo, ¿no? Porque yo ya soy conejo viejo. Yo ya me las sé todas. A ver si le puedo dar un *saque,* pero si no quiere, pos... ultimadamente, ¡que lo chinguen!

—Bueno, pos no me esté hablando, güey, yo no hablo con usted.

Yo muy enojado, ¿no? Saco un cigarro y lo prendo. Y a otro que estaba ahí —más mal encaradote que yo— comprendí que le estaba cayendo gordo, y le digo:

—Órale, muchachón, ¿no fumas? Fúmese un cigarro, ¿no?
—¡Juega —dice— pásalo!
—Pásaselos a los cuates —le digo. Y agarran la cajetilla y empiezan a repartir cigarros.

Ahí estaba un pobre muchacho, ¡hijo!, son desgraciados hasta el ochenta esos cuates —un pobre tipo, acostado boca arriba, con las piernas abiertas así al compás, completamente. Tenía los testículos de este tamaño de los golpes que le habían dado. A cada ratito decía:

—Voltéenme, por favor muchachos, boca abajo.

—Y a los diez minutos, otra vuelta. No podía estar ni boca abajo, ni boca arriba, ni de lado, de ninguna forma podía estar de la soba que le pusieron. La cara toda reventada, la cabeza; por dondequiera tenía cachazos de pistola. Bueno, una lástima estaba hecho el pobre amigo ése.

Entonces se me acerca uno, uno muy fuertote, grandote, con tipo de ranchero.

—Qué, muchachón, pos qué... ¿Por qué te trajeron?

—Fíjate —le digo, pero yo dándome mi *cran* porque entre ellos también hay su categoría— tenía yo más de cincuenta cabezas de máquina, tenía yo licuadoras, tenía televisores, tenía radios, tenía todo, y este güey, el que me vendía, lleva la tira y orita se acaban de llevar todo, mano.

—Uh —dice— pos qué chinga te pusieron. Pos, ¿como cuánto te *bajaron?*

—No, hermano, pos más de 100.000 pesos.

—Yo pa' darme mi categoría que era muy bueno, ¿verdad?, porque le tienen más respeto a uno así.

—Fíjate, pos a mí qué crees —dice otro— me tuvieron como quince días en el Pozo, 'ñero.

Es una prisión que hay aquí que le dicen el Pocito. Todos los rateros na'más les dicen el Pocito y mire, ¡lloran! ¿Sabe ahí qué les hacen? Los amarran de las manos así para atrás, los amarran de los pies. «¿Fuiste o no fuiste?, hijo de la ching...» ¿Que no? ¡Pas!, un trancazo en el estómago, así pero a ley, ¿verdad? Entonces los dejan caer a un pozo de agua, de agua fea, sucia, que está ahí, ¿no?, con orines de caballo y todo. Ya hasta que están medio ahogados, medio muertos, los sacan para arriba otra vuelta. «Quihubo, güey, ¿fuiste o no fuiste?» ¿No? ¡Pum! Más trompones en el estómago, y va pa'dentro.

Bueno, este cuate, el que estuvo en el Pocito, dice:

—Fíjate, así me tuvieron, 'ñero, mira —verdad de Dios— que como diez días. Y yo no probaba ni agua. ¡Ni agua me daban los cabrones! Sabes que yo compro vacas robadas, 'ñero, y compro puercos y todas clases de animales que me llevan; yo los compro. ¿Pero a estos güeyes por qué les voy a dar dinero? Ya me dieron en la madre mucho, ¿no? Trabajo es que yo me suelte: «Pos sí, jefe, compré un puerquito...». porque ahí me sigo con toda la choricera, y me sacan todo, ¿no? Así es de que yo no les digo, y no les digo; ¡cabrones! Aquí tengo quince días y todas las noches me sacan. Vas a ver si no, al ratito están por mí.

Bueno, a ese tipo de veras lo admiré. ¡Lo admiré porque tenía unos pantalones! Era de aquellos mexicanos, de aquel heroísmo mexicano que creo ya no existe, sinceramente. Efectivamente. no tenía tres cuartos de hora que estaba yo ahí, cuando van y lo sacan. Entonces, saliendo, saliendo, na'más se cerró la puerta y se oyó, ¡pas!, pero así muy macizo, ¿no? Al rato ya volvió, agitado, amarillo.

—Ni madre, 'ñero, no me sacaron ni madre —dice— y no me han de sacar nada. Me matan, pero no les digo nada a estos cabrones.

—Al pobre muchacho que estaba ahí —el de los blanquillos grandototes— lo sacaron como perro, arrastrando. Como estaba, fíjese, todavía así lo sacan a golpiar.

¡Ay!, yo estaba pensando: «¿A qué horas me van a agarrar a mí así también? ¡Madre Santísima, en qué me metí!». Y en eso estaba yo cuando dicen mi nombre y que me sacan, ¿no? Saliendo así del corredorcito ahí estaba mi amigo Abraham hablando. Bueno, yo ya más tranquilo que llegó quien respondiera por mí. Total, que le dije al agente que o agarraban 1.000 pesos, o los agarraba un abogado por defenderme. Bueno, entonces ya lo cinché, ¿verdad?, ya le di mate porque ha de haber dicho: «Pos de agarrarlos yo a que los agarre otro güey...». Entonces dice:

—Bueno, pos mira. Nomás porque se trata de Abraham y que la fregada, vamos a conseguir el dinero.

Y ahí me llevan otra vez al café. En el transcurso me dice:

—¿Qué tal si al muchacho que te embarcó en esto le damos una calentadita, le damos sus madrazos, nomás pa' que se le quitelo gacho de andar embarcando a los cuates? Y pos a tu socio, de perdida que se venga a estar una noche aquí, ¿no?, pos deben ser socios en las buenas y en las malas.

Pero no quise yo.

Llegando al café dejé caer los centavos que traía en la bolsa detrás de la barra y le hice seña a Gilberto de que ahí estaban los centavos. Le pedí prestados 500 pesos y entonces él no tuvo más que sacarlos de su bolsa y dárselos al agente. Al día siguiente le daba yo el resto.

—Bueno, Manuelito —ya entonces Manuelito me decía—, vámonos.

Hasta me llevaron a cenar, me compraron tortas, los cabrones, y refrescos, y que me van a encerrar otra vuelta a la Jefatura. Ahí me pasé la noche, pero me la pasé recontento, porque estuvieron contando anécdotas todos los rateros, todas sus aventuras y esas cosas, y pos yo, viviendo el momento ahí con ellos. Bueno, pues seguí frecuentando el café de Gilberto. Era casi como mi casa. Ahí hacía todas mis comidas y a veces dormía ahí en el suelo por las noches. Mi papá se cambió con Dalila y mis hijos a un cuarto en la calle de Niño Perdido. Mientras tanto compró un lote en las orillas de la ciudad y empezó a hacer otra casa. Una semana o dos pasaban sin que yo viera a mis hijos; sí me acordaba de ellos y me sentía culpable, pero trataba de ocultarlo hasta de mí mismo. Yo no sé, pero cuando no los veo diariamente se adormece en mí el amor que siento por ellos, ese amor se adormece, se pasma y dejo de pensar en ellos. Me he preguntado varias veces por qué soy así con mis hijos, y no he podido ver la respuesta. Más bien tengo miedo de analizar dentro de mí mismo esa pregunta, porque me sentiría despreciable.

No puedo atender a mis hijos como es debido porque trato de aparentar, trato de llevar una vida que nomás no puede ser. Como fiera acorralada siempre ando buscando salidas para mí únicamente. Soy un desgraciado. No podía ni dormir. Me acordaba de ellos cuando estaba comiendo y entonces el bocado aquel ya no fluía con la misma facilidad; se me atragantaba. Es paradójico esto, pero yo trataba de castigarme y no iba más a verlos. Y cuando mi papá o Consuelo iban al café y me gritaban insultos delante de mis amigos entonces ya me sentía yo justificado. Sentía como si hubiera yo pagado mi mala conducta con esa humillación.

Gilberto y su esposa Carolina eran mis mejores amigos. Él es impresor y pertenece al sindicato, y ella atiende el café. Yo traté de que él trabajara en Tepito, pero él prefiere su sueldo de 50 pesos diarios, su Seguro Social y más tarde su pensión. Gilberto fue el que me llevó por primera vez al Hipódromo, y al jaialai y al frontón que han sido mi perdición. Llegué también a apostar en las peleas de box y en las peleas de gallos. Sí, el vicio del juego me tenía agarrado, aún más que antes. Me he dado una enviciada que fue lo que me perjudicó más. Cuando jugaba a la baraja eso era poca cosa comparado con esto. Siempre tengo la esperanza de agarrar una quiniela que me pagara 3, 4, 5.000 pesos. Sería una satisfacción muy grande para mí llegar con mi padre y decirle:

—Mira, papá, toma esto. Toma esto, junto.

Porque, ¡por Dios!, para mí no los quiero. Porque yo no le tengo amor al dinero, y no lo quiero para mí. Le juro que lo quiero para mi padre y para mis hijos.

Un día Gilberto me llevó al Hipódromo y pues me tocó la mala suerte que compré una quiniela con 10 pesos. Pues la quiniela pagó $786.00 y dije yo: «Qué ando haciendo trabajando, si aquí está mi porvenir». Desde entonces me gustan mucho los caballos. Aprendí a leer el *racing form* y ya sabía yo de pesos, tiempos, montas, distancias, todo eso. Aprendí mucho, conozco mucho de caballos, me hice muy científico y a mí lo que me perjudica en los caballos es conocer. Si na'más se necesita un ratito de suerte ahí. Debería haberme atenido a sueños y corazonadas como Gilberto.

Perdí mucho dinero en las carreras. Me estaba yendo bien en Tepito. A veces sacaba de menos 100 pesos diarios, pero todo, todo, se iba en los caballos. Un día llegué con 1.200 pesos en la bolsa y salí únicamente con los 30 centavos para el camión. Ese día ni comí... prefiero jugar a comer... en la noche cené en el café, porque me fían. Únicamente he ganado en dos ocasiones, unos 1.300 pesos por todo. Es increíble pero a veces he perdido 1.000 pesos al mes, si no es que más. El dinero que debería haber usado como capital en el mercado lo eché a rodar. Y ahorita yo estaría muy bien si no fuera por el gusano ese del juego.

Pero no crea, no juego por diversión. Para mí es como un negocio, un trabajo... el medio más rápido de progresar de veras. Siempre iba con la esperanza de ganar. Y después que he perdido todo el dinero y ya no puedo hacer más apuestas siento el cuerpo todo laxo, siento como una especie de sudor frío. Me reprocho a mí mismo mi tontera... porque escogí el número equivocado... por no hacer caso de la corazonada de Gilberto... por interpretar erróneamente un sueño... por mi mala suerte. Una y mil veces me he dicho a mí mismo que debo dejarlo, pero tan pronto hago un buen negocio no hago sino correr al Hipódromo con el dinero. Al día siguiente, sin un centavo, iba al mercado a buscar a un amigo con capital para que fuera mi socio por ese día. Y para empeorar las cosas un socio que tenía se fue con 5.000 pesos, se llevó en mercancía esa cantidad, y yo tuve que pagar a los acreedores. Todavía debo como 1.200 pesos de ese asunto.

Mi compadre Alberto se quedó una temporada más en los Estados Unidos, después lo agarró la Inmigración y lo aventó pa' fuera. Yo lo notaba muy raro conmigo, pero no de recién que llegó, sino ya así a través del tiempo se fue alejando, se fue alejando paulatinamente, ¿verdad? Me hablaba exactamente lo mismo aunque yo notaba en sus palabras cierta frialdad, cierta cosa. Yo no sabía qué explicarme. Pasaron como tres años. Un día llegó bien ahogado de borracho al restorán de la señora esta Carolina. Llegó con su tía.

—Compadre —dice— tómate una cerveza.

—Oye, compadre —le digo— si apenas voy a hacer el pan. Todavía ni me desayuno. ¿Cómo voy a tomar cerveza ahorita?

Luego se me quedaba viendo, se me quedaba viendo así, se le rasaban los ojos. Y yo dije: «Bueno, pues éste que trae», ¿no? Y me hice tonto y seguí haciendo mi pan y todo eso. Luego pos así de reojo lo veo, lo seguí observando y na'más movía la cabeza sí, de tristeza.

Hasta que ya no me aguanté y que me acerco y le digo:

—Oye, compadre, pues ultimadamente tú y yo nunca hemos andado con tiznaderas, hermano.

¿Qué traes conmigo? ¿Qué tienes que sentir, o qué? Dime, a mí háblame derecho. ¿Por qué te me quedas viendo así?

Para esto le estaba diciendo a su tía:

—¡Salud! Por el más querido y más traidor de los amigos. Y entonces me veía a mí, ¿no? La primera vez no le di importancia, porque lo dijo así como no queriendo. La segunda vez ya me vio a mí, y ya fue cuando me acerqué:

Dice:

—Mira, te juro que si no tuviera mis hijos yo te hubiera matado ya.

—Oye, oye —le digo— cabrón, estás loco, tú.

¿Pos qué traes? Dice:

—¿No es cierto que tú le cantaste sobre las nalgas a mi vieja?

—¿Quién te dijo eso?

Yo me indigné inmediatamente. Sentí que me hirvió un volcán por dentro.

—Juanita, mi vieja. ¿No es cierto? Cuando la encontraste ahí en el cabaret.

Entonces me doy cuenta de lo que se trataba. Poco después que volví de los Estados Unidos, me dice un amigo:

—Oye, Chino, ¿de quién es una señora, tuya o de Alberto, que trabaja en El Casino? El Casino es un cabaretucho que hay por allí cerca, un cabaret de mala muerte. Le digo:

—Pos oye, aquél ha sido muy mujeriego, hermano, y ha tenido muchas señoras. No sé cuál de todas sea.

Dice:

—No, pero fíjate que ésta me da señas tuyas y me da señas que tiene hijos con Alberto.

Y entonces me asaltó a mí el presentimiento, ¿verdad? Dije yo: «A poco es su señora —porque con ella vivía de pie—; a poco es Juanita». Pero yo traté de aparentar, no dándole importancia delante de aquél, pues para no poner en mal a mi compadre.

Yo por las dudas fui al Casino. Y que llego allí. Como todo está en penumbra anduve buscando pero no vi nada. Entonces me meto al mingitorio a desaguar y en una de las mesas de hasta el fondo estaba una señora con un tipo, estaban abrazados y se estaban besando en ese momento, pero no reconocí quién era. Pero al salir del mingitorio fui viendo: la esposa de Alberto era la que estaba allí. Bueno, yo sentí tan feo, sentí tan horrible como si hubiese sido mi esposa. La agarré del brazo y que le pego un jalón y pues con palabras groseras le digo:

—Oiga... y usted, ¿qué hijos de la rechingada está haciendo aquí?

—No, Manuel —dice— es de que...

—Es que nada —le digo—, es que usted es una sinvergüenza, es una puta.

—No —dice— usted no tiene derecho a decirme eso.

—¡Cómo que no tengo! —le dije— y orita se sale. Se sale o la saco; la saco a punta de cabronazos.

—Yo estaba que trinaba en ese momento, quería golpearla allí.

—No, es que yo tenía al niño malo, y Alberto no me ha mandado dinero. Yo no iba a dejar morir al niño... por necesidad yo lo hice.

—Usted miente, señora —le digo— usted miente con toda mentira, porque hace cinco días yo le puse a usted de allá un cheque por cincuentaicinco dólar; yo personalmente se lo puse a usted.

—Pero es que mire...

Entonces empezó a llorar y yo caí en razón que en realidad no era mi señora, era la señora de Alberto. Ya más calmado le digo:

—Mire, señora, usted no tiene necesidad de estar aquí. Si acaso usted necesita centavos para su gasto, cuando no le mande aquél, yo mañana voy a empezar a trabajar. Usted puede pasar a verme, yo puedo facilitarle unos centavos mientras viene mi compadre. Luego que venga él que me pague.

—Pues sí, Manuel, pero, este... no me puedo salir.

—Sí, sí se puede salir.

Voy con el cantinero y le doy los 20 pesos de la salida de la señora y con el policía de la puerta y ahí están los 10 pesos, y a ella la mandé a su casa a dormir.

Yo creí hacer un bien a Alberto, por eso cuando me acusó sentí tan feo.

—Ven, compadre, no me gusta a mí andar con enredos, vente, vamos a tu casa —le dije.

Pues sí, paró un carro y ahí vamos a su casa. Alberto y Juanita estaban cuidando un edificio, tenían la portería. Que llegamos. La señora me saludó, pero siempre con un gesto medio quién sabe cómo. Y que Alberto la mete para adentro y cierra la puerta y ahí le empezó a decir:

—Qué me dijiste de Manuel, que él te había dicho que...

—No —dice— yo no sé Alberto por qué lo comprendió así. Yo le dije que usted se había ofrecido a prestarme el gasto, pero no que me fuera a dormir con usted.

Entonces Alberto se le quedó viendo así con mucha rabia, la agarró y ¡pum!, que le pone tres trompones. Y yo lo dejé, a propósito lo dejé, porque dije: «lo merece la señora por andar con esas cosas, porque aquél es capaz de que sí me mata, o me hace algo... o nos hubiéramos hecho los dos, y por nada... por un chisme. «Yo sí lo dejé que le pusiera tres trompones. Después le quería seguir pegando, de la rabia que tenía, y aquél como loco, le entró una especie de delirio.

—¡Canalla! ¡Canalla! —es na'más lo que decía. Bueno, ya después lo tumbé sobre la cama.

Hoy me visita, pero ya no es lo mismo que antes. Conociéndome de toda una vida y queriéndonos como nos queríamos, tuvo el valor de dudar de mí, cosa que no debió haber hecho nunca. Y es lo que me desilusiona. Esto también tuvo que ver algo con que haya yo perdido la fe en la religión.

Pero en realidad yo lo admiro. Tiene una fuerza de voluntad enorme, una voluntad de acero, porque él dijo: yo tengo que ser chofer, y a fuerza de echarle valor al asunto logró ser lo que quería. Anda de chofer de ruleteo, sus hijos van muy adelantados en la escuela, tiene su televisión, su estufa de gas y quiere fincar su casita propia. Su aspiración más grande, la ambición máxima que tiene él es llegar a ser chofer de los autobuses foráneos de turismo, y no dudo que lo logre.

Siempre me anda aconsejando, porque dice que ya es justo que viva bien, que piense con la cabeza. Él dice que yo soy muy inteligente y que podría tener más éxito que él con solo organizarme y dirigir las fuerzas que tengo. Yo no sé de dónde saca esa voluntad que él tiene, posiblemente porque no sabe leer no tiene en qué distraer su mente, ¿verdad?, y enfoca las cosas más prácticas, más claras.

Bueno, yo había enviudado y solo tenía veintitantos años. En realidad era un hombre libre.

Me levantaba a mediodía, pasaba la tarde en el mercado, o en las calles, en las carreras o en otros lugares donde pudiera yo apostar. Tenía muchos amigos pero me haca falta una mujer. Tres veces fui, llegué al grado de ir con mujeres públicas pero me salí como entré, porque no puedo soportar a esas mujeres.

Entonces conocí a María; Carolina la del café es madrina de ella. Cuando la conocí estaba muy chamaca de a tiro, diecisiete años tenía. Su padrastro había matado a su mamá hacía unos cuantos años, y ella había andado de aquí para allá con su abuela, sus tres hermanos chicos y su hermanita. Dormían en un puesto del mercado, del viejo, antes de que lo tiraran. Cuando la conocí todos dormían en un tapanco en la pieza de Gilberto y Carolina.

Yo desde un principio le conocí sus defectos. Era bastante dejadita y era floja. Pero estaba joven y bastante bien formada. Y yo tenía un fuerte deseo con ella. Yo dije: «Con paciencia, con cariño va a ir cambiando. Ha tenido una vida miserable, horrible, pero poco a poco la haré que cambie».

Pero no estaba enamorado de ella, no la quería. Mi capacidad para el amor se había muerto. Yo me daba cuenta de esto porque cuando veía a Graciela en la calle algunas veces ya no sentía ni siquiera una pequeña cosita por ella por dentro, ni un sentimiento, nada. No, sino que el motivo para andar con María fue pura conveniencia.

Invité a María a ir a Chalma conmigo y un amigo. Tenía la intención de ir a pagar una manda que debía mi señora de bajar de rodillas de la Cruz del Perdón al Santuario de Chalma, pero ya con María allí y esas cosas ni me acordé de aquello.

Resulta que todo el tiempo estuve tratando de hacerla mía y siempre le hablaba pues de aquello, ¿no? Cuando íbamos en el camión ella ya había condescendido. Cuando llegamos a Ocuila tendimos nuestro petate para acostarnos a dormir. Entonces pasó una cosa curiosísima.

Cuando llegó el momento, ella se empezó a arrepentir y esas cosas, ¿cree que pude? No pude. No pude lograr la reacción. Tantito que ella se forzaba, tantito que me entraron unos nervios espantosos, el caso es que no pude. Entonces me hice el enojado. Estuvimos durmiendo juntos en el petate tres días, pero eso fue todo.

Desde entonces para acá he sufrido una serie de trastornos así... Y yo siempre buscando aquello, pero otra vez, no sé, pero yo no tenía más que un dolor horrible de testículos; yo tenía aquello dispuesto y todo, na'más otra vez no pude... Pasó la noche, yo no pude dormir, de los nervios, el coraje, la decepción de mí mismo. Siempre fui muy viril yo, pero desde que murió mi esposa no he podido volver a sentirme igual.

Yo creo la depresión moral de todo ese tiempo se me acumuló.

Luego pensaba: «Pues a lo mejor de Dios estaba que no le pasara nada a ésta conmigo». Entonces después se le empezó a meter otro muchacho; se le empieza a meter, se le empieza a meter y cuando menos pienso, ya eran novios. Yo ya la había conocido en cuerpo, no había sido mía, pero no se me podía borrar aquello. Decía: «¡No es posible que ahora vaya este canijo a ganarme a mí!».

Después le decía yo:

—Mira, María, cásate conmigo, yo voy a procurar trabajar lo más que pueda para que no te falte nada, para tenerte todo... Ves tú que portarse uno decente no son cosas que sepas ver; yo pude haberte hecho mía, sin embargo me contuve, porque prometí respetarte.

Dice:

—¿Porque prometiste? ¡Porque no pudiste! Sí, porque no pudiste, a la hora de la hora. Entonces me dio tanto coraje que le voltié un trompón.

—Ahora me vas a echar en cara —le digo— que haya yo sido honrado y te haya yo respetado, ¿no? —y ¡pum!, que le pego otra vez.

Pues yo tenía naturalmente mi orgullo de macho que no me dejaba reconocer aquello.

Y ahí pasó. Después duramos enojados un tiempo. Entonces había una señora y resulta de que a ésta no sé qué cosa le dio, o de dónde agarró, pero el caso es que estaba pero perdidamente enamorada de mí. Pero tenía marido, bueno, no era casada, pero vivía con él, y yo no quería, en una palabra. Llegó el día en que me agarró forzado, comprometidísimo, vaya, ya no me dejó salir: de esas cosas que me acosó y cuando menos pensé ya estábamos allí.

Estando sin hablarnos ni nada una vez cuando menos lo pensé me habló María:

—Manuel, usted siempre me ha pedido que me case con usted, ¿no? Pues vámonos ahorita.

Bueno, pues yo dije: «A quién le dan pan que llore», ¿no?, me la llevé a un hotel, no fuera a ser lo mismo que primero sí y luego a última hora... Lo que había pasado es que no faltó quien le dijera a María de la otra mujer y ella entonces dijo: «Ahora le voy a demostrar que yo le quito a Manuel cuando quiera».

Luego se echaba de ver que ella llegó completamente inexperta; era señorita y muy pasiva. Nomás se entregó y fue todo. No sé si serían los nervios, pero con trabajos, con muchísimos trabajos, apenas pude. Después María se fue a dormir en su tapanquito y yo dormía allí en el café. Así seguimos varios meses.

Yo tenía esperanzas de que María cambiara. Pero ha sido siempre una actitud pasiva la de ella; ni atrás ni adelante, nomás se limita a un mismo plan, el mismo plan desesperante. Quiero aclarar una cosa, que sin ser yo morboso por mi experiencia, por lo que he leído, sé que la mujer debe sentir hasta un punto excitación. Bueno, pues la preparaba, pero ella no reaccionaba. ¿A qué le sabría —por ejemplo— estar con una mujer y mientras está tratando de excitarla, mientras está platicando, trabajándola, ella se queda dormida?

¡Bueno, es algo resfriante!, es algo que resfría a uno, ¿no?

A veces le he dicho: Oye, María, dime tú, ¿por qué tengo que ser siembre el de la iniciativa?, ¿eh?

¿Por qué siempre tengo que ser yo el que te lo pida?

¿Por qué de ti nunca ha salido decir? Bueno, es que es lo natural, lo normal en un matrimonio. ¿Por qué nunca se te ha ocurrido pedírmelo?

Ay, pobre de mí, yo pensé que era porque no me quería, pero ella me dijo que si no me quisiera no viviría conmigo.

Ella nunca me dijo nada de mi impotencia. No he sido siempre así y he sabido disimular, pero me atormenta esto. A veces lo achaco a mi cerebro que nunca descansa; hasta en eso me ha afectado. Siempre estoy pensando, estoy tocando por dentro, silbando una pieza de música, oyendo; cualquier cosa. Si estoy pensando una cosa, cuando menos pienso no me acuerdo ya qué estaba pensando, o ya pienso otra muy diferente y cuatro o cinco cambios se operan sin que hilen las cosas. Siento punzadas fuertísimas y siento que se me revienta el cerebro. Hay veces que para mí se detiene el mundo, se detiene el tiempo de repente, y no tengo humor ni deseos de nada. Las calles, el movimiento, el ruido, las gentes, son muertos para mí... las flores no tienen color, no tienen nada...

Cuando estoy con María se me olvidan en parte mis preocupaciones. Pero cuando le he tratado temas de la vida en serio creo yo que hasta se aburre. Yo no soy muy culto, pero pos tengo la facultad grandísima de que me gusta leer, me gusta cultivarme un poco. ¿Pero sabe qué son las cosas que le gustan a ella? Las historietas de muñequitos, novelas de amor, chismes, cosas triviales... platica reteharto con toda la gente de todo eso, pero cuando yo discuto cosas con ella todo lo que contesta es «sí» o «no».

Luego su descuido me molesta mucho.

—Arréglate, por favor, María —le digo—, trata de ser un poco más aseada. Andas siempre con unas trazas que pareces la decepción personificada, no demuestras ilusión ninguna.

No mostraba ningún interés por la vida. Quisiera saber qué cosa es lo que tiene.

Estaba yo pensando en dejarla cuando empezó a estar embarazada. Ya no tenía yo intenciones de abandonarla entonces o darle mala vida. Ella quería que nos casáramos por lo civil —alguien le dijo que los niños que nacen fuera del matrimonio salen con orejas de burro y caminan a la sombra de la cruz toda la vida— pero yo no quería porque se me figura que estoy cometiendo una traición para con mis hijos primeros y para con mi esposa muerta. Porque si yo me caso con ella, los hijos que criemos ella y yo pues tienen todos los derechos ante las autoridades, y mis cuatro hijos por ser hijos naturales pierden automáticamente el derecho. Por esta causa es por lo que yo me muestro renuente a casarme con ella.

Entonces fue cuando mi papá me había dicho que recogiera a mis hijos.

—Ya estoy fastidiado —dijo—, estoy cansado de tus chamacos. Tienes que llevártelos, ya no los soporto.

Entonces se los trajo a Bella Vista, donde estaban Marta y sus hijos viviendo. Marta estuvo de acuerdo en hacerse cargo de ellos y le di dinero para el gasto. Pues como al tercer día cuando le fui a dar el dinero, en la noche, encontré a mis hijos ahí abandonados y no habían comido nada en todo el día. Mi hermana se había ido con un tipo y se llevó a sus hijos y todo. Se fue sin decir palabra y mis pobrecitos hijos parecían huérfanos hambrientos cuando llegué allí.

Fue entonces cuando me llevé a María a vivir conmigo a Bella Vista. Yo pensé, bueno, pues cuando menos para que les haga de comer me sirve María. Mi papá me dijo que me podía quedar con el cuarto si pagaba la renta. Después ya mi papá supo de María, y la aceptó a regañadientes.

—Ya te echaste la responsabilidad otra vez; va a ser como con la otra.

Yo empecé con mucha ilusión de tener un hogar en forma, el caso es que mi papá insistió en mandar los muebles a Marta que vivía en Acapulco con su marido. Poco a poco se llevaron las cosas. Consuelo llegó y escogió cosas y pues ahí tiene usted que me quedé con el cuarto vacío, completamente vacío, las cuatro paredes nada más. Bueno, pues Consuelo al ver que estaba así dice:

—Oye, mano, yo tengo la cama en casa de Lupita desocupada, dame 50 pesos y te la traes.

Le digo:

—Pero en esa cama está durmiendo mi papá, mana, ¿cómo me la traigo?

Dice:

—No, a mí no me interesa. Total a mí me costó, la cama es mía. Mejor que duerman tus hijos en ella.

Bueno, pues le pagué y ya me traje la cama. María y yo dormíamos en la cama y acostamos a los niños en el suelo, les hicimos una camita allí de sábanas. Cuando María se alivió de la niña, de Lolita, dormíamos los tres en la cama. El caso es que mi hermana vio esto y dice:

—¡Cómo acuestas a los niños en el suelo! Yo te di la cama para los niños, no para que...

Yo me enojé por esto, porque ella pensaba que yo estaba maltratando a mis hijos. Pues yo toda mi vida había vivido así. También nosotros —Roberto y yo— dormimos en el suelo y nosotros peor todavía que ellos. Yo a mis hijos siquiera procuraba que tuvieran bastantes colchones, sábanas, abajo; con mi papá no había de eso, yo agarraba un costal.

—Consuelo, tú me vendiste la cama, no me la regalaste. En mi casa yo ordeno, yo puedo ordenar en mi casa. Tú da órdenes donde tú vivas, no vengas a ordenar aquí. Les voy a comprar otro catrecito a los niños en estos días cuando tenga dinero.

Y total que ésta estaba molestando a cada rato con la cama. Luego le digo:

—No, no, no... no eches de gordas por tu cama. Si quieres tu cama llévatela, dame mis centavos, pero lárgate.

Pues no tenía los centavos y nos seguimos contrapunteando. Una vez hasta me esperó a la salida del cine y empezó una discusión.

—Tú estás loca —le digo, y la dejé como lurias hablando en la esquina. Yo creo que le dio coraje porque al día siguiente se fue a la casa, le dio a María los 50 pesos y se llevó la cama. Luego hice un buen negocio en el mercado y llegué a la casa con un juego de recámara.

—Mira, sí, están bonitos los muebles —dice María. Yo pensé que con los muebles se iba a animar, pero siguió con la indiferencia y el descuido de siempre. Me acabó de decepcionar porque no tenía cuidado de nada en absoluto; la Luna del ropero y la Luna del tocador siempre empañadas, con las manos puestas allí, dondequiera que pasaba yo el dedo, polvo.

¡Por el amor de Dios! ¡Hombre!, ¿qué haces todo el día? Mira, con un trapito con aceite dales una talladita. Procura que tu casa esté limpia.

Como ocho días después me doy cuenta que la puerta del ropero estaba rota. Le dije:

—Eres muy tonta, eres una estúpida, eres esto y lo otro.

—Primero dijo que era mi hijo el grandecito, luego que mi hermano. Pero no le puede uno sacar nada; se emperra en lo que dice y eso tiene que ser. A cada rato le decía yo cosas.

—¿Pa' qué compro más cosas? Total, que nos lleve el diablo. Te gusta vivir en la suciedad, te gusta vivir en la mierda, bueno, pos vamos a vivir en la mierda. A ver quién se cansa primero. Estamos muy pobres pero cuando menos para comer no nos falta. Eso es un don que tienes que agradecer a Dios, y a mí. Muchas mujeres estarían felices de tener un hombre en quien apoyarse; ahora todo el mundo te guarda consideraciones solo porque vives con un hombre.

—Posiblemente para ti sea yo un viejo. Posiblemente te sientes defraudada porque no he llegado ahogado de borracho a pegarte, a levantarte a patadas de la cama a medianoche. Posiblemente te aburres o, ¿qué es lo que quieres? Yo no quiero sacrificarte. Mira, yo ya crucifiqué a una mujer; ya a mi lado murió una mujer y te juro por el amor de Dios que una y mil veces prefiero abandonarte a saber que te estoy sacrificando. Yo no quiero esclava, quiero compañera. Ponte a estudiar algo, ponte a trabajar, haz algo...

Ella únicamente se limita a contestar sí, o no. No es que trate de echarle a ella toda la culpa, pero si ella hubiera resultado una mujer diferente mi vida sería radical, totalmente distinta de la que llevo.

Luego toda su familia se empezó a mudar con nosotros. ¡Uy, qué barbaridad! A mí —en medio de que he vivido lo más pobre posible, siempre—, bueno, me espantó, me horrorizó la familia de ella. Pasó esto, a la tía y a la abuelita no sé por qué causa les quitaron la casa donde vivían. Uno de los hijos de la tía me pidió permiso para quedarse a dormir una noche. Se quedó allí. Luego un día llega la señora, la mamá del muchacho, Elpidia se llama, con el otro chamaco ardiendo en fiebre.

Estaba haciendo un aire de todos los diablos afuera y la señora empezó:

—Y adónde me voy a quedar, fíjese nomás, con este niño, ¡y ahorita ir a buscar donde quedarme!

Pues al buen entendedor, pocas palabras. Le dije que se podía quedar hasta que el chamaco se mejorara.

María tenía una prima, Luisa, que vivía con su segundo marido. Los niños de su primer esposo vivían con ellos. Bueno, éste es un caso insólito. El padrastro a una de las chamacas la mancilló y la hizo mala. Una chamaca, una niña, ¡y el padrastro...! Y la mamá trata de hacerse la desentendida, pero sabe que fue el padrastro y sin embargo, sigue viviendo con él. Bueno, dentro de mi medio aun siendo pobre no se acepta eso.

Entonces Luisa viene con su niña mala a la casa. La chamaquita, ¡uy!, parecía pero si un gallito, la inocente; huesos, puros huesitos, ¡vaya! La llevé con un doctor y dijo que lo que tenía era una desnutrición espantosa y bronconeumonía. Y él no sabía que también estaba embarazada. Pagué el doctor, compré la medicina y allí se estuvo la niña y Luisa también.

Bueno, después vino la abuela, con los hermanos de María, quesque a visitar a la niña y ¡ras!, se mete la abuela. Bueno, fíjese usted cuántos eran. Elpidia y sus dos hijos, Luisa y su hija, la abuela, los tres hermanos de mi señora, luego la hermana y otra chamaca de Luisa, mis cuatro chamacos, María, Lolita y yo. ¡Dieciocho viviendo en el cuarto! Luego mi hermano Roberto no tenía donde vivir, entonces él y su señora vinieron también.

Horror, horror, horror me daba ya al llegar a esa casa. Todos tirados allí en el suelo día y noche. La casa siempre tirada, siempre sucia, y ellos de una porquería espantosa. La abuelita, viejita la señora, pero procuraba andar limpia. ¡Pero la tía, Elpidia! Se sentaba en un rincón de la cocina, espulgando a los chamacos. Yo llegaba y me ofrecía de comer. Pero si yo la estaba viendo espulgando a los chamacos y ella sacándose por acá los...¡Cómo iba yo a comer! Yo veía que ni las manos se lavaba. Yo le daba las gracias y le decía que ya había comido. Bueno, nomás de ver que metía las manos allí en la comida, ¡uy, me daba un asco!

La hermanita de María, la chiquita, siempre la traían con el moco hasta acá, en la barba. El excusado apestaba y ni siquiera se tomaban la molestia de cerrar la puerta cuando lo usaban. Y una gritadera de chamacos en la mañana cuando yo quería dormir. Una batarola de todo el infierno allí. Y yo que me ponía de un humor negro. Bueno, hasta me estaba yo enfermando de los nervios.

Mi papá venía todos los días como de costumbre. No me dijo absolutamente nada, pero yo sabía que le desagradaba ver a tanta gente metida allí. Yo me decía que los corriera, pero mi otro yo decía: «Pobrecitos, no tienen a dónde ir... Hoy por ellos, mañana por ti. ¿Cómo los corro ahorita?».

Yo le decía a María:

—Ay, vieja, si no es que me pese, pero mira, ya se me están acabando los centavos que yo traía para trabajar. Diles que pos a ver cómo le hacen.

—No —dice—, ¿pos yo cómo les voy a decir?

Pos diles tú.

—Bueno, pero es tu familia, María. No necesitas correrlos, pero así con palabras más o menos, tú busca la forma de decirles. No es justo, María. Mira, ahorita tengo una tanda y 30 pesos que me sale dar el gasto aquí.

En el mercado, los conocidos, hacíamos tandas para tener dinero para trabajar. Cada semana entre diez comprábamos números de 50 pesos cada uno y nos turnábamos para agarrar los 500 pesos juntos. Así que ahí me tiene pagando 50 pesos semanarios de tanda y dando el gasto para mantener a toda esa gente.

Pero María nunca le dijo nada a su familia. Es más, estaba contenta con la familia allí. Es cuando estaba más contenta. Ya hasta brincaba yo de los nervios que tenía, pero tampoco yo les decía nada. Ya no tuve que darles, me volví a quedar sin 5 centavos. Mi papá tuvo que llevarse otra vuelta a los chamacos porque durante mucho tiempo María usaba todo el dinero del gasto para dar de comer a su familia y a mis pobres hijos les daba café negro y un bolillo. ¡A mis pobres chamacos!

Yo me quedé sin nada. Tuve que vender los muebles y a María y a Lolita las mandaba al café y comían porque ahí me fiaban. La primera que se salió fue la abuelita que aunque muy anciana es de mucha vergüenza. Se empezó a dar cuenta de que yo andaba serio y se llevó a la hermanita y a los hermanos de María con ella. A los otros nunca los corrí; ellos por su voluntad se salieron, pero ya a las quinientas, ya que no tuve nada que darles. Pero la tía costó un triunfo, un triunfo sacarla. Estuvieron con nosotros dos meses y me dejaron completamente sin dinero y lleno de deudas. Mi vida es un cúmulo de emociones inexplicables. Hasta cierto punto soy de esa clase de personas morbosas que gozan atormentándose solas. Hay veces —le juro— que en las noches he llorado ya que me quedo solo en el café. Siento tan estéril, tan inútil, tan amargada y tan infeliz mi vida, que ¡por Dios!, hay veces que quiero morirme. Soy de la clase de tipos que no dejan nada de su paso sobre el mundo, como un gusano que se arrastra por la tierra. No soy de provecho para nadie, para nadie; mal hijo, mal padre, mal todo. Veo toda mi vida pasada y me doy cuenta que está basada en una cadena de errores. La he llevado con frivolidad. Me he conformado con vegetar, con sobrevivir en un crepúsculo gris, sin pena y sin gloria. Siempre esperando un golpe de suerte... un millón de pesos, para ayudar a mi padre, a mis hijos, a mis amigos necesitados. No pude hacer cosas en gran escala, pues entonces no hice nada.

Pero ahora me siento un poquito más confiado en mí mismo y más razonable. Me sentiría orgulloso de poner una casita modesta, de educar a mis hijos, de ahorrar un poco. Me gustaría dejar algo para que cuando me muera todos me recuerden con cariño.

Puede que esto cause risa, pero si pudiera encontrar las palabras apropiadas me gustaría escribir poesía algún día. Siempre he tratado de encontrar la belleza aun entre la maldad en que he vivido, para que no me sienta desilusionado por completo de la vida. Me gustaría cantar la poesía de la vida... grandes emociones, amor sublime, poder expresar hasta las más bajas pasiones en una forma hermosa. Los hombres que son capaces de escribir de estas cosas hacen el mundo un poco más habitable; levantan la vida a un nivel diferente.

Sé que si quiero ser constructivo, con todas mis fuerzas he de luchar contra mí mismo. Primeramente tengo que ganar en la lucha contra mí mismo.

Roberto

Una noche del mes de diciembre de 1952 me metieron a la cárcel en Veracruz. Sucedió que estaba yo pues en una casa de citas, gozando allí un rato. Como siempre ando solo por dondequiera me meto. Tenía ya bastante rato de estar allí tomándome mis copas con una dama, acompañado. Me paré en la barra a pedir algo de tomar cuando vi entrar a un fulano conocido como el Pollo Galván. Otro parroquiano más, ¿verdad?, pues no. Después supe yo que este individuo era hijo de un alto funcionario y siempre se hacía acompañar de policía armada y por eso era muy arbitrario. A cualquiera lo bajaba, lo humillaba, se le hacía fácil hablarle golpeado...

Sucedió que entonces llega y se para detrás de mí. Voltea y se me queda viendo, entonces yo me lo quedo viendo... una cosa muy natural. No le dije nada, ni él me dijo nada.

Pues ahí empezó el pique —como dicen aquí en México— ¿verdad? Pero yo no quise aceptárselo desde un principio. Tocaron un danzón, que es el ritmo que más me gusta, y se lo pedí a la muchacha.

—Sí, como no.

Al fin que estaba conmigo, ¿no? Y empezamos a bailar y como a media pieza este muchacho se para y se me acerca y me dice:

—Hazte a un lado que voy a bailar.

—Bueno, ahorita estoy bailando con ella —le dijo—. Espérate a que termine esta pieza.

—¿Cómo que espérate? En primer lugar, a mí no me tuteas, y en segundo, voy a bailar, porque quiero bailar.

—Mira, yo te tuteo porque tú llegaste tuteándome primero, y en segunda, no vas a bailar con ella, porque aunque ella sea prostituta no es para que nada más te la suelte así como así. La mujer que conmigo anda la respeto, y hago que la respeten, no importa su condición social.

Bueno... ahí se empezó la tremolina, y que me pone un derechazo que todavía me duele cada que me acuerdo, y voy a dar al suelo. Entonces sí, ni modo de rehuir el pleito, ¿verdad? Porque si algo tengo es nunca rehuir el pleito. Y me paro, y entonces sobre mí se vienen dos o tres de los policías, y quieren agarrarme. Porque la costumbre de este fulano era que al pleito, a los golpes, a los hechos, entraban los policías y detenían a su enemigo y él empezaba a golpearlo a gusto y sabor. Entonces él dice:

—No, déjenlo, para este jijo de quién sabe cuánto me basto yo solo.

Y ya se hicieron los policías a un lado. Y estábamos, ¡pero si duro! Yo alguna vez le hice al box, y él era pues, sin jactarme, muy torpe para boxear, y pues la estaba yo ganando, sinceramente. En ésas sacó un cuchillo y empezó a amenazarme. Al ver armas no me amedrento. En lugar de arredrarme, me voy sobre ellos, y ya sin conciencia, a golpearlos hasta donde se pueda.

Dice:

—Hoy te vas a morir, hijo de la chingada.

—Pues vamos a ver. Porque fácil, cualquiera puede sacar una pistola, pero para que la dispare necesita tener güevos...

—Ahorita vas a ver...

Entonces saco yo mi cuchillo y lo herí a él, pues no puedo decir que mortalmente, pero sí lo herí. Tres piquetes le di, ¿no?, dos en la caja del cuerpo y uno en la mano.

Ya para entonces se hizo el bochinche grande y me detuvieron. Me dijeron:

—Ora verás, ¡hijo de la fregada!, te vas a morir.

Y para ser franco pues no me esperaba otra cosa. Porque pues si a otros que nada más habían osado levantarle la voz los habían golpeado en una forma bárbara, pos ora yo que lo había herido... sinceramente me jugué el todo por el todo. El hombre cuando se ve perdido echa mano de cualquier recurso con tal de salvar el pellejo, y así lo hice yo.

Y decían los policías:

—Vas a ver, hijo de tu tiznada madre... te vas a morir.

—Pues antes de que me muera me llevo uno o dos por delante... ¡Y éntrenle!

Y hacen ellos pa' cortar cartucho. Pero lo que me salvó —y de ello le doy gracias a Dios— es que uno de los tres policías tuvo un poquito más de sentido común, y dice:

—No, mejor vamos a llevárselo al doctor Galván así, y allí sabrán qué hacer con él, porque si no nos comprometemos, y ni la pena vale.

—¿No valgo la pena?, hijo de tu tiznada madre, nomás haz la prueba y verás...

Total, ya me llevaron a la cárcel municipal. Y pues caí allí como piedra en el pozo pues de momento no pude avisar a mi familia, ¿verdad? Me sentía más que triste, más que deprimido, desesperado.

La única idea que tenía yo en mi mente era la de salir a toda costa, a como diera lugar. Pero siempre pensando la mejor forma de poder hacerlo, ¿no?, sin ir a fracasar. Bajita la mano me anduve informando cómo se podía hacer para ir a juzgado —los juzgados quedan en la calle— así es que hice una audiencia... y me la hicieron.

Vendí mis zapatos para poder comprar allí algo que comer, porque la comida que dan... Si los cerdos hablaran se la arrojarían a uno por la cara y dirían muchas cosas que no serían muy gratas al oído. Así que andaba con zuecos, unas maderas con la forma de la planta del pie y unos elásticos atravesados. Anduve practicando la forma de podérmelos quitar sin agacharme, porque correr con zuecos sería imposible, ¿no? Así es que anduve practica y practica, y se llegó el día esperado. Todavía no lo tenía yo bien pensado, pero me decidí alentado, pensando que mis familiares estarían tristes por mi ausencia, porque no sabía ninguno, ni les había mandado decir. Nada me hubiera costado mandarles una carta, ¿verdad?, pero cómo decirles, pos cómo darles la mala nueva. Y total, pos que voy a juzgado. Y me saca un policía nada más, armado. Iba entre él y la pared. Agarramos a mano izquierda por los corredores que dan a la calle, donde estaban soldados también. El policía me iba preguntando:

—¿Qué ya mero sales, muchacho? ¿Y qué hiciste?...

Yo no le hacía mucho caso a las preguntas que me hacía el policía porque mi atención estaba concentrada en la calle, por dónde iba a agarrar y si no había mucha gente, y todo eso.

—No te apures —me dice él— ya pronto sales.

Al decirme esto, me doy el agachón y estoy saliendo como bala y tiré los zuecos. Lo que yo había practicado en ese momento se me olvidó por completo.

Salí descalzo, y a correr se ha dicho y corrí como alma que lleva el diablo. ¡Vaya! ¡Y le saqué mucha ventaja! Inmediatamente oí que cortaron cartucho con el máuser de siete milímetros. Ese ruido para mí es peculiar desde que estuve en el ejército. Y oí que le gritaron los alcaldes y los corregidores:

—Suéltaselo, no seas pendejo... mátalo... a las patas.

Yo no voltié, pero creo que me ha de haber estado apuntando, creyendo que si voltiaba yo y veía que me estaba apuntando me iba yo a amedrentar.

Pero ya había yo dado el primer paso para jugarme la vida y salir victorioso —si Dios me ayudaba— y salí agarrado como bala. Se echan a correr detrás de mí él y otros varios. La gente me veía correr y se hacía a un lado. Mientras íbamos por la ciudad no me dispararon, pero ya salimos a las orillas y entonces sí empezaron. Parecía 16 de septiembre. ¡Qué bárbaro! ¡Una balacera que se soltó!... nomás pegaban las balas a un lado de mí, o adelante, por los pies. Ya no nada más los policías, ni los alcaldes, ni los corregidores que iban disparando, sino también los civiles.

En lugar de haber agarrado por el monte, agarré para una finca de café. Para poder llegar a esa finca había necesidad de pasar por un caserío de puros veladores y celadores. Así es que me fui a meter a la boca del lobo sin saberlo. Para esto yo ya iba más que cansado, cansadísimo. Es que ya había corrido más del kilómetro, pero a todo lo que daba. Ya los pulmones, y las sienes, y los ojos sentía yo que se me salían, ¡vaya!, la boca, seca, la garganta igual, hasta me raspaba. Y ya no tenía yo fuerzas suficientes para seguir corriendo. Pero aun así mi esperanza todavía estaba fija en que podía yo ganar. Les llevaba una ventaja enorme; creo yo que les llevaría como unas dos o tres cuadras de ventaja a todos.

Hubo un momento en que tuve que pasar por el patio de una casa particular y había una valla de hierbas, pero entre las hierbas había unos alambres y no los podía yo ver. ¡Máscatelas! Que hago por correr y me retacho y voy a dar con toda mi humanidad al suelo; y apenas si me pude parar de nuevo. Y que tomo vuelo y caigo al otro lado cerca de unos perros, y hasta los perros salieron correteándome.

Al dar vuelta a una esquina, en la mera esquina estaba sentado un individuo. Yo ya para estas alturas ya no iba corriendo, ya namás daba zancadas, pasos largos, pero yo sentía que iba corriendo todavía.

Me dice:

—¡Qué! ¿Por qué corres? Párate.

—No te importa a ti nada. ¿Qué te he hecho algo a ti, o te debo algo, o qué? Así que déjame seguir mi camino.

Pero no, que mete mano a la cintura y que saca un cuchillo, una faca, y me agarra.

Le digo:

—¿Qué te he hecho yo a ti? Suéltame por favor, es más, te pueden dar un tiro.

—No, ahorita vamos a ver por qué corres.

Y para eso no paramos sino que íbamos corriendo, él agarrado de mi chompa. Me dejé caer al suelo con la intención de ver si así me soltaba. Pues se fue al suelo junto conmigo, pero no me soltó, y me vuelvo a dar el parón rápido y a la hora de pararme, un rodillazo a los testículos. Entonces sí me tiró a dar y ya namás me di el sacón y nada más me atravesó la ropa.

Para esto, ¡pas!, que suenan unos balazos. Yo que hago por correr, y él me volvió a agarrar. Yo ya estaba muerto... de plano... muerto, ya no tenía fuerzas ni para hablar. Ya llegaron los otros, el policía aquél, la comedia de los alcaldes, los corregidores, los civiles y una bola de gente. Y me agarró uno de un brazo, del derecho, y otro del izquierdo. Me desvanecí por un momento y ellos me levantaron en vilo. El policía empuñó su arma y se vino sobre mí con la intención de darme un cañonazo en el pecho. Los mismos que me estaban deteniendo dicen: Bueno, pues, ¡hijo de puta!, ya está dado el hombre, ya está rajado. ¿Para qué lo golpeas? Ya lo agarramos, así es que no lo golpees ya.

Por el momento ya no me golpeó el policía aquél. Caminamos... más bien dicho me cargaron, porque yo ya ni caminar podía. El policía pues venía bien muino. Y lo comprendo porque si yo he logrado escaparme él se hubiera quedado en mi lugar, ¿verdad?, porque parece que así es la ley aquí. El policía es responsable de lo que pueda sucederle a aquel individuo que lleva bajo su custodia.

Pero no era para que me golpeara. Al ir subiendo las escalinatas, con su arma me iba pegando en el huesito ese que tenemos en las posaderas, y ahí es un dolor tremendo. Me pegaba y...

—Súbete, desgraciado, que si te me has escapado ahorita estuviera yo en tu lugar, ¿verdad?

Y cada palabra era un piquete que me daba con el arma, y yo iba adolorido hasta ya no. Y ya que llegamos allá me dicen los alcaldes.

—¡Ay, Negrito!, corres como conejo. ¿Qué tal si te nos has pelado? Éntrale de vuelta pa' dentro.

Y ¡zas!, me dan una patada por las posaderas y luego aquel policía me agarra y entonces sí me golpeó. Me abrió la cabeza con el arma.

—Cómo eres hijo de la tiznada madre, de plano. Ya estoy aquí dentro, es más, ya no puedo ni siquiera caminar por mi propio pie, ¿y así me golpeas? ¡Qué poca madre tienes!

Todos los de ahí reconocieron que pues estaba haciendo mal, ¿no?

—No... ya déjalo... ya estuvo bien... ya está aquí dentro.

Y todos a cual más me preguntaban: «Que por qué te agarraron»; «por qué no agarraste por aquí, que por qué no agarraste por acá», me daban santo y seña del camino, pero ya después de tiempo. Bueno, pasó el tiempo y a cuál más me respetaban, ¿no? Los más estaban no por una muerte, ni por una herida. Había un individuo que se llama Eduardo que debía dieciocho cabezas y se jactaba de ello:

—¡Ay, son pendejos! Yo maté a dieciocho, y miren, ni siquiera siento la cárcel... estoy descansando.

En un par de años estaba libre, dando dinero, ¿no?

No se imaginan las cosas que me pasaron en esa cárcel, y el remordimiento que sentía. Físicamente estaba muerto, y moralmente estaba enterrado. Pero no quiero ser trágico; gracias a Dios siempre vuelvo a levantarme y me río. ¿Y por qué no he de reírme? La vida es una comedia, el mundo es el teatro y todos somos actores.

No sé cómo se enteraron acá en la casa. Yo había mandado una carta, pero a mi hermana Marta, diciéndole que no tuvieran pendiente, que estaba trabajando en la cárcel de Veracruz como mandadero, no podía yo decirle que estaba como reo, ¿verdad? Bueno, pues el 6 de enero, el día de los Reyes, mi papá estaba allí.

Bueno, pues que oigo gritar mi nombre. Yo creí que era carta de Marta. Aun estando libre, en cualquier parte del mundo que se encuentre uno, una carta es un aliciente muy grande, y siempre más en esos lugares. Y dije: «Ay, me llegó carta». Pero cuál no sería mi sorpresa que ahí estaba mi padre.

Yo en mis pensamientos estaba diciendo, si algún día llegara a saber mi papá y llegara a venir aquí... ¡pero imposible de los imposibles! Aunque supiese, su trabajo y sus obligaciones no lo permiten. Y decía: «Dios mío, tú sabes que soy un calavera y que merezco no que me pase esto, sino cosas peores, pero por lo menos ten un poquito de piedad de mí, y hazme un poco más llevadera mi pena, porque yo estoy aquí como piedra en pozo». Y yo creo que allá arriba Chuchito sí me escuchó, porque ahí, ya le digo, llegó mi papá. ¡Ay! Al verlo sentí la gloria, claro, pero al mismo tiempo sentí que las paredes aquellas tan inmensas se me venían encima. Bueno, ya nos saludamos y mi padre —eso sí me dolió— lloró. Tomaba aire, ¿no?, y aguantaba un poco la respiración, volteaba así para arriba, y la voz se le turbó. A mí sinceramente se me rodaron las de San Pedro, me fue imposible evitarlo.

Yo creo que mi papá fue a verme a ver si vivía, o a ver cómo arreglaba mi asunto. Yo le decía:

—No te apures, total esto no pasa de un año.

Claro que cómo le va a parecer a un padre que un hijo suyo esté encerrado aunque sea un día, ¿no?

Dice mi padre:

—¿Ya ves por no portarte como yo te digo? Mientras no hagan caso así les seguirá yendo, y seguirán fracasando mientras no se porten como la gente decente, como Dios manda.

—Palabras sencillas, pero que encierran una gran verdad. Yo, pues no tenía nada que decir, y ni a la cara miraba yo a mi padre. Nunca he mirado a la cara a mi padre, y menos esa vez. Mi padre por lo general me ha visto con la vista clavada al suelo.

Cuando se retiró me dejó 50 pesos, para un licenciado, pero como tengo una poca de experiencia, mejor los invertí en comprarme una cama... un catre, dos burritos y una tabla mal hecha. Antes yo dormía en el vil suelo, sin taparme más que lo que traía yo encima. A la hora que pasaba alguien al mingitorio, pues que ya le pisaron a uno un pie, o que le pisaron a uno la cara. Ya con la cama me hice «de la alta». Era más dura que una piedra pero ya no me pisaban.

Mi padre me visitó otra vez con Consuelo y mi media hermana María Elena. Luego recibí una carta donde mi papá me decía que lo iban a operar del apéndice, que los doctores le habían dicho que era muy difícil que saliera bien y que si Dios quería que ya no se levantara, que falleciera, que me perdonaba todo y que rehiciera mi vida, que me portara como él siempre nos había enseñado. Después, dejé de recibir carta durante dos meses. Así que ya se imaginará los negros presentimientos que tenía yo.

«Dios mío, dame una prueba, un indicio. Saber si mi papá salió bien o si ya lo llamaste a cuentas. Si tu voluntad fue llamar a cuentas a mi padre, hágase tu voluntad, Señor. Pero por lo menos no me tengas en esta incógnita. Te pido de corazón viva todavía, préstamelo mas que sea por otro año. Es más, si es posible mejor llévame a mí, que soy el que menos merece vivir; él todavía tiene a quien hacerle falta, así que prefiero morir.» Y así estuve dos meses, nada de carta y nada de carta. Diario llegaba el cartero, y cartas para acá y cartas para allá y yo nada. Era la muerte en vida. Había yo muerto mil veces, pero esa vez sí estaba verdaderamente muerto.

Iba a misa cada ocho días ahí en la cárcel. Aun ahí cuando estaba dentro de la iglesia, y me hincaba, y me persignaba, sentía una cosa que solamente en la iglesia la he sentido... Me transporto, si no al otro mundo, cuando menos sé que afuera de esas puertas dejé un mundo lleno de vilezas, de canalladas. Y cuando hago mis oraciones a Dios siento que Él me está escuchando. Bueno, no sé explicarme, pero es una cosa que nunca he sentido en ninguna otra parte. Era mi único consuelo en la cárcel.

Había por ahí un fulano —uno de los reos— que era evangelista y se atrevió a insultar a los padres y a las monjas y a tratar de inculcarnos su doctrina, de meternos sus ideas. Constantemente estaba leyendo la Biblia, y estaba muy versado, según él. Criticaba la confesión y la misa, y nos preguntó qué era ser católico, y, bueno, francamente no supe contestarle. Yo en realidad no estoy muy versado sobre mi religión, pero con lo que sé, si no me sobra, por lo menos me basta y primero quiero entender la mía, y después otra.

Una vez el Hermano —le decíamos el Hermano— me dice:

—Venga para acá, Otelo —ése era mi apodo ahí— ¿no es cierto que los padres son unos mundanos igual que nosotros y como tales pecadores, y que las monjas, al fin mujeres, también sienten deseos d'irse a acostar con un hombre?

—Bueno, Hermano, pues eso no se lo podría yo contestar, pero lo que sí puedo decir es que se vaya usted mucho a chingar a su madre y no se meta con mi religión.

Él era muy apacible pero cuando le dije esto de tiznar a su madre sacó su faca. Entonces estaba yo trabajando en la carpintería y tenía yo una garlopa. Los otros prisioneros eran católicos y estaban de mi parte, pero entonces los capataces intervinieron. Me castigaron con echarle unas cubetadas de agua al patio y a él lo mandaron a lavar los excusados.

Tenía yo unos pensamientos muy tristes.

Pensaba escaparme a costa de lo que fuera —o me escapaba o me mataban. Pero antes quería confesarme para por lo menos irme satisfecho de este mundo. Y por ahí llegaron unos padrecitos y me acerqué a uno de ellos y le dije que no sabía cómo confesarme porque nunca en mi vida lo había hecho. Me escuchó y ya le fui diciendo todos los pecados de que me acordé, incluso le dije de mi hermana, de que me enamoré de ella, y de las veces que he robado. De penitencia me dijo que reintegrara lo que había robado cuando saliera —primero Dios— de la cárcel, o por lo menos que les dijera que había sido yo el que había robado y que por lo pronto rezara tres Padres Nuestros, el Credo, el Yo Pecador, y unas Aves Marías.

Me fui a hincar y estuve rezando. Me entró un sentimiento y lloré muchísimo y después me sentí más tranquilo, más contento, y por lo pronto se disipó de mi mente la idea de escapar. Me resigné a esperar a que transcurriera el tiempo de juzgarme y sentenciarme. Me habían contado que el muchacho que herí estaba muy mal. Luego supe que había muerto... luego que siempre no, y que la estaba gozando, como siempre.

Hice mi Primera Comunión ahí en la cárcel a la edad de veintiún años. Para hacerla como la hacen los pequeños, nos dieron una vela y una estampa donde se recuerda el día; y también chocolate y pan. Me metí a la cama y estuve ahí todo el día... no quería que nadie me turbara pues me sentía tranquilo, en paz conmigo mismo.

En premio, creo yo, recibí la visita de mi hermano, y también otra reprimenda, otra jalada dura. Manuel fue desde México para regañarme:

—Mira, hermano —le dije— todo lo que digas yo sé que lo merezco, pero, ¿no crees que ya es suficiente con el castigo que estoy recibiendo aquí? Eres mi mayor y te respeto, pero no me regañes, por favor.

—Y siempre también se le salieron sus lagrimitas. Mi hermano es más noble que yo; en realidad yo no puedo nombrarme noble, porque he sido un calavera de primera. Y lo malo es que yo mismo lo reconozco y me martirizo a cada momento con eso.

Me dijo:

—¿Sabes quién vino conmigo?

—No, ¿quién?

—Graciela, aquella que fue mi chamaca.

—A ver, tráela, la hubieras pasado.

Y la trajo hasta la reja. Tenía unos ojos muy bonitos y pelo quebrado y tenía una voz muy agradable.

—Qué tal, Roberto, ¿cómo está? ¡Qué mala suerte!

—Bueno, no se apure. Y ya se fueron.

Trabajaba yo con Pablo, el carpintero. Tenía toda su herramienta ahí mismo dentro de la cárcel, y yo me arrimaba con él, no porque me diera algún centavo, no, es que él me daba de la comida que él hacía. Luego, un día de julio estaba yo con un compañero de desgracia jugando baraja ya muy noche y luego me acosté. Durante la noche me dieron ganas de ir al baño y ahí voy que piso a uno, que piso al otro. Y estaba yo orinando y vi al lado de la taza algo que titilaba así para un lado y para otro. Para eso ahí estaba el más gallo de la cárcel, uno que tenía diez años ya de preso y todavía le faltaban otros cuantos cientos de años más para cumplir su condena.

—¡Saco! —le digo— esto es vacile.

—Cállate, ¡hijo de la chingada!, porque te mueres.

Y me puso el cuchillo al pecho.

—No te hagas pendejo que a mí no me espantas con eso. ¿De qué se trata?

—Cállate, Otelo, aquí está nuestra salida.

Ya tenían un hoyo bastante profundo, ¿verdad?, tan profundo que cabía perfectamente aquel muchacho. La lucecita que yo había visto era una vela que traía en la mano aluzándose.

—Por aquí vamos a salir al otro lado de la cárcel.

—Oye, pero está muy duro.

—Tú nomás ayúdame a aguantar aquí a todos y vas a ver cómo salimos.

Y me pasa el cuchillo y saca otro para él. Entonces sale el Tapado, un homosexual y ése fue el que empezó el hoyo. En el transcurso de la horadación ayudamos varios... uno escarbaba, otro recibía la tierra, otro la sacaba pa' fuera. Para que no se dieran cuenta, quién hizo su colchón de tierra, y quién hizo su almohada, y quién hizo por allá su montoncito, a modo de que no se viera.

Periódicamente se lavan las galeras, cada mes, cada mes y medio. Se sacan las camas para afuera y se deschincha bien, porque eso sí, ¡hay más chinches...! Ya una vez que está lavada, que está bien limpia, entra el alcalde con una varilla a picar por las paredes, en el piso y en todos lados, a ver si no hay ningún hueco. A nosotros nos tocaba en esos días lavar la galera, así es que andábamos con el corazón en la garganta. Escarbamos como hasta las cuatro o cinco de la mañana, porque a las siete nos sacaban, así es que tuvimos que parar. Ya para esto se habían dado cuenta, pues, la mayoría de ahí. Antes de que nos sacaran, a las siete, todos nos sentenciamos a muerte, unos a otros, en esta forma, de que aquél que viéramos que se acercaba a algún capataz lo íbamos a matar. Así es que vivimos todo ese día vuelta para acá, y vuelta para allá. Bueno, pues en la noche nos formamos para entrar a las galeras, y se meten todos, y na'más nos dejan a nosotros afuera. Pensamos que ya se habían dado cuenta. El corazón me golpeaba en el pecho y el Gallo estaba listo para ensartar al primero que se le acercara.

Tan pronto nos metieron, a escarbar de nuevo. Ya pasamos bajo el muro hasta el otro lado. ¡Uy!, todos nos pusimos muy jubilosos, pues el Tapado pudo pasar al otro lado. Me dice el Gallo:

—Ponte abusado, Otelo, porque éstos se van a alebrestar, y todos van a querer salir a un tiempo, y la cosa es que hay que hacerlo con calma para que no se den cuenta.

Nos costó apaciguarlos porque a cuál más quería ser el primero.

Y que pasa uno, y que pasa el otro, y yo diciéndoles:

—Pos ora, pásenle, pásenle.

—Y luego, pos ora voy yo. Entrábamos de cabeza, boca abajo y con las manos en alto para poder doblarnos bien al pasar bajo el muro. Yo entré bien pero con las manos abajo y me quedé atorado. Estaba yo forcejeando para un lado y para otro cuando siento que me agarran del pie. Y dije: «¡Ay, Diosito lindo, ora sí ya nos descubrieron!» Y no, era otro compañero que se puso mi pie en la cabeza y que me empujaba para arriba. Nunca supe quién fue, pero si no hubiera sido por él nunca hubiera salido yo, y ni él tampoco.

Salimos al otro lado y que nos topamos con un portón de esos gigantes y una chapa de esas antiguas, muy seguras. Después de muchos trabajos botó la chapa por allá. Habíamos quedado que íbamos a salir como si nada, muy campantes, tranquilos, caminando a paso largo, sin correr o demostrar nerviosismo. ¡Qué va! Nada más vieron la puerta abierta y parece que dieron el toque de arranque en el hipódromo. Empezaron a salir todos como caballos y yo no me quedé atrás. Y que empieza una balacera cuando ya llevábamos como dos cuadras. Y una boruca que hicieron de los diablos, balazos, silbatazos. Y que pega un plomazo en el empedrado, ¡ching!... zumbó y les digo:

—Córranle, compadres, porque si no aquí nos quiebran.

Un muchacho gritó:

—¡Ay, ya me dieron en la madre! —y me regreso yo a hacerla de héroe. No fue precisamente mi intención hacerla de héroe, pero me regresé a levantar al muchacho.

—No, Otelo, vete, no seas pendejo, déjame, yo ya no puedo.

—La bala le reventó atrás y el muchacho murió en mis brazos. Y yo dije: «Bueno, pues en paz descanses y perdóname», y jalé terreno de nuevo. Y le pegan al otro que iba delante de mí. Al dar vuelta a una esquina estaba Moisés el peluquero parapetado, y me agarra y me pone las tijeras.

—Espérate, Moisés —y le agarro la mano.

—Ay, Otelo, otro poquito y te mato, creí que eras un policía.

—No, compadre, vente, vámonos.

Ahí fuimos corriendo en la noche, y pasamos la vía, y caímos luego luego al monte. Fue nuestra salvación. Y ahí vamos entre el monte, policías por dondequiera, y lámparas que andaban de un lado para otro. Y que nos metemos en una huizachera.

¡Ay Dios mío, la espinada que nos dimos! Tuvimos que caminar a gatas, con una varita en la mano, limpiando el pedacito por donde íbamos a pasar. Y cuando íbamos adelante y no había peligro nos quitamos mutuamente las espinas.

Caminamos varios días y varias noches por el estado de Veracruz. Era tiempo de aguas y cayó un aguacero torrencial, de esos que solamente por allá caen. Agarramos tlazole, o sea el zacate de la caña para confeccionarnos unos impermeables, pero no sirvieron de nada. Nos acurrucamos uno contra otro, espalda contra espalda, encogidos, tiritando de frío.

En el camino fuimos manteniéndonos de fruta. Mangos, plátanos, guayaba, naranjas, limón real, malta y toda clase de fruta. Moisés llevaba 4 o 5 pesos y en el primer pueblo que llegamos nos paramos en un tendajoncito a comprar aguardiente. Después caminamos día y noche.

Como íbamos descalzos traíamos los pies bien hinchados y ya hasta nos sangraban. A la entrada de un pueblo nos detuvimos un momento para descansar y confeccionarnos unos huaraches con una tira de hule de llanta. Nos sentamos yo dando la espalda al pueblo, y él el frente, así que él veía perfectamente la gente que salía del pueblo y yo la que venía.

Estábamos sacando las correas cuando me dice:

—Ahora sí, muchacho, no te muevas ni voltees, pero prepárate para lo que venga.

—Me pasó sus tijeras y él ya tenía la navaja en la mano, en guardia, ¿verdad?

—Parece que ahora sí nos agarraron, ahí viene la policía.

De reojo vi que venían dos civiles y dos policías. Y pasaron de largo, y nos dijeron:

—Buenas tardes, señores.

—Buenas tardes, adiós —y se perdieron de vista en un recodo del camino. Al momento oí el ruido de cortar cartucho.

—Ten cuidado, Moisés, porque nos van a venadiar aquí. Mejor vámonos.

Al pararnos que se oye el primer balazo. En realidad no eran para nosotros los balazos, no, era que estos señores estaban blanqueando un árbol. Nada más que nosotros qué íbamos a saber, ¿verdad? ¡Ay!, ya me volvió el alma al cuerpo, porque en realidad sí me metieron un susto bárbaro.

Seguimos caminando hasta Oaxaca, donde Moisés tenía un amigo con quien había trabajado. Lo encontramos desgranando maíz y nos dio trabajo, y lo que más me gustó, bastante comida. Yo había desgranado maíz con anterioridad, pero nunca sembrado piña. Pero aprendí y me sembraba ochocientas, novecientas, millar de plantas al día. Pagaban 8 o 9 pesos el millar. Pude haber seguido trabajando ahí el tiempo necesario para juntar dinero y regresarme a México, pero no fue así por el calor insoportable y los mosquitos. Me dieron una golpiza los condenados moscos que ya me daba el cuarto. Quedé como calle empedrada. Nomás trabajé dos semanas y me dije: «Ahora sí ya es hora de que te vayas a México, Roberto».

Para esto me regresé a Veracruz. Por ahí me asocié con un muchacho que jamás he vuelto a ver. En las borracheras se conoce a mucha gente, y se suelta la lengua con quien menos se debe. Empezamos a tomar juntos, platicamos de nuestras calaveradas y se le hizo fácil invitarme a «trabajar». Yo, como andaba de aventura, y sin dinero, pos acepté.

Él ya tenía todo estudiado, dónde estaba el dinero. Yo no hice más que seguir instrucciones. Él entró y salió con el dinero y yo esperé afuera como quien dice echando aguas.

Eran 30.000 pesos en efectivo, relojes, unos anillos, una pistola. Nos repartimos ahí en la playa... a mí me tocaron catorce mil setecientos. Él agarró por su lado y yo por el mío. Después supe que lo habían agarrado y que andaban sobre mí porque él había cantado. Entonces me embarqué en un carguero y me fui a Guatemala.

Llegué a Chetumal, en la frontera, y luego me fui a trabajar en una finca de café. Trabajaba durante el día y por las noches invitaba a todo mundo a ir conmigo a los cabarets. Durante un mes fui a burdeles y cabarets, invitando a medio mundo a copas y a mujeres. Y aunque siempre iba de la más baja categoría gastaba más de 1.000 pesos en una sola noche. Las mujeres cobran 50, 100, 75 pesos, y yo invitaba a todos.

Así se ha ido mi dinero... bueno, no mi dinero, pero el que quitaba a otros. He dejado miles en lugares así. Le doy mi palabra de hombre y de calavera que ha habido años en que he botado 15.000, 20.000 pesos.

Cuando ya estaba yo en mis últimos 5.000 pesos tomé un pailebote y regresé a Veracruz, y este pailebote por cierto ya se hundió y hubo varios muertos. De Veracruz para México en tren es más fácil. Aunque era yo un magnate con mucho dinero en la bolsa, me fui en la forma que acostumbro por 50 centavos.

Con 30 centavos tomo un camión de primera a la estación y al llegar ahí compro un boleto de andén que cuesta 20, y que me da derecho a pasar a donde están los trenes. De momento y por un trayecto no muy largo puedo ir adentro como pasajero. Cuando ya comprendo que vienen a checar los boletos, me salgo a la puerta del vagón y me meto entre los dos que van enganchados y por ahí me trepo hasta los techos.

Para no pasar frío me voy por encima de los carros hasta la máquina donde hay un generador de calor. Así ni quien lo moleste a uno, ni las moscas siquiera, y es seguro. También he viajado a veces en los trenes de carga. Abajo tienen unas varillas especialmente hechas para uno, ¿no?, para los trampas. Ahí se pone una tabla atravesada y puede uno ir cómodamente viajando.

Llegué como a las siete de la mañana a México y pasé todo el día esperando a mi papá en la casa. Manuel y mis hermanas me estuvieron haciendo muchas preguntas pero yo no les dije nada hasta que vino mi papá. Llegó un poco serio.

—Ya vine, papá.

—¿Cuándo veniste?

—Apenas hoy.

—Y qué, ¿cómo saliste libre?

—Es que comprobaron que yo no había tenido la culpa —eché una mentira, ¿verdad?, porque siempre no he podido hablarle con franqueza a mi papá—. Ya te digo, comprobaron que no había tenido yo la culpa y me dejaron salir libre.

—A ver si se me pone a trabajar como la gente. Ya eres un hombre hecho y derecho, así es que hay que trabajar en firme, no nomás como le haces tú; un mes o dos trabajas y descansas tres o cuatro.

Y por desgracia así es. Trabajaba hasta que tenía suficiente dinero en la bolsa y luego lo dejaba. Esa vez no busqué trabajo hasta que gasté mis cinco mil con mis amigos. Luego volví al vidrio en una candilería. Hacíamos todo el trabajo a mano, cortar el cristal, darle la forma, pulirlo. Era yo tan bueno como para ser maestro, pero nunca he querido ser más de simple artesano, para no estar arriba de la gente y no tener responsabilidades. Quería hacer lo que se me mandara y tener un salario fijo por semana, y ya. Una de las cosas buenas de ser un humilde trabajador es tener la conciencia limpia, poder comer y dormir con tranquilidad, sin nada ni nadie que lo moleste a uno y sin razón para reprocharse su conducta. Y quizás porque es uno humilde no se vuelve ambicioso y lleno de codicia. Uno está satisfecho con la esperanza de que un día por medio de su trabajo honrado pueda salir del hoyo en que está. También hubiera podido poner mi propio negocio y subir económicamente pero pudo haber sido antes, porque este trabajo de candilería artística ha decaído bastante desde que empezaron a hacer las piezas fundidas. Además perdí mi empleo por un pleito.

Andaba bien tomado el Año Nuevo, porque ese día se sobrepasa uno en copas. Y no me gusta el vino y la cerveza, ¡pero me he puesto cada guarapeta que cállese la boca! Cualquier bebida me la estoy tomando y no me gusta, pero ahí estoy empinando el codo, ¡qué sabroso! Desde tiempo inmemorial existe un antagonismo entre los muchachos de Bella Vista y los de Magnolia. Empezó el pleito y tres se fueron contra mí. Me estaba peleando con uno y con otro, era una pelea pareja, cuando llega uno sin que lo viera y me dio un golpe como pocas veces me han dado. Caí sobre mis manos y me dieron de patadas, en las piernas y en las costillas. Por más que me defendía no podía hacer nada.

Lo que más coraje me daba es que toda la palomilla se dio cuenta y me dejaron morir solo.

¡No es obligación! ¡Pero muchas veces yo he intervenido en pleitos para defender a alguno, y éstos, no! Me habían vapuleado tan feo delante de los muchachos y muchachas de la vecindad, me dio mucho coraje, ¡y por individuos que se sabe no son de pleito!

Ellos andaban con la duda tan terrible de que iba a buscar mi venganza. Una vez anduve buscando a un muchacho durante seis meses porque me pegó un puñetazo cuando yo estaba demasiado tomado para defenderme. Y siempre se me escondía... más de una vez dejó de ir a trabajar porque su suegra, su esposa o su cuñada me veían ahí en el zaguán y entonces él no salía... Casi se me había olvidado este incidente, cuando ya no lo buscaba ni nada, un amigo mío hizo una fiesta. Cuando este José me vio se arrejoló, se arrinconó, y no me quería dar la cara por nada del mundo. Después él mismo me lo dijo:

—¡No, Negro, cuando te vi entrar, sinceramente como hombre y como canijo te confieso que se me arrugaron...!

Me aseguró que si él hubiera sabido quién era yo, que aunque le hubiera roto todo el hocico no hubiera metido las manos.

Para demostrarme su arrepentimiento me regaló un encendedor Ronson que le había regalado su mujer el día de su santo. Luego vinieron su señora, y su suegra y su cuñada, personas que me conocen desde chiquillo, y ya me hablaron. Total que después estábamos tomando una cerveza de abrazos cruzados.

Pero no fue así con los de Magnolia. Después que me golpearon ya no tomé nada, sino puros alkaséltzeres, y me fui a acostar para reponerme para ir a reclamarles su proceder a estos condenados. Bueno, pues lo hice y uno de ellos se hirió con mi cuchillo. Yo no quería pegarle con el cuchillo porque no ameritaba tanto la cosa. Era un rasguño, fue más el escándalo que hizo. Toda su familia se me echó encima y luego llamaron a la patrulla.

Nunca en mi vida le he dado la espalda a mi enemigo, pero dije: «¡Mangos!, como yo ya pasé por esos lugares, yo defiendo mi libertad». Pensé que también los pleitos se ganan corriendo y me fui a Texas, donde pasé unas semanas.

Cuando supe que Antonia, mi gran amor, estaba viviendo con Francisco y tenía ya dos niños con él, ya no me importó. Lo que sentía por ella se había calmado, aunque cuando la vi algunas veces en Bella Vista sentí gusto. Francisco era un calavera que andaba con otras mujeres y que ni siquiera le daba suficiente gasto. Mi hermana merecía algo mejor.

Me dolió mucho en el alma y en el corazón que mi hermana Consuelo haya dado un mal paso y se había irlo de la casa. Tengo cuatro hermanas y ninguna me ha dado el gusto y el honor de verla salir de blanco. Es cierto que mi papá echó a Consuelo de la casa, pero yo siempre he considerado a mi hermana inteligente y como mujer nunca jamás debió haber tomado eso como base para salir de la casa e irse con el fulano éste. No nada más a ella la ha corrido, a mí especialmente, a mi hermano Manuel, ¿no? Pero ella como mujer debió haberse puesto a pensar que debería aguantar un poco más y hablarle a mi padre en un tono no de padre sino de amigo, y entonces no creo que ella hubiera dado ese paso. Y lo que más me ha molestado es que ella culpe a mi papá de eso.

Ésa fue otra búsqueda para mí... tuve que andar para arriba y para abajo buscando a mi hermana y a Mario. Fui hasta el aeropuerto central que es donde trabajaba antes él. Y, ¡bendito sea Dios que no pude dar con él!, porque lo hubiera llevado a rastras desde el aeropuerto hasta la casa a la presencia de mi padre para que rindiera cuentas de su acción.

Más tarde, cuando ya todo esto había pasado, Consuelo me dijo que en realidad no estaba enamorada de este muchacho, más bien desesperada de la situación.

—Ay, mano —dijo— no cabe duda que traté muy mal a mi pobre flaco, pobrecito. Le hacía sus teatritos a cada rato, injustamente, de veras lo reconozco.

Y es honrada, mi hermana, de veras, aunque tardíamente reconoce sus faltas. ¡Fíjese!, nunca supe que haya sido novia del borracho ese de Jaime, hasta después que anduvo con Mario, que era mejor que Jaime. Porque este muchacho dejó un buen puesto, dejó muchas cosas, y si hubiera seguido aquí al lado de Consuelo, ahorita fuera algo más que lo que fue.

Marta tuvo un disgusto con Consuelo y se fue a Acapulco, con Baltasar, que se puede decir era mi nuevo cuñado. No supe esto hasta que mi papá me dijo que había escrito. Cuando mi papá supo su dirección me mandó con sus cosas. Esta vez fui pagando mi pasaje porque llevaba una tina muy grande llena de ropa y trastes. Salí en la noche y llegué ahí en la mañana.

Con la tina en un carro de mano llegué hasta el pie de la loma donde vivía Marta. Ella venía para la plaza con su bolsa del mandado. Iba a silbarle y na'más tomé aire. Cuando la vi ya embarazada, se me fue el aire por completo, porque fue una gran sorpresa. Pero fue tan grato volverla a ver que para mí no importaba nada en ese momento.

—Mana, ¿cómo estás?

—Manito, ¡qué milagro!

Ya nos saludamos y ya ella se adelantó para presentarme a Baltasar.

Sinceramente él me pareció muy pinche. Le vi un aspecto como el de muchos con los que he tenido que pelear. No fiero,

¿no?, pero como que estaba en guardia para cualquier contingencia que pudiera resultar entre los dos. No traía zapatos y cuando llegó a mí todavía se iba poniendo la camisa, de esas que tienen ojillos por todas partes, especiales para el trabajo. Tenía un arete en una oreja y le ha de haber causado bastantes dificultades con los mexicanos. Me explicó que lo llevaba por una promesa que había hecho a la Virgen.

La casa la vi muy pobre. Tenía el piso de tierra, techo de lámina, las paredes de tabla. La cocinita era una cosa pequeñísima, de veras, ¡un clóset es más grande!, su estufa de petróleo, algo sucia. Muy pobre, en realidad.

Desde un principio quise hablar con él. Me dijo que se habían conocido mi hermana y él en México, que él estaba trabajando en una panadería, que sabía que ella tenía hijos cuando le pidió irse con él a Acapulco. Él le dijo a mi hermana que le escribieran a mi papá, pero ella no quiso hasta después, porque dijo que tenía unos hermanos que eran muy cuchilleros.

—De eso no debe de temer —le digo— no soy cuchillero, ni mucho menos, pero a cualquier hermano enoja eso, ¿no cree?

Cuando me dijo Baltasar que era carnicero, pensé para mis adentros: «¡Ah, desgraciado! No hice mal en traerme mi cuchillo». Yo no iba en plan de pleito, ni mucho menos, pero sí según la vara que me midiera, medirlo. Él fue pacífico desde un principio, bueno, pues yo no hice nada. Ya me contó de su familia... una familia grande, con dos papás y dos mamás, pero él ha hecho su vida muy aparte. Me dice:

—No quiero molestar a mi gente para nada, no me dan nada y yo no tengo nada que darles.

Mi hermana y sus hijos parecían contentos y tranquilos allá con Baltasar. Aunque tomaba, mi hermana iba a cobrar lo que ganaba, y tenía su gasto y su comida segura, y siempre traía carne a la casa del rastro. Él le pedía dinero a mi hermana, para el camión, para una torta, un refresco, cosa para mí muy nueva y extraña porque no es costumbre entre nosotros los mexicanos pedirle a la mujer el dinero. Pero a la vez es una buena costumbre.

Yo sé que Baltasar, pues al menos ha demostrado que sí tiene nobleza, máxime que aceptó a mi hermana con su familia, aunque yo podría hacer lo mismo. Para tener mujer y casa, lo que él tiene, no me costaría absolutamente nada, algo tendría que poner de mi parte. No tenía miedo de las mujeres o del matrimonio, pero no me sentía todavía como para atarme a nadie.

Mi familia me dice que me case, pero he sido un desobligado de primera y no me creo capaz de sujetar a una mujer a mi lado porque no la haría feliz. No me creo tan canalla como para obligar a una mujer a vivir a mi lado, ni me he encontrado una mujer digna de mí. Si hubiera sido un canalla hubiera hecho uso de dos o tres señoritas o de mis novias. Solo he ido con prostitutas y también con dos o tres mujeres casadas, separadas de sus maridos. Sí, me satisficieron mis deseos sexuales. Pero nunca he tenido hijos, porque con las mujeres con que yo me he metido las he sabido escoger que no sean fértiles.

He sido un calavera hasta donde no, pero para las mujeres siempre he sido muy hombre. Como dicen aquí, siempre les he dado batería, aunque más de una me ha dejado un poco extenuado, pero de ahí no ha pasado. Aunque feo, siempre me han preferido las mujeres. En mis manos ha estado hacer infelices a dos o tres muchachas, pero mejor las he herido con un desengaño que estar hiriéndolas constantemente y durante toda su vida. No me gusta herir en este terreno, porque yo no aguantaría una cosa así.

Si algo me disgusta es que los novios se estén engañando el uno al otro. ¡Y mire, qué contraste! Soy un mentiroso de primera y para fallas no hay quién me gane. He sido un calavera de perdida y nada 'bueno puede salir de mí. No se crea, no siempre. Sí han salido cosas buenas de mí muchas veces, porque el ser malo del todo, ¡pos hombre!, ya mejor que me den un tiro. Porque he dicho yo que individuos así sencillamente no merecen vivir. Y donde no quiero que me mientan, ni mentir, es en el amor, que es donde se emplean más mentiras.

Bueno, Baltasar y yo ya nos llevábamos bastante bien. Ya nos hablábamos de tú, y me pareció bien, para tener más confianza. Se dedicó a enseñarme Acapulco. Yo lo acompañaba al rastro, al cine, o a las cantinas. En fin, me llevaba a todas partes con él.

Una noche fuimos a echarnos una cerveza. Le digo:

—Bueno, pero vamos donde se pueda bailar, o por lo menos que haya sinfonola, porque no me gusta estar donde parece panteón.

Dice:

—Pues vamos a la «zona», allá está trabajando mi hermana.

—¿Tu hermana? —me picó la curiosidad porque dije: «Cómo es posible que éste tenga ahí una hermana...».

—Bueno, cálmate, ya vamos a llegar para que la veas. Marta ya sabe que tengo una hermana trabajando aquí. Es una puta de primera, pero casi no nos frecuentamos.

Ya llegamos, y pues Luisa estaba bien para estar en lugar así, pues su cuerpo no estaba muy deformado que digamos. Pedimos unas cervezas y su hermana ahí estuvo con nosotros. De mi cuenta corrió la parranda, incluso lo que ella estaba fichando. Baltasar la insultó por estar cobrando la ficha a su propio hermano y al cuñado del hermano. Dice:

—No, hermano, debes de comprender que es mi negocio, y si no quieres que esté fichando sácame de aquí —bueno, pues pagué y nos retiramos.

No duré más tiempo en Acapulco, solo tres días, en mi primera visita, porque me sentía molesto de estar comiendo allí na'más así porque sí. Además estaba yo trabajando en una fábrica y quería regresar para no perder mi empleo. Me despedí y me fui para México.

Era el mejor trabajo en una fábrica que he tenido y en realidad me gustó mucho. Me pagaban 12 pesos diarios y nos daban tres días de vacaciones al año. Había como cuatrocientos obreros trabajando ahí y forzosamente tenían que pertenecer a la CTM. Nunca había estado en un sindicato antes y debo decir que todo era una farsa. Nunca me llamaron a asamblea y ni siquiera sé dónde está el comité central. Nunca nos dijeron eso, pero para lo que sí sirven es para recoger la cuota de 5 pesos mensuales.

Y la política es otra farsa gigantesca; millones de pesos andan danzando en ella... millones para esta obra pública y millones para esta otra, pero es solo para tapar los otros millones que van a las bolsas de los políticos. No entiendo mucho de política pero todo este asunto de las campañas y las elecciones es pura comedia y no comprendo cómo el pueblo de México puede aceptarla. Aquí las elecciones no son libres porque se sabe de antemano quién va a salir electo presidente.

No es que sepa mucho de libertad, excepto que he sido libre toda mi vida y he hecho lo que he querido. Pero cuando estaba trabajando en la fábrica ya no fui libre porque me forzaron a registrarme para votar y empezaron a mandarnos circulares donde se nos ordenaba votar por el partido oficial. El voto es secreto pero nos amenazaron con castigarnos con tres días sin salario si no votábamos como ellos querían. Para mí no existen las elecciones libres. Esto es anticonstitucional pero ya no hay nada que pueda sorprenderme. Francamente no me importa qué candidato salga electo porque cualquiera solamente va a robar al pueblo.

Ese año que trabajé en la fábrica solo estuve en tres pleitos. El ambiente en que vivimos exige pelear. Solo voy a salir si salgo en hombros. Así salen los héroes o los muertos.

El primer pleito fue por un juego de póker con tres muchachos de la calle de Camelia. Todos estábamos medio tomados, sobre todo Roberto, porque el licor me hace un efecto tremendo. Me sentí muy bien con ese pleito. Les pegué a uno tras otro hasta que se pararon. Pero los cuatro quedamos buenos cuates. Así era antes aquí, pero las reglas han cambiado mucho.

El segundo pleito fue cuando nos atacó una palomilla cuando iba caminando con mi amigo Miguel, cerca del mercado. Miguel corrió y dejó que cinco se me echaran encima. Yo había estado tomando y no pude defenderme muy bien. Me abrieron la cabeza y se me levantó un volovanzote en el ojo. Me partieron el labio y me colgaba tanto que tuvieron que darme seis puntadas. Yo no había buscado pleito pero me saqué una buena regañada de mi papá y de Manuel.

El tercer pleito fue peor. Tampoco buscaba pelea esa vez, pero me obligaron. Estábamos discutiendo entre amigos sobre una pelea de box. Llegaron tres policías y nos ordenaron caminar.

Digo:

—Bueno, ¿y por qué, qué no se puede estar platicando en una calle libremente? Estamos en un país libre.

—No, no estamos en un país libre. ¡Jálenle, jijos de quién sabe cuántos, caminen!

—Pues, vamos, total, y no me aviente que yo voy con mi propio pie.

Me pedían 25 pesos de mordida y yo no se los quise dar, ¿verdad? Yo traía 29 pesos y se los di a una amistad.

Tenga, por favor, deténgame este dinero porque parece que estos señores me quieren robar.

¡Cállese! —Y ¡zas!, que me pone el primer macanazo, con una de esas macanas de hule comprimido que cargan ellos. Con esos golpes no sangra uno, aunque casi lo deshacen a uno, pero todo el derrame es por dentro. Y entonces me voltié yo ya enojado, ¿no? Y ya iba yo a ponerle un derechazo a uno y que me agarra el otro. Un macanazo y un puñetazo, un puñetazo y un macanazo, un policía y luego el otro, me traían como pelota. Luego me pegaron puntapiés y la gente creía que me habían matado. Me lastimaron las costillas, me pegaron en la cabeza y me dieron un puntapié tan bruto que me zafaron la rodilla y me fracturaron el peroné.

No sé quién llamaría a mi familia, pero Consuelo y Manuel llegaron y alegaron con los policías. Todo este tiempo la gente ahí estaba arremolinada y los muchachos viendo y les gritaban:

—¡Déjenlo, policías méndigos!

Pero no se metieron para nada, se concretaron a mirar. Por mis amistades he tenido más de dos, tres desengaños. Le aseguro que veo a un amigo en aprietos, y aunque aquel amigo me haya dado un revés, yo saco la cara por él. Y esta vez no se concretaron más que a mirar, bueno.

Me dejaron ahí tirado los policías y se fueron, no me remitieron. Mis hermanos me llevaron en un libre a la delegación para levantar un acta, pero no les han hecho nada a esos señores. Por eso ya ve usted lo que es la justicia aquí. Un peso en la mano y ésa es la justicia.

Me costó mucho tiempo recuperarme de la golpiza. Me sacaron el aire y he tratado de evitar los pleitos desde entonces. Mucha gente juzga a un hombre por la manera como pelea. Lo ven sacar una pistola o un cuchillo y dicen: «¡Ah, ése sí es hombre, no se agacha ante nada ni ante nadie!» Yo no juzgo a un hombre de esa manera. Un verdadero hombre es el que se enfrenta a la vida con integridad, el que se enfrenta a la realidad sin retroceder. Juzgo a un hombre por sus hechos. Si puede hacer frente a la vida y a sus obligaciones, entonces sí es un hombre; en pocas palabras, un verdadero hombre es un hombre como mi padre.

Para mi modo de pensar un hombre que solo engendra hijos sin aceptar las obligaciones que ellos traen consigo, no merece vivir. El condenado hijo de la chingada de Crispín es de ésos. Se ha olvidado de sus hijas y solo les manda un regalo una vez al año. Es mejor para él que no venga a la casa porque el día que lo haga quién sabe quién de los dos salga con vida.

Me da pena decirlo, pero mi hermano ha demostrado falta de responsabilidad en este punto, aunque ha hecho lo posible por dar a sus hijos lo más necesario, y él salir adelante. Mi padre le ha dado el buen ejemplo, por eso no entiendo cómo Manuel pudo abandonar a sus hijos. Me parece que la vida de mi hermano ha sido una lástima y un fracaso. Tuvo más escuela que yo, y más inteligencia aún que Consuelo. Tiene una fama como cuentista... una fiesta sin él no es divertida, pero a pesar de todo esto ha desperdiciado muchos años de su vida. Yo tampoco he hecho mucho por mi familia, pero estaría dispuesto a dar todas las gotas de mi sangre por Consuelo, Marta, Manuel, mi padre y por mis sobrinos.

Mi familia es lo máximo en mi vida. Mi más grande ambición en la vida es mejorar su situación económica, si lo puedo hacer honradamente. Nunca me ha importado tener una vida mejor para mí, sino solo por ellos. Mi más grande deseo es que estemos unidos. Pero cuando mi madre murió el castillo se derrumbó, se cayeron los cimientos y cayó al suelo.

Cuando la esposa de Manuel murió, Dalila vino a hacerse cargo de los niños. Mi padre parecía muy feliz con ella y nos llevamos mejor con ella que con mi otra madrastra, Elena. Hay un monumento en mi corazón para Dalila por su labor tan noble de hacerse cargo de mis sobrinos. Ninguno de nosotros, ni siquiera Manuel, el padre de estos niños, hizo tanto por ellos. La estimo y la quiero por eso, y por eso siento más lo que pasó entre nosotros. Yo no quise pegarle, pero ella me obligó. Y pienso que lo hizo con premeditación.

Una noche estaba yo tomando una cerveza con mi amigo Daniel cuando mi sobrino Domingo vino llorando:

—¿Qué te pasa, hijo? —le dije. Godofredo, el hijo de Dalila, le metió el pie y lo tiró. Ya había sucedido esto muchas veces y yo nunca había dicho nada. Esta vez le dije a Domingo:

—No seas tonto, hijo, ya te he dicho que no te dejes de nadie.

—Sí —dice Dalila— ¡anda, ten, agarra el cuchillo y ponle en la madre! Usted siempre le anda enseñando a Domingo a darles en la madre.

Es cierto que yo a mi sobrino le he enseñado un poco de defensa personal, pero con las manos, a puño limpio, como hombre. Le dije a Domingo que sencillamente no le hablara a Godofredo, que ya no jugara con él. Dalila oyó esas palabras y dice:

—Bueno, qué tanto está usted chingando, qué es lo que trae usted, vamos a hablar en claro. ¿Qué es lo que usted pelea? qué, ¿porque estoy con su padre?

—Mire, Dalila, no vayamos a hablar de cosas que no vienen al caso, estamos hablando de los chamacos.

—Si no le parece que esté con su padre, pues déle lo que yo le doy.

Palabras muy fuertes para mí, ésas.

—Mire, Dalila, ya mejor cállese porque le va a ir mal.

—¡No me va ir a mí mal! ¿Usted quién se cree? ¡Para mí usted es un triste pendejo!

Entonces le di una bofetada y ella se me vino encima. En realidad le di como cuatro o cinco bofetadas porque estaba brava. Me detuve de hacerle más porque era mujer, en primera; en segunda, estaba enferma, embarazada, y en tercera, es esposa de mi padre. Me rasguñó la cara y las manos y entonces yo la agarré. Hubo un momento en que se cayó al suelo y me llevó sobre ella. Iba a caer sobre su estómago, pero me detuve a tiempo, quedé nomás en cuclillas agarrándole las manos. Los niños entonces corrieron al café a llamar a Manuel.

Yo ya me había calmado un poco, sin embargo Dalila le dijo que estaba yo borracho, que estaba yo mariguano, que la había arrastrado de los cabellos, de la pieza hasta el patio y que le había cerrado la puerta. Ésa es una mentira de las más grandes, porque la saqué de las manos. Manuel no me preguntó mi versión de los hechos sino que empezó a insultarme. Me dolió mucho porque yo estaba defendiendo a sus hijos y él debería haber sido un poco menos exaltado.

No esperé a que mi papá llegara. Fui a ver a Ramón para conseguir unos centavos y me fui a Acapulco.

Marta y Baltasar me habían invitado a visitarles aunque no me esperaban tan pronto. De nuevo noté que Baltasar me llevaba a todas partes con él.

—¡Ándale, vámonos! —me llamaba. Las cosas eran para mí muy naturales y yo iba de muy buena fe. Hasta mucho después me di cuenta de que tenía celos de mí y no me tenía confianza ni con mi propia hermana. Esta vez busqué trabajo. Baltasar dijo que iba a hablar con alguien, que esto y lo otro, pero nunca habló. Hubiera conseguido un trabajo de chofer, pero no tenía licencia. Todavía no tengo, por mis antecedentes. Tendría que ahorrar como 500 pesos para comprar mi expediente y destruirlo, antes de que pueda sacar mi licencia de primera. Aquí todo se hace con dinero.

Si tuviera mi licencia me reiría del mundo. Desde que aprendí a manejar sentí que quería algo más de la vida. Deseaba hacer algo que tuviera que ver con coches, como un negocio de automóviles, o un estacionamiento, o ser chofer. Si pudiera ir a una escuela de oficios estudiaría para ser un mecánico automotriz de primera.

Casi me amarro a una muchacha en Acapulco. Esta muchacha es joven, ¿no?, pero casada por la Iglesia y con una niña. Desde que llegué me simpatizó, me gustó la muchacha y ella también me dio mucha carita. Un día de broma le dije que si yo le pidiera que se fuera conmigo a México si se iría, y dice:

—Sí —ni siquiera me le había declarado para novio. Aunque me daba mucha entrada nunca traté de enamorarla porque estaba muy cerca mi hermana, en primera, y en segunda porque esta muchacha es casada por la Iglesia. Si fuera casada por lo civil, bueno, no me importaba.

Baltasar me llegó a ofrecer otra hermana que tiene.

—Es una prieta igual que tú —dice pero mira, está chulísima—. ¿Ya ves cómo está Luisa? Pos está más buena y joven, está pollona. Arreglas tu licencia y te quedas aquí. No es necesario que te cases. Si no quieres a mi hermana te consigo a Melania.

Nunca fui a ver a su hermana, pero de broma le decía yo cuñado doble.

Baltasar no es que sea malo, pero es tan vividor como yo lo soy. Y entre dos vividores pocas cosas se pueden hacer y se pueden creer. Y está de por medio mi hermana que es una barrera infranqueable. ¿Se puede usted imaginar lo que sentí cuando me dijo que había tenido treinta mujeres, algunas de ellas madres de sus hijos? No sé si exagere, al menos él me enseñó una que le salió al paso y le dijo:

—Oye, Medio Kilo, quiero unas buenas tripas, voy al rato —y vimos a sus hijos jugando ahí en la calle.

Me dijo que Marta ya la conocía, incluso lo de los escuincles. Desde allí ya no me gustó Baltasar. De ahí ha venido mi desconfianza de que pueda hacer con mi hermana lo mismo que ha hecho con otras mujeres nada más que yo no he dicho nada, ni a él ni a mi hermana, no vaya yo a meter la pata.

Me quedé por unos días o quizá fueron semanas, pero México me atraía poderosamente y quería volver. Echaba de menos mi barrio, a pesar de que ha degenerado y se ha corrompido. Pero ahí me sentía yo alguien y tenía el respeto de la gente, que había comprado con mis puños. Y porque mi madre había muerto allí tenía un sentimiento muy especial por aquel lugar. Yo también voy a morir ahí, quizás mañana, porque nunca lo abandonaré. Así que después de un tiempo le dije a Marta:

—Sabes, hermana, me voy para México.

—Para qué vas a volver —dice— te peleaste con Dalila y no esperes que mi papá te reciba bien, ya sabes cómo es él.

—Pos sí, manita, si desde el primer golpe que le di me arrepentí. Pero qué quieres, la cosa está hecha y ni modo. Nada más voy a dar una vuelta y regreso pronto, te lo aseguro, primero Dios.

Todavía trataba de desanimarme, pero de que me entra el gusano por viajar, no hay quien me detenga. Marta me dio un peso para irme a la carretera donde conseguí un aventón para la capital.

Como es de suponerse llegué a México en la prángana y todo transijado, así que fui con Ramón a pedirle unos centavos prestados. Pero él a todo el que se le acerca le hace el favor con miles de trabajos y con ese favor saca dos, tres y cuatro. Máxime si se trata de personas que, como yo, han agarrado algo ajeno, es muy aprovechado este fulano. Tiene miles de pesos ese hombre, y yo fui su lugarteniente para hacerlo subir a la altura económica en que se encuentra ahora, y cuando le pide uno no puede prestar, es decir, no quiere. Hubiera podido ganarme unos centavos con sus movidas, como entregar una báscula «acabada de comprar», o un radio «chueco», pero hubiera acabado en la cárcel. Yo lo único que le pedía eran 20 pesos, él sin embargo quería un favor más grande que el que me iba a hacer a mí.

Entonces me encuentro con el hijo de Ramón, que sigue la huella de su padre, y dice:

—Oye, Roberto, necesito unas antenas porque me las andan pidiendo los muchachos.

Como andaba yo apurado de dinero le dije que sí.

—Nomás préstame una bicicleta para ir por las Lomas a ver cuántas te puedo traer.

Es una cosa fácil, pero dio la mala suerte de que la primera que arranqué no la pude quitar de un tirón y quedó colgando. Para quitarla hice palanca para allá y para acá y que me rebano toda la yema del dedo.

«¡Maldita suerte la mía, regar hasta mi sangre por esta babosada, siquiera fuera algo bueno!» Me indigné conmigo mismo, salí rápido de ahí, entregué la antena y me dieron los 10 méndigos pesos.

Traía el dedo envuelto en un papel periódico para que me parara la sangre porque venía chorreándome. Así llegué a casa de mi tía para que me curara. Me lavó con agua hervida y agua oxigenada y me vendó bien. Estaba yo con mi tía porque mi padre estaba todavía enojado conmigo, y no quería que volviera a poner pie en su casa. Le había dicho a mi hermano que lo que le había hecho a Dalila era imperdonable y que no quería volverme a ver nunca. Mi padre era todo mi mundo, y cuando me dijeron lo que había dicho, mi mundo se derrumbó.

Al día siguiente, el 25 de junio de 1958, una muchacha llamada Antonia —pero no mi media hermana— vino a visitar a mi tía. La conocía desde mucho antes. Vivía con su mamá y sus hermanos en la peor «ciudad perdida» de la barriada. Y no me recordaba que no me gustaba su modo de ser, porque de esquina a esquina se ponía a decir de cosas con los hombres, muchas majaderías, y echarse albures. Nunca me imaginé que llegara a ser mi mujer.

Muy temprano en la mañana llegó Antonia a casa de mi tía y la vi medio sucia. Nunca me ha gustado una mujer sucia, pero no sé, algo que no alcanzo a comprender lo que es, me llamó la atención en ella. Aparte de por el momento el deseo, me llamó su amabilidad. Mi tía nos presentó y luego luego me dijo que ella había curado a muchas personas y que tenía muy buena mano, que luego luego sanaría. Ya me estuvo curando, con sus manos en las mías, y me preguntó si tenía yo esposa. Entonces empezó a quejarse de su esposo:

—Me da una vida de perros —dice.

—Por qué —le digo— es la primera vez que oigo a una mujer quejarse de una vida de perros.

—Es que vivo con mi suegra y todo lo que hago le parece mal. Él no me deja gasto, pero eso sí, llega muy exigente a pedirme de comer. Apenas si me deja 2 o 3 pesos, pero a l'ora que llega el señor hay que tener la comida lista. Ya estoy fastidiada. Me voy a separar de él.

—¡Ah, caray! Me asaltó la idea y dije: «Bueno a ver si yo puedo ser el ángel salvador de esta muchacha. Además, no está tan fea». Ese día en la nochecita hizo unos tamales en su casa y me trajo dos... luego me preguntó si me gustaban las hamburguesas, y ni tarda ni perezosa al día siguiente a mediodía tenía yo mis hamburguesas.

Créamelo, ya después no fue deseo por Antonia, sino fue una especie de compasión hacia ella. Mi sentimiento se convirtió en algo más noble porque yo pensé en ayudarla. Como vi que había dejado a su marido y estaba viviendo con su mamá, pues me hice el propósito de hacer una especie de intercambio, darle a ella dinero para que me lavara y asistiera y si con el tiempo nos llegábamos a comprender nos podíamos casar. ¡A esas alturas me puse una parranda...!

A Antonia no le importó verme tomado, sino que me pidió que la invitara a una cerveza. Nos sentamos en una mesa con sus amigas y yo ya estaba abrazándola y besuqueándola delante de todos. Aceptó ir conmigo al cine al día siguiente.

Tuve que hacerle otro pequeño favor a Ramón para conseguir dinero para salir con Antonia. Cuando llegué por ella dijo:

—No me gusta el cine, vamos mejor a tomar un camión y luego por ahí vemos por dónde nos bajamos.

Yo tontito, tontito, pero me sospechaba algo. Ya sabía yo el fin que perseguía y que pues ella estaba accediendo de buen grado, ¿no?

Bueno, acabamos en un hotel, y fue una noche como pocas he pasado en mi vida con una mujer, fue una noche maravillosa. Llegando, llegando, ella dice:

—A lo que te truje Chencha —y se tiró en la cama y me llevó a mí. Ya la desnudé y gozamos un buen rato.

La llevé a vivir a casa de mi tía Guadalupe. Dormíamos en un petate en el suelo y estábamos muy bien porque lo único que pagábamos era nuestra comida. Antonia no salía los primeros días, pero yo salía rápido en las mañanas, porque aunque no tenía un trabajo de planta estaba yendo a echar unas palomitas a los talleres. Cuando no ganaba en eso, generalmente contaba con ganarme 10, 15 pesos ayudando a Manuel a vender en el mercado. Pero había días en que dejaba a Antonia 2 o 3 pesos de gasto porque andaba muy corto. Y le decía que ya había comido aunque no era así, para que ella tuviera suficiente.

La primera mañana que Antonia y yo salimos juntos de la casa ahí estaba su ex esposo, Cándido, enfrente de la casa, hablando con dos de sus amigotes. Yo, sabedor de los terrenos que andaba pisando —porque no es porque lo diga por decir, pero por ahí está la flor del hampa pues vi a muchos que había visto en la Peni—, y pues dije, si éste vive ahí debe tener amistad con algunos de ellos, así es que se las ha de gastar bien este fulano. Yo me temía que fuera un «hombre de pelo en pecho», máxime que yo había llegado a quitarle a su mujer. Inmediatamente me previne con un cuchillo y lo traje mucho tiempo en mi cintura, y el botón de mi camisa desabrochado a la altura de la hebilla, para no estar a la hora de la apuración desabrochándome, y sacarlo en caso de que hubiera pelea y me «echaran bola». Andaba siempre sobrio para repeler cualquier agresión, pero fue fácil porque desde que Antonia vino a mí no me dieron ganas de volver a robar, ni a tomar, ni a andar de pelionero.

Cuando vi a Cándido ahí parado sentí que la sangre se me bajó a los pies porque dije: «aquí va a reventar el cuete». Pero no fue así, nos vio pasar y muy despreocupadamente se puso a platicar con otras personas. Estuve consiguiendo dinero por varios días para ir a dormir a un hotel, pero 7 pesos era mucho y volvimos a casa de mi tía.

Tuvimos otras dificultades en esa vecindad. Una vecina llamada Julia me insultaba cada vez que me veía porque una vez estando tomado me había llevado una bicicleta de su esposo y la había perdido. Me gritaba:

—¡Miren a ese cabrón, agachón, debería de darle vergüenza no pagar la bicicleta, ojete hijo de su chingada madre!

Y a Antonia le decían horror y medio:

—¡Ahí va esa puta, méndiga, no le da vergüenza andar mancornando a los hombres!

Si Julia no hubiera sido mujer, claro que la hubiera callado, pero además era comadre de mi tía y en un tiempo su cuñada, así que Antonia y yo teníamos que ir na'más oyendo y caminando. Más tarde le dije a Guillermo en privado que si quería le pagaría su bicicleta con otra mejor, con la condición de que tenía que arreglar los papeles. Guillermo y yo nos llevábamos bastante bien pero su mujer siempre salía como tigre y me hacía la vida imposible.

Varias veces Antonia y yo salíamos y entrábamos a todas horas del día y el Cándido éste ahí sentado enfrente, pero siempre acompañado de dos o tres. Yo decía: ¿pues que éste no tendrá los güevos suficientes para hablarme de frente él solo? Un día íbamos Antonia y yo del brazo por Mina, cuando llega aquél, acompañado de dos «conejos», y le da el jalón por atrás a Antonia y le dice que quiere hablar con ella. Los otros dos, rateros que conozco, andaban medio cuates.

Y uno que empieza a gritar:

—Espérate, 'ñero, deja darle en la madre a esta pinche puta, por ojete y culera. ¡Qué patraña te jugó, y a este culero también, déjame!

Yo ya oyendo en la forma que me estaban hablando tuve que hablarles en su idioma para que me entendieran:

—Hijos de su chin... gancla ma... nca! ¡Me van a dar en la madre! ¡Si quieren, a formarse, uno por uno, no se amontonen que para todos hay!

Antonia se puso delante de mí y no me dejó pelear. Le dije que hablara por última vez con Cándido, a ver qué le tenía que decir. Se fue con él y yo me esperé ahí en la esquina, repegado a la pared, por si me llegaban por atrás o por los lados. Ella no regresó y yo me cansé de esperar, así que me fui al mercado a ayudar a Manuel a vender un montón de camisas usadas que había comprado en una lavandería.

Esa noche Antonia no regresó, se fue con su mamá. Yo la dejé de ver, no por miedo, sino que comprendí que tenía su marido comoquiera que fuera y yo no tenía derecho de meterme en su vida. Yo traté de no verla más, pero ella me buscaba y hasta me lloraba y todo. Ya viendo eso dije:

—¡Bueno!

Mi papá y Dalila se habían mudado de Bella Vista y solo Manuel y su nueva esposa, María, vivían ahí, así que hablé con mi papá y por fin accedió a dejarme vivir ahí con Antonia.

En esos días yo era muy feliz, a pesar de unas dificultades con mi esposa. Después de haber pasado por tantos descalabros era muy bonito y una cosa placentera para mí estar enamorado. Cuando uno ama a alguien y es correspondido, es algo grande, más que grande, sublime. Todas las cosas por muy insignificantes que fueran las veía bajo otro aspecto. El amor es algo fantástico, más que bonito, más que alegre. El amor en realidad es la vida misma. Cuando se siente ese amor uno hace de cuenta que ha llegado a la meta. El amor significa Dios, significa bondad, comprensión, cariño mutuo. Y comprensión hacia el prójimo. Más, más, el amor estriba en el amor al prójimo, ¡vaya! y en ayuda espiritual y moral, y por qué no, algunas veces, material. Me ponía a pensar en esto porque tenía ilusiones de que ella llegara a quererme tanto como yo, o más.

Trabajaba con más ganas, con más gusto, y si me invitaban a tomar se extrañaban de que no les aceptara. Saliendo de mi trabajo, a la hora que fuera, llegaba a la casa y ya no salía más. Me estaba con mi mujer haciendo planes. Primero conseguir un buen trabajo, luego alquilar un cuarto para los dos, y poco a poco ir comprando cosas, una cama, un ropero, lo que fuera. Luego casarnos por lo civil y luego por la Iglesia, hasta pensaba sacarla de blanco, ¡fíjese!

En un principio Antonia se portó muy bien. Se quedaba en la casa durante todo el día y no se quejaba de nada. Manuel y María dormían en un colchón sobre el suelo en un lado del cuarto y nosotros teníamos unos costales y dormíamos en el otro lado. Manuel aceptó a mi mujer de buen grado, aunque en realidad no llegó a conocerla bien. Antonia y María se llevaban muy bien y salían juntas a todas partes. Y era lo que no me gustaba, que Antonia anduviera con María, ni María con Antonia. Si una mujer es buena o mala, que sea sola, nunca acompañada.

Pero una mañana se fue sola sin mi permiso y no regresó sino hasta muy tarde en la noche. Le había dicho a María que iba a casa de una amiga a una fiesta. Me indignó muchísimo y me hirió, porque ni siquiera me lo había mencionado. Me imaginé luego luego lo peor. Y llegó y tuve que castigarla. Le pegué muy fuerte con el cinturón y le dije que agarrara sus cosas y se fuera.

Le dije:

—Ya no quiero yo seguir con esta vida, porque no es conveniente ni para ti, ni para mí. Tú quieres vivir libre, gozar tu vida como quieres. Quieres tener marido pero no las obligaciones, ni quieres estar sujeta a un hogar ni a un hombre. Quieres tener marido nada más como pantalla, como parapeto. Te burlas de mí y me haces quedar mal ante toda la gente, así es que mejor agarra tus cosas y vete.

Lloró, hizo berrinche y dijo que ya no quería seguir conmigo porque era yo muy celoso.

—Mira, Antonia, cierto que soy muy celoso, pero tú eres la que debe de quitarme esos celos. Pero en lugar de quitármelos me das motivo para ellos. En la calle cuando vamos y vas volteando para un lado y para otro, vieras qué feo siento. Te quiero con toda mi alma. Es más, no te quiero, te idolatro. Nunca en mi vida había llegado una mujer tan adentro como tú. Así es que por favor trata de evitar todo eso.

Pero no quiso escucharme, sacó sus cosas y las metió a un costal de harina y se fue. No la volví a ver por mucho tiempo y volví a empezar a tomar. Así tomado la iba yo a buscar a casa de mi suegra. Y todo el día la andaba yo buscando, para arriba y para abajo. A todo mundo preguntaba yo si la habían visto, pero nadie me daba razón de ella.

Hasta que un día la encontré acompañada del fulano éste, de Cándido, en el zaguán de su casa. Cambiamos unas palabras muy violentas y luego le dije a Antonia:

—Te vas con él, ¿verdad?

—Sí —dijo y dio un paso hacia él. ¡Ay! ¡Esas cosas me lastiman mucho recordar! Me dio un sentimiento tan grande, y pues ya no me dio coraje. Si yo hubiera peleado en esos momentos a Antonia estaba haciendo un papel muy tonto, porque ella le estaba dando el lado a él. Entonces me metí a casa de su mamá y le dije las cosas. Su mamá es una persona muy fina, muy tratable, y Antonia no la sabe estimar. Yo creo que Antonia era así porque su mamá siempre ha trabajado y a ella le faltaba vigilancia.

Después iba yo a ver a mi suegra todas las noches. Si Antonia estaba, hablábamos de nuestros problemas y peleábamos. Todavía la consideraba mi mujer y a veces nos íbamos a un hotel a que me «diera chocolate».

Mi hermana Consuelo tenía su propio apartamentito, con cocina y baño. Había comprado un ropero y un sofá y con todo esto me parecía que ya era de la alta aristocracia. Me estuvo insistiendo para que me fuera a vivir con Antonia allí. Antonia quería ir pero a mí no me gustaba la idea.

—Mira, hermana —le dije—, contigo no. Con el carácter que tienes yo sé que el día menos pensado vamos a salir mal. Mejor vive tú tranquila y déjame a mí ponerle casa a Antonia para sentirme hombre, para sentir la obligación que me he echado a cuestas. Quiero mi casa en donde yo pueda mandar, en donde yo pueda decir, y en donde «nada más mi chicharrón truene».

—No seas tonto, hermano. Es una ayuda que yo te brindo, es una oportunidad muy buena que tú debes aprovechar. No vas a estar de «arrimado» porque vas a ayudarme a pagar la renta una vez que empieces a trabajar. Ahí ves, yo salgo a trabajar, tú también, así que Antonia va a tener la casa para ella sola completamente.

Una tarde encontré a Antonia cosiendo unos cojines y me dijo que eran para mí. Uno decía «Te amo» y el otro «Para ti, cariño mío».

—¡Ah, caramba!, me halaga muchísimo.

Me dijo que había roto con Cándido, y que me quería y querría seguir conmigo.

—Sí, Roberto, ya lo pensé bien. Quiero un hombre que me ponga mi casa y que me tenga como yo deseo. Que yo pueda mandar, donde yo esté sola y nadie se meta en mi vida.

—Pero, Antonia, si eso es lo que yo trato de darte, pero no me das la oportunidad. Déjame encontrar un trabajo, y verás cómo no te pondré lujos ni riquezas, pero una casa sí te la pondré y la iremos pasando lo mejor que se pueda.

Fue cuando le hablé a Consuelo de cambiarnos con ella.

—Sí, cómo no, hermano.

Pero yo todavía con el recelo aquél de que a mi hermana se le subiera lo Sánchez a la cabeza y fuera a fastidiarse porque estábamos ahí.

Estuvimos muy campantes y felices de la vida por un tiempo. Pero yo no trabajaba mucho y mi hermana me estaba prestando para el gasto y ella pagaba la casa y todo. Yo quise desde un principio dormir en el suelo en la otra pieza, pero mi hermana no lo aceptó así. Ella dormía en el sofá y nosotros en la cama, o pegábamos el sofá a la casa y ella y Antonia dormían en la cama y yo en el sofá. Tuve que regañar a Antonia porque no era muy limpia y porque dejaba la ropa mojada en el lavadero, y porque les gritaba a mis sobrinos. Luego empezó a salir sin avisarme y cuando le pegué por ello, llegó mi hermana y ¡uy! se vino el mundo encima de mí.

Al día siguiente, cuando regresé de mi nuevo trabajo en una bodega, Antonia se había ido. De nuevo empecé para arriba y para abajo buscándola. Eran las diez, las once de la noche y yo empezaba mi ronda. Hay veces que me daban las tres de la mañana apostado en cualquier esquina. Mi suegra tampoco sabía dónde estaba y fue a ver a un espiritualista para que la hiciera volver. La mamá de Antonia adoptó una actitud tremenda y dijo que si se separaba de mí y ya nunca volvía conmigo, nunca jamás volvería a entrar a su casa.

Me emborrachaba casi todas las noches y dos veces me golpearon unas palomillas que se aprovecharon de mi condición. Supe que Antonia estaba viviendo con Cándido y fue tal mi rabia y mi sentimiento que lo anduve buscando con el cuchillo en mi cintura. Me quería encontrar con el desgraciado en el terreno de los hombres, pero nunca lo encontré.

Luego un día desde el camión los vi a los dos caminando y la vi a ella sonriéndose con él. Desde ese momento no sé qué me dio, pero dije: «Aquí Antonia para mí ya murió». Y fui y me puse una borrachera que de acordarme todavía me siento borracho. Conseguí unos cientos de pesos, hice travesura y media, y todo se me fue en la borrachera. Me dolió mucho, muchísimo.

Me di cuenta que Antonia no valía un comino. No tiene sentimientos, ni tiene corazón, ni una brizna de nobleza. A ella no le importa nada, ni aun ella misma. Desde un principio me di cuenta de la clase de persona que era, pero lo pasé por alto porque estaba enamorado. Me tomó seis meses y un par de otras muchachas para recuperarme de este fracaso.

En el terreno de Cupido me parece que no hay quien pueda gobernar a sus anchas sus impulsos. Uno puede mandar en este mundo de pecadores, en el universo la voluntad del hombre se impone, pero no en el corazón. Todas las cosas que pasan tienen que ser porque están escritas en alguna parte, están predestinadas. A pesar de que hay buenos clarividentes —hay algunos, aunque los demás son charlatanes—, no creo que nadie en el mundo pueda saber lo que mañana va a pasar. Uno tiene determinada la fecha en que va a nacer y va uno a morir, la vida de uno también está prescrita. Tarde o temprano ha de ser lo que tiene que ser. Así creo yo que es el mundo.

Consuelo

Fue en Monterrey en donde en realidad fui entregada en cuerpo y alma a Mario, mejor dicho, nada más en cuerpo, porque no le quería yo. Se puede decir que lo odiaba, lo trataba yo mal, lo veía como si viera a un enemigo, a pesar de que él era bueno conmigo. A nuestra llegada temía más que nunca el entregarme. Se podría decir que ya desde que íbamos en el tren pensando me martirizaba que ya una vez ahí, a muchos kilómetros de mi casa, sin nadie conocido y solos en un cuarto tendría que ser suya. Le había dado mi palabra de que me iba yo a entregar y cuando íbamos en camino, mientras él se portaba muy amoroso y cariñoso conmigo, yo me comportaba fría, indiferente con él pensando que esta vez sí no tendría escapatoria.

Nos instalamos en una casa de huéspedes. Yo sentía un miedo terrible al pensar que llegaría la noche y tendría que dormir a solas con él. Él había esperado pacientemente porque hasta entonces no habíamos tenido intimidades. En casa de su mamá no fue posible porque de inmediato nos separó. Con mi tía, mucho menos fue posible hacer nada, el cuarto era tan chiquito para cualquier cosa que él intentara.

Pude evitarlo las dos primeras noches. Pero la tercera noche él ya no soportó más. Empezó muy cariñoso:

—Mi vida, al fin vamos a ser marido y mujer.

Yo sentí que el estómago se me jalaba de angustia y le interrumpí diciéndole:

—Oh, no me estés molestando.

Pero después volvió al ataque. Empezó a acariciarme los hombros y el pelo, me besó en la cara y me decía palabras dulces. Yo sudaba pensando en el momento de que viniera la entrega. Quería que alguien llegara a salvarme. No logré contenerme y aventé sus manos.

—¡Déjame en paz, déjame!

Él me recordó:

—Tú me diste tu palabra, me prometiste.

Me remordió la conciencia y ya sin decir nada dejé que él me besara, me abrazara.

Cuando ya había introducídose en mí no pude más. No me contuve y lo aventé al mismo tiempo que daba una patada en su pecho. Cuando hubo recobrado la respiración empezó a hablarme. Sus palabras, dichas con tanto amor, con calma, sin denotar ni enojo ni arrebato, me fueron convenciendo. Me arrepentí de haberlo tratado en la forma que lo hice y le pedí disculpas. Él me besó la frente y se volteó. Yo quedé observando su espalda joven, blanca, y su pelo negro, muy negro y quebrado. Creí que la lucha por esa noche había terminado.

Cuando en la madrugada me despertó él y comenzó nuevamente a besarme y acariciarme me desperté desesperada y no encontraba la forma de correr, pero sus palabras y sus caricias me doblegaron. Mario consumó su acto. Él procuraba lastimarme lo menos que podía pero yo ya no soportaba. Yo deseaba que ese momento se acabara, que pasara ya lo que tenía que pasar y me dejara en paz. Al fin Mario quedó casi desmayado, sudaba el pobre. Yo le di la espalda y sin poderme contener más solté el llanto.

—Pero Flaquita, ¿cómo pensabas tú que era el matrimonio? No seas tontita, te quiero, Chelito, créemelo. Nunca te he de dejar. No llores, no llores. Pero sus palabras no eran escuchadas por mí.

Yo continuaba llorando y pensaba: «Ora sí, desgraciada para siempre. Ahora soy señora y no señorita y todo por culpa de esa tal por cual de Dalila. Pero mi padre también tiene la culpa. Por ella mi padre me corrió de la casa... ¡Si supieras lo que hiciste, padre! ¡Tú eres el culpable de lo que en adelante me suceda!» Yo continuaba llorando amargamente. Me imaginé que mi papá se daba cuenta que lloraba y también él sufrió, me pidió perdón... pero ya no había remedio. Mario me consolaba, pero yo quería aventarlo... Al fin me refugié en sus brazos y así quedé dormida.

Al día siguiente qué vergüenza sentía yo, no quería mirarle a la cara. Cuando regresó del trabajo, me abrazó y me besó sin mencionar nada de la noche anterior. Yo sabía cuáles eran sus intenciones y yo lo rechacé. Pero esa noche no logró él su propósito. Pocas veces, en realidad, tuvimos contacto él y yo. Siempre me negaba. Cuando él se me acercaba pidiéndome le acariciara la cabeza, le dirigiera alguna palabra dulce, sin frialdad, sin indiferencia, me sacaba de quicio. Estallaba yo en mis nervios, lo aventaba, lo despreciaba.

Al principio él me consintió esto, pero ya después eran verdaderos pleitos los que teníamos por este motivo.

Llegó a tanta su desesperación que una noche ya no se contuvo y empezó a romper todo lo que estaba a su alcance: su ropa, las sábanas, vasos, platos. En uno de sus arranques me tiró un vaso de agua a la cara, todo por no mentirle y decirle que lo quería. Le oí maldecir el amor que me tenía, maldecir el momento de haberme conocido, y me asusté mucho. No teníamos luz, únicamente el aparato de petróleo que había rodado por el suelo al impacto del golpe que Mario le había dado. Aprovechando la oscuridad me puse el vestido y me levanté. Por las orillas del cuarto me fui deslizando, agarrándome de las paredes. Mario seguía maldiciendo, yo sentía un miedo atroz, hasta que al fin encontré la puerta y empecé a correr, descalza como estaba.

Más de una vez tropecé. Al quererme pasar por debajo de un alambrado de púas me lastimé mi espalda y la cadera y todo mi vestido quedó rasgado. Temblaba de miedo al pensar que tal vez Mario me seguiría y de seguro me pegaría sin piedad. Como se me acabara el aliento y con el miedo al ver esa oscuridad tan diferente a la de México, me senté a las puertas de una casa, pensando que estaba yo perdida.

Sin conocer a nadie, sin ropa, ¿adónde podía yo ir a esas horas de la noche? Me jalaba los cabellos, me sobaba los pies, no acertando a sacarme las espinas de los abrojos que me había encajado. Se me pasó el llanto y me quedé escuchando una respiración fuerte y sintiendo al mismo tiempo algo que empezaba a cosquillearme mis piernas. De un brinco me levanté imaginándome eran alacranes. Me sacudí y sentí cómo caían.

Me acerqué a una ventana y hablé muy quedo:
—Señora, señorita, por favor, no sea mala, deme posada. Mi señor está muy tomado y tengo miedo que me pegue.
Bendito Dios que la voz que me contestó fue de mujer. Era la señora que el día que llegamos se había ofrecido a hacernos de comer o lavarnos. Me permitió dormir ahí. Al otro día me dijo si pensaba o no volver con Mario. Le dije que no, que pensaba yo trabajar. Brígida me brindó su casa y ese día, después que Mario se fue a trabajar, entré por mi ropa.
No contaba con un solo centavo, únicamente un par de aretes que vendí a una señora para el camión y comprar el periódico. Vi un anuncio, solicitaban una taquimecanógrafa. Fui de inmediato y hablé con la esposa del señor Pacheco. Me hizo la prueba y me aceptó. Era un negocio de venta de muebles para oficina y desde ese día me quedé a trabajar. Yo me encargaba de contestar correspondencia y llevar las letras de cambio en orden. Ganaba poquitísimo, 125 pesos al mes, pero ya tenía yo trabajo mientras podía encontrar algo mejor.
A mediodía salimos a comer Clemente, el mecánico, y yo. No había comido desde la noche anterior y sentía que mi estómago se me pegaba a la columna vertebral. No tenía dinero, así que solo fui a ver unos aparadores que estaban cerca y regresé a mi trabajo, pero las puertas todavía no se abrían. Me quedé parada en la puerta, con los brazos a la altura del estómago, apretándome para calmar el ruido y el dolor que tenía. Esperaba yo impaciente que llegara el señor Pacheco a abrir, pero no llegaba. El que llegó fue Clemente, que arreglaba las máquinas de escribir. Se me quedó mirando y debe haber adivinado que no había comido porque me invitó a que lo acompañara a tomar un refresco.
Me llevó con unas amigas que tenían un restorán por ahí cerca. Algo le dijo a la mesera que yo no oí, pero al poco rato Prisciliana me llevaba un caldo de pescado y un coctel de camarones. Me avergoncé tremendamente, pero el hambre era más fuerte que mi voluntad para rechazar aquel platillo tan apetitoso. Lo comí pero pensaba que hacía mal. Si Mario pasa-

ra en esos momentos por ahí, o alguno de sus amigos carteros, mal la iba yo a pasar.

Yo pensaba que Clemente me iba a hacer cualquier insinuación, pero gracias a Dios no fue así. Desde entonces iniciamos una amistad sincera. Creo yo que nunca jamás en la vida volveré a encontrar un joven como aquél, que daba ayuda sin esperar nada, solo por el deseo de ayudar.

Tiempo después, poco tiempo, pasó un chinito frente al negocio y se quedó mirándome trabajar. Al otro día regresó y me propuso el trabajo de cajera. Tenía un café más adelante en donde yo trabajaría. Eran las tres comidas al día y sueldo de 12 pesos diarios. Iba a trabajar de las ocho de la mañana a las ocho de la noche, horas corridas, no como en la oficina del señor Pacheco. Lo que debía hacer realmente era sencillo: hacer las cuentas de lo que se consumía, apuntar en una libreta lo que se gastaba y hacer el corte de caja.

Una mesera me dijo que ya siendo yo una señora no podría resistir a vivir sin mi marido. Que el día menos pensado iba a entregarme a otro hombre, no porque yo lo quisiera, sino porque el cuerpo mismo lo iba pidiendo. En verdad estas palabras me dieron miedo. «De entregarme a otro que ni conozco, a seguir con Mario, mejor vuelvo con él y ya no hay peligro.»

A Mario no le habría sido difícil localizarme porque trabajaba en el Correo. Cuando llegamos me llevó ante el administrador de esas oficinas a presentarme; todos me saludaron y me recibieron bien. Por lo tanto, aunque yo hubiera querido esconderme no me habría sido posible, pues todos los carteros me conocían y me hubiesen localizado de inmediato. Cuando trabajé con el señor Pacheco me fue a ver tres veces.

—Piénsalo bien, Consuelo, tienes que volverte conmigo. Aquí estamos solos, me necesitas y te necesito. A propósito, ¿no necesitas nada?

Yo entonces sí que fui orgullosa.

—Claro que no necesito de ti, me basto a mí misma. Y ni esperes que vuelva a ti.

Se retiraba Mario y yo quedaba con sentimiento; empezaba a mostrarse alejado de mí.

Después cuando ya estaba yo en el café Frontera a diario en las noches iba por mí. Había yo alquilado un cuartito chiquito de madera que me rentaba 50 pesos. No contaba con ningún mueble, dormía en el suelo, y por luz tenía la que entraba de la casa de la señora que vivía frente a mí. En el café ya no supe lo que era hambre. Y la señora Brígida fue muy buena conmigo, pero muy buena. Yo me sentía —cuando hubo un poco más de amistad— como si fuera un familiar, digamos mi tía.

Todos me decían que era mejor volver al lado de Mario. Yo resistí un poco. Pero después, una noche en que había trabajado hasta después de la hora que me correspondía, caí muy cansada a mi «cama» en el suelo. Me despartó un dolor horrible que me dio del lado izquierdo en las costillas. Me dolía mucho y empecé a llorar. Quise enderezarme y no pude, el dolor arreciaba. Me encogí y la respiración se me cortaba; la pierna izquierda se me había paralizado. Quise gritar pero no pude. Ni vela tenía siquiera para estar con luz. Había una Luna preciosa. Yo miraba al cielo pensando que a esas horas mi padre, mi hermana, y todos en casa estarían en cama, durmiendo plácidamente, sin tener ninguna preocupación y su estómago estaría contento también.

Estuve llorando mucho tiempo soportando el dolor. Cuando poco a poco se me calmó y mi pierna ya tenía movimiento recordé a Mario: «Si él estuviera aquí ya me hubiera llevado al médico, o me hubiera hecho algún té. Al menos, con su compañía, no tuviera tanto miedo». Al otro día vi a Mario y le dije que iba a volver con él. Dejé el trabajo. Brígida nos facilitó un catre, una cobija y me dio permiso para cocinar.

Cosa rara, poco a poco me sentí más fuerte. Ya tenía yo un algo en qué pensar, no con amor, porque yo no quería a Mario, sino con obligación. Pero no soportaba fingirle un amor inmenso que estaba muy lejos de sentir y mi indiferencia y mi frialdad para con él seguían. Mario me decía que tenía una crueldad refinada porque cuando le venían esos corajes, se puede decir como ataques, yo lo observaba impasible. Cerraba la puerta, no me dejaba salir y estrellaba todo contra las paredes, rompía su ropa, gritaba, lloraba, se desesperaba… yo permanecía rígida, como estatua, sin siquiera dar a entender mi miedo o mi coraje, con los ojos fijos en un solo punto, sin moverme un milímetro, sin intervenir en lo más mínimo para calmarlo.

Él decía que me gustaba verlo enojado y desesperado, pero dentro de mí, ¿saben qué sucedía?, sentía un horror horrible, tenía miedo que él en un momento volteara y me pegara. Tenía ganas de correr, pero me sentía como un perro acorralado, cobarde. Y con el llanto contenido en el pecho quería decir esa hermosa palabra que significa pureza de sentimiento: ¡perdón!, pero se me atoraba a la altura de la boca y no podía pronunciarla.

Mario me llegó a suplicar que cuando lo viera yo con ese malvado ataque de nervios lo calmara.

—Con tan solo una caricia tuya me calmo. Chelito, por favor, por favor, cuando me veas enojado háblame, miéntame la madre, dame de bofetones si quieres, pero no me dejes así. ¿Qué no tienes corazón?

Y yo —desgraciada de mí— solo me limitaba a observar que se llevaba las manos al cerebro y caía sentado en la cama y sollozaba. Ya no había día en que no peleáramos y las pocas cosas que iba comprando quedaban deshechas en el suelo. Las vecinas asustadas corrían a tocarnos a la puerta.

—¿Le pegó?

Pero siempre salía yo serena:

—No, a mí nunca me pega. Son sus nervios.

En realidad la nerviosa era yo. No hallaba, no encontraba salida. No estaba conforme con nada. Si él me decía:

—Vamos al zócalo para que te distraigas —mi contestación era:

—¿Al zócalo?, ¡vaya paseo el que vas a darme!

Si me decía:

—Vamos al cine.

—Al cine yo no voy. Ya sabes que no me gusta. ¡Vete con tus amigos!

Todo esto él lo pasaba. A mí me fastidiaba y me arrepentía de haber vuelto con él. Pero un día que me dijo que si no estaba conforme que se iba a retirar, me prometí a mí misma no volver a ser grosera con él.

En ese entonces no me quité la vida por no faltarle a Él. Pero con qué fiebre de ansiedad pedía que me llevara. Por las tardes o por las noches, antes que llegara Mario, me hallaba boca arriba en mi cama, compuesta por un tambor chico, el colchón formado por abrigos, cartones, vestidos viejos, una cobija tendida y otra sirviendo de colcha y la cabecera la había yo hecho con unos cojines. Alumbrada por una vela, viendo hacia el techo, lloraba lágrimas dulces y amargas que venían de muy dentro, pidiendo, suplicando que Él me llevara.

Yo pertenecía a Mario corporalmente, pero, ¡qué duro era esto para mí! En mi vida había deseado, tan siquiera una vez, pertenecer a un hombre. ¡Nunca lo había yo pensado! Y ahora que lo estaba yo viviendo, moría yo cada vez que él llegaba contento de su trabajo, y me abrazaba. Temía yo esto. «Por qué soy tan vil, engañarlo en esta forma. Mejor recógeme la vida, Señor, yo no quiero esta vida, no nací para ello.» No pronunciaba yo palabras, era todo mi ser, todos mis sentimientos, todo lo que en mí había, pidiendo se me concediera este milagro. Siempre esperando, esperando que sucediera. Yo estaba ya muerta, se podría decir.

Mario se esforzaba por verme contenta, por verme feliz. Pero ¡qué malo es no saber fingir! Quedaba yo desmayada, despierta, hasta los momentos en que él llegaba.

—Flaquita, ¿dónde estás, mi vida? Ya vine. ¿Qué tienes? ¿Por qué lloras? Ven, mira, ándale... vamos a cenar afuera o al zócalo. No estés triste.

Él me quería tanto que no se daba cuenta que momentos antes yo había pedido morir para escapar de esta vida.

Ya le quería yo, en verdad, cuando aquella carta de su mamá en la que aconsejaba a Mario dejarme allá: «Esa mujer no te conviene, es más grande que tú y muy mañosa. Déjala. Haz alguna novia allá y te la traes a la casa, yo te mando el dinero». Sus palabras se me grabaron como una pedrada que deja adolorido en donde pega. Seguí leyendo la carta, casi al final: «Tu hijo ya no tiene zapatos. Mándame para comprarle y no malgastes tu dinero con esa mujer». Voltié a verlo, volví a leer... «¡Que tiene un hijo!» Ya no dije una palabra, escondí la cara para llorar.

En realidad, hasta entonces, no había sabido nada de él. El cariño que empezaba a sentir por él se desplomó. Él me dio explicaciones, me dijo el por qué de ese hijo.

—Mira, mi vida, hay cosas que por mi hombría no te había contado, pero Camila...

Y me contó la vida que había tenido con esa mujer. La mamá de Mario los había casado por la fuerza. Él no quería porque esta joven no era lo que se decía. A él lo habían sacado en paños menores los policías para llevarlo al juzgado. De ahí, también con los policías fueron a la iglesia. No podía escapar, los gendarmes habían quedado parados en la puerta. Al poco tiempo, después que cumplió los dieciséis años, llevó su primera decepción al encontrarla en un salón de baile con uno de sus amigos. La segunda vez la encontró en su casa con un soldado y la tercera vez saliendo de un hotel con otro hombre. Éste era el motivo por el que se habían separado.

Yo acepté sus explicaciones, pero mi único pensamiento era que nunca podríamos casarnos, ni aun por el civil, puesto que no estaba divorciado. Y el saber que tenía un hijo me impedía espiritualmente acercarme demasiado a él. Me sentí como ladrona. Seguí viviendo, ya nada más por vivir. Ya no encontraba nada que me agradara, la vida no tenía color para mí. Vivir sin vivir era muy feo. Era yo una persona desmayada que se movía, que andaba, pero que ya no sentía nada.

Qué horrible era por las noches en que él vencía y tenía que entregarme, sin voluntad. No hay cosa más terrible que entregarse, que ser solo un instrumento. Aunque Mario me había dicho:

—No, mi vida, yo no lo hago tan solo por el deseo. Mujeres hay muchas, y hermosas, que pueden satisfacerme mejor que tú. No, Flaquita, no pienses así, mi vida. Quiero un hijo, un hijo tuyo. ¿Te imaginas? Una mujercita como tú, que sacara tu carácter y mi cara. ¡Te imaginas! ¡Qué feliz sería si me dieras un hijo!

Un hijo era lo que menos quería de él, y le contestaba:

—¿Hijo? El hijo que yo tenga será porque lleve un primer apellido, no el segundo, por haberle dado el tuyo a otro. Si tuviera un hijo tuyo estaría en segundo lugar y mi hijo será el primero. Él trataba de convencerme que era algo sublime, algo grandioso el que yo le diera un hijo. Llena de coraje, una tarde maldije el día que fuera a tener un hijo. Nunca me había pegado, pero esa vez sí lo hizo. Me dio de bofetadas, yo no protesté nada porque comprendí que tenía razón.

La suerte seguía en mi contra. Una mañana, la veladora se volteó y la casa se quemó, bueno, toda no, pero sí parte. Nos quedamos sin ropa; el incendio nos había dejado dos camisas y dos pantalones de Mario y tres o cuatro vestidos míos. Yo solo veía las cosas quemadas. Mario solo encendió un cigarro y fumó. Me dijo:

—¿Y no vas a llorar?

—¿Y para qué? Ya está hecho, ni modo.

Y vuelta a vivir sin interés.

Es cierto, es doloroso recordar. Con tal de no revivir aquello que fue tan doloroso para mí hubiera callado hasta el fin. Pero hay cosas que aun callándolas lo hacen a uno sentirse mal. Sí, iba yo a ser madre, aunque no me di cuenta de ello porque nunca tuve síntomas de embarazo. Hasta el mes de enero yo me sentí perfectamente. No hubo mareos, ni vómitos, ni pérdida de apetito, ni detención de la menstruación. Por eso Mario no me creyó cuando le dije:

—Me siento mal, me duele mucho la cintura.

Con suerte ya vamos a tener un hijo.

Él ya había perdido la fe en mí. Me veía tan fría, tan indiferente que me contestó:

—¡No, hombre! Primero se cai el edificio de Correos que tú seas mamá. Yo creo el día que estés embarazada te mueres.

Yo solo torcí la boca y así quedaron las cosas.

Pero esa noche —al igual que otras— no dejé a Mario dormir conmigo. Le dije que se acostara en el suelo como lo venía haciendo. Él se enojó y yo también. Mario, desesperado, llorando de rabia, decía grosería y media, me insultaba y me comparaba con Camila, siempre poniéndola en un plan superior a ella.

—¡Tú no sirves para darme un hijo… en cambio Camila es superior a ti, ella sí pudo darme hijos, pero tú no sirves para eso!

¡Qué gran vergüenza pasé en esos momentos, qué humillación tan grande sentí al verme en el mismo lecho y semidesnudos los dos, y de pronto gritarme eso! Avergonzada, me cubrí hasta la cabeza, no quería seguir oyendo más.

—¡Camila, Camila, ven, te necesito. Solo tú sabes curarme!

Gritando me tiró una revista a la cara. Ya estaba hasta como borracho del coraje cuando vi que agarró una de sus navajas de rasurar. Se había acercado a mí y creí que tenía intenciones de herirme.

Pero no, se paró frente a mí, extendió su brazo y se iba a cortar las venas, cuando di el salto de la cama y logré que aventara la navaja. Se acostó. Toda la madrugada tuve un dolor intenso en el vientre que no me dejaba dormir. Él se fue a trabajar muy temprano sin hacer caso de mis quejas.

Desperté al escuchar un grito:

—Consuelo, el norte le va a llevar su ropa.

Un poco dormida me levanté y corrí a los alambres a tratar de quitar la ropa. Estaba resbaloso el cemento, me resbalé y al caer me desmayé. Cuando desperté en la sala de maternidad a los dos días, Mario estaba a un lado de mi cama llorando. Cuando lo vi así, ¡qué cariño sentí hacia él! Me pidió perdón y me dijo que se despreciaba a sí mismo por no haberme hecho caso. Sonreí. Me sentía dichosa al verlo ahí junto a mí; no me había abandonado. Él me fue a ver durante los cuatro o cinco días que ahí estuve. No quería mandar avisar a mi padre. Pero yo en verdad me sentía mal, muy mal. Y gracias a Brígida pude mandarle un telegrama: «Papá, necesito dinero. Mándame. Estoy en hospital».

Una tarde el llanto de un recién nacido me despertó. Al poco rato pasaba la camilla llevando a una señora que había dado a luz. Fue hasta entonces cuando sentí la tristeza de no ver a nadie junto a mí. ¡Qué hermoso hubiera sido tener un bebé a mi lado! Cuando salí de ahí cómo sentía feo al ver a los niños jugando en la calle. Y así duré tiempo pensando cada vez: «Ahorita mi hijo tuviera seis meses», o más; conforme pasaba el tiempo llevaba la cuenta de la edad que tendría el niño. Fue pasando el tiempo, me fui conformando, y por último opté por borrar, o al menos tratar de borrar, todo eso que pasó.

Ya estaba en la casa y la contestación de mi padre no llegaba. Yo estaba ansiosa, no creía que mi padre iba a guardar tanto silencio. No podía ser que me odiara tanto. Una tarde me hallaba en mi lecho compuesto por trapos y una zalea en aquel cuarto de dos metros por dos, con sus paredes de madera delgada, el piso de cemento rojo, el techo de lámina de cartón negro sostenido por seis vigas delgadas atoradas por clavos y corcholatas. Las paredes se apoyaban en tres vigas atravesadas horizontalmente, una de las cuales me servía para colocar mis santitos. Mi ropa colgaba de unos clavos en las tablas y bajo la cama estaba un cajón con zapatos.

En aquel cuartito me hallaba sola. Él se había ido a trabajar al Correo. Todo me dolía, la cadera, las piernas, como si me hubieran pegado de palos. Las manos las sentía adormecidas, la cara hinchada y los dientes que se me desmoronaban. Estaba yo sorda, solo oía un zumbido en mis orejas.

Luego mis dolores fueron desapareciendo. Me sentí libre de todo lo que pesara, libre del cuerpo, como si de pronto me hubiera dividido en dos. Una parte flotaba y la otra quedaba en la cama. «Al fin», murmuré y sentí una sonrisa en mis labios. Sintiéndome tan livianita como nunca antes me había sentido le vi ahí, en el techo, a Él. Había una cruz luminosa de color verde —un verde no igual al color— y en el centro una llamita. Parecía como si me fuera incorporando. Ya no sentía el cuerpo adolorido. Flotaba yo en el aire, era yo una especie de velo que poco a poco se levantaba.

Era algo tan hermoso lo que sentí que no encuentro palabras exactas para decirlo. Solo podría decir que con un zigzag entré en la nada. Se me había cumplido lo que toda la vida había esperado. Mi dicha fue inmensa, no se puede decir qué grado de felicidad alcancé. Duró unos minutos. Muy lejos, oí la voz de uno de los hijos de mi vecina:

—Chelo, Chelo, ahí la buscan, creo es su papá.

Hasta entonces desapareció. Yo hubiera querido permanecer así siempre. Volví a sentirme entera, entró aquello que flotaba a mi cuerpo. Me entró un dolor agudo en el vientre, me incorporé y abracé a mi padre.

Lloramos, y después de calmarnos me dijo:

—¡Y para esto estudiaste! ¡Para esto eres una taquígrafa! ¡Mira nomás qué cuartucho te tiene!

Sentí mucho, mucho coraje. Hasta entonces nadie me había hablado así acerca de mi casa, en la que yo mandaba y podía cambiar mis poquísimas cosas sin temor a nada, en la que podíamos platicar María, Brígida, o cualquier otra muchacha, sin temor a pasar una vergüenza, sin que me dijeran que nada más estaba como los puercos, comiendo y durmiendo. Ya amaba mi casita.

—Estoy a gusto, papá. Mario es muy bueno. No puede darme más porque no puede, pero es muy bueno.

Mi padre me dijo que regresara con él a México. Trajo a otro médico, éste dijo que podía yo viajar. Bajé la cabeza para pensar. Mario era casado por las dos leyes y tenía un hijo. A menudo hacía comparaciones y desde luego ponía mucho más arriba a la que había sido su esposa.

—Tú no puedes compararte a ella. Ella tiene su piel muy blanca y la tuya es morena. Ella me dio un hijo. ¡Ésa sí es mujer! —me había dicho Mario al negarme yo a ser suya.

Por eso dije a mi papá:

—Sí, sí me voy.

Mario se quedó en Monterrey.

—En cuanto arregles tu permuta ya sabes que te espero, Flaquito. Ya sabes que yo nunca te defraudo.

Regresé a México en el camión. Mi padre me había dicho que iba a estar en Bella Vista. Significaba tanto como volver a enfrentarme a Dalila. Ya no quería saber nada de ella, y me llevó a casa de mi tía. Cuando llegué a casa de mi tía recibí carta de Mario. Aún conservo sus cartas para mi consuelo al leer sus palabras de cariño, de amor.

A los quince o veinte días llegó Mario a la casa de mi tía. Me di de alta. Mi padre pagó todo mi tratamiento, como cuatro transfusiones, sueros e inyecciones. Mario decía que iba a pagar a mi padre todo lo que había hecho por mí. Pero ya tenía yo la idea de que debía separarme de él. No quería dejarme, pero yo ya no podía entregarme a él. Al no querer yo regresar con él a Monterrey, se fue para la casa de su mamá.

Ahora sé que cuando perdí a Mario perdí quizá la única oportunidad en mi vida de formar una familia, un hogar. Desde un principio fue bueno conmigo, habló por mí, respondió en mi defensa, me entregaba todo su dinero, me consultaba para todo. Pero mi malvado orgullo y mi insensatez no me dieron lugar para interpretar esto y darle el valor que esto tenía.

En casa de mi tía volví de nuevo a batallar, pero ahora era peor. Si antes mi tío se detenía un poco para decir majaderías, ahora ya no. Las vecinas se condolían de mí, pero ahora murmuraban más fuerte que antes. Ahora regresaba derrotada.

Empecé a buscar trabajo. Por mis amigas supe que Jaime había progresado, pero que no se había casado. Ahora ganaba muy buen dinero, pero a mí ya no me importaba. Empecé a trabajar con el señor Ruiz en un lote de automóviles. Era muy bueno, pero no soportaba las risotadas y majaderías de los mecánicos y del encargado del taller cuando por las tardes se reunían en la oficina a jugar baraja. Todo el día en la oficina batallaba verdaderamente para que me respetaran. Me había quedado porque no encontraba otra cosa. Una cosa buena que resultó de este trabajo fue que conocí a la tía del señor Ruiz, quien más tarde me brindó su amistad cuando la necesité.

Mientras tanto había habido unos cambios en mi familia. Mi papá había construido una casita en un terreno que había comprado en la colonia El Dorado. Se había sacado 2.000 pesos en la Lotería Nacional y así fue como tuvo el dinero para comprar el lote. Con el dinero que sacó de la venta de algunos marranos empezó a construir la casa. Era la primera vez que mi papá era dueño de una propiedad y era el único entre los amigos y parientes que había alcanzado una cosa así. Pero la casa no era para nosotros. Lupita y mis medias hermanas, Antonia y María Elena, estaban viviendo allí cuidando los animales de mi papá. Tonia tenía dos niños pero no vivía con Francisco, el papá de las criaturas, porque no había querido o no había podido ponerle su casa. Mi papá la mantenía a ella y a sus hijos desde que ella se había juntado con Francisco.

Marta ya tenía tres niñas y ya se había separado definitivamente de Crispín, su marido. Cuando ella vino a Bella Vista en el cuarto estábamos bastante apretados. Manuel y sus cuatro hijos, Roberto, mi papá, Dalila y su hijo, y Marta con sus tres hijas, todos estaban allí. Mi papá decidió irse con Dalila a un cuarto en la calle de Niño Perdido y dejar a Marta encargada de la casa en Bella Vista.

Marta estaba muy deprimida y yo traté de animarla.

—No seas tonta, mana. Total, deja a este muchacho. Si no te hace formal, ¿para qué lo quieres? Mira, todavía es tiempo. Pero si continúas teniendo niños te vas a hundir. Qué vas a hacer, no te vas a poder mover ni para un lado ni para otro. Ponte a estudiar... si tú quieres yo te pago tus estudios. Puedes estudiar corte y confección, unos meses. Ya después sin necesidad de salir a la calle a trabajar puedes hacerlo en tu casa. Por aquí hay una academia cerca. Ve a ver cuánto es de la inscripción y qué se necesita y me dices. A las niñas, mientras vas a la escuela, las puedes dejar con mi tía. Ándale, y me dices. Todavía es tiempo, todavía es tiempo...

Marta permanecía callada. Yo, sentada en la cama, trataba a toda costa de convencerla. Ella estaba sentada en un banco junto a la puerta. Yo la veía muy bonita. Pero ella permanecía en actitud de estatua viva. Yo quería una mirada, un gesto, un algo que me indicara que mis palabras habían dado en el clavo. Quería verla sonreír con entusiasmo por la vida, como cuando la veía con su palomilla cuando era chica. Recuerdo sus dientes blancos bien alineados y los dos hoyitos que se le hacían al reír en sus mejillas gorditas y cómo caminaba con los brazos enlazados en los de sus amigas. Pero no. Ahora no había contestación a mi ansiedad. Ella era como una estatua oriental que respiraba.

Traté de encontrarle un trabajo que la sacara de ese ambiente. Quise demostrarle que había lugares en los que sabían tratarla decentemente y donde podía encontrar algún hombre responsable que la ayudara a solventar su problema familiar educando bien a sus hijas y tratándola bien a ella. Me negaba y me negué durante mucho tiempo a aceptar que mi hermana perteneciera a ese bajo nivel cultural.

Pero ella, lejos de entender mi razón tan sana, transgiversaba todo —y con dolor lo digo— me juzgó como una puta, una casquivana, una loca que con mi cuerpo ganaba todo. Y yo ni siquiera supe que mi hermana, mi hermanita querida, pensaba esto de mí. Mientras yo trabajaba, me arreglaba y me esforzaba por cuidar mi presentación, pintándome la boca y las manos, haciéndome una que otra vez algún peinado. Con la presentación de mi persona, con mi arreglo personal, yo estaba luchando por mantenerme en mi lugar, para que no me fueran a humillar con despotismo. Mas no para gustarle a los hombres, cosa que mi hermana no supo entender. Para ella —ahora veo su criterio con risa— mi arreglo personal no representaba sino que yo era una casquivana.

Cuánto tiempo me esforcé porque ella me entendiera sin saber ni pensar remotamente que ella prefería la crítica dura a mis palabras suaves, el desarreglo personal para cuidar de su moral, el vestido severo para cuidar de su religión y la escasez de palabras para guardar el respeto de sus hijos… y con todo esto el cariño y favoritismo de mi padre. Nunca la entendí, haciéndome una y mil conjeturas, y acababa diciendo: «Bueno, pobre, ella no conoció a mi mamá».

    Marta no hizo caso de mi sugestión y estuvo de acuerdo en cuidar a los hijos de Manuel aunque yo sé que no los quería. Entonces decidí ir a ayudarla. Mi padre pasaba todos los días como a las siete de la noche a vigilarnos y a darle a Marta su gasto diario. Con Roberto, Manuel y yo trabajando —hicimos un convenio de mantener entre los tres la casa— la cosa empezó bien, pero luego Manuel se negó a dar gasto y Roberto estaba fuera mucho tiempo. Mi estómago se había acostumbrado a digerir alimentos suaves y no quise comer grasa, ni carne frita, cosa que no fue muy del agrado de mi hermana y para evitar choques con ella me iba a algún restorancito. Así se me iba todo mi dinero y yo también dejé de dar en la casa.

    Marta en realidad no necesitaba mi ayuda aunque le daba coraje cuando yo no le daba nada. Observaba —y eso sí me dolía— que mi padre diario venía trayéndole jabón, azúcar, café, arroz, jitomates, aceite, chocolate en barra, etc. Además le daba 10 pesos diarios de gasto. Luego le daba para que se fuera al cine, dos, tres, cuatro veces a la semana, le traía zapatos y ropa a sus nietas. Marta gozaba de su favoritismo y de más libertad. Se iba casi diario a la Lagunilla, a la Merced, o al centro, con sus hijas a ver los aparadores. Cuando quería un vestido, o algo extra, le decía a Roberto que entonces trabajaba en una fábrica. Los domingos se iba con mi tía y mi tío a la Villa, a Chapultepec, o a algún otro parque a comer «tacos placeros» y a beber pulque. De vez en cuando veía yo a Crispín rondando por Bella Vista. Entonces me preguntaba si yo tenía que ayudarle. Ella tenía de su parte a mi padre y a su hermano, ella podía salir a pasear a la hora que quería, y tener relaciones con su marido y no se preocupaba por nada. Y ella tenía a sus hijas. Yo solo tenía mi trabajo… y tan poca paz en la casa.

    Conforme pasaban los días entre Marta y yo se suscitaban más incidentes desagradables. Tenía la mala costumbre de traer a la niña más chiquita, Trinidad, sin calzones. Como es lógico, la criatura cada que debía hacer una necesidad se paraba en cualquier lugar para hacerla. Continuamente le decía a mi hermana que le pusiera los calzones a su hija y le debía enseñar dónde hacerlo. Desgraciadamente mi hermana lejos de entender el problema se disgustaba muchísimo y empezó a decirme que ya me creía de la «alta» y que era una «pocha». Un día me hizo salir de quicio ver que Trini, parada junto al brasero mientras su mamá guisaba, desalojó su estómago. Marta siguió cocinando y luego levantó a la niña, la llevó al lavadero y empezó a limpiarla. Esto ya era el colmo y le dije:

—¡Gorda, ya ni la amuelas, tú! La debías enseñar a sentarse en la borcelana, no la acostumbres a que sea cochina.

—Pos si eres tan delicada, busca tu casa. No das un quinto a la casa, pero eso sí, ¡muy delicada! Yo no sé por qué te aguantas. Yo que tú me iba a vivir a las Lomas.

Así eran todas las contestaciones de mi hermana, no importa qué dijera yo. Traté de enseñarle a tapar el bote de la basura y las cazuelas y trastes con comida para protegerlos de las ratas, que la ropa sucia la guardara en una caja de cartón bajo la cama en lugar de regada o amontonada junto al lavadero, a que retirara la comida del calor de la estufa y del Sol para que no se echara a perder, pero todo era inútil. Cuando le platicaba qué bonita casa tenía el señor Santiago, o cómo vivían algunos otros de mis amigos, se sentía molesta y decía que yo trataba de hacer menos a la gente. Platicando con sus amigas me lanzaba indirectas. En tono burlón decía: «No, pos las de la alta no se juntan con los pobres» o: «Ya no quiero comer comida de los pobres porque me hace daño, tengo que comer manjares». Y cuando se enojaba de plano me decía que me largara. Pero eso no era lo peor. Lo peor era que me acusaba con mi padre y él siempre estaba de acuerdo con ella, y la respaldaba.

A Marta ya no le gustó cuidar a los niños y encontró un trabajo en una fábrica de vasos de papel. Ella no me avisó que iba a trabajar y el primer día se fue desde las siete de la mañana y no regresó sino hasta las siete de la noche. Yo me quedé en la casa con los niños preocupadísima porque no sabía dónde andaba mi hermana.

Yo, francamente, no quise hacerme cargo de las criaturas. Yo seguía trabajando y entonces mi papá trajo a una señora que tenía dos niños chiquitos para que ella viviera en la casa y se encargara de todo. La casa estaba peor que nunca, más ruidosa y llena de gente. Todas las noches tenía que tomar medicina para los nervios. Sentada a la orilla de mi cama miraba el cuarto en tinieblas. Otra vez habían cortado la electricidad y la vela apenas alumbraba la mesa y las caritas pálidas de los niños sosteniendo sus pocillos de café, o a mi hermana, toda despeinada, con su delantal sucio y con un tirante caído gritándole a Concepción que limpiara lo que había hecho Trini:

—Apúrate, condenada escuincla, limpia a tu hermana, si no vas a ver...

—Me sacaba de quicio ver a mi pobrecita sobrina con sus ojitos tristes levantarse de la mesa y dejar su pan y su café para ir a limpiar la porquería del piso.

Acabando de cenar todo mundo se iba a acostar. Marta en la cama grande con sus niñas; Mariquita, Conchita y yo en mi cama chiquita, Alanes, Domingo y Roberto pasando frío en el suelo y ahora también la sirvienta con sus niños también en el suelo. Noche tras noche éste era el triste cuadro que tenía ante mis ojos. Yo quería mejorar las cosas pero para entonces ya tenía yo miedo hasta de hablar. Yo tenía la culpa de todo, hasta porque la mecha de la estufa tardaba en prender. No solo Marta y mi papá sino aun Roberto decían que yo era la que había traído la manzana de la discordia a la casa. Ellos querían que me fuera a vivir a otra parte, pero no podía renunciar a tratar de que mejoraran su vida. Además tenía miedo de vivir sola. Qué iban a pensar las gentes de mí, y los hombres solo se iban a aprovechar de mi situación. Para empeorar las cosas, Mario y después Jaime —como siempre en estado de ebriedad— venían a buscarme. Una noche que salía de casa de mi tía vi a Jaime que iba en dirección de Bella Vista. Yo corrí hasta nuestro patio. Él corrió cuando me vio pero, gracias a Dios, pude llegar al cuarto antes que él y me encerré. Día tras día, Jaime andaba rondando hasta que un día le hablé y estuve de acuerdo en salir con él. Él me dijo que aún me amaba y que quería casarse conmigo. Yo ya no le creía pero lo escuchaba sin alterarme para no tener disgustos sobre todo cuando estaba tomado. Francamente ya estaba yo aburrida de mi casa y no estaba comiendo bien. Él me llevaba a comer a los restoranes, o al cine, o me daba regalos y naturalmente yo podía ahorrar un poco.

Por ese tiempo mi hermano Roberto me aconsejó que empleara mi dinero en comprar un tocadisco y que podía yo muy bien sacar el costo y más si lo alquilaba para bailes y fiestas. Si necesitaba yo dinero lo podía empeñar o vender. Yo tenía muchas ganas del tocadisco para poder oír música que me gusta tanto y pensé que sería muy bonito tener yo mis discos. Un día estaba yo enferma, en cama, y vino Roberto y me dijo:

—Manita, fíjate que hay un muchacho que vende un tocadisco muy bueno, lo da en 400 pesos.

—¿Sí?

La verdad, debo confesar que pues sí le tenía yo desconfianza, pero es mi hermano y lo quiero mucho. Considero que es el que más ha sufrido porque no tuvimos mamá. Yo quise demostrarle que le tenía yo confianza, que creía yo en su bondad, y que alguien, por lo menos, tenía fe en su carácter. Le entregué el dinero, así, sin pensar. Y él se salió y dijo que iba a regresar con el tocadisco.

Mientras yo lo esperaba llegó mi tía a que le pagara, pues me estaba lavando mi ropa. Le conté lo que había hecho y se enojó conmigo y me dijo que no debía haber hecho eso, que no le debía haber dado un solo centavo, que era ponerle la tentación y que era yo una tonta.

—Ay, tía, si es mi hermano. ¡Hombre!, cómo es posible que...

Más tarde cuando fui con mi tía llorando a decirle que Roberto no había regresado, mi tía y mi tío me regañaron mucho. Fui con Angélica, mi amiga de siempre, y ella también me dijo:

—¡Qué barbaridad! Ay, Consuelo, tú siempre tan tonta, ¿por qué le entregaste tanto dinero?

—Pero es que es mi hermano, Angélica... —le dije. Y empecé a llorar, no por el dinero, sino por esa acción que mi hermano me había hecho. Le había entregado toda mi confianza y él me había pagado así. Luego me encontré a Roberto en un café cerca de Bella Vista tomando cerveza con un amigo. Yo le quise preguntar por el dinero pero tenía miedo de que se fuera a enojar, o a sentir, no quería yo herirlo.

—¿Qué pasó? —le dije.

—Nada —dice.

Pensé que sería mejor ir por mi tía y por mi tío y en presencia de ellos pedirle el dinero. Fui por ellos y cuando llegamos al lugar en que había encontrado a Roberto, ya no estaba. Faltó tres días a la casa y yo tenía más ganas de llorar que de nada. Cuando llegó yo no le pedí ninguna explicación, nada más le dije:

—Me lo vas a pagar poco a poco.

—Sí, me dio 10 o 15 pesos cada ocho días, hasta que llegó a pagar como la mitad.

Nunca pidió una disculpa. Solo dijo que no había comprado el tocadisco porque no estaba bueno, o algo así, y que tenía intención de devolverme el dinero... que cuando lo vi en el café todavía tenía el dinero... pero que se encontró ahí a unos amigos y se pusieron a tomar.

—Pero te lo voy a pagar, hermana, no te apures.

Tenía la esperanza de que cambiara mi hermano, con estudio, con ayuda moral... si pudiera cuando menos terminar la primaria. Si cuando menos hiciera el esfuerzo. Pero viendo la realidad de todo me asusto y casi no quiero pensar en que mi hermano no cambie.

El siguiente golpe vino solo dos días después que me paré de la cama, delgada como un palillo. Marta y yo estábamos acostadas cuando la señora Luz, que vendía tacos y tostadas en el zaguán de Bella Vista, llegó a avisarnos que a mi hermano Roberto lo estaban golpeando unos policías. ¡Qué horrible es despertar de esta manera! Al oír esto nos levantamos Marta y yo más que deprisa. Marta dormía con vestido, pero yo tuve que ponerme mi bata de color azul ya muy usada. Sentía cómo me temblaba el cuerpo, como si mil agujas se metieran en mis poros dejando pasar un aire húmedo. Tenía mucho miedo y angustia conociendo cómo la policía abusaba de su grado. Me llevé el susto de la vida al ver a Roberto tirado en el suelo mientras dos desgraciados policías lo golpeaban bárbaramente con sus macanas. Le pegaban tan fuerte que lo hicieron vomitar. Sangraba de la nariz y lanzaba insultos y entonces le pegaban más. A gritos le dije:

—¡Roberto, Roberto, no, manito, cállate, te va a ir peor!

—Déjenlo —Marta les decía a los policías— no sean abusivos, está tomado.

—Pos que se esté quieto este hijo de su chin... —y lo seguían golpeando con sus macanas. ¡Dios mío, qué impotencia se siente! Volteaba desesperada a ver si alguien podía ayudarme.

—Ya hirieron a mi hermano, lo están matando. ¡Malditos, déjenlo!

Tres amigos de Roberto trataron de lanzarse contra los policías, la gente que miraba los imitó, pero entonces uno de los policías sacó la pistola y amenazó a todos con ella; la gente empezó a correr y el policía tras de ella. Cuando vieron a mi hermano caído en el suelo y sin moverse, los policías echaron a correr. Alguien nos aconsejó llevar a Roberto a la Delegación y que pusiéramos una demanda contra los dos policías. Mientras sostenían a mi hermano Marta y yo entramos a la vecindad, ella para traer a Trini que todavía tomaba el pecho y yo para buscar con qué taparme. Saqué 50 pesos que tenía guardados, me puse el abrigo y abordamos un taxi. Ya vino la Cruz Verde por Roberto y dos de sus amigos que fueron de testigos.

Cuando llegamos a la Delegación Roberto estaba en la enfermería quejándose muy duro de los golpes que había recibido: le dolía su cabeza, el estómago y las piernas. Seguía lanzando insultos contra toda la policía y empeorando las cosas. Yo le tapaba la boca. El doctor lo mandó al hospital y cuando se iba la Cruz Verde con él llegó Manuel lleno de indignación por lo que había pasado. Él se subió a la Cruz acompañando a

Roberto, mientras nosotros nos quedamos a esperar que se hiciera justicia. ¡Justicia! Ahí nos estuvimos hasta las cinco de la mañana, sin conseguir nada y solo perdiendo nuestro tiempo.

Yo estaba desesperada. No había llegado a ninguna parte con Marta, había gastado mis pocos centavos en Roberto, a los niños se los había llevado otra vez con Dalila... yo sentía que iba a enfermarme si no escapaba a las miradas duras de mi padre y a sus palabras violentas, a sus diarias amenazas de arrojarnos a Roberto y a mí a la calle. No pude soportarlo más y entonces decidí salirme. La tía de mi jefe, la señora Andrea, me dijo que tenía una recámara desocupada que podía rentarme cuando le conté mi situación, con reservas, desde luego. Vivía casi en el límite opuesto de la ciudad y pensé que así podría escapar de todo aquello que me molestaba.

Pero Jaime me encontró. Al principio se había portado bien y cuando empezaba a apoyarme en él, ¡otro golpe más!

—No quiero que se enteren en mi casa que te veo. Mi mamá me lo prohibió. Si lo sabe mi papá, va a haber un gran disgusto. Pero si quieres te ayudo a poner tu casa.

En lugar de casamiento Jaime ahora me ofrecía hacerme su amante.

Al igual que antes había encontrado otros. Un amigo de la familia al que consideraba tío, pero me llevé chasco. Me dijo:

—Si tú quieres, trabajas, si no, no. Te pongo tu casa.

Después uno que fue mi cuñado —también lo consideraba de la familia, pero fue lo mismo—: Si quieres te pongo la casa en otro lado... en Veracruz, en Guadalajara, en donde quieras.

Lo mismo, dejé de hablarle. Después el marido de Élida, el que siempre consideraba mi amigo, también me propuso «hacerse cargo de mí». Mi cabeza empezaba a aturdirme. Me preguntaba: «Dios mío, pero es que solo represento un instrumento de placer?» Quería alejarme de todo lo malo y como maldición me seguía. Empezaba a temer a todo mundo. Una noche llegó Jaime ahogado, gritando, insultándome y dando de patadas en la puerta de la señora Andrea. El despertar, oyendo aquel escándalo en una casa respetable, fue un choque tremendo y me desmayé. Por ese entonces me alimentaba mal, unas veces por no tener dinero, otras por no tener hambre y otras porque se me acababa el tiempo para alcanzar el camión. Además los corajes diarios en el trabajo habían minado mi salud. Estaba tan delgada como cuando me decían «Tísica». Empecé a perder el control de mis nervios. Me daban ataques de llanto y me privaba. Mi modo de hablar era el de una idiota o borracha. Excuso el decir que cometí errores incontables en el trabajo.

Empecé a tener unos sueños muy vívidos. En una ocasión soñé, o mejor dicho tuve esta pesadilla. Estaba en una playa. Nadé hasta llegar a una isla. Cuando llegué me llamó la atención una pequeña cueva. Me asomé a ver su interior. De pronto la tierra se movía a mis pies y caí en un remolino de agua. Yo luchaba con todas mis fuerzas por salir a flote, pero ese remolino me arrastró, me hundió. Pensé morir. Caía, caía. Ya una vez en el fondo vi una especie de cuarto de tierra dividido en dos por un tapanco. A un lado estaba una escalera de madera como las que venden los inditos. El agua pasaba a un lado de este cuarto sin entrar. Hasta ahí me había arrojado el remolino. Mi ropa estaba toda desgarrada, mi pelo seco, pero muy largo y lacio. Mis pies se llenaron de la arena del cuarto. Lo curioso era que estaba un foco encendido a la mitad del tapanco, es decir, de una de las vigas que lo sostenían. Empecé a subir la escalera. De pronto, un hombre al que no pude verle la cara pero su indumentaria sí —vestía como pirata— jaló un cordoncillo y empezó a caerme tierra, toneladas de tierra, arenosa, blanquizca. Seguí subiendo y me sorprendí al ver que en el tapanco estaba otro lago de agua azul. Pero ya entonces, sin saber cómo, estaba yo en un velero. Unos hombres había ahí que me habían salvado, pero yo decía que me dejaran ir. Ellos no querían. De pronto el barquito zozobró y volví a caer al remolino, pero ya era agua y arena lo que me envolvía. Luché, luché con todas mis fuerzas y volví a salir a la cueva por donde había caído. El agua me tapaba toda, el remolino, solo mi cabeza —ya con una gorra de hule— sobresalía. El agua era de un verde muy oscuro. Venía acercándose a mí una tablita y me agarré a ella. Cuando la alcancé alguien me dio una mano y me subió a ella; no vi la cara, solo el brazo que se extendía para ayudarme. Quedé sin fuerzas sobre la tabla, pero dentro del mismo remolino. Yo ya no tenía fuerzas para nadar y quedé boca abajo sobre la tabla que daba vueltas y vueltas.

Mi condición empeoró. Una noche, poco antes de llegar a la casa, me desmayé y caí en la carretera. No sé cuánto permanecí ahí, bajo un árbol. Me levanté y me metí. La señora Andrea creyó que estaba yo tomada y me dio muchos consejos. Hasta que al fin caí en cama. Tenía miedo a la oscuridad, a la gente, al ruido de los coches. Ya no pude trabajar.

Mi padre me trasladó a la casa de Lupita. De los primeros días no me acuerdo. Solo recuerdo que veía a todos y platicaba, no sé qué, pero de pronto los desconocía. Veía yo las cosas grandes, enormes, que se me caían. Un dolor muy fuerte en el cerebro no me dejaba estar en paz. En las noches me echaban alcohol en la cabeza. Veía yo todo tan lejano, los muebles tan chiquitos, tan lejos de mí. Las caras cuando se reían me hacían desmayar —no precisaba exactamente de quién se trataba. Sabía que era Lupita, lo adivinaba, lo presentía, no sé, pero algo me decía que ella me ayudaba. Cuando empecé a mejorar no podía hablar bien, tartamudeaba mucho.

La primera vez que salí sola al consultorio del doctor me quedé parada en la calle. Se me olvidó el sitio. De pronto todo cambió. Empecé a temblar, a llorar. Una señora se me acercó y me dijo que si me ayudaba a llegar.

—¿A llegar? ¿Adónde? —le dije.

—Pos, a su casa.

—¿Mi casa? —volví a ver el sitio para reconocerlo, pero no me acordaba. Después de un ratito me compuse y entré al consultorio y le platiqué al doctor Ramón. Él me dijo que no debía salir sola. Mi papá vino por mí. Cuando llegué a la casa vi mi cama tan pequeña que se me hacía imposible caber en ella. La veía desde muy alto. Me dejé caer y dormí, no sé cuánto.

En el eco de mí misma trataba de resolver mis problemas. Me sentía sola, tropezaba y me levantaba oyendo las risas de los demás. Me sentía sumergida, envuelta en una espiral de eventos, de escenas que bailaban, de cosas que no podía entender. Pensaba que la gente estaba llena de odio, de desaprobación, de deseos de herirme y verme zozobrar. No podía comprender por qué sucedían las cosas y por qué no había nadie que me ayudara. Sacaba conclusiones sin entender la situación y no hallaba la manera de corregir mis errores. Sentía miedo, no sé de qué, pero de una cosa estaba cierta, no era de la muerte que hasta entonces me había parecido tan seductora. Temblaba y me sudaban las manos cuando salía a la calle. Cuando veía mucha gente me daban ganas de correr. Al atravesar una calle me daban ganas de aventarme bajo las ruedas de un carro. Estaba yo muy mal. Solo mi fe en Dios me tenía en pie. No sé cómo empecé a mejorar.

Una noche tuve un maravilloso sueño a colores. Me dio valor. Me veía en una casa muy bonita; era un internado. Pero primero era una especie de terraza, como un paseo donde van excursionistas y llegan a un lugar a nadar. En esa terraza de dos pisos a mi espalda estaban las mesas y el techo era como de zacate, desde el cual y por los barrotes donde yo estaba recargada se enredaban unas yerbas muy bonitas con hojitas en forma de corazón. Yo veía con melancolía hacia abajo, donde a pocos centímetros del árbol empezaba el estanque con el bordo de pequeñas piedrecitas y agua azul transparente. De pronto, no sé de dónde, aparecieron unas parejas de enamorados que pasaban por el corredorcito hacia el estanque. Iban abrazados. Ellos volteaban a verlas a ellas muy enamorados. Yo los veía desde arriba y sonreía. Alguien se acercó a mí y de inmediato me separé del tubo.

Cuando bajé al lugar en donde estaba el estanque éste desapareció y, en su lugar, me encontré sentada en una especie de mostrador color rojo y junto un librero contra la pared de color café con libros de un café más intenso. Junto a este librero, un poco retirada, estaba la ventana y un poquito más abajo mi cama, muy chica. Luego aparecían varios jóvenes y muchachas —no sé de dónde entraban—. Los veía con asombro desde mi lugar sosteniendo en mis manos un libro. Reían y hablaban en voz alta.

Sus ropas me llamaron mucho la atención, pantalones rojos y camisas amarillas. Ellos volteaban a ver a su compañera y jalándola de la mano, saltaban sobre mi cama y desaparecían al cruzar la ventana. Uno de ellos, el último, me invitó a saltar: «Ven, vamos», me decía riendo. Estaban todos muy contentos. Hasta yo, en esos momentos que leía muy apurada el libro, me sentía contenta. Cuando desaparecieron todos quedó mi cuarto en silencio. Volteaba a ver las paredes. Y ¡qué colores tan magníficos encontraba! Un verde pistache, un rojo rubí, un amarillo precioso. Doblé mi libro y lo dejé sobre esa especie de mostrador rojo. Me di cuenta que tenía el pelo largo, hecho bucles. Tenía también pantalones rojos y una blusa de un color que no sabría explicar.

Me asomé a la ventana. Vi nuevamente a todos los jóvenes saltando una barda de yerbas comunes de un verde muy oscuro que estaba un poco retirada de la casa. Podía yo ver el pasto de un verde casi amarillo. Todos los muchachos eran güeros, sus cabezas muy bien peinadas. Todos saltaban la barda. El último me insistía: «Ven, ven, corre». Pero yo desde la ventana movía la cabeza que no.

Cuando todos desaparecieron sentí unas ansias incontenibles de seguirlos. Brinqué la ventana. Cuando estaba a mitad del prado voltié a ver la casa. Era blanca, de un blanco tan bonito que sentí el haberla abandonado. Pero algo me decía que ya no podía volver a ella, así que continué mi camino corriendo para alcanzar a los demás. Ya no podía verlos, oía ya nada más su risa. Traté de trepar a la barda y lo logré, pero ahí me quedé. Desperté en el instante en que quedaba yo atravesada en la barda, boca abajo, mirando el verde del pasto y la casa blanca, tan blanca, con su techo rojo.

Lentamente perdí mi timidez y recobré mis fuerzas. Los profundos círculos de mi espiral empezaron a disminuir y se hicieron más claros hasta que poco a poco renací. Me sentía vivir otra vez, como una nueva Consuelo. Y volví a sentir mi cuerpo lleno, ya no incompleto. Volví a sentir la fuerza que tenía como cuando estuve en el colegio. Sentí que otra vez era yo algo, alguien que podía hacer cosas, que valía más que «un cacahuate» como decía mi padre. Empecé a conocer la verdadera cara de la vida.

En el fondo, sentía una ira y un dolor tan fuertes que podrían ser peligrosos si los despertaba porque era yo capaz de tomar una venganza terrible contra aquellos que me habían hecho daño. No quería herir en nada a nadie, sobre todo a mi padre; prefería sufrir en silencio el dolor que guardaba dentro de mí. Bastaba que de nuevo podría mirar con mirada de reto a quien tratara de insultarme o humillarme. Sentía que podía imponerme y retirar lo que me hacía daño. Ahora tenía la capacidad de enfrentarme a todos sin temor a nada.

Siempre tuve aspiraciones de llegar a «algo», diferente de lo que hasta entonces conocía, fuera del ambiente en que vivía, quizás aun fuera de mis posibilidades. No me conformaba con permanecer en un solo sitio, en el lugar donde empecé, donde vivía o donde trabajaba. Tener determinado estudio, o determinado oficio, y limitarse al mismo, no tenía chiste, no tenía valor. Me negaba a seguir en la vida la ruta marcada por las generaciones pasadas. Me oponía terminantemente a la palabra «destino» que infinidad de veces oía a mi alrededor. «El que nace pa' maceta, del corredor no pasa.» Cuántas veces lo oí de mi padre, mi tía, amigas, vecinas... En los velorios, o después de algún accidente, escuchaba: «Era su destino», y quedaban satisfechos. Pero yo no. Me daba miedo exteriorizar esto porque temía que me aplastaran por mayoría, y que dijeran que me oponía al curso de la vida y que «quién sabe qué cosa sería yo». Mi familia especialmente hubiera dicho que yo que era la más débil y más tonta de todos, era también la más rebelde. Siempre tuve miedo de decir lo que pensaba porque nunca sentí la confianza de ser entendida. Pero pensando en lo sucedido, muy en silencio analizaba y discutía conmigo misma tratando de encontrar una solución. Nunca acepté que fuera el «destino».

«Nada se puede hacer», decían. «No te opongas al designio de Dios.» ¿Aceptar esto? ¡No, y mil veces no! Y entraba en una lucha también contra la Iglesia y los preceptos divinos. Es más, entraba yo a analizar la personalidad de mi Dios, contra quien nunca me rebelé, y lo estudiaba a conciencia, de rincón a rincón. Notaba que algunas gentes no se dejaban vencer por el destino, sino que luchaban contra él con una fuerza de voluntad inquebrantable. Supe de un señor español que empezó con una mueblería y meses después había quebrado. No desmayó, pidió dinero prestado y empezó de nuevo. Y así lo hizo por quinta y sexta vez hasta que logró lo que él quería. Entonces me di cuenta que no era el destino, que era la fuerza de voluntad lo que lo había hecho triunfar.

Entre nuestros vecinos hubo algunos que progresaron y lograron subir. Raúl llegó a contador, otro trabaja en el cine, otro puso un negocio propio. Pero ninguno de estos muchachos se dejó llevar por la corriente y se aislaron de la palomilla. No vagaban en la calle con la ropa sucia, o su forma de expresarse era gramaticalmente mala, o usaban un lenguaje majadero. No, quienes sobresalieron fueron precisamente esos muchachos serios, que aprendieron a vestir con buen gusto, y que se opusieron siempre a la crítica de otros. Resistencia, oposición, no dejarse llevar por la mayoría, ése era su secreto. Yo no sabía contra qué, pero siempre estaban en contra. Decían: «¡Qué así tiene que ser ni qué cuernos! ¡No, hombre!» o «¡No, mano, estás pendejo, güey, si nomás porque tú dices voy a hacer eso!»

Todo esto analizaba recargada en la pared, o sentada en una banca del jardín o a la puerta de mi casa. Y la gente decía que era demasiado pensativa, que «me remontaba a las nubes», que soñaba despierta. Pero no, yo observaba. Yo me daba cuenta que se necesitaba una gran fuerza de voluntad para resistir a los demás. Indiferencia para no dejarse llevar por la cara bonita, o el pantalón bonito, o los muchachos más populares.

Si alguno de ellos se digna fijarse en alguna joven poco menos que él —en edad, arreglo—, la muchacha siente una mezcla de satisfacción y orgullo, una especie de triunfo. En los bailes, cuando alguno de «ese grupo» me invitaba a bailar, unas veces lo despreciaba, otras aceptaba bailar con él para después dejarlo descontrolado parado a mitad del patio con la música sonando. El hacerle esto a uno de ellos es castigarlos muy duro. Así me vengaba yo de su orgullo estúpido.

También me di cuenta que es necesario no ofender a quienes nos rodean. Por eso en varias ocasiones tuve que condescender y reír de los chistes de las amigas de mi hermana, aun cuando no los entendía. Nunca adopté la actitud de Rufelia, por ejemplo, que de inmediato se enojaba y les lanzaba esta frase:

—No somos iguales, idiota, para que me hagas bromas.

Claro que esto le ganó la antipatía de todos. Era muy, muy difícil adoptar la actitud adecuada en ese medio. Si uno tiene el carácter muy severo, lo aíslan, si es uno muy accesible, le ganan.

Mis aspiraciones eran otras muy diferentes que las de las gentes del ambiente en que vivía. Mucho antes de estudiar como mecanógrafa tuve la ambición de estudiar idiomas. ¿Por qué? Quién sabe... Cuando ya era taquígrafa quería llegar a ser stewardess en una compañía de aviación. No lo logré, pero no desmayé en mi empeño y no me desilusioné. Dormido en mi cerebro con una desesperación callada estaba el deseo de llegar a tener dinero. Necesitaba dinero para vivir en un nivel distinto, para formar parte de otro círculo, para ser de algún valor, para tener una vida mejor.

¿Y para qué quería yo tener dinero y una vida mejor? No porque me llamara la atención lo material sino porque pensaba que si yo podía traspasar la pared que me encerraba, luego, poco a poco, podría sacar a mis sobrinos también. El dinero lo emplearía en conseguir un abogado que me arreglara que me nombraran su tutora, para defenderlos de los demás, para mandarlos a la escuela, para formar la clase de familia que no pude formar con mi hermana y hermanos. No quería que la historia se repitiera, ellos no debían ser otro Manuel, Roberto, Consuelo o Marta. Quería proporcionarles todo lo que ellos me pidieran, quería verlos convertidos en personas bien educadas, con una carrera, que le dieran cara a la vida sin miedo ni vergüenza y que avanzaran con paso firme y decidido. Y que me quisieran mucho. Quería también, si lograba salir fuera de mi ambiente, que mi hermano Roberto escapara y saliera a la superficie donde podía respirar libremente y moverse sin temor. Y cuando ya estuviera más grande y bien establecida, podría mostrar mi cara con valor y saber que no había yo hecho mi vida miserable y que también mi familia valía algo.

Éstas eran las fuerzas que me impulsaban fuera del letargo causado por mi enfermedad y por las circunstancias. Entonces no podía verlo tan claramente. Solo dirigía mis pasos por el camino que me gustaba simplemente por eso, sin que fuera necesaria ninguna otra explicación. Siempre tenía la esperanza de que me condujera a ese «algo» sin mirar siquiera más adelante si había alguna rama de árbol que pudiera caer y ponerme fuera de combate.

Cuando ya me sentí bastante fuerte busqué trabajo y encontré uno en una oficina; pagaban poco y las horas eran muchas. Mientras viví con Lupita o en Bella Vista, no pagaba renta y no tenía niños, ni marido, ni a novio llegaba. Era libre de hacer lo que quería. Me hubiera gustado estudiar secundaria por las noches pero me sentía muy cansada y hubiera tardado muchos años en graduarme. Durante meses iba de mi casa al trabajo, del trabajo a mi casa, y nada más. Otra vez me sentía hundir en el mar de los problemas familiares. «Roberto se emborrachó y está peleando»; «Mariquita tiene una infección en los ojos y Manuel no hace caso»; «Marta anda otra vez con Crispín»; «mi tía Guadalupe necesita 30 pesos para pagar la renta del mes pasado».

Tenía que alejarme de mi familia y anduve buscando un cuarto donde vivir. Pasó algún tiempo antes de poder encontrar algo que me conviniera. En muchas ocasiones no querían recibir a una mujer sola y proseguí mi peregrinación buscando un cuarto hasta que me decidí a mentir diciendo que era una estudiante de fuera que había venido a México a estudiar. Conseguí un cuarto en casa de una señora en las calles del doctor Manzanares y lo alquilé por 190 pesos mensuales. Era muy chiquito, pero al fin tendría yo mi cuarto.

La señora tenía otros huéspedes y uno de ellos, Beatriz, buscó mi compañía e iniciamos la amistad. Era una muchacha simpática aunque la dueña me advirtió que no me convenía su amistad. Por las mañanas me despertaba temprano y me ofrecía que desayunáramos juntas en la cocina.

—Estamos solas, mana —me dijo— y nos necesitamos.

A veces Beatriz y yo salíamos a sentarnos a tomar el Sol en una banca frente al pequeñísimo prado que estaba frente a la casa. Felipe, el cartero, se paraba a platicar y nos hacía reír, o Alejandro, el novio de Beatriz, también se acercaba. A la dueña no le parecía esto y luego nos insultaba diciendo:

—A ver si hacen el favor de meterse a sus cuartos. Solo las mujeres de la calle acostumbran pararse en los zaguanes para buscar clientes.

Pero en nuestras habitaciones nunca pegaba el Sol y siempre estaban húmedas y oscuras, y por lo tanto no le hicimos caso a la vieja.

Pero desgraciadamente vino una cosa tras otra y la dueña no cesaba de molestarnos. Si dejábamos trastes o comida en la mesa de la cocina la íbamos a encontrar en la basura; anegaba la cocina cuando llegábamos a comer, o regaba basura por el suelo. Quería cobrarme de más porque me bañaba tres veces a la semana, o tenía la luz o el radio encendidos después de las diez de la noche. Cada que estábamos cocinando bajaba esta fulana y observaba lo que había en la lumbre; nos prohibió hervir carne, frijoles, leche, porque gastábamos mucho gas.

Ya me estaba cansando la paciencia esta señora. Observé que su casa no estaba manifestada como casa de huéspedes, ni tenía la placa del impuesto sobre la renta en la pared. Pregunté a cada uno la renta que pagaban y me di cuenta que sacaba más de 1.000 pesos mensuales. Le detuve la renta quince días y ella ya estaba molesta. Al día siguiente toda la cocina estaba regada con agua sucia de jabón con la que esta fulana lavaba su ropa y la basura regada por dondequiera. Ahora sí dije:

«Ya basta. Va a ver esta vieja condenada. ¡Qué se está creyendo!»

Así pues subí las escaleras muy enojada. Toqué su puerta.

—Señora, ¡quién diablos se está usted creyendo que es! ¿Cree usted que porque soy prudente y soporto sus majaderías hasta el grado máximo va usted a abusar en la forma que lo hace?

—Pos si no le gustó ya lo sabe... puede irse a otro lado.

—Claro que me voy a ir, pero cuando me dé la gana y después de acusarla al gobierno que tiene usted un negocio clandestino. ¿Acaso paga usted sus impuestos? ¿Dónde está la placa del impuesto sobre la renta? ¿Dónde está su cédula de empadronamiento? Y todavía que le estamos pagando rentas muy altas se pone usted de lépera y nos acusa de ser unas cualquieras. ¿Por qué levanta falsos a lo tarugo? Esta casa es una cueva, o quién sabe qué clase de negocio tendría antes... las habitaciones divididas lo demuestran... qué acaso cree que no sé distinguir entre lo que es una alcoba y lo que es otra... Con suerte ya hasta antecedentes policiacos tiene.

Esta fulana nada más me oía sin decir palabra. Se quedó de una pieza. Tal vez solo estaba sorprendida de mi reacción, o tal vez tuve razón en lo que dije. Lo que sí fue cierto es que nos dejó en paz. Se me hacía duro salir de ahí pues había encontrado una amiga en Beatriz, a pesar de que para entonces ya la conocía bien y no me gustaba lo que hacía. Alejandro era su amante y la mantenía pero ella lo hacía tarugo con otros y ya me estaban cansando con sus pleitos.

Luego, como a los cinco meses de vivir ahí, oí un silbido muy conocido para mí: ¡Jaime! No sé cómo logró saber mi dirección —probablemente por mi tía— pero un día a las tres de la mañana tocó todos los timbres de la casa y se metió al patio gritando mi nombre, insultándome, diciendo maldición y media para que oyera todo mundo. Luego a mañana, tarde y noche me espiaba. En varias ocasiones se limitaba a seguirme, seguirme sin hablarme, y esto me sacaba de quicio. Cuando andaba yo en la calle ya era una cosa que solo miraba hacia atrás sintiéndome seguida. Creí que iba a volver a enfermarme y comprendí que ya no iba a poder vivir ahí y tendría que cambiarme.

Por medio de un anuncio en el periódico tuve la suerte de encontrar un cuarto muy bonito por 200 pesos en una casa que alquilaba una familia cubana. Estuve muy a gusto ahí. Estaba todo muy limpio, tenía agua caliente a toda hora, el baño muy bonito, sala, teléfono. Mi compañera de cuarto era muy simpática, Nancy, lo mismo que los demás, Emita y su esposo, Lucy y Raúl y sus hijos, y sus amigos y huéspedes cubanos que habían venido a México huyendo de Batista. Aquí encontré buen recibimiento y más educación, mejor trato, mucha alegría, fiestas y verdadero compañerismo. Me invitaban a jugar baraja y decían chistes y bromeaban hasta que se cansaban. Los muchachos flirteaban descaradamente y trataron de enamorarme pero unas cuantas palabras cortantes los detenían. Estaba yo muy contenta ahí y me hubiera quedado para siempre.

Pero la situación económica de la familia empezó a flaquear; no les llegaba dinero de Cuba, el marido no tenía trabajo, Lucy tenía dificultades con el novio. Emita decidió traspasar el departamento y el nuevo dueño le iba a dar unos miles de pesos por el traspaso. Nancy se fue a vivir con un hermano suyo casado que es licenciado, pero yo no pude encontrar otro cuarto rápidamente y me quedé con los nuevos dueños, pero ya no fue igual. Me dediqué a buscar casa y un día regresé y me encontré la cama y mi ropa a mitad de la sala, porque al dueño se le ocurrió pintar la pieza. Estaba muy mala de bronquitis y tuve que pasar varios días acostada en la sala.

Encontré un cuarto en las calles de Sonora. La casa de departamentos me gustó y la zona era bonita. Era caro el cuarto —250 pesos— pero yo era la única huésped. Había teléfono y Juanita, la dueña, tenía sirvienta. Podía yo usar su tocadisco, ver la televisión y usar mi radio. También me permitía llevar a mis sobrinitos, a Mariquita era a quien más seguido llevaba, y los trataba bien. Los domingos los niños estaban conmigo y ese día lo dedicaba a lavarme el pelo, a lavar mis cosas y a descansar.

Juanita hasta cierto punto fue buena, pero me daba a veces temor porque se comportaba en una forma muy rara. Insultaba muy duro a su sirvienta, reía en una forma descontrolada, hablaba sola, y contaba muchas mentiras de su vida. Me había contado que venía de una familia aristócrata, pero tenía una forma muy sucia para expresarse. Claro que su vida a mí no me importaba, pero el caso es que me decía que su esposo era médico y que como estaba de servicio solo iba a verla dos veces a la semana, pero además recibía largas visitas de su «tío» o algún otro señor «pariente» suyo.

Yo no hacía caso de su comportamiento, pero ella me hacía la lucha para que siguiera yo su camino. Quería siempre presentarme a sus visitantes y me decía:

—Vamos, Consuelo, no seas tonta, ¡hombre! Tú, tan joven... a ver, dime, quién te detiene, quién te prohíbe... Yo ya he tenido tres maridos y los hombres todos son iguales, todos están cortados por la misma tijera. Hay que saber aprovechar. La vida se hizo para los que la saben vivir. Yo que tú...

—No, Juanita, yo no puedo. No puedo por más que quiero. Yo quisiera ser como infinidad de muchachas que hacen lo que hacen y siguen como si nada. Pero no, a mí me remuerde la conciencia.

—¡Conciencia! ¡Qué conciencia ni qué ocho cuartos! La Iglesia habla de conciencia porque así le conviene, mas no porque en realidad así sea. Dime, ¿en este mundo quién no es humano? Vive tu vida. Ya verás cuando el día de mañana llegue y ya estés vieja te vas a lamentar de no haber hecho lo que quisiste. Deja a un lado los escrúpulos. Eso sirve nada más para volverte más taruga. Hay muchos hombres que no son felices con sus mujeres porque no los satisfacen y si se encuentran otra que les dé lo que ellos quieren, claro que son muy generosos con ella. Porque eso más que nada es una necesidad, algo mecánico que el cuerpo pide... así que por qué no aprovechar las oportunidades...

—Pues sí, pero...

—¡Nada! Déjate de tonterías. Ya la vida no está para andar con consideraciones. Haz lo que te digo y a lo mejor te encuentras alguien que se case contigo y tengas tu hogar, ¿por qué no?

Juanita extiende su mano para enseñarme un gran anillo de esmeralda que luce en la mano izquierda, amén de reloj y pulseras de oro con mil figurillas.

—¿Ves este anillo? Me lo regaló Paco, uno de mis novios. Lo tenía empeñado, fíjate, se me estaba perdiendo, pero le dije a Enrique y ya él me lo rescató. ¡Ay, tan chulo!, si por eso lo quiero. Está bonito el anillo, ¿verdad? Pero tengo otros mucho mejores, pero, ¡ay!, casi todas mis joyas las tengo empeñadas. Fíjate que Rafael me regaló un anillo con unos diamantitos, pero el otro día que andaba yo bruja, lo empeñé. Pero lo tengo que sacar porque en estos días tengo cita con Rafael.

Yo la miraba sintiendo una especie de admiración y respeto. Se me figuraba una mujer muy madura, muy segura de sí. Ella lo tenía todo. A su lado yo me sentía insignificante. Pensaba:

«Después de todo tiene razón. Yo aquí de taruga matándome para conseguir 5 méndigos pesos.»

Pero al mismo tiempo la despreciaba y llegaba a la conclusión de que no me gustaría vivir como ella.

«No, no. Yo no nací para eso. Mejor seguir así con mi frente muy alta... puedo andar por dondequiera y no tengo nada de qué avergonzarme. Ella tiene muchas cosas, es cierto —un departamento muy bonito, sirvienta, joyas, el dinero que quisiera— pero, ¿no sentirá alguna vez vergüenza? No, yo puedo bastarme sola y no recurrir a la sinvergüenzada para conseguirlo. Si quiero un vestido, me lo compro, y si no puedo ahora. bueno, mañana. Yo no podría usar algo sabiendo que lo había ganado con mi cuerpo. Y si algún día se enteraran mis hermanos, o los niños, qué vergüenza y decepción para ellos saber que su hermana, su tía, se ganaba la vida vendiéndose. ¡No! ¡Una y mil veces no! Tú tendrás muchas cosas, Juanita, pero algún día te vas a arrepentir.»

Carmelita, otra muchacha que trabajaba en la oficina, era del mismo mundo de Juanita. Era una chica bonita, bastante simpática y a quien por un tiempo aprecié. Ella sí que me hablaba en un tono más franco.

—No seas pendeja, hombre, sácales los quintos a los hombres. Nomás les pones la cara de sufrida y luego luego ahí tienes a los tarugos. Como el Honorato... ¿tú crees que yo quiero a ese pinche gordo tan feo? ¡No, hombre! ¡Si mejores he tenido!

—¿No? ¿Y entonces por qué lo aceptas?

—No te digo, hombre... ¡cómo serás pendeja! Pos porque suelta los quintos. ¡Pinche gordo!, luego me dice: «que... ay mamacita; que...». ¡La madre!, pos qué... Que se joda, ¿pos qué cree que uno no cuesta? Si uno también tiene su valorcito, no te creas. Luego le digo: «Ándale sí, papacito, lo que tú quieras», pero después que suelte la lana.

—¡Ah, cómo eres, si él es casado!

—Casado, pero no capado. ¡Quién le manda a su vieja no saberlo cuidar...! Oye, por qué no te amarras a León, está podrido en lana el viejo desgraciado ése.

Me reía yo de sus puntadas. Admiraba su maquillaje y le pedí que me enseñara a arreglarme la cara. La ropa que usaba no era de tan buena calidad como la de Juanita, pero era de buen guste. Mi jefe y otros en la oficina me advirtieron que no hiciera amistad con Carmen, pero a mí me gustaba andar con ella. Tenía el carácter muy alegre y me gustaba cómo reía y bromeaba con todos, especialmente con los hombres. Y al verla subirse en unos carros tan lujosos con ocupantes tan bien vestidos, claro, yo me sentía acomplejada. Ella me invitaba a subir con ellos, pero yo no quise aceptar. La verdad es que me sentía inferior a todo mundo. Hasta entonces, a pesar de todo, no sabía lo que era sacar ventaja de las personas, no conocía la maldad, la astucia, la hipocresía. Pero quería aprender. Quería salir de la niebla que me envolvía. Mientras tanto seguía buscando un trabajo mejor, hasta que por fin, con muchos trabajos y varias cartas de recomendación, obtuve un empleo en unas oficinas de gobierno. Trabajaba de las ocho y media de la mañana a las dos y media de la tarde por 540 pesos al mes. Muchas veces tenía que trabajar horas extra, sin compensación, para tener una buena hoja de servicios, como decía mi jefe. Me inscribí en un curso de inglés por las noches y por fin me puse a estudiar otro idioma. Lo que es más, hice una solicitud para que me dieran un apartamento en uno de los multifamiliares para empleados federales. Tenía yo bastantes probabilidades de que me lo dieran porque el novio de una amiga trabajaba en el departamento de construcción, y prometió hablar por mí. Me iba poco a poco acercando a edificar una nueva vida para mí y, Dios mediante, para mis «niños», mis queridos sobrinitos.

Mi mayor preocupación era aún mi familia, pero la emoción y ansiedad que antes sentía habían disminuido. Lejos de ellos me daba cuenta que formaban un círculo apretado, o más bien una red enmarañada en la cual todos estaban envueltos. Yo era la única que estaba fuera. Estando cerca de ellos solo me hacía sentirme más sola. Siempre había sido así pero no había tenido valor suficiente para enfrentarme. Comprendía que no debía meterme en sus vidas, sino luchar sola por mí misma.

Si nada más hubiera vivido para mí sola me hubiera ido lejos. Pero el amor a mi familia, ese fuerte amor mexicano, era como un poderoso resorte que me arrastraba hacia atrás, que me jalaba hacia abajo. Quería yo avanzar, pero no me dejaba. Ellos no podían entender que lo que yo quería era abrirles una senda. Lo peor era que yo me sentía obligada a tenderles mi mano, no porque pidieran limosna, no, no era eso. Ellos eran más valientes que yo y se enfrentaban a la vida, al hambre, a las humillaciones, día tras día. Ellos se enfrentaban y yo no podía; era demasiado cobarde. Cómo quería empacar mis cosas e irme lejos.

Soñaba con irme a la frontera, a California y casarme con un «gringo», un hombre que me entendiera, no como los mexicanos. Tengo un carácter demasiado seco... no puedo ser bastante dulce y sumisa para agradar a los hombres de aquí. El *macho* mexicano en su orgullo y vanidad considera inferior a la mujer y goza humillándola, denigrándola. Para él no hay más sentir, ni más razón que la de él mismo. En una discusión no le interesa llegar a la verdad, sino vencer a su contrincante.

Si dos automóviles transitan por una avenida, por ejemplo un Chrysler y un Nash, el que lleva éste siente que no importa que el otro sea un carro mejor, ¡ah qué caray!, ¿por qué se va a sentir menos?, él también puede correr, y empieza a jugar carreras, y se ponen en competencia porque uno, al igual que el otro, se siente muy macho. En la calle no puede caminar una mujer sola sin que cualquier hombre macho se sienta con el «derecho» de ejercer su superioridad. Todos los hombres que conozco, mi padre, mis hermanos, mis novios y los compañeros de trabajo, se creen siempre en el papel de mandar y ser obedecidos.

Nunca voy a congeniar con un hombre dominante e imperioso. No me gusta la autoridad aplastante, no me gusta sentirme inferior. Hasta con mi padre he luchado en este aspecto. Una cosa no está bien solo porque él lo dice. Los hombres son físicamente más fuertes que las mujeres, pero moralmente no. Y detrás de toda su superioridad está solo la fuerza. Ésta es una razón por la cual no creo en el hombre latino y nunca voy a lograr congeniar con él. Yo he querido ser independiente, hacerme mi camino, encontrar el ambiente adecuado.

Yo me había construido grandes sueños de valor, pero cuando fui a Bella Vista y vi la situación que ahí prevalecía, salí con el corazón muy decaído. Sería una cobardía abandonar a esas cuatro pobres criaturas sin madre. Dalila tuvo un disgusto con mi papá y mandó a los niños con Marta. Así que todas las noches en lugar de ponerme a estudiar inglés, me iba a Bella Vista a ver a los niños, darles de cenar y dejarlos acostaditos.

Yo no perdono el que mi padre y esa vieja de Dalila hayan usado a los niños como pretexto para cubrir sus actos, primero para casarse y luego para amenazarse uno a otro. Y Manuel es un mal padre, pero, ¿por qué no dejó mi padre que desde un principio Manuel se hiciera cargo de sus hijos? Mi papá no hacía más que quejarse y regañar, siempre con las mismas palabras:

—Es increíble... no sé qué hacer con ese cabrón. Ni para atrás ni para adelante... siempre echadote hasta las doce del día, mientras yo tiznándome para trabajar y ese güevón ni para él mismo.

Me preguntaba con el corazón adolorido si esas criaturas no tendrían un mañana mejor. Si estarían condenados a no tener un hogar, a recibir golpes de unos y otros, a sufrir privación de ropa, juguetes, hasta cama. Me daba rabia ver que Manuel continuamente se «olvidaba» de dejar dinero para su comida. Él y María vivían en el café de Gilberto y ni siquiera se tomaban la molestia de visitar a las criaturas. Me parecía que gritaba en un desierto y sentía que las llamaradas del Sol me quemaban a mí y a cuatro pequeños arbolitos.

Yo pensé que si se usaba la fuerza Manuel tomaría más en serio sus obligaciones. Una noche le dije a mi padre que si quería le podía hablar al licenciado Marroquín, quien me había ayudado cuando el problema de mi hermano Roberto. Mi padre aceptó, pero con duda, indeciso. Pero mejor opté por ir a la oficina de Servicios Sociales, donde sin más ni más acusé a mi hermano de irresponsabilidad. No hizo caso de las dos primeras notificaciones, pero envié a un policía con la tercera al café. Manuel palideció al ver entrar al policía y dirigirse a él y esta vez sí dio resultado, pues se presentó en las oficinas al día siguiente.

Yo había traído a los cuatro niños conmigo a las oficinas de Servicios Sociales aunque veía difícil que Manuel se presentara. Yo entraba y salía tratando de ver si llegaba. Como a eso de las diez me asomé y lo vi parado en las escaleras. Salí a la carrera y aunque iba con miedo, me controlé y le dije:

—Te habla mi papá, él desde qué horas llegó y tú apenas vienes.

Su mirada de odio y coraje me barrió.

—¡Qué bien están fregando! Y, ¿ora qué cosa quieren? Siempre han de estar como las víboras. ¡No hallan cómo estar fregando!

De mala gana y diciendo cosas entre dientes se dirigió a la oficina. Y yo detrás de él que se me salía el corazón del pecho.

Se sorprendió muchísimo al ver a los niños.

—¿Ustedes qué hacen aquí?

Alanes se abrazó a mis piernas y se escondió detrás de mí. Mariquita le dijo:

—No te van a hacer nada, papá. Mi tía solo quiere que nos compres zapatos y ropa y que nos des el gasto.

Yo estaba parada a un lado del escritorio, algo alejada de Manuel. La señorita Olga, la trabajadora social, dijo:

—¿Con que éste es el papá de los niños?

—Sí, señorita, para servirle.

—Mire, joven, su papá ha puesto aquí una demanda en su contra porque usted es muy desobligado y no quiere hacerse cargo de sus hijos.

¿Qué no le pueden si son sangre de su sangre y carne de su carne? ¿Qué no los quiere? ¿Qué no le dolería que cualquier día le avisaran que ya les pasó una desgracia, o que alguno está en el tribunal, y todo esto porque están desamparados...?

Manuel se cruzó de brazos y a todo lo que le decía la señorita contestaba:

—Sí, sí los quiero... cómo no, si son mis hijos... claro que no, no me gustaría...

Cuando terminó la señorita Olga, Manuel le dijo:

—Mire usted, señorita, desamparados no están. Mis hijos están bien con su abuelo. No es cierto que se les pegue, ni que se les maltrate, como dice mi hermana. Lo que pasa es que ella siempre exagera las cosas. Para ella el que se les dé un simple manacito a los niños ya es una golpiza. ¡Y eso es falso completamente! Y Dalila, Dalila es una santa, ya quisieras tú y muchas otras ser como esa mujer. A mis hijos no les hace falta nada. Pero mi hermana quiere que vivan una vida de americanos, y yo no saco lo suficiente para darles una vida como la que ella quiere. No es que me niegue a hacerme cargo de los niños, es que no tengo una entrada fija. Me estaba dando coraje oír sus excusas.

—¡Qué bárbaro eres! ¿Vida de americanos se te hace a ti comer las tres veces al día, tener una cama para dormir y un abrigo para taparse? ¿Y que no sacas lo suficiente? ¡Sacas más que lo suficiente para apostar en los caballos, y jugar a la baraja y al dominó, y hacer apuestas en el box!

Entonces Manuel cometió un error al decirme extendiendo las manos.

—Ándale, dame. Yo no quiero consejos, lo que quiero es dinero para comprarles cosas. ¿Te duele mucho? Pues dame el dinero.

Pues luego luego, ahí mismo y cuando todavía él tenía la mano extendida, la trabajadora social lo acusó de negarse a hacerse cargo de sus hijos y le advirtió que mandarían a los niños a un orfanatorio y a él a la cárcel si él no dejaba 15 pesos diarios para ellos en la oficina. Mi hermano no pudo protestar y firmó los papeles. Yo también firmé y me comprometí a recoger el dinero cada ocho días en la oficina y entregarlo a quien estuviera encargado de los niños.

No sabría decir cómo salió Manuel de ahí. Me imagino que con una mezcla de coraje, vergüenza y deseos de pegarme. Los niños y yo teníamos temor de salir de la oficina, aunque se veían muy animados hablando de lo que querían que les compraran. La verdad es que Manuel no se presentó una sola vez en la oficina a dejar el dinero, pero empezó a dar gasto a la casa y él o María iban diariamente a Bella Vista a ver a los niños.

Una mañana, el Miércoles de Ceniza, llegué temprano antes de que los niños se fueran a la escuela. Cuando me senté me dijo Conchita, la niña más chiquita de Manuel:

—Mi tía Marta me bañó con agua fría.

En esos días había hecho frío y yo desde luego me enojé, pero no dije nada por temor a un escándalo. Solo acerté a decirle a la niña:

—No te apures, hija. Ponte el suéter.

Marta estaba en la cocina y sin más ni más se soltó diciéndome un sinfín de groserías.

—¡A ti qué te importa, hija de la chingada!

Me dijo que era yo una pública, que estaba yo podrida, y palabras que no puedo repetir textualmente. Acto seguido me quiso pegar. Desde luego que una vez que salí de mi asombro me defendí, porque no soy una santa. Me dio de patadas, trató de arañarme la cara. Yo la esquivé. Iba yo a contestar a sus golpes, pero la sangre quiere decir mucho. En el acto pensé muchas cosas, que era mi hermana, que los niños se podían asustar, que podía llegar mi papá. Yo logré controlarme, pero ella no, siguió insultándome hasta que se cansó. Yo aún no puedo explicarme por qué mi hermana me odia tanto. En presencia de los niños me gritó que noche a noche cambiaba yo mis amantes. Yo no pude soportar más y chillando fui a ver a la fábrica a mi hermano Roberto, luego fui con mi tía y luego le di la queja a mi papá y él regañó a Marta. Mi papá decidió que ella debía trabajar y encargarle sus niñas a Dalila.

Marta se enojó porque le ordenaron esto y esa misma noche se salió de la casa con sus hijas. Creíamos que había vuelto con Crispín, el padre de las niñas.

María y Manuel entonces vinieron a Bella Vista a cuidar a los niños. Las cosas estuvieron bien por un poco de tiempo. Pero luego la bruja ésa de la Dalila se cambió a la nueva casa que mi papá construyó para ella. La muy infeliz se llevó todo de Bella Vista y dejó a Manuel sin nada, vaya; ni una silla, ni un plato, ni estufa. También se llevó las cosas de Marta y si hubiera podido también se lleva el piso. Sin ninguna razón me rompió mi Diploma de Taquimecanógrafa y todos mis papeles de la escuela. Viendo que Manuel se había quedado sin nada y siempre pensando en los niños le dije a Manuel que fuera a casa de Lupita por mi cama chica. También tenía ahí mi cama grande y ésa se la iba a dejar para que durmieran los niños. Le había vendido el colchón a mi media hermana Antonia, así que él tendría que comprar otro. Yo necesitaba el dinero y le ofrecí venderle las dos camas por solo 100 pesos. Yo consideré esto justo. ¡Caramba! Él es mayor que yo, y él es hombre, así que pensé que debía pagarme algo. Bueno, pues me dio 50 pesos y se olvidó del resto. Y así quedó la cosa... bueno, como es mi hermano, ¡total!

Pero entonces me dio coraje que a los niños les puso unos viles costales de ixtle extendidos en la cama grande, sin almohada y sin nada y María y Manuel en la cama chica con colchón, cobijas y todo, y las pobres criaturas a lo pelón, con solo un pedazo de cobija sufriendo con tanto frío que hacía. No era justo ver cómo tenían a esas pobres criaturas. ¡Caramba, solo Manuel que no tiene alma...!

A Mariquita le dio bronquitis y estuvo ronca y con tos tres semanas hasta que la llevé al Hospital Infantil. Su padre no quería ni siquiera pagarle la medicina. Una noche llegué y me encontré a Conchita tirada, sobre un montón de trapos en el suelo, ardiendo en calentura. María y Manuel no se habían ni dado cuenta que estaba enferma. Los parientes de María empezaron a meterse todos ahí y el cuarto parecía un manicomio. Yo sentía que no podía dejar pasar ni un solo día sin ir a ver qué nueva calamidad les estaba pasando a los niños. Empecé a molestar a Manuel —bueno, según él fue una molestia muy grande— que les comprara colchón a los niños. Me dijo que no me metiera en lo que no me importaba y que si tanto los quería que me los llevara y los mantuviera.

—Sí, me llevo a tus hijos, y los mantengo, pero a ti te meto a la cárcel —le grité—. Y ahora ya sabes que cumplo mi palabra.

Empecé a llevar a los niños a mi cuarto en casa de Juanita, cuatro o cinco días, uno primero y luego otro; y así. Cómo hubiera querido tenerlos conmigo siempre. Sentía que eran realmente míos. Deseaba haber tenido una casa propia donde pudieran correr y jugar libremente, donde solo oyeran palabras cariñosas y donde vivieran como deben vivir los niños. Poco a poco mi gran deseo fue poder hacer esto por ellos.

Mientras tanto supimos que Marta estaba en Acapulco. Estaba esperando a su cuarto niño, ¡y yo nada! Mi papá fue a verla y regresó diciendo que en ese lugar solo podían vivir como animales. Sepa Dios si estaría exagerando. Pero francamente no quería saber nada de mi hermana, me interesaba más encontrar una casa para mí y los niños, y para mi hermano Roberto.

Roberto ya tenía una mujer, Antonia. No tenía casa, no tenía trabajo, ni ropa, pero eso sí, tenía mujer. Parecían unos chiquillos que estaban durmiendo en la vida. Tenía a la pobre primero con mi tía, luego en Bella Vista. Pero mi papá estaba muy enojado con Roberto porque le pegó a Dalila y un día lo corrió.

—¡No quiero que te quedes aquí —le dijo— tienes la cara sucia y todavía así quieres que te den un premio!

Teníamos todos mucha vergüenza y coraje porque dijo esto en presencia de Antonia y la pobre empezó a llorar. Sin decirle una palabra a mi padre Roberto le dijo:

—¡Agarra tu cobija, vieja, vámonos! Yo le supliqué a mi padre que los dejara quedarse hasta que encontraran adónde ir... gracias a Dios consintió que se quedaran. Mi pobre hermano pensó conseguir una casa para ellos, pero todavía no tenía trabajo. En parte por ellos y en parte por mí que también estaba con la ilusión de tener mi casa, les propuse que pusiéramos un departamento entre los tres. Yo no podía hacerlo sola, pero si me ayudaban... ya había aprendido el valor del dinero y a manejarlo de acuerdo con mis necesidades. Por ejemplo, cada quincena, aparto la mitad de la renta, abono 10 o 15 pesos del crédito que pedí para comprarme ropa, guardo 20 pesos para mis camiones y otros pequeñísimos gastos: una torta, o un dulce y compro el mandado para ocho días. Si me queda algo de dinero compro algunas cositas insignificantes para mi tía o para los niños. Pero a veces me quedo sin dinero antes de la quincena y me paso el día sin comer una o dos veces.

Tuve que convencer a Roberto que sería muy bueno vivir juntos.

—Hombre, va a ser una gran ayuda para ti. Yo conozco a alguien que te puede conseguir un trabajo en los ferrocarriles, o en un camión repartidor de Coca-Cola. Así puedes pagar la mitad de la renta y el gasto.

Antonia nos asistiría, cocinaría y se haría cargo de la casa, Roberto y yo trabajaríamos y traeríamos lo necesario, y viviríamos muy felices en nuestra propia casa. Roberto quedó de acuerdo y entonces encontramos un departamentito con dos recámaras, cocina y baño en un edificio modesto cerca de Bella Vista.

Al momento me gustó el departamento; Roberto y Antonia pensaron que era un palacio. Tenía ventanas con vista al oriente y el Sol entraba desde temprano, un calentador de leña en el baño, agua corriente y piso de mosaico. Las piezas eran muy chiquitas aun sin los muebles, pero mucho mejor así porque nosotros no teníamos nada en absoluto de muebles. La renta era 240 pesos al mes. Dejamos 85 pesos de depósito y fuimos a buscar un fiador para firmar el contrato. Mi papá rotundamente me dijo que no, Antonia y Roberto no conocían a nadie que sirviera para dar la firma; yo tuve que pedirle a mi jefe de grupo en la oficina que me diera la firma. Yo había mandado a Antonia varias veces para que dejara más dinero como depósito para que la dueña no fuera a dar el departamento a otra persona y nosotros nos quedáramos sin nada. Roberto se enojó y dijo que era mucho lío por «un méndigo, canijo, apartamento». No tenía idea de lo que era tener un hogar, pagar una casa y entonces perdió interés, o le dio miedo. Bueno, me dijo que ya no lo quería y que lo agarrara yo sola. Quise que me devolvieran mi depósito, pero no se pudo, total, que me quedé bien embarcada.

Me llevé mis cosas en un taxi: nada de muebles, únicamente el radio, la plancha, el burro y mi ropa. Ya le había yo advertido a Manuel que si no me daba el resto del dinero de las camas para por lo menos sacar una cama en abonos, iba a llevarme mi cama la chiquita. No me hizo caso y el día que me cambié fui a Bella Vista y me llevé mi cama y les dejé el colchón. Claro que Manuel y María se enojaron, pero cómo iba yo a dormir en el suelo. Luego Manuel tuvo el corazón de quitarles a los niños la cama grande. Compró su buen colchón y a los niños los acostaba en tres pedazos de petate, pasando tanto frío en el suelo y sin protección alguna contra los asquerosos roedores que salían por nueve hoyotes —yo los conté— que había en el piso y mi hermano no hacía nada por taparlos.

Por eso fue que tuvimos un pleito, porque cuando yo le vendí las camas le dije que la cama grande era para los niños. Él alegó que había pagado por ella y que podía hacer lo que le diera la gana con la cama. Pues dejó de hablarme y no me dirigía la palabra cuando llegué a corretearlo en la calle. Dije: «¿Ah, sí? ¡Va a ver este canijo!». Llegué a Bella Vista, le di a María el dinero, y me llevé mi cama en un taxi. Luego la quería Roberto, pero ¡Chihuahua!, ya me había hecho tantas que si no me daba un centavo no iba a tener la cama. Entonces la vendí por otro lado en 100 pesos.

El haber perdido todas mis comodidades en casa de Juanita cuando me cambié al departamento me disgustó un poco. No tenía bastante dinero para que me conectaran la electricidad, así que el primer mes usé velas. No tenía guardarropa, ni estufa, ni había manera de planchar. Para ir al trabajo me tardaba una hora y no tenía tiempo para desayunar. El dinero que tenía para comida tuve que emplearlo en otras cosas, así que por varios días estuve a café y pan. Lo bueno era que entre los compañeros de la oficina como a las diez y media de la mañana nos cooperábamos y con el dinero de todos comprábamos galletas, dulces o chocolates y limonadas.

Trabajaba por las tardes para poder reunir dinero con que arreglar la casa. Pero ya iba a llegar la Navidad y yo todavía no tenía muebles. Una noche le fui a pagar a Juanita un dinero que le debía y le conté mis apuraciones. Necesitaba dinero para traer a mis sobrinos a vivir definitivamente conmigo pero iba a tomarme toda la vida para poder ahorrar de lo que ganaba.

—Voy a tener que pedir dinero prestado a rédito.

—¡Ay, Consuelo, qué lástima! ¿Por qué no concursas en la televisión en el programa de aficionados? Puedes cantar, puedes bailar. Si ganas puedes tener un montón de dinero y también muy buenos contratos.

Todo lo que podía pensar era: «Tengo que conseguir dinero. Debo tener dinero». No me veía yo muy bien. Había perdido peso y estaba pálida. Muy seguido me daba catarro, o bronquitis, o me enfermaba del estómago. Pero el pensamiento de poder ganar un premio me daba fuerzas. Un día me fui a las oficinas de Televicentro y pasé las pruebas preliminares, cantando, y pasé a finales. Pero uno de los jueces pensó que yo tenía más madera de bailarina que de cancionera y me dieron una beca para estudiar danza en el Instituto Nacional de Bellas Artes. Ellos iban a pagar todos los gastos y si resultaba después me lanzarían como bailarina en teatro, o para el cine o en algún centro nocturno y así les pagaría los gastos que habían hecho. Yo les dije que sí a todo, sin pensarlo mucho, y después hubo más telefonazos, citas y entrevistas. En abril entré a la escuela de danza moderna.

Trabajaba en la oficina de gobierno hasta las dos y media todos los días y luego tenía clases de las cuatro a las ocho o nueve de la noche. Tenía la beca, pero tuve que pedir un préstamo para comprar los zapatos de baile, las mallas y para pasajes. Trabajé muy duro para ponerme al corriente en los ejercicios y los pasos, y emparejarme con las otras. Eran unos ejercicios agotadores y me hacían sudar de una manera bárbara. Todos esos meses anteriores en que me alimentaba tan mal habían minado mi organismo. Salía de mi trabajo y corriendo comía una torta y una limonada, o lo que fuera, y no cenaba hasta que llegaba a la casa, como a las diez de la noche. Entonces estaban Roberto y mi cuñada Antonia en casa y para ahorrarme algunos pesos me esperaba hasta regresar a la casa y comer lo que Antonia había preparado. ¡Nunca había trabajado tan duro! Tuve que aprender a manejar mi tiempo y mi dinero, cada minuto y cada centavo contaban.

Al segundo mes de estar haciendo esto noté que diariamente tenía fuertes dolores de cabeza. Sentía pereza al levantarme, durante el trabajo me daba flojera, empecé a bajar de peso rápidamente y en fin me sentí sin ánimo y sin salud. Comprendí que no me sería posible continuar estudiando. Iba a enfrentarme a otra derrota, a una nueva desilusión. Qué iba a hacer con ese volcán de ideas, de esperanza, que se había despertado en mí, esperanza de llegar a ser algo y no morir sin dejar una huella tras de mí...

Así que cuando uno de mis compañeros en las clases de danzame dijo que si me gustaría ser extra de cine durante las vacaciones yo acepté. Por medio de él conseguí un trabajo en los Estudios Churubusco. Yo estaba muy contenta pero con mucho miedo entre todas aquellas estrellas de cine y la gente importante de ese medio. En mi vida imaginé siquiera estar ante unas cámaras y de buenas a primeras, ¡zas!, ya estaba ahí, filmando en locación. Lo hice todo con naturalidad y parece que les gusté pues me admitieron y duré trabajando toda una semana. Gané 190 pesos contando el dinero que nos daban para comer y cenar, en esos días maravillosos.

Estaba yo en la oficina de los estudios con la esperanza de obtener otra oportunidad, cuando un tipo, un actor de segunda, me dijo que me subiera en su carro, que me iba a llevar a locación. Yo le creí y me subí.

—¿Qué sabe usted hacer?
—Me gusta cantar... pero solo soy aficionada.
—Bueno, por algo se empieza. Todos tenemos que empezar de abajo para arriba. Yo no me avergüenzo de haber empezado sin nada y sin embargo míreme ahora en qué lugar estoy. ¿No ha visto mi última película?
—No, no, muy poco voy al cine... ¿cómo me dijo que se llamaba?

El señor Ángel Montero, manejando su carro, ha salido de los estudios y toma por una avenida que tiene muchos árboles. ¡Es buen tipo, bien vestido y estrella de cine! Me enseñó algunas de sus fotos recientes y me prometió firmarme una. Me habló de los papeles que había desempeñado, de los artistas famosos que conocía, me platicó que estaba empezando con una agencia y quería lanzarse como empresario. Andaba buscando una muchacha para que cantara con un trío. Me pidió que cantara y cuando terminé la canción volteó a verme asombrado.

¡Hombre! Le voy a confesar que no esperé que lo hiciera tan bien. Yo creo que sí puede hacer algo. Lo que le hace falta es que la enseñen a decir las frases con intención. Voy a pedirle a Sarita, la cantante, que puede aconsejarla en este campo. Es buena amiga mía y nunca me ha negado un favor. Voy a llevarla ahorita con ella.

—Señor Montero, perdóneme, pero usted me dijo que íbamos a locación...

—Pero, hombre, muchacha, qué desconfiada. No sé como te habrán tratado otras veces, pero, ¿acaso crees que no soy un caballero?

—No, no, yo no quise decir eso... es que... simplemente me dio curiosidad... tengo ganas de conocer a la señora Sarita.

—Ahora la va a conocer. Mire, me cae simpática. ¡Si vieras cuántas oportunidades tengo! Y no es que yo las busque, no, ellas vienen a mí. Por ejemplo, ¿conoces a Martita N.? pues...

Mientras hablaba yo pensaba: «Claro, él es una estrella de cine y tiene que buscar a quienes son iguales a él... cómo va a fijarse en mí». Habíamos andado en el carro bastante rato y había empezado a llover. Él seguía hablando de sus amigas y de sí mismo. Yo empezaba a inquietarme.

¿Hasta dónde es la casa de Sarita? No creí que estuviera tan lejos.

—Aquí cerca, hombre. ¿Desconfías de mí? Me haces sentir un barbaján.

—Discúlpeme nuevamente, señor Montero, pero es que tengo ganas de conocer a la señora.

Hizo un gesto de impaciencia y yo callé por vergüenza. De pronto frente a mis ojos y a través de la fuerte lluvia veo un letrero: «Motel».

—¡Señor Montero, yo no quiero entrar ahí! Usted me dijo que íbamos a locación y por eso vine con usted.

—Sí, sí... te lo dije, pero más tarde. ¡Chist! No seas ridícula, qué papelitos estás haciendo.

Paró el coche en uno de los *bungalows* y da la vuelta para abrirme la puerta. Yo tenía vergüenza y temor. Permanecí sentada sintiendo un nudo en la garganta. Quiero llorar y no puedo. No quería entrar. Llueve muy, muy fuerte. Me empuja fuera del carro y me aprieta el brazo hasta casi dormírmelo.

—No quiero entrar, no quiero entrar. ¡Déjeme!

—Qué humillada me sentí.

—Si no te estoy pidiendo permiso. No seas escandalosa ni payasa. No seas tonta, solo es un rato. Cuánto no dieran otras muchachas para estar en tu lugar. ¡Se sentirían honradas! ¿Por qué tú no? ¿De qué te las das? ¿Acaso te crees una diosa? ¡Antes las gracias me debías de dar!

Me sienta en la cama y con risa burlona cierra bien la puerta y empieza a quitarse la camisa.

—¡Bésame!

—No, no quiero. ¡Déjeme! ¿Así es como demuestra su fuerza? ¡De nada le va a servir porque yo no quiero hacerlo!

—Ya cállate. ¿Para qué haces tanto tango? ¿Qué acaso eres virgen? Vamos, hombre. Toma las cosas con naturalidad. Esto no es para espantarse, es la cosa más natural del mundo... Eres una escandalosa encantadora, pero no estoy acostumbrado a rogar. Si lo hago con Sarita y con Martita, ¿por qué contigo no?

Cuatro meses después me enteré que estaba embarazada. Ni siquiera lo sospechaba porque mi menstruación había seguido. No había yo vuelto a ver al señor Montero y cuando llamé a los estudios o a Televicentro donde había actuado me dijeron que se había ido a locación. Por fin encontré a un doctor que quiso hacerme la delicada operación. Tuve que vender mi nuevo guardarropa para pagar los gastos. Estuve muy enferma y no pude ir a trabajar por dos semanas.

Éste, para mi tristeza, fue mi primer encuentro amargo con el famoso y brutal machismo del mexicano. Yo, como infinidad de otras mujeres mexicanas, había formado parte de este juego en que vence el macho dominante. «¿Te aplasto... o te dejo en libertad?», juego desprovisto de generosidad, de nobleza, de valor, porque hay que pagar un precio para quedar libre. Es un acto bárbaro de egoísmo y de ventaja, adornado con palabras convincentes.

Después de mi enfermedad estaba yo demasiado nerviosa para trabajar en una oficina. Tenía yo deudas y me había atrasado tres meses en el pago de la renta. Mi padre rehusó ayudarme y no había nadie más a quien acudir. Necesitaba dinero con desesperación. Volví a los estudios para ver si podía conseguir ser extra permanente. Conocía a una muchacha que había sacado 3.000 pesos trabajando de extra en una sola película. Me dijo que debía ser del Sindicato y me envió con el señor Pizarro que era de la mesa directiva y podría ayudarme.

Este señor me dijo:

—Ah, sí, sí, ¿el que se pone los zapatos una vez detrás de las cámaras ya no puede alejarse, verdad?

—Sí, señor Pizarro, es que necesito el dinero.

—Ah... ¿y no tiene credenciales? Dígame, ¿puede salir a locaciones?

—Sí, señor.

—Bueno... ¿es usted casada?

—Mmmm... —me quedé mirando su cara.

—Bueno, hombre, se lo pregunto porque quiero saber si de verdad puede salir libremente. No se preocupe. Yo le puedo arreglar fácilmente sus papeles. Entonces nos vemos el lunes.

Esta vez sí me daba cuenta de lo que hacía. El señor Pizarro no era mal parecido. Y debía valer algo si era miembro ejecutivo del Sindicato. Podía ayudarme. Si él quería algo de mí yo estaría dispuesta... sobre todo cuando estuviéramos fuera de la ciudad en locación, o cuando ya lo conociera mejor. Acto seguido fui a arreglarme las uñas y a peinarme y saqué mi mejor vestido del empeño donde lo había llevado Roberto cuando necesitó dinero en un apuro. Era mejor ir bien presentada.

Pero no me esperé que este señor me llevara a un motel ese mismo día y que me forzara como lo hizo el señor Montero. ¿Es que de veras tengo el aspecto de mujer fácil? Traté de luchar con él y cuando ya no pude me volví una piedra. Me controlaba en una forma increíble y no respondí... Este fulano estaba desesperado y encajó su rodilla en mí.

—¡Señor Pizarro, por favor, no me trate así!

—¿Y qué quieres? Soy hombre... o qué... ¿quieres que deje de serlo para que después te burles de mí? ¿Quieres que rebaje mi calidad de hombre? Cumple con tu deber de mujer. Tú me ayudas y tú tendrás apoyo en todo.

Él logró su intento. Pero cuando le pregunté si iba a cumplir con lo dicho, de salir a locación, me dijo:

—Linda, si salgo yo, sales tú. No estoy seguro si voy yo o va otro. Llámame mañana a este número.

Llamé y él no estaba, fui a las oficinas del Sindicato y nunca pude encontrarle. Después admití el engaño. Ya no pensé, mi mente se había cerrado a todo sentir. Poco tiempo después me fui a vivir al departamento de un estudiante norteamericano que había venido a México de vacaciones. Él me presentó a varios de sus amigos.

¡Caray! Tantas cosas me han pasado desde entonces. No sé de dónde saco fuerzas. ¿Cómo podré hacerle para ya no castigarme tanto? O es que solo he encontrado mala fe en mi camino, o soy estúpida pues vivo rodeada de nubes y castillos. No pasa un día sin que tenga una asquerosa proposición y yo una razón poderosa para aceptarla. Pero ahora ya nada me importa, ni moral, ni principios, ni el amor por mi familia. Trato de acallar por todos los medios el dolor y la ansiedad que siento en mi pecho y ver con indiferencia a los cuatro niños a quienes tanto quiero. No he sido justa conmigo misma al agotar toda mi fuerza moral y física para ofrecerles una vida mejor solo para caer desmayada.

No tengo trabajo ni me apura tenerlo porque así tengo un arma poderosísima. Si veo enferma o afligida a mi tía, digo: «No tengo dinero»; si a Roberto le sucede esto o aquello, digo: «No tengo trabajo, no tengo dinero, no puedo ayudarte». Y lo mismo con mis sobrinos por quienes tuve tantas ilusiones. Debo romper la cadena que me arrastra, que me hunde, aunque esto me cueste cinco años de mi vida, aunque con ello mate todo sentimiento noble que antes haya tenido. Voy a vivir medio ciega, en la forma en que lo hacen las demás gentes, y así adaptarme a la realidad.

Pero aunque trato de soltarme, no puedo dejar de ver lo que está pasando con mi familia. ¡Dios mío!, se están destruyendo poco a poco, se van acabando... se van marchitando... desapareciendo... como mis tíos, mi madre, mi abuelita, Elena, Paula... todos se fueron y me dejaron antes de tiempo. Mi tía Guadalupe es una luz que se va apagando, un cirio al pie del altar; Marta tiene veinticuatro años y parece de treinta; mi hermano Roberto, se me figura cada año que es su último año, vive una vida tan agitada, no le tiene miedo a nada; para él es lo mismo un pedazo de terciopelo que un cuchillo filoso. ¿Y Manuel? Él sí va a vivir, pero, ¿a costa de quién? ¿Cuántas veces más para probar el cariño de sus hijos les privará de comida?

¿No es horrible pensar que sobrevivirá a esos niños? ¡Cómo le reprocho a Paula el haberse dejado morir tan fácilmente! Paula, ¿cómo pudiste dejar abandonados a tus adorables hijos, sabiendo lo que les esperaba?

Marta

¿Por qué volví con Crispín?... porque, ahora lo verá... ¿cómo estuvo?... El caso es que después de tanto tiempo la abuela quería ver a Concepción y a Violeta. Trini ya casi tenía dos años y Crispín nunca había preguntado por ella ni nunca le había hecho ninguna fiesta. Entonces llevé a las dos niñas con su mamá —eso fue para diciembre— y hablamos de cosas que en realidad no había pues ni qué hablar, ¿no?, porque él sabía muy bien su culpa por parte de Trini.

En cuanto él me vio... nos quedamos viendo, porque tanto tiempo de no hablar... Así es que se me quedó viendo y luego dice:

—Bueno, ¿y qué?

—¿Pues qué? —le dije—. Concepción necesita zapatos, necesita ropa, porque no tiene, ni Violeta.

—Yo ya no tenía otra cosa que decirle más que eso.

—El sábado les compramos.

—Bueno, está bien.

Y luego me dijo:

—Tu papá vive con Dalila, ¿verdad?

—No —le digo— pos no sé.

Y creo vio que se me encendieron los cachetes porque dice:

—Bueno, ¿pos qué te avergüenza?

—No es que yo me avergüence —le digo—. ¿Qué tener a una mujer es vergüenza?

—No —dice— pero pues tú te ciscas.

Y fue todo lo que hablamos. Me dijo que el sábado me esperaba en el Seguro y ya me fui a la casa con las niñas.

Llegó el sábado y fuimos y le compramos a Concepción un par de zapatos y le compró otro a Violeta, pero a Trini, no. A ella no se la mencioné para nada. Lo único que me dijo fue que era mucho el orgullo que yo tenía. Yo le dije que no era orgullo, que era vergüenza, pues después de lo que había hecho él, no era ni para que me volviera ni a hablar.

—¿Pues yo qué fue lo que hice?

En una palabra, él quería que yo hubiera pasado por alto todo, que yo volviera a estar con él sin mencionar a Trini. Que él iba a hacer de cuenta que era su hija, como quien dice que desde ese momento iba apenas a nacer. Cuando él se fue definitivamente yo tenía siete meses de embarazada y él la quiso hacer muy bien de decir que no era su hija. ¡Fíjese! Si un hombre sabe que su mujer va a tener un hijo y no es de él, desde el momento en que uno le dice «yo ya estoy mala» le tiene que decir a uno: «Bueno, pos dónde te lo conseguiste, porque yo estoy seguro que no es mío».

Y eso no hizo Crispín. Me dejó cuando faltaban dos meses para nacer Trini, y durante ese tiempo no se avergonzó de andar conmigo. Para que si hubiera sido como él dice desde ese momento me hubiera dejado por completo, ¿no cree usted? Sin embargo, no sé, verdad, lo que haya hecho que él lo hiciera. Influyeron la cuñada y su mamá porque le dijeron que yo andaba con un hombre. Y en ese entonces yo no andaba con nadie. Dondequiera que me veían me encontraban sola o con las niñas. Así es de que por ese lado no tengo yo ni por qué reprocharme.

Y ya pasó. Y le digo:

—Bueno, ya me voy. Y luego me dice él:

—¿Qué nomás te vas a ir así?

—¿Pues cómo quieres? —y entonces ya me dio coraje—. Qué, ¿quieres que te pague? ¿Con qué quieres que te pague, con cuerpo?

Porque yo para entonces desde la vez que me agarré con él en la calle y nos dimos unos golpes, le hablaba yo así. Porque como quien dice esa vez me libré. Desde entonces yo le decía con palabras fuertes lo que le tenía que decir. Muchas veces le llegué a decir que no tenía ni vergüenza de no mantener a las niñas, y todo eso, cosas que antes no se las podía yo decir porque pos sabía a qué atenerme.

—No seas así, Marta —dice.

—Por qué, pos eso es lo que siempre te ha gustado, ¿no? Así es que esto ya lo sabía de sobra, que tú tenías que recibir algo a cambio de lo que les das a tus hijas, porque no a mí.

—No, no... es que...

—No sé cómo, no me explico si ya estabas hastiado, ¿por qué quieres volver a la misma?

—Si yo no he dicho que estaba hastiado.

—Pues la prueba estuvo en que te fuiste y no dijiste ni una palabra.

Se quedó callado. Seguimos caminando, seguimos caminando... Total, que llegamos a la puerta de un hotel.

—Vente —dice.

—No —le digo.

—No hagas relajo.

—Si quiero hacerlo lo hago, aunque me partas toda la boca. Y entonces le digo:

—Pues claro, algún pago tenías que recibir... ¿no?

Y agarré y ya nos metimos. Después de tanto tiempo de no estar con ningún hombre nos metimos allá al hotel.

¿Y por qué lo hice? ¿Por gusto? Pues no. Por gusto exactamente, no. Porque pues hombres había varios que no nomás me proponían irnos a un hotel y ya, sino hubo que me proponían casa. Sin embargo no sentía yo deseos de tener hombre, porque yo sabía perfectamente que el día que yo me metiera con un hombre iba yo a salir mala. Porque Trini ya pasaba del año, y yo siempre me he hecho enferma después del año de las niñas. Y por eso precisamente yo me había detenido.

Tampoco puedo decir que él me haya forzado, hasta cierta forma no me forzó. Se puede decir que tuve un hijo por dos pares de zapatos. Él sabía cuando los compró que yo no tenía centavos con que pagarle. Fui una tonta hasta cierto punto, yo decía: «Este hombre no cambia, ni cambiará mientras yo siga en este paso».

Así es de que ya tuvimos esa entrevista en el hotel. Y pues de gozar... pues no gocé porque yo lo hacía pero con coraje. La segunda vez que fuimos al hotel... fuimos porque otra vez le iba a comprar cosas a Concepción, por cierto que ni le compramos nada, porque nos metimos luego luego al hotel. Le dio bastante coraje porque yo me le zafé. Yo no quise estar ya con él, porque en un momento me dio coraje de ver que íbamos a hacer lo de siempre. Y estábamos en la cama, y él ya iba a usarme cuando me dio coraje y yo me bajé.

—¿Adónde vas?
—Yo ya me voy.
—¿Por qué te vas?
—Porque se me da la gana.
—Nomás sales y verás.
—Pues a mí no me haces nada. Sobre de ti, sobre de veinte, salgo. ¿Qué crees que estás con tu misma pendeja de antes?

Otras veces me había dicho así y me iba a salir cuando me alcanzaba en la puerta y me daba mis cachetadas. Así de que esta vez ha de haber dicho él pos no se va por miedo. Todavía se quedó acostado cuando yo agarré y que me salgo. Me salí y yo venía nerviosa en la calle, porque yo dije: «a qué hora me alcanza éste y nos peleamos».

Eso fue en diciembre. En enero yo esperaba mi menstruación y ya no me bajó. A él no tuve ni tiempo para decirle que yo estaba embarazada, porque el seis de enero, el día de los Reyes, les llevó sus juguetes a las niñas, a Concepción y a Violeta, y yo le dije que pasara y no quiso. Estaba enojado, estaba muy disgustado y ya ni modo de forzarlo. Y luego en la tarde me iba a ir a ver a Lupita. Y dice esta Concepción:

—Mira, allí va Crispín.
Me vio y se atravesó.
—¿Adónde vas?
—Voy a ver a Lupita.
—Ah, ¿qué vas a ver allá a mi socio?
—¿Cuál? Solamente que ya me lo hayas conseguido.

Y luego pa' cambiarle de tema le dije del circo que estaba en la colonia El Dorado. Me dio 5 pesos.

Le digo:
—Bueno, eso es nomás para las niñas, ¿pero para mí qué?

Agarró y me dio otros cinco. Y luego le dice a Concepción:

—El sábado voy por ti, hija, pa' comprarte tus dulces.

Y total que esa semana se pasó sin verlo. Y el sábado vino mi amiga Raquel y me dice:

—Fíjate que allí está Crispín en el zaguán de su casa y Eustaquia anda pasando por enfrente.

—¿Sí? —le digo—. Tengo ganas de verlos a los dos.

Ándale, vamos.

Por cierto que esa Eustaquia se metió con el novio de Raquel y salió mala. Luego andaba con Crispín y decían que el niño era de él. Así que Raquel tenía coraje y yo otro tanto.

Y ya agarramos y nos fuimos para casa de Crispín. Y pues nada. Luego nos dimos vuelta a la manzana y que veo a este Crispín como a una cuadra de distancia. Estaba con una señora, lo tenía abrazado, y resultó ser una vieja amiga de su familia. Ya era casada y tenía hijos. Desde que estaba yo con Crispín siempre veía yo la cosa que estaba bastante rara, pero pos yo qué iba a saber, como yo estaba tan escuincla cualquiera me hacía a mí taruga.

Y agarro y le digo a Raquel: Ay, mira nomás qué canijo, yo esperando encontrarlo con una y me resulta con otra. ¡Y mira quién es, es Amelia!

Crispín entró al Seguro y ella se sentó afuera a esperarlo. Yo voy y nomás de malora me siento junto a Amelia, muy confiada. En eso, ¡pas!, yo no sé a qué santo se encomendó Amelia, que pasó otro muchacho su conocido en su bicicleta. Y ella ya se hizo tonta y se paró y se fue platicando con él.

Yo luego me fui y me esperé allí en la esquina, pues dije, estoy segura que Crispín tiene que venir. Y que me meto a un salón de belleza —la dueña del salón era conocida mía, se llamaba Nicha.

—Bueno, ¿tú qué relajo te traes? —me dijo Nicha.

—¡Cállate! —le digo—. ¡No sabes! Mi viejo... mi ex viejo anda con esa que está allá enfrente, y yo pues nomás quiero verlos a los dos.

—¡Qué desgraciado! ¿Y de veras tienes esa concha?

—Pues qué quieres... desde cuándo no está conmigo y ni modo de exigirle, de reclamarle.

—Ésos eran mis pensamientos.

Luego vi que Crispín atravesó. Amelia estaba todavía hablando con el otro muchacho y cuando vio pasar a Crispín se despidió. Creyó que ya no estaba yo, pero yo estaba parada viendo detrás de la puerta, de las cortinas. Entonces pasó Crispín y al momento que él iba a atravesar la calle donde estaba parada Amelia, le digo yo a Concepción:

—Ándale, grítale a tu papá.

Sale Concepción y le grita:

—Papá, dame un quinto.

En eso se voltea Crispín, pero si más que nervioso, se sorprendió. A mí no me había visto pero después de Concepción salí yo, llevaba a Trini cargando. Crispín se volteó a decirle a Concepción revolado.

El sábado... el sábado, te voy a llevar el sábado —bastante nervioso. Él volteaba a ver a Amelia que se había parado y nos estaba viendo.

Y luego agarro yo y le digo:

—Vente, hija, no ves que haces mosca, estorbas a tu papá.

Y en lugar él de decir: «Bueno, ¿pues por qué piensas eso?» o cualquier cosa —porque como quien dice ya nos empezábamos a reconciliar— lo que dijo fue:

—No creo que ni tú ni yo tenemos nada que decir.

Fue cuando a mí me dio coraje, porque volteaba con una desesperación a ver a aquella muchacha. Ha de haber dicho: «Pues ya se me viene abajo mi teatrito».

Y luego le digo yo:

—Tienes razón, ni tú ni yo nada tenemos que decirnos. Así es de que no creas que yo te voy a pelear ni con ésa, ni con otra, por ese lado te equivocas. Vente hija, vámonos.

Pero yo todavía calmada. Y luego luego me salió, dice:

—Si quieres que te pase gasto, pa' qué andas de puta.

—¡Eh! Mira, de puta no ando. Los hijos que tengo no me los he conseguido yo en la calle, porque tú muy bien sabes quién me los ha hecho.

Estábamos en un taller mecánico y había bastante gente. Y luego le digo:

¡Lástima de la garraleta que te cargas! Ultimadamente, me hubieras cambiado, pero no por esta mujer. Te gustan las que ya están desfundadas porque así ya no tienes obligación, no tienes ningún compromiso. Lo que pasa es que tú eres un hombre que nomás te gusta la ventaja. Un hombre correcto no hace lo que tú has hecho.

—No —dice—, tú no me debes decir nada porque tú tienes tu padrote.

—Mira, no lo tengo, pero lo voy a conseguir nada más pa' que te rompa todo el hocico —le dije cabrón y un montón de leperadas. Allí sí que me le solté bastante grosera—. No me vuelvas a molestar. Lo único que te pido es que no me vuelvas a molestar.

Fue el enojo más grande que tuvimos. Como se lo dije yo una vez:

—Mira, yo estoy contigo hasta el día que yo vea que tú andas con otra. Ese día ya no cuentes conmigo.

Desde que vivimos separados él andaba con muchas muchachas. Pero como decía yo, no es igual que me lo digan a que yo lo vea. Porque lo que me dicen se me olvida, pero lo que yo vea jamás se me olvidará.

Yo he querido hacer esa concha de otras mujeres que no les importa lo que hagan sus maridos fuera de la casa, pero yo no puedo. Me da coraje que me vean la cara de tonta. No puedo hacerme a la idea de que él podía tener otra mujer y tenerme a mí. El día que lo vi no pude contenerme y preferí mejor renunciar a todo, porque ya andábamos encontentándonos. Y ya agarré, me di la media vuelta, tomé un camión y jamás lo volví a ver.

El 13 de febrero fue cuando tuve el gran enojo con Consuelo. Dalila ya se había cansado de cuidar a los niños de Manuel, así que yo los tenía a mi cargo, a los cuatro y a mis tres niñas. Roberto estaba trabajando en la fábrica y me daba a mí el gasto pero ya después ya no quiso y ni modo de obligarlo, ¿verdad? Así es de que nada más recibía yo el gasto de mi papá, que eran 10 pesos diarios y la ayuda que me daba de traerme café, azúcar y aceite. Cuando me trajeron a los niños a Bella Vista quedó que él me daría otros 10. María, su nueva mujer de Manuel, venía a veces a ayudarme con los niños.

Yo a Manuel le dije que el día que él no me diera gasto yo no iba a tener para darle a sus hijos. Pero yo se lo dije de dientes para afuera. Pero yo lo hice así. En dos ocasiones en que no me dio dinero le mandé a los niños al café de Gilberto. Les di de desayunar temprano y luego agarré y le digo a mi sobrina, la más grande, Mariquita: Anda, ve con tu papá y dile que no han desayunado porque no me dejó dinero.

Se llegó la temporada de clases y que los niños tenían que ir a la escuela. Roberto estaba en la fábrica y a las doce en punto comía y yo le llevaba de comer. Los niños a las doce y media tenían que comer para poderse ir a la escuela y ya los mandaba bañados.

Esa vez se me llegaba la hora de la escuela y le digo a Mariquita:

—Ahora sí se me hizo tarde... los vas a bañar, pero no los bañes con agua fría, hija.

—Y a todos los bañó con agua fría.

Yo alcancé a bañar a Trini y Violeta y ya estaban listos para irse cuando llegó Consuelo.

Ya había tenido disgustos con mi hija Concepción porque no quería luego prestarle los juguetes a los muchachos porque decía que se los rompían y era muy cuidadosa y mis sobrinitos pos, ¡cómo destruyen! Así es de que por eso Consuelo luego se enojaba. Concepción traía un lápiz y un cuaderno de Domingo. Y le dice Consuelo:

—Ya te he dicho que no andes agarrando las cosas a tus primos.

Agarro y le digo yo a Concepción:

—Parece que no entiendes... te gusta que te estén regañando... ¿por qué agarras lo que no es tuyo?

—Así como eres tú de chocante con tus cosas así voy a ser yo con las cosas de tus primos —dijo Consuelo.

—Allí está tu desgraciado lápiz —le digo— ¿por eso estás peleando?

Ya andábamos nosotras medias disgustadas porque Consuelo se interponía mucho en mi obligación. Porque yo era la que estaba al tanto de los muchachos y ella solo iba en las noches a hacer cena y a mandar a todo el mundo.

Fíjese. Por lo regular Manuel me daba el gasto de la noche para la mañana. A la cena yo les daba café con leche y pan y lo que quedaba de la comida. Eso es lo que comen las gentes que yo conozco. Pero Consuelo, no. La presumida de Consuelo iba y les compraba huevos, les compraba esto y lo otro, como si hubiera visto que tuviera muchos centavos. Desde que fue a la escuela y empezó a trabajar en oficinas se le subió y ya no le gustaba cómo hacíamos las cosas. La presumida hasta se compró unos cubiertos y empezó a criticarme mi modo de guisar. Quería que todo se comprara en latas y luego traía *corn flakes*, y harina para hacer *hot cakes*. Yo me acomodo según el dinero que tengo. Me puse a pensar que la lata de chícharos cuesta 2.25 $ y con esto yo puedo comprar bisteces y darles a cada uno un pedazo que les aprovecha más. Pero ella en lugar de ahorrar gastaba más de lo que a mí me daban. Como se lo dije una vez:

—Si tú eres igual que yo... si tan acostumbrada estás tú a tragar lo que yo trago... ¿por qué te quieres subir más?

Había veces que me dejaba a lo más 2 pesos. Como cuatro ocasiones me hizo eso. ¡Dos pesos para amanecer al otro día! ¿Yo qué iba a hacer? Yo nomás recibía el gasto de mi papá. Sin embargo yo no le decía ni media palabra, ni a ella ni a mi papá. Y por ese motivo andábamos nosotras disgustadas. Cuando yo le aventé el lápiz, mi sobrina Conchita le dijo que yo la había bañado con agua fría.

Y se enojó; luego luego me sacó:

—Si vergüenza tuvieran ni siquiera levantarían la cara.

—Pues, ¿vergüenza? ¿Por qué voy a tener vergüenza?

—Claro, tras de que te mantiene mi papá, tras de que Manuel te está vistiendo y calzando también y dándote de comer, no puedes cuidar bien a los niños. Estás viendo que la niña tiene catarro. Pero es claro, no son tus hijos...

¿Usted cree?, pero no solamente Conchita se había bañado con agua fría, todos se habían bañado. Y luego siguió:

—Tras de que Manuel te está manteniendo, todavía les haces esto a los chamacos.

—Pos... ¿manteniéndome? Pos si no es tan bueno... si apenas da para sus hijos menos va a dar para los ajenos.

—Y todavía ni vergüenza tienes, te están manteniendo a los hijos y tú tan delicada.

—Sí —le digo— pero no me los mantienes tú. Ultimadamente a ti no te pido ni habas, ¿qué tanto te está doliendo?

—¿No? —dice—. Pues devuélveme toda la ropa que te di.

—¿Cuál ropa?

Entonces yo tenía una poca de ropa, pero era de los cortecitos que me llevaba mi papá, o de los que yo sacaba en abonos y de ésos me hacía mi ropa. Ella nomás me había dado un jumpercito y una bata de un montón que le había regalado la esposa de su jefe. Dijo ella que siempre me ha estado vistiendo, y eso es mentira. Más antes sí —la ropa que no le quedaba a ella me la pasaba, pero no siempre.

—Saca tu vestido... Si crees que tengo ropa tuya, sácala.

Y agarro y le abro el ropero. Me dio tanto coraje porque me dijo que nomás andaba yo de puta, nomás andaba abriendo las piernas pa' que me hicieran los hijos.

—Pos de puta quién sabe quién sea más —le digo—. Yo todos los hijos que tengo son de un solo padre, porque hasta la fecha tú no me has acomodado para que otro me use.

Me daba mucho coraje que dijera eso sobre todo después que ella se había ido a vivir con Jaime después de terminar con Mario. No sé cómo Consuelo de tan viva que quiere ser da el sentonazo cuando menos lo siente. Porque cómo se le ocurrió irse a juntar con Jaime después de haber perdido ya su quinto, como dice uno. Fue la peor tarugada que pudo cometer. Porque todavía si la primera vez se hubiera ido con Jaime, y hubiera después andado con Mario y la hubiera vuelto a recoger Jaime, pos si este Jaime quería ser agachón, pos allá él, ¿verdad? Pero así no. Porque así Jaime ha de haber dicho, orita me pagas todas las que me hiciste. Como digo, desde novios Consuelo hizo batallar mucho a Jaime y él no hallaba ni cómo verle la cara, siempre se estaba humillando ante ella. Claro que él se vengó de todo lo que le hacía, dándole a entender que agradecida debía estar que tras de que la fueron nomás a fregar, él la había recogido. Y no sé cómo no salió enferma... ella dice que él nunca, ni una vez, hizo uso de ella. ¿Cómo puede ser viviendo juntos en una casa y durmiendo juntos en una cama? Ya después se puso muy enferma, parecía cadáver viviente, de tanto coraje que hacía con él y después lo dejó. Ya luego se empezó a pintar y a arreglar, y a tener ropa buena y se hacía manicure, quién sabe cómo le haya hecho. Estaba trabajando pero gastaba su dinero para pagar la renta y para comer y para comprar cosas para su nuevo apartamento. Claro que lo que ganaba no alcanzaba para todo esto.

Yo le recordé todo eso.

—Solo porque no tienes hijos eso no quiere decir nada. Sabe Dios cómo te deshaces de ellos.

Y agarro yo y le saco el jumper y se lo rompo. Ese jumper me quedaba a mi bastante grande y yo lo mandé arreglar.

—¡Allí está tu vestido!

—¡Infeliz! —dice, porque ésta es su palabra predilecta—. ¡Infeliz, méndiga! No me rompas el vestido... el vestido no me lo rompas.

—Pues el vestido te lo rompo porque me costó arreglarlo.

—¡Pos ahora verás! me gritó. Estaba la puerta del ropero abierta, y se iba a meter a jalar la ropa, me iba a romper la ropa.

Y fue cuando yo me metí y fue cuando nos agarramos. Así de rasguño nos agarramos y le rompí la blusa. Ya después vi yo, por el momento no sentí nada. Estaba María allí, estaba embarazada, vio y luego nos separó. Total que los niños no alcanzaron a ir a la escuela y ni siquiera me fijé cuando Consuelo se fue.

Y como a las tres, tres y media, va llegando mi papá. Y de que yo lo vi dije: «Huummm... ya estuvo... ya reventó la bomba».

—¿Qué pasó —dice— que pasó entre tú y Consuelo?
—Nada.
—¿Cómo nada? Allá fue esta muchacha llorando, dice que le dijiste muchas groserías, que le desgarraste toda la ropa.
—¡Usted cree! Es que ella fue y buscó a mi papá en el café. Y yo dejando que mi papá me regañara. Y como así es mi papá que nada más le echa a uno la viga sin saber cómo estuvo. Y yo pues me quedé callada.
—¿Por qué no puedes entender? Tú ya tienes bastantes hijos y no puedes entender. No, no puedes entender... Ninguno de los cuatro se ha podido ver como hermanos.
—No, pero si yo no tuve la culpa. Ella se enojó porque bañé a los niños con agua fría.

Bueno, total que a mí me culpó de todo. Me dio bastante coraje, pero no le dije nada.

Consuelo me dijo primero que nomás me estaban haciendo los hijos y yo muy contenta. Así es de que ése era su coraje. Siempre ha sido su coraje, o celos, o no sé, ¿verdad? Ella siempre ha sido como la tía Catarina, muy envidiosa, muy enojona... El caso es que no ha visto bien la ayuda que mi papá me estuvo dando. Yo creo que ése fue el motivo por el que ella no aguantó y reventó.

Pues sí. Así han sido todos, siempre me culpan a mí de todo, sin ser yo la única culpable. Y pues me daba coraje y sentimiento. Ellos siempre han querido juzgar mi vida. Manuel también... un día que hablamos sobre María me dijo:

—Esta cabrona nomás le gusta andar en la calle.
—Pero, bueno, también tú la dejas...

—Sí, yo le he dicho que se salga a divertir, que se salga un rato si es que no está a gusto en la casa, porque a mí no me gusta que mi mujer esté nada más en una cueva como coneja echando hijos. Como tú, veo que ya no sales, ya no te arreglas, ya nomás estás sumida en estas cuatro paredes.

—Si así como dices tú que no salgo, no me doy abasto con mi quehacer, ahora saliendo... ¿Qué me negoceo saliendo a la calle? En la calle no avanzo nada. Así es de que si no salgo es porque yo no quiero.

Eso de la coneja fue una indirecta muy directa, ¿o qué quiso decir? Quién sabe... ¿Pero después de todo él quién era para hablar? Por lo menos yo cuidaba a los niños que yo hacía. Él nunca ha estado pegado con los suyos, nunca ha sabido ser un padre para ellos. El chiste de tener un hijo no es echarlo al mundo, arrimarle la comida y llevarle a una escuela. Les hace falta atención personal. ¿De qué sirve que se críen como animales?

Y su mujer estaba peor. Yo supe que María le había dicho a la hija de Herlindita que ni esperáramos nosotros que ella se jodiera por atender a los chamacos. Que ya le caían gordos, así es de que allá él con sus hijos. Si él no lo siente... Ese cariño por los hijos no hay quién lo sienta como un padre o una madre. Y Manuel salió así tal vez porque nunca se sintió obligado. Él sabía que si él no trabajaba comoquiera comía, comoquiera dormía en casa de mi papá. Yo digo que si de chicos nos hubieran enseñado, nos hubieran hecho trabajar, nos hubieran dicho: «Si no trabajas, no comes», hubiéramos sido diferentes.

Bueno, pues como digo ya estaba yo aburrida, fastidiada, de que me echaran la culpa de todo. Mi papá se quedó todavía un rato y siguió regañándome. Y ya agarré yo y empecé a arreglar la casa. Tenía por cierto mucha ropa sucia, de los niños y mía. Empecé a apartar la de mis sobrinos y aparté la mía. Y me dijo mi papá:

—¿Qué vas a hacer?

—Voy a lavar —le dije yo.

Fue cuando me dijo mi papá que me iba a dar la mitad del terreno de El Dorado, para hacerme allí un cuarto aunque fuera de madera para que ninguno de mis hermanos se volviera a meter conmigo. Que él me iba a mover, que él me iba a arreglar lo de las escrituras. El caso es que se fue y ya no le dije nada.

Por un momento no sabía ni qué hacer. Pero luego en un costal de esos de manta, de los de harina, metí una cobija, una sábana, tres vestidos de cada niña, todos los calzoncitos que tenían, dos fondos míos, tres vestidos, los pañales de Trini; era todo. Les di de cenar a los niños y ya cuando terminé de darles mandé a Mariquita a hablarle a María. Luego mandé a Concepción con mi amiga Herlindita a ver si me compraba mi reloj en 80 pesos.

Y para eso, me había metido en una tanda de 400 pesos. Tenía como una semana de haberla recibido. Cuando la recibí me compré el reloj y me compré una chamarra y me fui a Puebla un domingo con mi comadre Angélica y las niñas. Así es de que todavía me quedaban como 40 o 50 pesos.

Cuando llegó María le dije:

—Me voy a ir.

—¿Para dónde? —me dice.

—Pues no sé, pero yo me voy, para que luego ya así digan... No que nomás ahora cualquiera viene y mete mano... parezco pila de agua bendita.

—Pero, ¿a dónde vas a ir? Mejor no te vayas.

—No, yo ya no me voy a quedar aquí.

Roberto llegó y como también andaba disgustado conmigo no me preguntó ni a dónde van, ni nada. Herlinda no me compró el reloj porque no tenía los centavos. Yo agarré nomás a las niñas, agarré mi costal y me salí. Pasé con mi comadre Angélica, y me dice:

—Bueno, ¿a dónde vas a ir?

—Pos no sé, pero ni modo de quedarme. Ya ves cómo están aquí las cosas.

—Pues mejor no te vayas...

Estaba yo platicando con ella cuando pasó mi tía Guadalupe, y que me quería regañar, y yo ya estaba tan aburrida que le digo:

—Ni estés fregando ahorita, ya me fastidié de todo, ya me cansé de que todos me estén regañando.

—Ve... ¡voy a creer que seas así!

—Oh —le digo—, no estés fregando, pos parezco tu hija.

Nunca le había hablado así a mi tía.

Y ya entonces nomás agarré mi costal y me fui en un camión para la terminal de los autobuses. Allí el único camión que estaba allí era el de Acapulco.

Compré mi boleto y me subí con mis tres niñas.

Me subí al camión, parecía que había robado porque iba con un miedo, ¡hum! Me tocaba el asiento trece y yo me había sentado en el asiento doce. Ya para salir el camión el señor que le correspondía el doce me dice:

—Éste es mi asiento.

—Está bueno.

Yo estaba tan nerviosa, tan desanimada que dije: «Qué más me da un asiento que otro». Cuando me subí al camión había un muchacho, jovencito, no ha de haber tenido ni dieciséis años. Y desde que subimos me dice:

—¿Para dónde va?

Y le digo:

—Pues para Acapulco.

—¿Tiene conocidos allá?

—No, no tengo a nadie.

—Pues está como yo. Yo me le vine a mi papá y voy a ver si está una madrina mía. Mi papá es agente federal.

Tenía unos chocolates y agarra y me ofrece.

—Ay —le digo—, muchas gracias.

Pero yo no tenía ánimos de hablar con nadie, yo quería estar completamente sola.

—Si quiere me paso a una de sus niñas para que no vaya tan apretada.

—Uy —le digo—, pero las niñas no se quieren pasar con nadie. Gracias de todos modos.

Fue cuando Baltasar se subió y yo tuve que moverme. Yo no le veía todavía la cara, ni nada, pues yo adelante y él atrás no podíamos vernos. El otro muchacho seguía platicándome.

—Mire, tenía una novia que me regaló un anillo...

Y luego me enseña unas boletas de empeño. Una era por 1.500 pesos, de un anillo. Y dijo que tenía bastantes centavos. Y yo pues qué le iba a poner atención. Luego en una parada que hizo el camión me invitó un café. No bajé, me quedé con las niñas; iba yo bien apretada, en un solo asiento con las tres y tenía dos cargando en las piernas. Luego Baltasar me recuerda mucho a ese muchacho; dice que desde que me subí al camión subí con él y pensó que el muchacho ése era el padre de mi hijo.

Baltasar todavía no había hablado conmigo. Pero luego me dijo:

—Páseme a una de sus niñas porque ya va a pasar el inspector y le va a cobrar boleto.

Y yo dije: «¡Donde me cobre boleto va a ser la arruinada!» Así es de que le pasé a Violeta el resto del viaje.

Me quedé con las otras dos. Yo había empezado a llorar desde que salimos. Fue el momento que más desgraciada me sentí yo, esa vez sentí yo que era la más infeliz de las mujeres. Si no hubiera tenido a mis hijas me hubiera borrado del mapa. No era la primera vez que había yo pensado así. Una vez de chica ya tenía yo un paquete de «La última cena» en agua, ya me lo iba yo a tomar, pero salió mi papá a ver qué es lo que hacía yo afuera, que si no, sí me lo hubiera tomado. Esa vez todavía estaba yo en la escuela y no me acuerdo qué me había dicho mi papá, creo que me había regañado y me sentí bastante aburrida, sola. Mi papá se asustó mucho. Si él no se hubiera dado cuenta que me paré de la cama y me salí quién sabe qué hubiera pasado.

Luego con Crispín nomás de ver mi situación pos me daba desesperación. Así de desesperada me sentía durante el viaje a Acapulco. Sentía que para mí se había acabado todo. Me sentía desilusionada de la vida, desengañada, porque la vida es una mentira nada más y que las puertas se me habían cerrado. Ora que sus hermanos de uno le echen en cara lo que uno es, pos también es triste, lo mismo que cuando le echan a uno la culpa injustamente. Es que una cosa que no me gusta es que mis hermanos me corrijan a mí mi vida, y otra, que me toquen a mis hijos. Eso me enciende a mí, me prende como cuete. Porque yo veía lo que estaba pasando con los hijos de Manuel. Que si va Roberto y dice: «vámonos acá», pos se van. Y si va Consuelo y dice: «pos vente pa'cá», vámonos. «Y mañana te vienes», pos también. Así que era un desbarajuste ahí con esos hijos. Y eso es lo que ellos quisieran, o hubieran querido hacer con las mías, pero yo nunca les he permitido nada de eso, por eso es por lo que más discutíamos, pues decían ellos que conmigo nunca se podía hablar, nunca se podía congeniar, porque soy muy enojona.

Yo digo que tocante a mi carácter soy la peor de mis hermanos. Es que yo soy muy rencorosa y no tan fácilmente, ora sí, que olvido. A mí me hacen una cosa y nomás dejo de hablarles. Y más cuando es una cosa injusta, más los odio y prefiero por eso no hablar. Dalila dice que, de todos, los mejores éramos yo y Manuel, los más callados.

—Han de ver —dice— cuando nos enojamos, ésa con lo que se desquita es con no hablar, así se la esté llevando la fregada, pero no habla.

Quisiera ser como otras mujeres, como mi tía y mis madrastras, que han sufrido bastante y se han sabido aguantar como las meras machas. Pobrecitas, han llevado muchos sufrimientos y sin embargo no ha sido para que se tiren a la perdición, han sabido ser resignadas. Porque otras sufrimos y nos desesperamos y gritamos, pegamos... en fin, hacemos locura y media cuando se nos llega el momento de un sufrimiento grande, porque no sabemos aguantar, no estamos preparadas, pues, para aguantar una cosa así. Somos muy locas... como yo, luego luego pensamos en irnos. Ya ven, yo agarré a mis hijas y me fui sin siquiera saber qué es lo que iba a hacer. Ya hasta que estuve en el camión, saliendo de México dije: «Y ahora... ¿adónde voy, para dónde voy a jalarle, qué es lo que voy a hacer?», porque centavos no llevaba suficientes.

Casi al final del viaje me preguntó Baltasar:
—¿Pa' dónde va?
—Pues yo, pa' Acapulco.
—¿Tiene familiares allá?
—No, no tengo a nadie. Voy a trabajar.
—Pues si quiere yo tengo una parienta que tiene un restorán, una tía, y si quiere la acomodo por lo pronto. Allí la comida no le falta para las niñas.

Yo pensaba: «De lo que sea puedo servir allí, aunque sea lavar trastes».
—Yo veré —le digo—; pero yo lo que quiero es trabajar.
—Pues vamos a ver ahora que lleguemos le voy a hablar a mi prima.

Y ya pasó. Y llegamos a Acapulco. Bajamos y me dice el otro muchacho:
—Mire, allí hay una casa de huéspedes. Si quiere quédese allí.

Y me dice Baltasar:
—Siempre se va a venir conmigo, ¿o no?
Así es de que estaba yo entre los dos y yo dije:
«Pues ahora, ¿con quién me voy?» Me puse a pensar, este muchacho trae centavos y trae como quien dice compromisos encima. Adonde me vean a mí con este muchacho van a decir que yo pues... que no soy amiga, que yo hasta puedo ser su querida. Y luego a la mejor éste robó las boletas o el dinero y luego a mí me vayan a culpar. Baltasar tampoco se veía muy bien. Traía camisa y pantalón corrientes, sucios, arrugados —después me contó que había estado tomando por dos días—, zapatos mocasín de lo más corrientes. Tenía toda la camisa desabrochada y toda la panza se le estaba viendo. Tampoco me gustó un arete de oro que traía en su oreja derecha. Con eso, su pelo largo y chino, sus dientes de oro y sus ojos grandes saltados, como de sapo, parecía, como dice Manuel, algo

exótico. Pero tenía más edad que el otro muchacho y me daba más confianza.

Yo pues no sabía qué decir, me daba pena con los dos, pero le dije a Baltasar:

—Pues vamos a ver a su prima.

Y al otro muchacho, para que no se sintiera, pa'que viera que a ninguno de los dos les tenía aprecio, le digo:

—Véngase, mientras vamos a tomar un café.

—Bueno, pues, por allí los alcanzo, voy aquí a comprar unos cigarrillos.

Jamás lo volví a ver.

Y ya fuimos allá al restorancito que tiene la prima de Baltasar y ordenó unos cafés. También él se hallaba en dificultad, porque él andaba de aventurero; traía un carro de redilas y salía fuera de Acapulco. No tenía casa, dormía en el camión y comía en el camino. Así es de que él me platicó pues que se hallaba en esa situación. Ha de haber dicho: «Bueno, ya me puse a ayudar a esta mujer, ¿dónde la voy a meter?» No era que no tuviera familiares allí porque tenía a su mamá y a su padrastro, a su papá y a su madrastra y no sé a cuántos medios hermanos, medias hermanas, tíos, primos, tías y primas. Pero pues no con todos se llevaba bien y a él no le gusta pedirles favores.

En eso pasó su tío Pancho y habló con Baltasar por allá a solas. Y luego nomás dice Baltasar:

—Véngase, vamos aquí a la casa de mi tío.

Y pues allí yo fui como res al matadero.

Bueno, me puse a pensar: «Si veo algo malo, pues luego luego pego el grito, ¿verdad?»

Así es de que nomás descansamos un ratito en casa del tío y luego Baltasar ya nos llevó a la Quebrada, al Malecón, a varias partes. Luego supe que había vendido su radio a su primo por 80 pesos para tener dinero para gastar en nosotros. Yo todavía no podía ver claro y todavía no me podía dar cuenta cómo era Baltasar. Estaba como trastornada, no estaba lo que se dice en paz, pero sonreía y me reía. Lo que decía dentro de mí era:

«Gracias a Dios de que hayamos llegado con bien.» Y eso era todo. Yo tenía bastante desconfianza porque esa misma noche que nosotros llegamos, el mismo día, dijo Baltasar que tenía que salir creo para Acopana. Me dijo que no tenía por qué preocuparme, que su tío era muy buena gente. Me llevó carne, me llevó manteca y masa. Y luego me dice:

—Tenga, por unos días mientras vengo. Si algo necesita dígaselo a mi tío.

Y me dejó 20 pesos.

Pancho me prestó un catre. Yo me acostaba en el catre. Las niñas en el suelo a un lado y el tío en el otro lado. Ya después me di cuenta que sí era buena gente y nunca me molestó. Luego me enteré que le había dicho a Baltasar que me quería para él pero Baltasar le dijo que no porque ya había pensado que fuera para él. Cuando Baltasar regresó se acostaba en el suelo cerca de las niñas y no me tocó el punto de que me acostara con él.

Yo siempre decía, yo me pensaba, pues éste va a esperar algo en cambio. «Pos el padre de mis hijas me exigió un pago, pues con cuánta y más razón otro.» Yo cada noche pues sentía recelo de quedarme en medio, bueno no en medio, sino en una sola pieza y con dos hombres. Yo decía: «si no es uno, es el otro el que me va a dar aquí el brinco». No podía yo ni dormir. Yo con tanto calor yo me estaba asando, pero no me quitaba nada, pos siempre... ¿no? Sentía yo un ruidito... y despertaba, decía yo: «a la mejor ya se me subió uno aquí en el catre».

Pero Baltasar, ahora sí que fue un hombre como ninguno. Porque fíjese, él duró como dieciocho días sin que me tocara y pasándome gasto.

Yo le dije:

—Mire, yo lo que quiero es trabajar, yo no quiero ser una carga para usted. Me da bastante pena que usted me esté manteniendo sin yo hacer nada.

—Si quiere usted —me dice—, le pongo un puesto de fruta, o jitomates. Si usted quiere irse después, pos ahí usted sabe.

Y así quedamos. Cuando regresaba de sus viajes nos llevaba a la playa, o al cine. En las noches dormía en el suelo junto al catre pero guardando su distancia. Hablábamos en la oscuridad y fue cuando le conté de mi familia, y yo supe de su vida. Nació en Acapulco pero había ido de un lado para otro, a muchos pueblos y ciudades con sus padres que batallaban mucho para ganarse la vida. A dondequiera que iban su mamá ponía un puesto con comida en el parque y él y su padre que era periodiquero vendían periódico en un puesto. Baltasar trabajó desde muy pequeño, desde que él recuerda; primero cuidando a sus hermanos y hermanas mientras sus padres salían a trabajar; luego, cuando tenía como siete años, vendiendo periódico, acarreando agua, pescando, tejiendo huaraches, en fin, haciendo todo lo que sus padres querían. Como cuatro veces lo mandaron a la escuela pero nunca dilató más de doce, quince días, porque lo corrían por peleonero o porque usaba malas palabras.

Tenía como trece años cuando se enteró de que su padre era no precisamente su padre sino su padrastro. Fue muy malo con él y él cree que sea porque no era más que su padrastro. Lo trataba peor que a los otros. Le pegaba por cualquier cosa, por andar jugando en lugar de trabajar, porque no le daba todo lo que ganaba, por pedir de comer... Le daban tres pelas por día de menos, en el desayuno, en la comida y en la cena.

Cuando vivían en Puerto México se iban a vender el periódico a la estación. Algunos trenes como el de México llegaba a las doce de la noche, una o dos de la mañana. El padrastro, ya hombre, se divertía en un salón de billar y a Baltasar lo dejaba cuidando la paca de periódico y como por pequeño no podía entrar a los billares lo dejaba afuera como perro cuando cuida al amo. Tenía que entregar el periódico atravesando cañadas y nopaleras llenas de cocuyos, o el cementerio, y el pobrecito tenía miedo de los animalitos, de los fantasmas y de la oscuridad. Un día que tuvo que ir a entregar un periódico, muy lejos y atravesaba un arroyo, le salió al paso, se le atravesó un hombre que no tenía cabeza. Y ahí sí se espantó, pero no pudo regresarse porque tenía más miedo de que le pegara su padrastro que de lo que había visto. Así que siguió caminando, entregó el periódico y regresó a su casa.

Le pegaban tanto que hasta los extraños se compadecían de él. Una vez en Cuernavaca unos hombres le compraron un boleto para mandarlo de regreso a Acapulco con sus familiares. Pero el padrastro lo vio cuando estaba en el camión y se lo jaló. Luego lo castigó y no le daba de comer. Su mamá tenía que robarse las tortillas en su casa para dárselas como si hubiera sido un extraño.

Cuando tenía nueve años se dedicó a aprender en el rastro en las mañanas y luego por las tardes se iba de aprendiz a una panadería. En el rastro le pagaban 50 centavos y un pedazo de carne y en la panadería le daban pan. Así ya no tenía hambre y aprendió los dos oficios juntos. Luego Baltasar se enfermó y cuando sus papás se fueron a Cuernavaca lo dejaron con una tía hermana de su mamá, hasta que se aliviara y pudiera hacer el viaje. Fue entonces cuando le perdió todo el cariño a su madre por haberlo abandonado con la tía. La tía era de esas gentes que únicamente le interesaba tener dinero en la bolsa y nunca sacar para gastar. Por el puro interés tenía allí a Baltasar para que trabajara para su hijo en el rastro. Trabajaba todo el santo día lavando y secando las tripas y las panzas de las reses y llevando el desperdicio a la basura. Todo lo que le daban de comer era un taco. Le pegaban cuando decía que tenía hambre o cuando lloraba y decía que quería volver con su mamá. Su mamá le mandó dinero para su boleto del camión pero la tía se lo embolsó.

Luego un día Baltasar tuvo un pleito con su padrastro porque le iba a pegar a su mamá con un martillo, ella estaba tomada y no se podía defender. Entonces corrieron a Baltasar de su casa y fue cuando ya él se valió por sí mismo. Cuando tenía doce años agarró un empleo en el rastro por 50 centavos diarios. También le daban tripas que él limpiaba y dejaba secar para poder comer cuando no tenía dinero. Dormía en la playa con otros muchachos. También pescaban y guisaban los pescados en la playa; allí se tendían por la noche tapados con periódicos.

Él se lavaba él solo su camisa y su pantalón, los tendía en una roca caliente y se bañaba en el mar mientras se estaban secando. Era una vida muy triste. Se sentía como huérfano pues no tenía quien le hiciera de comer o lo cuidara.

Él no vio a su verdadero papá sino hasta ya cuando tenía dieciséis años. Era pescador y vivía en otro pueblo. Era buena gente y recibió bien a su hijo pero él no volvió a verlo a él y a su madrastra y a sus medios hermanos sino hasta muchos años después. Baltasar había tenido muchas mujeres pero ninguna supo darle un hogar. Él decía que no lo habían comprendido... todo lo que él pedía de una mujer era que ella solo fuera para él, que le lavara su ropa, que le tuviera lista la comida a su hora y que cuando viniera a la casa borracho le quitara los zapatos, lo acostara y se olvidara del asunto.

La primera noche que Baltasar y yo dormimos juntos parece que todo estaba previsto. Diario se quedaba su tío allí y esa noche no sé por qué no se habrá quedado. Ya era mucho yo creo para Baltasar. Y yo ya estaba en espera de eso. El caso es que yo estaba allí en el catre y él estaba en el suelo. Estaba muy oscuro.

—Marta —me dice—, quiero hablar con usted.
—Pues dígame —yo desde mi catre y él en el suelo. Dice:
—No... venga.

Yo en cuanto me dijo eso, dije: «Hum, pues es lo que él quería, lo que él esperaba». Y agarro y le digo:
—No, pues desde aquí le puedo oír.

Yo haciéndome tonta, pero ya tomaba conocimiento de todo. Y luego dice:
—No... mire... yo ya estoy cansado de andar pa' arriba y pa' abajo. Si usted quiere vivir conmigo, yo no puedo ofrecerle mucho. Poco, pero no se quedará sin comer.

Le digo:
—Éste... no... pero es que yo... me tengo que ir... tengo que esperarme... pero... no puedo.

Yo sabía que yo iba embarazada y ni modo de decirle. ¿Pos tras de traer tres hijas todavía con otro? No.

—Bueno, pues dígame el motivo. ¿Que se le vino al marido? Porque él estaba creyendo que yo con este Crispín tenía de separada poco.

—No, es que no... No, no puedo.

—No sea tonta —dice—, mire, quédese usted y si ve que no le convengo, pues usted me dice. Y si no me conviene usted, también yo le digo. Es como una prueba que me va usted a poner. Porque yo con una mujer... pues... mujeres no he tenido desde hace tiempo.

«¡Uy, la acabé de fregar! —me dije— pues con mayor razón éste va a querer, ya tanto tiempo sin mujer.» Me quedé callada y ya se me iba a salir decirle: «estoy embarazada», cuando me dijo él inmediatamente:

—¿Por qué, por el nene que va a venir?

Y yo como con él he sido muy, muy franca, no como con Crispín, le dije:

—Pues sí, sí es por eso.

—Pues ahora lo que tiene que hacer es no irse, no vaya a pasarle algo, hasta que la criatura nazca con bien. Porque esas criaturas no tienen nada de culpa. Lo mismo me pasó a mí. Mi verdadero padre nomás dejó embarazada a mi mamá. Nunca volvió a saber de mí... fue otro hombre el que cargó con la obligación de criarme y yo quiero pagar eso aunque sea con otra persona. Yo no tengo celos de su pasado. Lo que ha quedado atrás no importa, lo que está por venir es lo que me interesa.

Ya para esto yo me iba acercando con él, ya me había bajado del catre.

—Estése quieto —le digo— porque va a despertar la niña.

Ya estábamos en el suelo. Y luego le digo:

—Usted es como todos, que siempre buscan el pago.

—No, no —dice—; a mí no me caduque de eso. Yo lo que quiero, lo que yo trato es de vivir con usted.

—Bueno, si yo no quisiera, de todos modos tendría que darle su pago, ¿no?

—No, no lo tome así, que así no es eso.

—Pues yo no lo tomo de otra manera.

Y luego agarró y que me abraza. Nunca me había abrazado, ni besado, mantenía su distancia. Y yo sentí que se me subió la sangre.

—Estése quieto —le digo.

—No, pues lo que ha de pasar, que pase de una vez.

Y total, que pasó. Y lloré. Le digo:

—Yo no pensaba que usted fuera a ser así. Si todo lo que me ha dado algún día se lo iba a pagar. No iba a ser de regalado. Yo no crea que vine a eso... a ganarme el dinero con el cuerpo. Ahora llevo un hijo adentro y no quiero que vaya a salir mezclado con otra sangre. Pa' haber sabido que esto iba a pasar, desde el primer día me habría retirado de usted.

Desde ese momento ya no quiso dejarme. Ya no trabajé. Ya después con mayor razón me daba mi gasto, me llevaba mi carne. Ya después buscamos casa.

Allí en Acapulco fue una vida tan tranquila. Tuve la suerte de milagro en llegar a conocer a Baltasar, sobre todo porque el día de nuestro encuentro por poco pierde él el camión. Poco a poco, con el tiempo, le fui tomando cariño. Dice el dicho que «los hijos y los maridos por sus hechos son queridos». Baltasar era bueno y generoso y aunque les gritaba a las niñas lo hacía para evitarles el mal, para que no agarraran malas costumbres. Me di cuenta inmediatamente que él era diferente de los hombres de la Ciudad de México. A él le gustaba ayudar a uno en los quehaceres domésticos. Llega, prende la lumbre, se pone a guisar, les da de comer a los niños. ¡A lo que otros! Si lo vieran cómo luego me ayuda dirían: «Pos para qué quieres a la mujer, pos mejor estate viviendo solo». Él, por ejemplo, si yo no puedo salir, agarra y se va al mercado y se pone a comprar. Pero los otros, como Crispín, no. Son muy delicados, pos cómo van a andar en el mercado con una bolsa, les da vergüenza. En cambio Baltasar cuando salimos no le da vergüenza cargar a los niños. Desde un principio él me daba todo el dinero y me hacía las cuentas de todo lo que gastaba.

Todas estas cosas Crispín nunca las hizo. No sé, pero todos los hombres que conozco de la capital nunca tratan así a sus mujeres.

Antes de que estuviera yo con Baltasar me sentía triste. Ya con él me sentía yo como quien dice... me daba un poco más de valor, porque al menos tenía un respeto. Antes yo pasaba una vida de madre soltera muy desagradable, porque hasta mis hermanos me decían que era una puta, o con cualquiera me andaban ya casando, y no faltaba, ¿verdad? Y en cuanto a Baltasar, pues no me molestaba mucho. No como Crispín que nomás quería diario, diario y de muchas posturas. No, él no andaba con payasadas. Él, muy normal. Pero cuando yo me le negaba, me decía:

—Pos si tú no me das, nalgas por dondequiera las encuentro.

A veces me negaba, pero por lo general lo hago, quiera yo o no.

Creo que a Baltasar no lo quise como ora a Crispín, pero nos llevamos mejor. Puede ser que haya sido porque yo ya no tenía miedo... porque sabía cómo defenderme. Tenía más libertad de decir y hacer lo que yo quería y agarrar lo que me gustaba. Podía voltear la casa al revés y ni quien me dijera nada.

Y con Baltasar no ando con rodeos. Tengo esa confianza que hay veces que de plano se las suelto. Le he dicho:

—Ya estás viejo, así es de ¿qué puedes esperar? El día que tú me aburras te mando mucho a la fregada. —O:

—Ni creas que me voy a morir de pena si tú te vas con otra.

Él me dijo que desde que me vio me quiso, pero yo le dije de plano que yo no, como cuando quise a Crispín. ¿Por qué le iba yo a decir que lo quería si no era así? Y porque no le hablo yo con rodeos me dice que soy remula, que soy cruel, que tengo corazón de piedra o en mi pecho un nido de hiena.

Es verdad que yo quise a Crispín desde el primer día que nos vimos, desde el día que me habló. En un principio a mí me cayó bien su modo de ser. Pues me gustó por simpático, por tratable, porque no era tan plebe como los otros. Los otros eran muy groseros, en su vocabulario se dan a conocer lo léperos que son. Y él no, él siempre habló muy correctamente conmigo, nunca anduvo diciendo majaderías. Crispín tenía una cara muy bien hecha, orejas de ratón muy chiquitas, ojos cafés claros, nariz pos muy menudita, bajito de estatura, más bien delgado. En su modo de vestir era diferente a los demás. No le gustaba andar muy pachuco, ni pelarse como tarzán, ni nada. Vestía correctamente, andaba muy limpio. En el modo de vestir, en el modo de ser pos siempre se da uno cuenta quién tiene un poquito más de educación. Su pantalón de trabajo, su overol, siempre los traía limpios, y los días domingos siempre se cambiaba, traía pantalón de casimir y bien planchado y camisa blanca. Era el único que resaltaba entre su palomilla; siempre estaba en la bola, pero no se revolvía; juntos, pero no revueltos. Y en ese tiempo no le gustaba eso de tomar ni fumar.

Baltasar era todo lo contrario. La verdad es que era muy corriente. Habla siempre con groserías y a gritos. Yo en el camión por lo regular nunca hablo, no me gusta ir platicando porque siempre toda la gente nomás va abriendo la boca a ver qué dice uno. ¡Y él con sus gritotes! Claro que me da vergüenza. ¡Y luego su modo de comer! Cuando hemos llegado a comer así en reunión de nosotros, se pone a comer y truena la boca. Y no le digo nada. Pero ya yéndonos nosotros pa' la casa y luego regaña a las muchachas porque al masticar hacen ruido, «parecen puercos», les dice, yo le digo:

—Y tú, ¿dónde te quedas?, hasta vergüenza da sentarse contigo en una mesa, tú no te sabes portar como la gente.

Y cada rato le estoy corrigiendo sus actos. Cuando va con la camisa desabrochada:

—Abróchate, Baltasar, ¿qué no te da vergüenza?
—Y él dice:
—Es lo mismo... yo así estoy acostumbrado, qué le importa a la gente. —O:
—No, Martita, yo ya soy viejo.

Ésa es su disculpa cuando corrige a las muchachas. Dice:
—Yo ya voy para abajo, las muchachas que se enseñen, que van para arriba.

¡Y eso del arete! Cuando vamos en el camión, se sube la gente y se le queda viendo. Luego luego empiezan los susurros. Nomás se oye «bs, bs» y voltean. Luego le digo: ¡Ay!, tú con tu famosa arracada, ya mejor ponte la otra, ya tienes cara de joto.

Luego dice él que es promesa.

—¡Qué promesa! —le digo—, tú nomás andas de payaso, te gusta que toda la gente se ría de ti.

Y todo esto me da vergüenza y coraje.

Baltasar me decía:

—Escribe, escribe pa' tu casa, vayan a estar con pendiente.

Pero yo tenía tanto coraje con mi papá que le decía yo:

—Pues yo ni tengo a quién escribirle.

Pero Baltasar me insistió tanto que a los dos meses y medio escribí. Mi papá contestó luego luego. Y la segunda vez no escribió sino que vino él personalmente.

Mi papá no faltaba nunca en su trabajo, solamente que estuviera muy enfermo y no pudiera caminar. Si mi padre no estaba allí para abrir el café, nunca lo abrían a la hora debida. Por eso es que su patrón lo aprecia y lo ha tenido allí tantos años. Le tenía confianza con el dinero y con todo y yo siempre había creído que era el encargado. Hasta hace poco que vi unos recibos de sus cuotas del sindicato y decía ahí que es mozo. Y cuando a mí me preguntaban las amigas en qué trabajaba mi papá yo les decía que era el encargado de un café.

Luego vino Roberto porque me trajo algunas de mis cosas. En un principio estaba como muy serio con Baltasar, preguntándole sus intenciones conmigo y todas esas cosas. Baltasar le dijo que él me quería lo mismo que a las niñas:

—Si quiero el palo tengo que querer las raíces —le dijo.

Yo creo que Roberto quedó contento y eso fue todo. Pero desde un principio a Baltasar no le gustó la forma como Roberto me agarraba del brazo, o me pasaba su brazo por la espalda, o me agarraba la mano cuando íbamos andando. Mi hermano y yo siempre hablábamos con un idioma secreto, especial, y noté que molestaba mucho a Baltasar. Me dijo que no le gustaba y yo le dije que en México así era.

—Bueno, pon tú que en México se use, pero ya no estás en México, estás en Acapulco. Aquí si te ven abrazándote con un hermano o jugando de manos con él, aquí es malo, la gente piensa mal.

Me dijo que él ya estaba «quemado». Una mujer con la que él vivía, a un querido que había tenido lo presentó como hermano. Él sabía muy bien que Roberto sí era mi hermano por mi papá, ¿no?, pero ya estaba escamado.

¡Fíjese! Cuando nació el niño, Baltasar ayudó a la partera para que pudiera tenerlo. Me costó mucho dolor. Salió la cabecita pero lo estaba ahorcando, se quedó detenido porque yo sentía que ya no podía seguir adelante. Baltasar estaba muy apurado y por lo pronto no sabía qué hacer pero luego me apretó el cuello, las cuencas. Me dijo después que eso lo hizo para que yo aflojara y el niño pudiera salir. Grité del dolor, me dolió mucho, pero ya así nació el niño. Baltasar estuvo enojado algún tiempo porque decía que el niño era igualito a Roberto mi hermano.

Baltasar le amarró el ombliguito, limpió al nene y enterró la placenta. Él hizo todo y cuidó de los otros niños. Al día siguiente Roberto y María Elena llegaron... mi papá los había mandado para que ayudaran a cuidarme... pero ellos se fueron a bañar al mar todo el día. A Baltasar no le gustó el asunto y quería que mejor se fueran. Antes de que se regresaran Baltasar les dijo que se pensaba casar conmigo por la Iglesia. Roberto se puso serio y le dijo que lo pensara bien y María Elena también que lo pensara porque para casarse conmigo necesitaría él saber todas las reglas de la Iglesia. Él le dijo que cómo se ponía a decir eso si con trabajos sabía leer.

—Yo sé que soy católico porque voy a la iglesia, porque creo en un santo y me encomiendo a él y para más no sé ni persinarme —le dijo a María Elena.

—¡Uuuuuh... entonces le va a faltar mucho pa' casarse!

María Elena es la más católica de la familia y sabe todas estas cosas. Él se desanimó pero le dijo:

—Ahí dirá Dios cómo le hacemos... Por lo pronto voy a tener que casarme por el civil para poder adoptar a las niñas como de mi legítima propiedad. Quiero la «factura» para que este hijo de la chingada de Crispín no se las pueda llevar. Porque el señor Jesús me había dicho que Crispín andaba buscando a Concepción y yo me enojé porque se espantó la niña; no lo quiere al padre y se puso a llorar.

No era que Baltasar haya tenido celos de mi pasado y nunca me champaba, me reprochaba nada. Pero él temía que Crispín me buscara con el pretexto de ver a la niña. Luego decía:

—¿Pos qué tanto quiere contigo, pos qué cabrones quiere... o anda tú qué lo prefieres a él? Y el caso es que no has vivido con él y ya tienes cuatro chamacos, ¿cómo está eso? ¿Qué, es tu padrote, o qué? Si viene por aquí, con un cuchillo voy a partirle la madre a ese cabrón... Y por qué Roberto yo no sé por qué ora con tanto garbo no quiere que me case contigo ¿qué... quiere algo contigo, o qué? ¿Pos él qué tiene que decirme?

Yo me enojaba y le decía que estaba loco. Sí nos enojábamos porque yo no me dejo que me anden haciendo como les da la gana, pero por lo general era buena gente. Hasta cuando estaba borracho llegaba a la casa de buenas. Solo me ha pegado dos veces allá en Acapulco.

La primera vez fue por unos hermanos canijos. Estaba yo recién junta con él, todavía no nacía el niño. Llegaron unos hermanos de él que tenían tiempo de no verse. Ya les calenté la cena y se salieron ellos ahí a comer. Él a mí no me dijo en ese momento: «siéntate aquí, vieja», o nada, nada. Se agarró platique y platique con ellos. Yo dije: «nadie debe de meterse en lo que no le llaman». Yo vi que estaban platicando recordando los viejos tiempos, hablando de cosas que yo ni sabía, de las mujeres que ha tenido Baltasar. Pos como a mí no me llamaban agarré y me metí. Así es de que cuando se despidieron ellos estaba yo acostada. Me dijeron «hasta mañana» y no les contesté, me hice la dormida.

—Ésta como es de México —dice Baltasar— ya está acostada, dispénsenla.

Y ya se fueron ellos. Y no me dijo nada ese día.

Al otro día llegó borracho y luego empezó:

—¿Acaso cuando viene tu familia yo le hago un feo? Tú en cambio, un rato que estuvieron mis hermanos no pudiste atenderlos como debía de ser. Ahí lo dejaste a uno como perro. ¡No, cabrona, cuando vengan mis hermanos, atiéndelos!

Y me dio dos cinturonazos. Yo sentí coraje, y no pude desquitar mi coraje, como él estaba borracho, borracho sí me da miedo de que me vaya a dar un mal golpe. No le dije nada. Nomás chillé y que empiezo a arreglar mis cosas.

—Estás muy tarugo si crees que yo me voy a estar aguantando lo que no tengo obligación de aguantar. No tengo ninguna necesidad de aguantarte a ti tus golpes. Si al padre de mis hijas lo dejé por eso, ¿qué me espero yo de ti? Ni que fueras mi marido.

Y entonces sí me le solté, le dije sus claridades, pero de ahí no pasó. Al poco rato fuimos al cine, según él pa' encontentarme.

La segunda fue otra vez que llegó borracho. Esa vez había comprado un marrano, bueno, fiado, y quedó de que cuando lo matara y entregara la carne, pagaba los centavos. Allá en el Ayuntamiento le recogieron el marrano por no haber sacado permiso para matar, lo recogieron en canal.

—Fíjate —fue y me dijo— que me lo recogieron en canal y me cobran multa.

La lonja de donde se sacan los chicharrones ahí la llevaba. Le digo:

—Ya te recogieron la carne, a la mejor te recogen también la lonja.

—No, que quién sabe qué, que quién sabe cuándo, que me hacen los mandados...

Y que agarra y que se baja con la lonja. Y siempre ha sido mi pleito porque no es responsable de sus actos. Y dieron las cuatro, dieron las cinco, dieron las ocho y no aparecía Baltasar. Dije: «Pues ya lo metieron al bote con todo y marrano... en el bote ha de estar».

Y me acuerdo rebién que ese día había yo hecho chocolate. Ya había nacido Jesusito. Ya se había dormido Trini. Y luego le digo a Violeta —porque a Concepción no la tenía yo, estaba en México visitando a su abuela—: ¡Ay, hija, tu papá no viene! Vamos a buscarlo, después venimos a cenar. A lo mejor ya éste está en el bote y nosotros acá sin saber.

Ya me bajé yo con Violeta y dije: «voy a empezar por las cantinas». Fui al billar y vi que no había nadie. Le decía yo a Violeta:

—Asómate, hija, por debajo de las puertas, asómate a ver si no está tu papá.

Y no. Yo no sé cómo voltié y vi a Baltasar saliendo de una cantina. Y me dio mucho coraje. Dije: «¡Sangrón!, yo pensando que estás en el bote y estás aquí metido». Después agarré y le digo a Violeta:

—¡Espérate, voy a ver a dónde se dirige ese canijo!

Me estuve ahí parada cuando vi que se arrimó una muchacha con este Baltasar, y Baltasar agarró y le echó el brazo a la muchacha.

—¡Ah, este recondenado me la paga! —le dije yo a Violeta. Estábamos a una cuadra de distancia y que agarro y que me dejo ir sobre donde ellos estaban, y ya cuando iba yo llegando la muchacha se fue. Y ya me esperé otro rato a ver si se iba pa' la casa. Y no, vi que sacó dinero y le dio a un amigo que estaba con él y que paran un coche y que se van. Se dirigieron a la zona roja.

Me fui yo para la casa. Yo ya había sacado toda mi ropa y tenía yo una alcancía y había yo juntado como 100 pesos. Dije: «Ahorita me largo... este canijo viene y ya no me encuentra. Tras de que anda de borracho, todavía anda con las viejas».

Y que llega, que toca, y luego que abro. Lo primero que me dijo:

—Ay, viejita, ora sí vengo muy tomado.

Y yo en lugar de contestarle otra cosa, o de quedarme callada, le digo:

—¡Y a mí qué hijos de la chingada me importa!

—¡Uy!, que se reteenoja.
—¡Cabrona! ¿Cuándo me has contestado tú así?
Fue cuando me dio la bofetada. Después le dije que me iba a ir. Me dejó hacer mis maletas y todo. Pero ya cuando me vio que me iba a salir me las rompió con el cuchillo. Yo dije: «Orita me va a dar una cuchillada». Pos ya ni le menié, ya me quedé yo en paz. Ya nomás duramos un día, dos días enojados. Ya después no hallaba la forma... me llevaba al cine, me compraba esto, me compraba l'otro, y no quería que me diera ni el aire. Y él cree que se me baja el coraje y que ya con eso me compró, pero está loco. Y desde ese pleito yo le he perdido mucho el respeto a Baltasar. Antes no le hablaba yo con groserías, no era tan majadera como soy ahora. Él dice que soy redepravada, que soy muy grosera, pero estoy viendo que si no habla uno, se queda atrás. Como Paula con Manuel, cuando él andaba ahí de enamorado con la otra mujer. Luego le digo:
—¿Tú crees que Paula no sufría por eso?
—No, si ni cuenta se dio.
—Tú crees que no se dio cuenta —le digo—, ¡mmm!, es que a veces uno calla las cosas mejor para no hacerlas grandes. No conviene que hagan sufrir a una mujer así.

El hombre, inconscientemente, o dándose cuenta, hace sufrir ala mujer y la mujer no debe quedarse callada: «al que no habla, Dios no lo oye». Si yo soy así con Baltasar, él mismo ha hecho que yo sea así.

Yo estaba bien, contenta en Acapulco, pero mi papá quería que yo y las niñas nos viniéramos, así que le decía yo luego a Baltasar que quería irme pa' la casa. Él no quería salir de Acapulco. Él decía:

—Yo no me hallo por allá. Aquí comemos carne diario y pan, no na'más tortillas. Cuando no tengo centavos puedo ir a pescar con mis amigos, o jugar al cubilete o al dominó y sacar 30 o 40 pesos. Aquí siempre tenemos dinero para ir al cine. ¿Cómo me voy a ir a la capital sin dinero, y llegar de perro allá?

Pero yo soy muy terca y le seguí insiste y insiste. Mi papá nos escribió que nos podíamos ir a la casa de la colonia El Dorado porque Lupita iba a dejarlo y a salirse de allí. La loca esa de María Elena seguía dice y dice que su mamá estaba viviendo en pecado con mi papá y que si no se casaban el padre decía que tenían que separarse. A lo mejor por eso es que Lupita se fue, pero yo más bien creo que haya sido porque no pudo aguantar que veía que Dalila ya se había granjeado completamente a mi papá. Casi nunca iba a ver a Lupita y cuando iba nomás era para ver sus palomos y sus marranos.

Así es que mi papá dijo que podíamos vivir allí en cuanto Lupita se saliera y que nos iba a dar por lo pronto un marrano para que Baltasar lo matara y vendiera la carne. Baltasar pensó que era una oportunidad magnífica y se puso a juntar dinero para el viaje. Urdió una mentira para complacerme los gustos a mí. Fue con un amigo que estaba en Salubridad y le pidió una carta que dijera que tenía que irse a México a operarse de una hernia. La hernia realmente la tenía porque el doctor que lo había operado del apéndice se lo dijo. Se fue con la carta con sus amigos carniceros para ver si podían ayudarle a juntar el dinero. Él tenía en la bolsa pues poco, unos 100 pesos, y eso no nos iba a alcanzar, ¿verdad?

Pues luego luego sus amigos le juntaron 150 pesos. Pero como no era bastante, él en el rastro hacía como que no podía trabajar, pa' disimular más, ¿verdad?, y que vieran que el caso realmente era malo. Su amigo el de Salubridad vino y les dijo que sí, que el caso era malo, entonces volvieron a juntar más. Le acompletaron 300 pesos, con lo que ya tenía. Le dijeron ellos que si necesitaba más les mandara avisar y que ellos le mandarían lo que él quisiera.

Pues ya nos venimos rápido. Baltasar quería que tomáramos el camión de las cuatro de la mañana para ahorrar lo de la comida, pero no nos entendimos con el cobrador pues quería cobrarnos 80 pesos nomás por las cosas. Ya nos esperamos allí en la terminal hasta que otro nos pedía 70. Ya entonces Baltasar subió la cama, el chiffonier, todas las otras cosas al techo del camión y nos compró los pasajes a nosotros, otros 46 pesos. Luego hubo más gastos, comida para las niñas, una chamarrita para Baltasar, y una camioneta para poder llevar las cosas hasta Bella Vista. Así es de que siempre resultó costoso, ¿verdad?

Lupita todavía no se iba de la casa de mi papá, así es de que nos quedamos ahí con Manuel y María. En ese tiempo estaban ahí también Roberto y su tal Antonia, mi primo David, su mamá, su mujer y cuatro niños. El cuarto con toda esa gente parecía cuartel, parecía mesón, sobre todo en la noche con todo mundo ahí tirado a la hora de dormir. Dormían con la luz prendida, la veladora, y Baltasar se quejaba de que con todo aquello no podía calmar sus ganas. En Acapulco siquiera echábamos los niños afuera y ya solos hacíamos lo que queríamos. Él no era avorazado y se cuidaba, se detenía porque dice que el cuerpo se castiga con esas cosas, pero pues siempre echaba de menos mis cariños. Ya gracias a Dios mi primo se salió con toda su familia tan pronto pudo encontrar un cuarto para ellos. Luego Antonia dejó a Roberto, pobrecito, y entonces se fue con mi hermana la de «la alta», con Consuelo. Perdió el trabajo que tenía y seguía metiéndose en pleitos y dificultades. Su único consuelo era la botella.

Así es de que allí estábamos junto con Manuel, María y su nenita Lolita en el 64 de Bella Vista. Los otros cuatro niños de Manuel estaban con mi papá y Dalila en una casita que él estaba construyendo en la colonia Ixmiquilpan. Dalila ya había tenido otro niño y a ella le da vergüenza que la empiecen a juzgar.

Bueno, y luego luego empezaron las dificultades. Arreglamos que nosotros íbamos a pagar la renta un mes, y al mes siguiente pagaba Manuel. Pero cuando nos cambiamos, el dueño nos avisó que Manuel debía ya cinco meses y que si no le pagaban le quitaban la pieza a mi papá. Para empezar bien con Manuel, Baltasar se ofreció a empeñar su radio y pagar cinco meses de renta para poder tener dónde vivir. Así es de que Manuel agarró el radio y le dio al dueño 165 pesos, tres meses atrasados, y sepa Dios qué hizo con lo demás del dinero. Él dice que eso es todo lo que le dieron pero Baltasar no lo cree «porque el radio valía 500 pesos». Primero yo defendí a mi hermano pero luego Manuel agarró la boleta del empeño y la vendió y entonces sí me puse del lado de Baltasar.

Ya para eso Manuel y Baltasar eran compadres porque se me ocurrió que mi hermano fuera el padrino de confirmación del niño. Así es de que ahí estaba Baltasar tratándolo con mucho respeto y tratando de reclamar lo que era suyo. Luego le decía:

—Pos con el debido respeto, compadrito, deje de estar jodiendo y devuélvame mi radio.

—Pero no le hacía cómo lo dijera o cómo lo hiciera nunca volvió a ver su famoso radio ni el dinero tampoco. Manuel había prometido que lo iba a pagar poco a poco, pero antes de que pagara un centavo se le ocurrió que el radio era chueco y pa' qué se preocupaba Baltasar.

Baltasar buscó trabajo en el rastro pero no tenía la licencia que se necesita en la ciudad y no lo aceptaron. También fue a las panaderías pero como no tenía dinero no podía comprar su lugar en el sindicato. Mi papá le consiguió un trabajo en una fábrica, en una cerrajera, pero se salió porque el sindicato era gobernado por los patrones y no servía de nada y nomás le pagaban doce cincuenta diarios.

Luego en otras fábricas iba a pedir trabajo y le pedían tantas condiciones... que quién era su familia, que si tenía certificado de primaria, que si tenía cartilla de marchar, que si conocía México y que si tenía cartas de recomendación. Él les dijo que no conocía a nadie en la capital y que si no conocía a nadie cómo le iban a dar cartas. Él decía:

—No me explico o no me entienden... les he dicho que no conozco a nadie, quién creen que me va a dar carta de recomendación. Y en otros lados quieren «carta o fianza», quién me va a dar fianza si nadie me conoce.

Ya Baltasar empezó a odiar a los mexicanos, a los de la capital. Decía que él los tenía como perros, muy méndigos, muy malos. Que los acapulqueños le daban trabajo a la gente en lo que fuera, sin que tuviera dinero y sin conocerlo, pues si la gente pide trabajo es porque lo necesita. Y que los que habían ido a pervertir Acapulco, a robar, eran los mexicanos. Y Ya quería regresarse a Acapulco.

Mi tío Ignacio le decía que se metiera a vender periódicos como él pero cómo iba a vivir con esa miseria. Luego Manuel se ofreció a enseñar a Baltasar cómo vender en Tepito de coyote. Primero Baltasar empezó por vender mi mesa. Con ese dinero compró un montón de camisas usadas en una lavandería. Vendió eso y compró otras cosas. Con los dos trabajando de ayateros el cuarto estaba siempre lleno de espejos, juguetes rotos, ropa usada, zapatos, herramienta y cosas por el estilo. Cuando ya no tenían nada que vender María y yo teníamos que esconder nuestra ropa porque los dos andaban nomás viendo qué agarraban para juntar dinero para el gasto. Un día Manuel le quitó su suéter a Lolita y se lo vendió a un cliente allí mismo.

Luego estuvimos un poco mejor por un tiempo. Ya Baltasar me daba mis 10 pesos diarios de gasto y alcanzaba para comer. Hasta pagamos los recibos atrasados de la luz y ya pudimos prender la luz cuando se necesitaba. Pero luego Manuel no pagó dos meses y nos la volvieron a cortar y ya Baltasar lo dejó así. Dijo que mejor con velas, así María y Manuel cuando llegaban a medianoche no podían prender la luz y despertarnos. Ellos siempre comían en el café de Gilberto y allí se quedaban con Lolita hasta la madrugada.

Baltasar necesitaba capital, así es de que cuando Roberto le pidió prestados 25 pesos para ir a Acapulco, Baltasar se acordó de sus compañeros del rastro. Yo le dije que estaba loco de mandar a mi hermano a pedirles el dinero. Pero pues Roberto de todos modos iba a ir para deshacerse de una cosa chueca y así no nos costaba a nosotros el pasaje. Además Roberto le dijo a Baltasar que si vendía las cosas bien nos daba otro radio.

Yo ya no le creía a mi hermano. Tenía mucho coraje con él porque había ido a empeñar un anillo que Antonia le prestó; el anillo era mío y no me lo quería devolver. ¡Yo había estado juntando el dinero con tanto sacrificio para comprármelo! Si quería robar, ¿por qué no les robaba a los ricos y no a nosotros? Y nomás decía:

—Hermanita, no te apures, yo te voy a conseguir uno mejor uno de estos días.

Pero Baltasar no me hizo caso y le pidió prestados los 25 pesos a mi papá para dárselos a Roberto. A los cuatro días regresó mi hermano de Acapulco y nomás traía 50 pesos para Baltasar. Él dijo que lo demás lo había gastado en comer, en el hotel y en el pasaje. Nunca supimos cuánto era lo que los carniceros habían juntado pero Baltasar calcula que mi hermano le robó más de la mitad. Fue cuando comenzó a odiar a Roberto.

Un día empezaron que a hacer ponche para llevarlo a una fiesta a casa de mi tía Guadalupe y estuvieron tomando en lo que lo hacían. Mientras más borrachos estaban empezaron a sacarse sus cosas, la rivalidad que traían. Baltasar le dijo a Roberto que ni quería que fuera allá a la casa, a Bella Vista, porque se había fijado que llegaba con muchos calzones, empujando la puerta como si él fuera el dueño. Baltasar había pagado tres meses de renta y se creía con derecho de mandar. Tampoco quería que los hermanos de María fueran a dormir allí porque decía que las niñas estaban bajo su responsabilidad y no quería que ningún cabrón de esos nomás por su lisura le agarrara a una escuincla.

Roberto dijo que ésa era la casa de su padre, y que como era mi hermano podía entrar y salir y hacer como le diera la gana, y dormir y comer también si quería.

—¿Entonces tú crees que yo voy a estar obligado a mantenerte?

—Pos sí —dijo Roberto—, mientras yo quiera sí me tienes que mantener.

—Quiere decir que tú me cobras el cariño de tu hermana. ¿Me la quieres vender?

—Sí. ¿Y tú qué alegas, no llegaste aquí como un vividor y estás nomás para que te ayude y te mantenga mi papá? Nadie sabe mejor que tú cómo conseguir todo a cambio de nada. Mi papá hace más por ti que por sus propios hijos.

Pos una palabra y otra palabra y luego se mentaron la madre y luego sacaron los cuchillos. Mi tía se cortó sus dedos pues se metió a tratar de separarlos. Entonces Baltasar me dijo que él se iba a su tierra, conmigo o sin mí, porque no quería estar dependiendo de mi familia para nada. Me costó mucho tiempo que se calmara. Me dijo:

—Bueno, si viene aquél y me mata... eso ya es cuestión tuya.

Entonces dejé de hablarle a Roberto y fue la primera vez que le dije que no quería que viniera a mi casa porque na'más venía a ser causa de disgustos. La verdad es que nadie lo quería. Chillaba y se iba a emborrachar pero gracias a Dios optó por alejarse, «que por las niñas».

Por fin Lupita y María Elena dejaron la casa de mi papá en El Dorado y ya nosotros nos cambiamos. Era un lugar humilde pero tenía una barda todo alrededor y el patio era solo para nosotros. Estaba limpio y tranquilo. Teníamos dos recámaras y una verdadera cocina y ventanas en todos los cuartos. El agua la traían todos los días a la colonia en una pipa, pero teníamos electricidad, bueno, pues era la mejorcita de las casas en que yo o Baltasar hayamos vivido. Yo dije de broma que iba a poner unos alambres en la azotea, como una antena, para que los vecinos creyeran que teníamos televisión y ya éramos de la alta.

He querido hacer sentir a Baltasar el calor y el cariño de un hogar que nunca ha tenido. Sus mujeres agarraban, se largaban a la cantina, a cualquier lado, regresaban borrachas dadas todas a la traza, o tenían hijos y se largaban y dejaban a los hijos. Me da tristeza su vida y por eso es por lo que he durado con él. Era como un niño y tenía necesidad de mí. Como yo, nunca sentí que tenía un hogar aunque sabía que tenía un lugar donde dormir y bastante que comer y ropa que ponerme. Yo veía a mis hermanos y a mi hermana, pero no estamos unidos. Hubiéramos podido trabajar como toros para hacernos una bonita casa para todos, pero cada quien se fue por su lado. Yo nunca he tenido envidia de los ricos, de la gente que está arriba de nosotros, porque siempre hay otros más bajos que nosotros. Lo único que he envidiado, deseado más bien, es haber tenido un verdadero hogar y una casa bonita arreglada. Nunca me gustó el modo de vivir de nosotros, yo tenía casa pero no le llamaba hogar, mis hermanos y yo estábamos juntos y desapartados.

Yo quería mostrarle a Baltasar que yo no era igual a las mujeres que él había tenido. Pleitos sencillos sí hemos tenido, pero de ahí no pasa; nos decimos nuestras claridades pero nos hemos agarrado muy bien el modo. Por lo que luego si nos peleábamos al principio fue por el niño, por Chucho. Le digo a Baltasar que de tanto —según él— quererlo, lo pasa a perjudicar. No me gusta que se orine en la cama; estando dormido todavía pasa, ¿pero estando despierto? Agarra y se orina y lo regaño:

—¡Muchacho cochino éste... parece que no puede avisar! —y le daba su nalgada. Baltasar se enoja, no quiere que se le haga nada. Luego ya no me dejaba que le pusiera al niño sus calzones. Así cargaba a Chucho, sin calzones y nomás con la camisita, en los hombros; lo llevaba al mercado, en el camión, al parque los domingos. Luego Chucho se le orinaba encima y Baltasar solo se reía. Luego se ponía muy chillón y hasta hacía berrinche, se ponía morado, de que no le dan las cosas y les ve las cosas a las niñas y se las quiere quitar, y yo lo regaño, y Baltasar no, todo le da. Y Chucho nomás tenía un año pero hasta parece que sabe: cuando su papá está en la casa no le puedo decir: «no hagas esto» o «deja eso». Baltasar me dice:

—El día que yo te llegue a sorprender pegándole, vas a ver cómo te doy tu friega buena.

Y cuando se salía siempre decía:

—Déjalo que haga lo que quiera. Yo nunca consentía a mis hijos así. Baltasar dice que soy muy dura con ellos. Por todas las cosas que me han pasado y ya de tanto coraje hasta me han hecho neurasténica, creo. Luego me preguntan los muchachos: «Mamá, ¿dónde vamos?». «Mamá, que esto, que lo otro.» Y luego luego les digo:

—¡Cállese, no esté molestando!

Ya hasta me estoy volviendo como mi papá. Cuando estoy leyendo no me gusta que me hablen, me molestan, no me dejan leer en paz. Las pobrecitas niñas se están haciendo como Consuelo, muy retraídas, porque es muy poco lo que las cargo y las abrazo.

Cuando me embaracé otra vez, pues me resigné. Creí que Baltasar merecía aunque fuera un hijo sobre todo porque se había casado conmigo por lo civil antes de saber que otro venía en camino. Mi familia cree que Chucho es su hijo y yo nunca les he querido decir cómo está la cosa porque siempre pues me da vergüenza que sepan que Crispín me había dado otro hijo. Así es de que me casé con Baltasar a pesar del consejo de mi papá porque él no tiene fe en los padrastros. Yo he sabido muchas cosas de padrastros que les hacen cosas a sus entenadas, pero eso nunca va a pasar en mi casa mientras yo viva.

Yo pensé que Baltasar iba a estar muy contento de tener su propio hijo, pero no. Él decía que el nuevo nene nomás le iba a robar cariño a Chucho y que se iba a poner chípil. Pero Chucho no se puso enfermo y Baltasar sí. En las noches nomás daba vueltas y vueltas y se quejaba de que sentía el corazón pesado y no podía respirar. Mi tía Guadalupe lo quería llevar al templo de los espiritualistas para que lo curaran, pero Baltasar prefirió salirse con sus amigotes y emborracharse con ellos. Entonces fue cuando se descompuso más; andaba muy mal, empezó a faltar a la casa y a no darme gasto.

Llegaba tomado y empezábamos a pelear.

—Si mejor te deja andar con tus amistades, andar en la borrachera, déjame a mí, vete con ellos. Yo una cosa que veo que no me deja, la dejo yo. Así es que si tú no encuentras la felicidad aquí en la casa, si la encuentras en la borrachera y con tus amigos, lo sentiré mucho pero vete mejor.

Me dijo que yo ya no era igual, que antes agarraba y siquiera le daba un beso, o lo abrazaba y ora ya no. Pero yo le dije:

—Tanto y tanto me has hecho que no te creas, siempre se va perdiendo el cariño. Francamente, te lo estoy perdiendo. Y tú has tenido la culpa.

—Bueno —dice—, el día que yo tenga otra vieja no me paro aquí para nada.

—Sí, pero mientras son peras o son perones, ¡friéguese el prójimo! Y mientras la tienes, o no la tienes... y mientras lo piensas si me dejas o no me dejas, me pasas a fregar. Yo por ti no me voy a tirar a la perdición. Cuando me conociste yo no andaba así: mal comida, mal tratada y mal vestida. ¡Pos a dónde voy a dar! Tanto como tirarme al vicio por un hombre, no. De que yo hubiera agarrado la vida alegre pos qué me costaba, es lo más fácil del mundo... empezar con uno, y al rato son dos, y al rato son tres, al rato ya es todo el mundo el que se mete con uno. Te estoy haciendo ver que yo no soy igual a las mujeres que has tenido. Tirarme al vicio no me hubiera costado nada de trabajo, pero mientras mi padre exista no voy a andar de perdida. Así que pídele a Dios que mi papá no se muera.

También le dije:

—No creas que porque yo tenga tantos hijos me voy a quedar chillando si tú te vas. Así tuviera una docena tuya, no me quedaba yo llorando. Ningún hombre vale la pena de llorarle su despedida y hombres como tú, menos. Para qué... muertos estarían mejor... un borracho menos, la gente viviría más contenta.

Prefería irme mejor a coser a un taller aunque dejara allí los pulmones y a ganar nomás unos miserables 8 o 9 pesos diarios. Y le advertí que si se iba a quedar tendría que trabajar.

—Ni creas que voy a dejar que seas una carga para mi papá. ¿Qué quieres ser como otro hijo? Mil veces que te vayas, mejor vete.

No teníamos un solo centavo y Baltasar no tenía dinero para trabajar así es de que vendimos el marrano que nos dio mi papá antes de que estuviera bien de tamaño. Y no sabe mi papá que lo vendimos y cada que lo veía era un pendiente que me daba con mi papá que parecía que me había robado algo. Iba a decir que no podemos tener nada. Yo quería nomás 50 pesos si acaso para ir a Chalma con mi tía, pero luego mejor pensé que Baltasar se pusiera a trabajar. Como le decía:

—El día que me toque, con centavos cualquiera me ve, pero sin centavos no me va a ver nadie, ¿y cómo tengo al niño?

Baltasar agarró el dinero y empezó otra vez a trabajar. No sé cómo pasó pero se consiguió un socio, uno que le dicen el Milkero, nomás se lo llevó a las cantinas, y no sé cómo está el enredo pero ora el tal Milkero es el que trae los centavos. Y yo espere y espere a que viniera Baltasar porque necesitaba unos centavos para medicina. Mi papá dijo que no me veía bien y me mandó con el doctor Ramón y me dio la receta para un tónico.

Baltasar a veces llegaba muy tarde y a veces no llegaba. Yo le digo que se expone mucho llegando a las dos, a las tres de la mañana. Él está creyendo que está en Acapulco... ¡fíjese!, el otro día lo corretearon puros jovencitos... puros rebeldes sin causa... pero no escarmienta. Y le digo yo:

—A ti te pasa algo y quien viene a reclamar es tu raza. Tu raza es capaz de comerme, porque no van a decir que por tu causa, van a decir que por la mía.

Y él no se pone a pensar en nada de eso. Para él todo lo que digo son regaños, que porque lo quiero tener nomás ahí conmigo.

Baltasar no llegó por dos días. Cuando llegó nomás le di la receta.

—Ten —le digo— pídele al Milkero dinero pa' que la compres porque dijo el doctor que es urgente.

Hasta le extrañó que no echara yo pleito. Y luego me quiso abrazar.

—Estate quieto, no estés fregando —le dije—, tan contenta que estoy yo aquí con mis hijas, y vienes a molestar. ¿A qué vienes? ¿Quién diablos te trajo? La calle es tu casa.

Y fue todo lo que le dije.

—¿Qué ya no puedo venir?... No... es que... se me hizo tarde por ir a traer una mercancía.

Y siempre anda trayendo mercancía, ¿eh? En eso voltié y le vi la camisa manchada de bilet. Hasta entonces, según él, en sus parrandas no existen las mujeres.

—Tú crees que voy a creer yo que andes siempre tomando con puros hombres... ¿Pos qué crees que yo acabo de nacer ayer, o qué? —le decía yo.

—¿Y por eso traes la camisa así?

—Ay —dice— ni modo... donde fui a traer los trapos había pintura.

Y ya pasó. Y luego le estuvo contando a David —que para ese entonces vivía allí con nosotros— que porque yo a cada rato echaba pleito y estaba bastante enojada ya no podía estar conmigo y que se había ido a bailar a un cabaretucho con una de las mujeres de Tintero. ¡Y yo estaba creída que era pintura! No es que sienta celos, yo sé que no es el primero ni será el último que tiene que andar con dos mujeres para estar satisfecho, pero me da coraje que me vean la cara de tonta.

Bueno, pues se fue por la medicina y no volvió hasta la mañana siguiente. No me trajo nada de medicina y hasta perdió la receta. Venía algo tomado y tuvo el descaro de decirme que el tal Milkero se lo había llevado otra vez a Tintero. Y que como Baltasar le dijo que si cobraban muy caro no entraba, que anduvieron preguntando.

—¡Fíjate nada más, te llevan hasta dónde escoger!

—Mira, lo que me choca a mí es que me quieras ver la cara de estúpida. De plano dime: «no voy a venir ahora» pa' no estar con pendiente.

Porque él ya sabe que no lo iba a estar buscando como en Acapulco. Yo nunca lo ando buscando para saber dónde está o con quién está. Es más feo llevarme un desengaño... llegarlo a encontrar mal y hasta con riesgo de que le vaya a dar el lado a la otra. Y pos en qué vergüenza quedo.

Voy a la Merced todos los días a ver a mi papá, nomás, como dice el dicho: «pa' ver qué cara tiene». Nomás por eso, ¿cree? Cuando anda mal, o anda triste pos me da a mí tristeza. Ahorita anda en paz, anda a gusto y estoy contenta. Yo digo, mi papá ya está muy trabajado y no tiene tanta posibilidad como uno; uno todavía aguanta, pero él... La vida nadie la tiene comprada, jóvenes y viejos se mueren, pero yo tomo más en consideración a mi papá, por eso de que está bastante trabajado. Ahorita que mi papá nos vive, no tengo por qué preocuparme.

Ya después sí, porque muriendo mi papá el mundo se acaba para mí.

Yo a mi papá nunca le había dicho nada de cómo andaban las cosas con Baltasar, pero ora le digo todo.

—¡Quién iba a creer —le digo— que este Baltasar fuera a salir tan atenido y mal agradecido! No paga renta, ¿qué más quiere que hagas por él? Está completamente desobligado. Claro, está atenido a que no estoy sola y tú no me vas a dejar morir de hambre, así que ya no me da ni gasto.

Mi papá en lugar de estar ganando está perdiendo con la casa. Porque él le podría muy bien sacar unos 250 pesos al mes. Por eso fue que le dije que debíamos limpiar el cuarto donde estaban los palomos y rentárselo a mi primo David para que así mi papá pudiera sacar unos centavos. Por lo menos ahora saca 100 pesos al mes y se ayuda con sus gastos. Ninguno de nosotros le da nada, antes al contrario, le estamos quitando. Cuando lo veo en el mercado pos no falta... nunca me vengo sin nada... 5, 10 pesos y 1 peso para cada uno de los niños. Si ve que necesitan ropa, zapatos, al día siguiente va y se los compra. Si tienen un resfriado, gripa, me regaña porque no los cuido, me da dinero para comprar las medicinas, como si fuera obligación de mi papá. Él dice que no le pesa, que puede mantener a tres o cuatro más, sobre todo sus propios nietos. Es un padre ejemplar, uno en un millón. Pero no está bien que me esté dando tanto. ¿Para qué tengo entonces a Baltasar?

Como ahorita que se acerca lo mío, tengo miedo. Como le digo a Baltasar:

—Mira, no sirve de nada que tengamos casa; a ver ora que llegue el niño no tener ni un solo centavo, no tener ropa, no tener nada.

—Al rato... nomás que venga quién sabe quién... espérate, espérate.

A mí me desespera de ver que él luego su misma confianza que tiene en él hace que no se mueva para hacer algo. ¡Ay!, me choca a mí eso de esperar nomás. ¿Pos a qué se espera uno? No se espera uno a nada.

De todos los muchachos que he tenido, de ninguno he tenido tanto miedo como ahora. Con Trini me fue bastante mal, y con Chucho, si Baltasar no me hubiera ayudado, pos quién sabe cómo me hubiera ido. Como le digo yo a Baltasar:

—Yo siento que me voy a morir, ora sí...

Y yo no importo, de veras, yo nomás por mis hijas. Si yo no tuviera mis hijas desde cuándo ya me hubiera borrado del mapa. Pero yo sé muy bien que yo les hago falta. Porque yo faltando, mis hijas se acabaron. Porque nadie las va a querer. Y va a empezar la repartición: Crispín pos nomás querrá quedarse con Concepción, Violeta pos por otro lado; Trini por otro. Ya faltando la madre es un desbarajuste tremendo.

Luego Baltasar dice:

—Mira, tengo treinta y cuatro años, soy mayor que tú pero yo todavía no deseo mi muerte.

—Porque tú más o menos eres hombre y te sales, te emborrachas, te entretienes y ya se te pasó. Pero a uno, no. A uno de que se encierra en la casa, pos se le carga a uno más.

En las noches que no puedo dormir empiezo a pensar y loque más me duele es haber desbaratado mi hogar con Crispín. Últimamente he soñado y me he visto envuelta en su familia, que me han admitido, me han venido a hablar y que yo vaya allá con ellos y la suegra me ha dicho que las puertas de su casa están abiertas para mí de nuevo. Creo yo que si me hubiera esperado un tiempo Crispín y yo nos hubiéramos juntado otra vez. Creo que hice mal, a mí misma y a las niñas, al juntarme con Baltasar. Yo ya me había acostumbrado a estar sola, pos así mejor me hubiera quedado. Yo le digo a Baltasar que no me voy a morir de pena si él me deja. O, ¿quién sabe? Ya que me vea sola otra vez...¿pos quién sabe?

Quizás deberíamos irnos otra vez a Acapulco. Baltasar podría trabajar en el rastro y darme otra vez dinero y traer carne. Ya allí no tendría que atenerse a mi papá. Si no me da dinero no comemos, él lo sabe. Allí su único vicio era tomar. Él entiende, él conoce a su propia raza, a su gente, su tierra y otra vez tendría confianza. Allí, al menos no estaría viendo las cosas que están pasando con mi familia, que se estén peliando y uno sin poder meter las manos en nada, en los problemas familiares... los económicos comoquiera se sobrellevan. Esto es lo que me hace a mí sufrir. A lo mejor allí voy a dejar de soñar que me descuartizan a mí y al niño, y a Baltasar lo soñé balaceado. Aquí cuando me acuesto siento que ya no me voy a levantar en la mañana. Si vivo después de este parto a lo mejor debemos irnos a Acapulco. Me sentía más en paz allá.

Epílogo

Jesús Sánchez

Yo soy muy rencoroso y tengo mucho en contra de mis tres hijos Manuel, Roberto y Consuelo. Estoy medio muerto de los corajes que me han dado. Salieron tan malas cabezas, que me da pena, es muy duro para un padre tener hijos así. Los amigos no les dejan nada bueno a estos muchachos. Aunque les dé consejos, ellos se van por otro lado en lugar de tomar el camino recto.

No hay nada mejor que trabajar derecho. Yo soy pobre y humilde, pero trato de hacer las cosas lo mejor que puedo. No pueden decir que su padre venía a casa tomado o que les abandoné. Un tío de ellos acaba de morir porque tomaba mucho, y parece que sacaron más de los tíos que de mí. No lo entiendo.

Mis hijos no han subido nada porque no les gusta que los mande nadie. Primero quieren ser millonarios y después agarrar un trabajo. ¿Quién empieza de arriba para abajo? Todos empezamos de abajo para arriba, ¿no? Pero mis hijos son al inverso. Así que todo lo que hacen es un fracaso constante.

No tienen fibra para trabajar. No tienen sentido común; no tienen voluntad para agarrar un trabajo como hombres, un trabajo derecho, para que anden siempre limpios en la calle, con la frente muy alta. Yo estaría feliz con esto.

El otro día le dije a Consuelo:

—No quiero que ocupes un plano que no te corresponde, que te olvides a cuál esfera social perteneces.

Eso es muy importante, porque las personas que han tenido un poco de escuela se sienten de momento gente de categoría y reciben un bofetón de los demás.

—Fíjate en mí —le dije—, yo soy siempre humilde y siempre lo seré, y no recibiré bofetones de nadie. Conforme en que hayas estudiado dos o tres años; eso no quiere decir que te sientas ya gente de sociedad. Mírate primero en el espejo y dime a qué clase correspondes, a qué categoría perteneces.

Que progrese un poco, muy bien, para beneficio de ella; pero que no se sienta cosa grande y desconozca a los suyos. La otra noche le dije también:

—Yo soy tu padre, quieras o no quieras. Así yo ande vestido como ande y sea el más humilde, yo soy tu padre aquí y en todas partes.

Conforme en que yo he cometido uno que otro error. No soy una paloma blanca, pero yo nunca les dejé abandonados a ellos. Muchos se hacen de una mujer y no se vuelven a acordar de los hijos. Usted sabe qué pasa cuando hay huerfanitos. El huérfano tiene todos los defectos, nadie lo quiere. Y entonces, ¿qué podía hacer? Velar por esas criaturas y no dejarlas a media calle. Ahora me defiendo como puedo y me hago dos pedazos y sigo luchando, y sigo marcando el paso, y sigo adelante, eso lo ve todo el mundo. Hice tanto por ellos que quizá los perjudiqué un poco. Yo siempre me preocupé por que no les faltase casa ni alimento, y quizá a eso se debió que ellos no quisieran seguir subiendo.

Yo quería que fueran a la escuela, que aprendieran un oficio. No les pedía que fueran a trabajar y me trajeran dinero; ni que se compraran su ropa ni su comida. He cuidado de ellos más de veinte años, y nunca les ha faltado el plato de sopa o el café. ¿En qué forma me han respondido? ¿Cuál es la recompensa? ¿Por qué han salido malos? Yo no lo entiendo.

Unos años después de morir Leonor, conocí a Elena en la vecindad. Como le he dicho antes, tengo suerte con las mujeres. Así han venido las cosas.

¿Por qué? No lo sé. Fíjese usted que esta señora, muchacha, que en paz descanse, vivía de una puerta acá con su señor. Su señor iba a ser sacerdote, pero no le daba de comer. Y, claro, entraba en la casa porque la abuelita de los muchachos vendía recortes de pastel, un canasto diario. Entró ella a la casa a comprar y vio la casa cómo estaba, y le gustó. Todo fue rápido. Claro, tuvo un disgusto en su casa, con su esposo; no eran casados.

¿Sabe usted? Era una muchacha bonita de todo a todo, y caliente como un horno. Con aquellas formas que tenía, se deseaba. Bueno, en dos por tres se arregló el asunto y se vino a vivir a mi casa, pues yo estaba solo; bueno, con los chamacos.

Cuando me llamó su marido, pensé que había llegado mi hora; yo nunca ando armado. Pues yo le dije:

—Mire usted, su mujer está en la casa en calidad de criada. Si usted quiere, vaya por ella. Yo no tengo inconveniente en que usted vaya por ella, si ella quiere regresar con usted, pero yo sé que no.

—Así, frente a frente. No se alteró ni me dijo groserías como acostumbran muchos; sacan la pistola y ya te mataron. No, hasta esa suerte corrí. Dos veces me paró en la calle, ya de noche. Yo pensé: «aquí quién sabe qué va a pasar», porque tienen fama esos de Jalisco de ser matones. Bueno, ella sacó sus cosas de allí, aunque no tenía nada, de plano, nada. A la muchacha no le daba gasto, era demasiado económico. La economía es buena, ¿verdad?, pero no exagerada. Todo lo que se exagera, pues perjudica. Así que, total, ella se fue a vivir conmigo, ni más ni más. Y no crea usted que tuvo miedo, porque ella era corajuda. Era muy joven, tenía como quince años; pero cuando se decidía a una cosa, la hacía. Y no le tuvo miedo a él. Ella me cuidaba los hijos como si fuera su madre. Los quiso mucho y los defendió de los porrazos de ellos. Consuelo y Roberto sintieron más la muerte de su madre que sus dos hermanos. Manuel, pues usted conoce a los niños, salen al patio a jugar y se les olvidan muchas cosas, y a veces, claro, olvidan más pronto que un adulto. Fue a la escuela, pero no dio muy buenas señales ni era un niño aplicado, como le ocurre ahora a su hijo Alanes. No quería estudiar y era muy flojo. Roberto y Marta eran peores. La única que aprendió fue Consuelo. Ella fue siempre más o menos obediente, callada; casi no tenía amigas. Ahora parece que va cambiando un poco. Pero los muchachos no quisieron a Elena, no la podían ver.

La misma cosa ocurre hoy con los cuatro niños de Manuel que cuida María; la misma situación. Claro que yo estoy pendiente de que esas criaturas se porten bien y respeten a María. Así era Elena, y son cosas que se agradecen mucho. ¿Cómo no va uno a apreciar y estimar a una persona así?

Elena vivió conmigo cinco años. Con ella no tuve hijos. Pero hay algo que no comprendo. ¿Por qué cuando uno encuentra a una persona que es buena y útil, que ayuda tanto, tiene que enfermarse y morir?

Ella era muy católica, y me pidió que llamara a un cura para que nos casase. Lo hice porque ella quiso, no porque crea que las almas vayan a sufrir en el purgatorio. No, yo no creo en eso. Y voy a decirle otra cosa. Uno, cuando está sano, no piensa ni siquiera en ir a misa; pero cuando ya estamos agonizando, nos volvemos hacia Dios y la Iglesia. Entonces nos confesamos y llamamos al sacerdote. Es el temor a lo desconocido o porque nos arrepentimos de todo lo malo que hicimos en nuestra vida.

Cuando Elena estuvo enferma, yo no ganaba bastante en el restaurante para mantener a la familia. Entonces empecé a vender pájaros y a criar marranos. En el mercado conocí a una mujer que tenía un corral grande a las afueras de la capital, en Ixmiquilpan. Le pedí que me alquilara un pedazo para criar uno o dos marranos. Compré madera y construí una porqueriza. Empecé a comprar marranos a 25 pesos que luego vendía a 100 pesos. En Ixmiquilpan venden marranos muy baratos, pero yo compraba marranos de buena raza y hacía buenos centavos. Luego empecé a matar marranos, y por cada uno me daban de 600 a 800 pesos. Un marrano lo vendí por 1.500 pesos. Los demás marranos sementales se alquilaban por 10 pesos, pero el mío se alquilaba en 50 pesos porque era cruzado de Chester White y Jersey, blanco y muy bonito. Ese marrano me dio buenos centavos y dejó buenas porquerizas allí en Ixmiquilpan. 50 pesos era mucho, pero es que el marrano me costó a mí 400 pesos. Tenía cuatro meses cuando lo compré, y se hizo muy grande. Lo bañaba y le daba de comer todos los días. Al lado de la porqueriza había un estanque con agua muy limpia, y todo lo que tenía que hacer era meter el cubo y echar el agua por encima de los marranos. Así los bañaba. Durante años, iba todos los días a dar de comer y bañar a mis cerdos.

Un día compré un pedazo de lotería y me saqué 2.500 pesos. Estaba aquí sentado cuando vino la hija de Lupita y me dijo:

—Papá, hay un señor que traspasa su lote con dos cuartitos en la colonia El Dorado. Quiere 2.500 pesos.

—Es mucho —dije—, pero llévame. Si se arregla, que se arregle de una vez.

Fui y hablé con el señor:

—Hombre —le dije—, déjemelo en 2.000, porque no tengo dinero.

Le pregunté si quería un marrano para completar el dinero.

—Pues sí —dijo—, vamos a ver el marrano.

Me preguntó cuánto quería por él. Era un semental, cruzado de Chester White con Jersey. Le dije:

—Dame 1.200 pesos.

Y él contestó:

—No, es muy caro. Le doy 800 pesos.

—Llévese lo —le dije. Y con los 1.700, fueron los 2.500. Cerramos el trato, y al día siguiente fuimos a la casa que vendía los terrenos. Firmé el contrato, y así se hizo: todo derecho, legal y limpio.

A los pocos días vendí otro marrano; compré material y empecé a construir en el terreno una casita. Al mismo tiempo, seguí yendo todos los días a cuidar de los marranos, a la otra parte de la capital. Todos los días, con lluvia o sin lluvia, agarraba el camión y me dormía de cansancio; y aunque no hubiera asiento, iba dormido en el camión. Hasta que quedó la casa como usted ve. Para mí es un palacio. Para mí que nunca he tenido nada...

Y en todo ese trabajo, mis hijos nunca me ayudaron.

Más tarde compré ese terreno en la colonia Ixmiquilpan y empecé a hacer una casita para poder tener mi porqueriza. ¡Si Dios me socorriera con un premio! La casa sería para mis hijos y me gustaría dividir el terreno en cuatro partes.

Sí, yo pegué fuerte a los muchachos, especialmente a Roberto, porque empezó a agarrar cosas de la casa para venderlas. ¿Cómo permitir eso? Si yo trabajo tanto para traer esta mesa a la casa, vengo y ya no está. ¿Quién no va a castigar una cosa así? Dos veces me quitaron la casa por culpa de los muchachos. Una vez porque hacían mucho ruido cuando patinaban en el patio por la mañana temprano, y en la calle de Cuba por romper un tubo del agua. Roberto tenía un carácter muy fuerte, como su madre.

A las muchachas las tenía en casa, y a los muchachos los vigilaba para que no se contagiaran y trajesen una infección a la casa. Como la ropa la lavaba la abuelita o se daba a lavar, yo siempre revisaba la ropa de los muchachos. Una vez cuando ya eran mayores, encontré en un rincón un algodón. Les dije que se bajaran los pantalones para ver si tenían algo. Pero nunca tuvieron ninguna enfermedad venérea. Ése es un punto importante en la vida de los dos. Como padre, no podía hablarles con toda franqueza, pero los vigilaba.

Pues yo no los entiendo. Siendo mis hijos, yo no los entiendo. Usted puede ver que aquí tienen una base, que en este cuarto pueden aprender un oficio, estudiar. ¿Por qué no lo hacen? Yo sí he mejorado. Vivo mejor que hace treinta años. Y ellos, ¿por qué no? Porque les falta voluntad, muy sencillo. Les gusta ser flojos. Dígame qué más han querido. Ya quisieran otros muchachos tener la ayuda tan grande que yo les he dado a estos dos. Sí, me he pasado la vida trabajando para ellos. Nunca dejé la obligación como padre. Nunca dejé la responsabilidad, nunca la hice a un lado. Para cualquier cosa, ahí estaba yo. Médico a medianoche o a la madrugada; préstamo por aquí y préstamo por allá; préstamo para las medicinas.

Mire usted, no sé de dónde saqué yo eso de querer ser cumplido y estar a la altura de mi deber. Querer siempre cumplir con la obligación del hogar. Porque yo, un pobre analfabeto, un campesino, sin educación, que podía haber dejado todo cuando murió su madre, ¿no? Pero no lo hice. Ya tenía yo a Lupita y había una niña o dos.

Pero ella vivía allá, en la calle Rosario, y yo no quería traer a nadie a la casa para que no hubiera disgustos con los chamacos. Yo pensaba eso. Es que en la casa uno necesita una persona que le atienda la ropa, que le haga las cosas, que le sirva un café caliente; cosas que no había en mi casa, porque no había nadie que lo hiciera. La abuelita me ayudó mucho y hacía mucho con cuidar a los niños. Pero se disgustó mucho cuando vino Elena a casa. Se disgustó, pero no había razón, porque esta muchacha hacía trabajo para todos, no para mí nomás. Un día, los cuñados me dijeron que la abuelita se había ido de la casa, que lo sentía mucho y que esto y que lo otro. Y yo les dije:

—Ustedes saben cómo están las cosas; ustedes conocen la situación; y a pesar de que ustedes dicen que son sus tíos y que quieren mucho a los niños, yo no veo un solo día que vengan a darles un jarro de café a los sobrinos. Entonces, ¿qué hago yo, pues? Yo me voy a trabajar diario, yo no falto al trabajo un día, entonces no puedo estar trabajando y estarme aquí cuidando a los chamacos. Yo tengo que tener una persona aquí en la casa, se enoje quien se enoje.

Yo no podía llevárselos a Lupita, porque los medios hermanos viviendo con padrastros y madrastras no se llevan bien.

Quiero a mis hijos y a Consuelo, pero ya no puedo tratarlos con cariño. Me han hecho gastar mucho dinero inútilmente. Cuando Roberto estaba en la Penitenciaría, me costó 1.200 pesos. Cuando estaba en el Ejército, me pidió que lo cambiaran al Distrito Federal. Hablé con el capitán, pero costaba dinero; así que no hice nada.

Después de todo, Roberto había ido voluntario.

¡No quería trabajar y por eso se fue al Ejército! No sé cuánto le pagaban. Ellos a mí no me platicaban nada; no me decían: «papá, estoy en tal parte» o «gané tanto». Nada, absolutamente nada. Tengo hijos, pero como si no los tuviera. A pesar de eso y a pesar de que son ya hombres, yo sigo vigilándolos. Les reprendo con energía cuando hacen cosas mal hechas. Siempre pienso en ellos, y, cuando no los veo, pregunto por ellos.

Manuel es padre de cinco hijos y no quiere abrir los ojos. Me ha costado mucho esfuerzo y muchos sermones, como digo yo, pa'que haga una u otra cosa, pequeñita. Con la ayuda que yo le he dado por muchos años, debía tener casa propia o alquilar un cuarto pa' sus hijos. Ora se metió en sociedad con uno que se fue con el dinero; se quedó con 5.000 pesos. Eso dice él, pero yo no le creo nada. Es muy malo que una persona esté constantemente mintiendo; cuando llega el momento en que le dicen a usted la verdad, usted ya no la cree. Tratan de convencerme de que al día siguiente van a cambiar su vida por completo, pero a mí ya no me engañan. Yo soy el padre, y los conozco.

Consuelo me ha hecho sufrir mucho porque tiene un carácter muy fuerte. Es muy rebelde, como su madre. Estaba muy celosa de Antonia. Usted sabe que por lo regular los medios hermanos muy pocas veces se llevan bien; con frecuencia hay disgustos y pleitos entre los medios hermanos. Aquí no hubo pleitos muy fuertes porque yo estaba de por medio. Claro, Antonia se crió fuera del hogar y había cierta dificultad en su casa porque su mamá trabajaba de noche. Yo me la traje a Bella Vista. La tuve encerrada porque le gustaba irse al baile; qué sé yo, la muchacha se estaba perdiendo por completo y, claro, pos yo tuve atenciones con ella. Me buscaba siempre pos como hija y, claro, yo le compré alguna ropilla. Eso, desgraciadamente, les molestó a Consuelo y a los otros.

Por más que le hablo a Consuelo y le doy consejos, no me hace caso. No me da ni un centavo. No quiero nada para mí. No quiero absolutamente nada de mis hijos. Gracias a Dios que aún trabajo para todos. Lo que hago es para ellos. Si me diera algo, lo gastaría en comprar un terreno para ellos. Imagínese qué susto tuve cuando hace unos años recibí un cable de Consuelo desde Monterrey. Yo no tenía ni un centavo y tuve que pedir prestado 700 pesos; 100 aquí, 100 allá. Fui y me gasté 700 pesos, y no tenía necesidad de gastar ese dinero. Cuando uno no tiene dinero, 700 pesos es un capital. Y, además, dejé el trabajo tirado, que nunca lo hago, ni en vacaciones.

Yo cometí un error muy grande, pues cuando me junté con Dalila debí buscar enseguida casa lejos de aquí. Cuando los hijos son grandes les da mucho coraje que el papá se case otra vez. El otro día leí que dos hijos casi mataron a su mamá a golpes porque se había casado por segunda vez. Y en Mexicali, dos hijos le dieron 70 puñaladas a su padre porque se casó y llevó a la señora a la casa.

Pero dicen que ahí había de por medio una herencia. ¡Necesitan ser salvajes para hacer eso, o estar completamente borrachos Por ese lado tengo algo que agradecerles a mis hijos, porque aunque yo no me he portado a la altura de como debe portarse todo padre, ellos nunca me contestaron ni me maltrataron.

Cuando Claudia trabajaba en la casa, Consuelo me decía: «Cásate, papá», y «por qué no te casas». Bueno, me casé y ya ve usted cómo cambiaron las cosas. Su reacción fue muy distinta y me dolió mucho. Y es que estos muchachos no piensan como nosotros; pobres o ricos, necesitamos siempre el uno del otro. Hoy empiezan a darse cuenta de cómo es la vida y de que uno solo no es nada. Piensan orita que porque están sanos nunca van a necesitar favor de otra persona. Es un error muy grande porque «dos leños arden más que uno».

Claudia era muy guapa, bien frondosa la muchacha, de 15 a 18 años, y pensaba casarme con ella. Pero Dalila vivía en la casa y era más lista. Cuando una persona se propone algo y tiene algo de inteligencia, lo consigue. Hay que decir la verdad, yo quiero ser sincero. Había dos cosas; yo no pensaba solo en mi vida sexual, había el interés de que cuidara a los niños. Claudia quería quedarse conmigo, pero cuando vio que Dalila estaba gordita se fue con su gente y se acabó.

Hice mal en echar a Consuelo fuera de la casa. Se fue con aquel hombre porque tenía coraje, mucho coraje. Pero el daño no me lo hizo a mí, se lo hizo ella misma. Yo le dije:

—Manchaste tu vida para siempre, mi hijita.

Yo fui a la casa del muchacho ése y hablé con su madre. Él dijo que se iba a divorciar y que se iba a casar y un montón de cosas, puras mentiras. Era uno de esos flojos que no les gusta trabajar y que no llevan dinero a la casa. Ahora mi hija debe seguir adelante sola.

Pienso en esas tres pobres criaturas de Marta. Marta me preocupa mucho. ¡Qué mala suerte ha tenido! Por falta de experiencia y por no querer oír consejos. Yo le dije que se fuera a vivir con Crispín porque ya tenía dos niñas con él. Estuvo llorando porque no quería; pero no sé qué razones tendría. Como padre, no pude decirle: «Vete de este cuarto con esas criaturas», a ver qué hacen, ¿verdad? Es un albur, como decimos aquí. Un albur es como la lotería; a veces se gana, y a veces se pierde. El mundo está lleno de casos como el mío.

Por voluntad y por el gran cariño que les tengo a mis nietas es por lo que vengo diario aquí, con la ayuda de Dios. Solo descanso un día al año, el primero de mayo. Siempre problemas de dinero. Uno paga en un sitio y debe en otro. Quiero dejar una casita a cada uno de mis hijos pa' cuando yo muera. Ahora, con el trabajo que estoy haciendo necesito mucho dinero. Pues, hombre, 50, 100 pesos que me caigan, 200, es un carro de arena, dos carros de piedra, y poco a poco estoy haciendo la casita que va a quedar para ellos, para que vivan después, más tarde. ¿Qué padre pasaría la situación que yo estoy pasando; qué padre lucharía para levantar una casa, un cuarto, para los hijos que han sido calaveras?

Yo no dejo de reconocer mis errores y sé que mis sufrimientos se deben al mal ambiente en que han vivido mis hijos. ¿A quién debo quejarme? ¿A mi propia suerte, a mi falta de experiencia en la vida, a la falta de un guía que no tuve? No me queda sino seguir como el burro con la carga. Formé mi hogar con mucho esfuerzo, con mucho trabajo. ¡Y cuánto diera yo porque mis hijos hicieran lo mismo! Yo viviría más feliz que un millonario viendo que trabajan derecho y que se sostienen en todo y por todo.

Sobre la religión, pues mire usted, mis padres me inculcaron esta religión y, claro, el hombre que estudia, el hombre que tiene cultura, su punto de vista es otro. A mi manera de ver, yo critico la actitud de los míos, mexicanos católicos, porque hacen muchas barbaridades. Mi manera de ser católico es ésta: yo pocas veces voy a la iglesia, pero no por ello dejo de ser católico. A mí no me gusta salir echando «cuetes», llevar a los santos flores y tantas cosas para que sepan que soy católico. Yo soy católico a mi manera, como creo yo que está bien. Tratándose de otras religiones, me gustan, porque no se andan emborrachándose, no se andan matando, no hacen tantas cosas como hacen mis paisanos, mis compatriotas, que andan haciendo muchas barbaridades para que sepan que son católicos. Yo no sé, a mí no me gusta eso.

Un padre dijo hace poco en la iglesia que Dios no quiere veladoras, que no quiere esto, que no quiere lo otro; que lo que quiere son más acciones. Entonces, sale sobrando todo eso, ¿no? Que la gente lo hace, muy bien, allá ellos. De la puerta para acá estoy yo.

No, no creo que nuestras almas van a sufrir en el purgatorio. ¿Quién ha estado allí y ha regresado para contárnoslo a nosotros? Necesitamos pruebas. Yo digo que esta taza es redonda y es blanca porque la estoy viendo. Pero, ¿quién puede contarnos lo que ha visto en el purgatorio? No, Dios no ha dado permiso a nadie para regresar. Si hay Dios, yo lo sabré pronto cuando me muera, porque voy a ir allá, ¿no?

Dicen que existe la brujería, pero a mí no me consta, porque ninguna mujer me ha hecho brujería. Será que he tenido pura suerte, porque dicen que una mujer celosa es capaz de todo. Sí, es capaz de matar y ésos son casos que se dan con frecuencia.

Pues me dicen que hay gente que tiene la vista pesada; y la mamá del doctor, el doctor que me operó, me platicó un caso muy curioso. Unas gentes que vivían en Toluca tenían un pájaro cantador, un clarín bonito, y llegó una señora y dijo: «Véndame su clarín, me gusta mucho». Y la otra señora le contestó: «No, señora, no lo vendo, es mío; me lo regalaron». «Véndamelo porque cuando yo me vaya se muere el pájaro.» Bueno, pues la señora se fue y cuando ella dio media vuelta el pájaro cayó muerto. Así es que quizá existen gentes con la vista muy fuerte.

Yo estuve yendo a Pachuca a ver a una señora porque me decían que yo estaba embrujado. Una de esas señoras que venden pájaros conoce a una señora de allá, pero más bien lo que hacen es sacar dinero, ¿me entiende usted? No hay tal brujería; hay tontería, no brujería, porque el que va allí a dejar su dinero es tonto.

Claro que a mí me faltaba erección. Con Elena estuve bien, pero a veces me faltaba con Lupita y con Leonor. Pues, claro, todo lo que se hace con abuso perjudica. Toma usted mucho alcohol y se pierde, muerto a los pocos días, ¿no? Bueno, pues Claro, uno abusa de la vida sexual y claro que tiene que debilitarse un poco. Ahora tomemos en cuenta las operaciones que yo he tenido. Me dijo el doctor que se cortan órganos muy delicados que le restan energía al hombre, al miembro. A mí, mí doctor, Santoyo, muy joven pero que le gustaba mucho el cuete y que estuvo aquí viviendo, me contó que él se había puesto y había puesto inyecciones a muchachos de 15 a 16 años que ya no servían. ¡Qué vida habrán llevado esos infelices! ¿Para qué sirve ya uno de ésos? Le digo que yo todavía estoy muy bien.

Un doctor homeopático me dijo que la calentura de la mujer es más fuerte que la del hombre. Y así es que cuando uno está con una mujer mexicana —de las demás no sé nada—cuando uno está más con una mujer y que más le da uno, más quiere. No las satisface uno, tienen un temperamento muy alto. Y hay mujeres que no pueden estar un día sin el hombre.

Pues sí. como le dije, estuve yendo a Pachuca y la curandera me dijo que llevara un huevo de pípila, y agarró una cosa y me empezó a limpiar y qué sé yo. Me cobraba 10, 15 pesos cada vuelta. Fui como cinco a seis veces, pero la cosa quedó igual. El mal no era brujería, es que había debilidad sexual. No sé quién me puso en la cabeza que era brujería. Algunas mujeres... me parece que fue allá donde estoy trabajando y acá en la vecindad. Y, claro, es muy feo quedar mal con una mujer cuando ya está en la cama, es vergonzoso. Agarran muchas y le dan a usted, le pegan. A mí ninguna me ha pegado. ¡Pues entonces yo ya me voy de México!

Después no volví a Pachuca porque yo vi que ya no había resultado y que era la misma cosa. Sabe usted, lo que yo necesito es una persona, una mujer, con quien yo tenga plena confianza, y aquí entra el asunto del besuqueo. Claro que yo ya estoy trabajado, cansado, y en la vida sexual ya he tenido varias mujeres. No soy muchacho de veinte, ya necesito ese asunto; pues que venga la caricia de la mujer y venga todo. Que haya plena confianza; y como aquí este cuarto es solo, si interrumpen, suena una cosa, una voz, nada ya, no hay nada.

Con Dalila bajamos el colchón al suelo, pero yo vigilo que todos los chamacos duerman, porque está muy mal hecho que se les dé ese ejemplo a las criaturas. Malísimo, basta con lo que ven; vivir en las vecindades es terrible aquí en México. Muchas mujeres se quitan lo que se ponen cuando están en su menstruación y lo tiran ahí. Y va la criatura y lo ve; va el chamaco y lo ve. Pues ya ellos van aprendiendo; saben todo porque lo han visto en la casa.

Es difícil para un hombre satisfacer a la mujer mexicana. A mí personalmente me han dicho:

—¡Ay, viejito, si acaso me dejas a medias!

Así, imagínese usted.

—Pues oye, entonces te meteré un tubo porque yo ya no puedo.

Y es que así es la mujer mexicana. Me han dicho que algunas mujeres que son bien casadas y que siempre en su hogar son bien derechas, salen de vez en cuando por ahí a darse una vuelta, en una forma muy discreta, y se buscan un amante porque su marido no les satisface. A mí me han tocado varias así. Uno no las satisface.

Yo me cuido; cuando mucho, dos veces por semana. Como se dice vulgarmente, solo echo dos palos. Eso es lo que hago, no más, porque yo nunca fui sexualmente muy fuerte. Ni cuando estaba más joven lo hacía en forma exagerada; una o dos veces cuando mucho, por semana, pero no diario. Es que, sabe usted, yo soy raquítico, no soy muy fuerte que digamos y, claro, la alimentación tan deficiente que tuve en la niñez pues creo yo que influye hoy día en mi vida sexual. Con Lupita no sigo vida sexual desde hace varios años. Pero con Dalila es diferente. A pesar de que soy viejo, me tiene mucho afecto. Es una muchacha trabajadora, que vale lo que pesa, créamelo así. Sí, Lupitatambién era una mujer honrada, trabajadora. Nunca decía una mala palabra. Una vez sí se disgustó cuando supo del asunto con Dalila; pero yo le hablé, verdad, de una forma seria:

—No tiene usted derecho a sobresaltarse. En primer lugar, tiene usted alimento y casa, que no todos tienen. Tengo dos hijas contigo; muy bien, ya trabajan, pueden mantenerse. Así es que si me sigues con este asunto, tendrán que irse a otro lado a vivir para que se mantengan, y yo no les daré ninguna ayuda económica. Esta casa la dejaré a otro de los muchachos, si tú no quieres estar aquí.

Ella protestó y se puso muy enojada. Había estado como dos o tres meses en la cama, con reumatismo. Claro que uno se siente culpable hasta cierto punto; pero, pues, dígame usted, ¿qué hacía yo con los cuatro niños tirados a media calle, si no estuviera Dalila que para ellos ha sido una madre, su segunda madre?

Ahorita necesitan todos zapatos. Las otras dos pequeñitas necesitan ropa, necesitan dinero para un médico, para medicinas. Dalila está otra vez embarazada. Si tuviera dinero, quisiera que la operaran para no tener más familia... ligar las trompas. Yo hablé con ella, nomás que falta dinero. Tengo Seguro Social, pero no uso sus servicios porque se pierde mucho tiempo ahí, hasta medio día. Yo no puedo llevarla al sanatorio cuando vaya a nacer el niño porque no me he casado con ella. Necesito presentar los papeles del registro civil y todo eso. Y por eso le digo que quizás yo me casaría con Dalila por las niñas. Es que la maternidad del Seguro está muy bien atendida.

Tengo que hacer una carta testamentaria para llevarla a los sindicatos, porque al morir yo el sindicato les entrega 4.000 pesos. En la carta pienso poner el nombre de Marta como heredera. A Dalila le dejaré aquella casita de Ixmiquilpan, por las criaturas. Pero necesito arreglar los papeles, arreglar primero las cosas.

Bueno, si no estuviera Dalila, ¿qué hacía yo? Ella tuvo una vida muy dura, más triste que la mía, porque la pobre recibía golpizas del padre de su hijo Godofredo. Era muy borracho, desobligado, se ponía a trabajar y qué sé yo. ¡Pobre muchacha! Ahora vive tranquila; conmigo vive bien y espero que las cosas no cambien, porque es una mujer trabajadora y que merece bastante ayuda. Cuando los hijos de Manuel eran pequeños, vino a cuidarlos. Se fue de la casa como un mes o dos porque hubo el disgusto con ellos. En verdad, todo pasó por Consuelo; se puso muy, muy enojada. Pero Dalila volvió a la casa.

Yo considero las cosas y lo sé todo, pero voy a repetirle que algunas veces se hacen las cosas por conveniencia, ya no por uno, por el deseo sexual. Yo no tengo ya veinte ni veinticinco años. Sí, claro, aún puedo funcionar, ¿no?, pero créame que este asunto vino también por los niños, porque si no la llamo a ella aquí, a la casa, mis hijos estuvieran muertos de hambre, tirados, sucios.

Mi hijo Manuel no es un padre, no cuenta; hago de cuenta que está muerto. Así que el cargo lo tengo yo: la responsabilidad de las criaturas, todo el gasto lo tengo yo encima. Cuando se marchó a Estados Unidos, me mandó solo 150 dólares. Tengo que buscar dinero para todos los gastos, cansado o no cansado. Se enfermó uno, al médico. Se enfermó otro, al médico. Entonces, ¿qué hago? ¿Los aviento a media calle? No, no puedo.

El error más grande del mexicano es que le gusta casarse muy joven, sin tener ningún capital, sin contar con un centavo en las manos ni un trabajo seguro. Se casa, se llena de hijos y ya no puede salir adelante con facilidad. Ese hombre se estanca, y entonces viven una situación tremenda los padres y los hijos. A decir verdad, a nosotros, mexicanos, nos falta preparación para la vida.

El problema de México es el abandono de las mujeres y los hijos. Aquí hay cantidad de casos y con mucha frecuencia. Y en esto el gobierno debería ser más severo. Me gustaría que hubiera leyes como las de Estados Unidos. No habría tanto golfo como lo hay y no habría tanta canallada de plano, porque todo esto perjudica a la niñez, a la población, al pueblo entero. Tanta libertad perjudica a la gente. Habría que cerrar el 80 % de las cantinas, el 80 % de centros de vicio y más vigilancia sobre los muchachos, sobre la juventud, de pobres y ricos.

—A ver, venga acá, ¿cuántos hijos tiene usted?
—Pues cuatro.
—¿Qué edad tienen?
—De quince años para arriba.
—¿Cómo viven sus hijos y de qué viven, en qué se ocupan, en qué trabajan?
—No trabajan... están.
—¿Por qué no trabajan? Póngalos a trabajar, y si no les pone a trabajar usted va a la cárcel ocho días por lo pronto.
—No dinerito, ocho días; y, después, la segunda vez, un año. Y vería usted cómo habría más orden, y el pueblo mexicano caminaría más derecho si hubiera otras leyes más duras; pues son muy elásticas las leyes que hay en el país. El pueblo mexicano se está hundiendo por falta de un guía y falta de hombría, y por tanta porquería, como usted puede ver.

Si aquí hubiera un gobierno, pero de esos muy duros, que llamara a todos los que han sido presidentes y dijera: «Aquí, vengan al Zócalo a amontonar los millones que tienen, que han robado del pueblo» —¡levantaban otra capital!

Hay que vivir dentro de nuestras familias para conocer qué enfermedades han sufrido y cómo pueden curarse. No han estudiado a fondo el problema mexicano. Esos señores gobernantes andan en sus coches muy lujosos y tienen millones en el banco, pero no ven para abajo donde está la gente pobre. No se meten por ahí ni en carro. Andan por allá, en el centro, donde hay cosas elegantes, comercios elegantes; pero donde vive la gente humilde, la gente pobre, desconocen esa vida miserable que lleva esa gente. Desconocen ese problema tan grande y tan hondo que existe en nuestro México. Desconocen a aquellas gentes que comen una vez al día.

Falta de todo. Falta dinero; falta trabajo, y todo tan caro. Hoy han subido más los precios. Ha subido mucho el costo de la vida de unos días para acá. Así es que una familia, por ejemplo, de ocho o seis bocas, manténgalas usted con un salario de 11 pesos. El sueldo mínimo ahora lo han subido a 12, ¿pero qué?, si la mercancía ha subido tres, cuatro o cinco veces. Entonces hacen falta otros gobernantes que estudien mejor el problema de México y que hagan algo por el pueblo, por el obrero y por el campesino, porque son los que necesitan más ayuda. El obrero, por ejemplo, aquí en la capital, se saca 200 pesos de raya; tira 150 o 180 en la cantina, y lleva 20 pesos a su casa. Es gente que no sabe aprovechar el dinero que gana. ¡Pobres madres, y los chamacos semidesnudos! Usted ve chamacos de cinco o diez años tuberculosos. ¿Por qué cree usted que viene todo eso? Por la falta de atención de los padres en el hogar, la falta de obligación y la falta de dinero. Porque se gastan más en la calle que en el hogar. Son muy pocos los padres de familia que saben cumplir con su deber. El que tiene vergüenza y sabe cumplir, él sabrá lo que hace, él verá lo que hace, pero les trae pan a los suyos.

Yo hasta le he dicho a algunas gentes: «Me gustaría que hubiera aquí un presidente americano, en México. Entonces veríamos cómo cambiaba y progresaba México. A recoger todo el golfo, todos los vagos. ¿Que no te gusta trabajar? A las Islas Marías para toda tu vida». Nada de dinerito y que si esto y lo otro, y de vuelta. No, allá déjenlos; son parásitos.

Sí, ha habido progreso y algunos se han beneficiado, pues algunos gobiernos se han preocupado de los obreros. ¡Pero a mí nunca me han ayudado! Mi situación es mejor por mis marranos y la lotería. He tenido suerte con la lotería. La primera vez que gané fue con el número 9878. Nunca olvido los números que me han dado premios. Con ese dinero compré el radio. Con el mismo número gané otra vez, y compré la cama. El mayor premio que he ganado fueron 5.000 pesos, que gané con el número 19228. Con parte de ese dinero me hice la casa en El Dorado. Y con el resto del dinero compré el reloj de pared. Lo poco que tuve lo utilicé bien y me ayudó a seguir adelante.

Pero en los treinta años que vivo en la capital, la vida de la gente humilde ha cambiado muy poco, muy poco. Muchos dicen que el cambio ha sido grande porque antes se ganaba 1 peso o 1.50 cuando estaba Calles, que era muy poco, ¿no? Pero entonces el azúcar y el frijol valían 15 centavos. Ahora tiene usted el frijol; gana usted 11 pesos y el frijol vale de 3 a 4 pesos, a mí me consta. Entonces, ¿cuál es la mejoría? Por ejemplo, ahora hay mercancías que valían ayer 20 pesos, pues las subieron a 35. Bueno, que por equis causa le rebajan 2 pesos; va usted y le dicen: «No, señor, ayer valía 35 y hoy 33, le rebajamos». Le rebajamos... ¡con un aumento de 13 pesos!

Ésa es la forma de rebajar la mercancía aquí hoy día. Entonces, ¿qué ventaja hay para el pueblo, para el obrero, para el campesino? Ninguna, según mi manera de ver las cosas. Al contrario, cada día lo están ahorcando más.

Hacen falta gobernantes que estudien y que se metan dentro de las familias humildes, y vean aquella miseria en que vive esa gente que se está hasta muriendo de hambre. ¿Por qué no lo hacen?

¿Por qué se van miles y miles de braceros fuera de México? Ahí está una prueba muy palpable; porque aquí faltan garantías, porque los salarios son muy raquíticos, son salarios miserables que no pueden mantener a ninguna familia. Claro que la gente busca dónde ganar un poquito más y poder llevarle algo a su familia. La pandilla gubernamental no deja subir a gentes que piensan de otra forma. Aquí, como en todas partes, hay pandillas. Cuando Alemán, supe yo —muchas cosas se saben siempre, ¿verdad?— que entró mucho dinero para la propaganda entre los que venden narcóticos, entre los camioneros, el monopolio de los camioneros. Les decían: «Si ganamos, les dejamos subir un quinto». Ganó, y subió el pasaje.

Y los líderes sindicales tampoco ayudan; roban para su bolsillo. En mi sindicato, uno tiene una o dos casas y dieciséis coches de alquiler. Yo pago 5 pesos mensuales. Pero somos muchos, miles, y cuando se muere una persona, 5 pesos por cabeza para los parientes del muerto, además de los 5 pesos mensuales. ¿Y qué cosas nos dan? Pues nada. Asambleas no tenemos hace años; así es que nomás llegan los recibos. A la hora de rayar:

—Ahí tiene dos recibos, 10 pesos.
—Que otro muertito, otros 5 pesos.
Le digo:
—¿Es para el muerto, señor, o para el vivo?
—Es para el vivo, tú.
Le digo:
—Oiga usted, yo no sé qué están haciendo con mi dinero, pues me lo quitan aquí. Es muy poco lo que se gana y como está ahora todo tan caro, pues no rinde el dinero.
Y dice:
—Pero es para los vivos, no es para los muertos.
Le digo:
—Pues sí, pero yo no creo que con tanta frecuencia se esté muriendo la gente aquí.
—¡Fíjese usted nada más cómo están las cosas!

Yo no veo que el sindicato ayude mucho al obrero. Yo, el sindicato lo veo como una cueva de explotación para las masas obreras, porque se ha probado varias veces que los líderes se han hecho ricos con el dinero de los obreros. Y yo me pregunto: ¿Por qué razón el gobierno permite tanta cosa? ¿No se podrían arreglar las cosas en favor de los obreros sin necesidad de líderes? Si el gobierno se propusiera eliminar los sindicatos y creara departamentos especiales para arreglar los asuntos obrero-patronales, todo ese dinero que se recoge mensualmente de esos obreros se utilizaría para levantar escuelas, hospitales y otras cosas para los hijos de los obreros, pero no para que los líderes se hagan dueños de coches y de casas.

Yo no soy un hombre preparado, pero veo que antes se explotaba al obrero de una forma y hoy se explota de otra forma; pero se sigue explotando al obrero. Claro que México ha progresado mucho, pero el obrero sigue siendo obrero, y sigue siendo pobre y lo será hasta que se muera. Porque cuando tiene un aumento de 50 centavos, cualquier kilo de víveres sube 1 peso, sube 2, sube 5; así es que ese aumentono sirvió para ayudar al obrero, sirvió para perjudicarlo, porque no hay control efectivo en cuestión de alimentos y otras cosas.

Yo me ocupo nada más de mi trabajo. De política no conozco ni papa. Leo uno que otro párrafo del periódico, pero no lo tomo muy en serio; para mí no tiene mucha importancia lo que veo en los periódicos. Hace unos días leí algo sobre los izquierdistas, pero yo no sé cuál es derecha, ni cuál es izquierda, ni qué es comunismo. A mí me preocupa una cosa: conseguir dinero para cubrir mis gastos y que mi familia esté más o menos bien. El obrero debe preocuparse porque a su familia no le falte alimento en su hogar. La política es muy complicada, así que allá los que nacieron para ser políticos. Si viene una tercera guerra mundial algunos de esos señores que la están provocando irán al panteón, junto con muchos millones. Yo no me preocupo mucho, ¿verdad?

Yo no entiendo bien la cosa del comunismo. En Rusia empezó el relajo ese del comunismo, ¿no? Allá hubo una guerra; mataron a los zares y todo eso. Lenin y el otro, Trotsky, que mataron aquí. El otro que murió, o se lo echaron, éste que estaba, ¿cómo se llama?... Stalin. Dicen que ya no lo aguantaban, y creo que se lo echaron al plato porque ya iba a hacer otra matanza, otra purga entre los militares. Era muy matón ese hombre, diga usted. ¿Cómo pueden matar tanta gente, oiga usted?

A mí me gustaría visitar Rusia siquiera un mes; recorrer toda Rusia y entonces darme cuenta personalmente de cómo vive el obrero, y afirmar entonces, con voz alta y voz en cuello: el socialimo y el comunismo es beneficioso para el obrero, a mí me consta. Pero como yo nunca voy a Rusia ni a ningún lado, y según los periódicos el obrero vive más atrasado que aquí en México, así es que no creo que el comunismo sea muy bueno para la clase proletaria.

Bueno, según los periódicos allá también hay una pandilla que domina al país. Aquí es la pandilla del PRI la que domina todo. Así que si hay otro candidato, van y le ponen la ametralladora enfrente. ¿Quién ganó? Pues el candidato del PRI. No hay más.

Seguro que en Estados Unidos las cosas son muy diferentes. Bueno, quizá sea mejor que nada más haya una pandilla que domine aquí, porque tiene una pistola en cada mano. Sabe usted ese cuento de dos que estaban jugando baraja, y uno tenía dos ases y le pregunta al otro:

—¿Qué tienes tú?
—Dos ases, ¿y tú?
—Dos pistolas.
—Pues tú ganas.
—Así pasa aquí con el PRI; él tiene las pistolas en la mano, y cualquiera que proteste... lo mató un carro.

Y sobre las garantías para el campo, el campesino siempre come frijoles de la olla y salsa molcajeteada; eso es todo lo que come el campesino, semidesnudo toda su vida. No progresa, no sale adelante. Las pandillas que gobiernan no lo dejan. Si hay un hombre bueno, noble, que quiere hacer por el pueblo, no lo dejan los otros.

Lo más sucio que hay es la política. Hay mucho de podrido ahí, mucha sangre de por medio.

¿Cuántas gentes mueren cuando alguien llega al poder? Las cosas no son muy claras, muy limpias que digamos. Claro que el pueblo falto de preparación, falto de cultura, es como un rebaño. El que lo anda cuidando, le dice: «Por aquí te vas y por aquí sigues: que sigues para acá, por aquí te vas». Eso es lo que hace el pueblo. Si lo ve usted en los sindicatos cuando hay asamblea: Que esto y que lo otro. ¿Aprobado? Todos aprueban; no saben ni qué aprobaron. Al otro mes les llega el recibo doble.

¿Cómo? Pues si tú aprobaste, ¿no? ¿Ve usted las cosas? La gente, las masas, se dejan llevar por la voz de cualquier vivales que haya por ahí, no para salir adelante, sino para hundirse más. Y si quiere usted de momento hablarles, hacerles entender, ver las cosas, ver que no es conveniente lo que se va a aprobar, ni le escuchan a usted.

Le hacen caso al que está allá arriba, atrás del escritorio, aunque saben que los está fastidiando. Pues le aplauden. Así, ¿cómo va usted a arreglar las cosas? ¿Qué puede hacer usted?

Ahora, aparte de todo eso, en el pueblo mexicano falta mucha unidad, no hay unión; uno tira por un lado, otro por otro, y otro por otro. Si la gente se uniera —la unión hace la fuerza, dicen—, todas las cosas cambiarían. Yo sé que en otros países, ¿verdad?, que no les gusta un presidente, una bombita y otro.

Aquí no; aquí debería haber eso, pero no hay nada. Un poquito de cianuro, ataques cardiacos es lo que hace falta a muchos presidentes, a muchos gobernadores y a muchos jefes de policía. Bueno, es feo decirlo y reconocerlo porque son compatriotas, son mexicanos; pero, como dije ya hace un rato, contra la verdad nadie puede.

Luché día y noche para establecer mi hogar, un hogar humilde como puede usted ver. Pero paso mis ratos felices con las criaturas. Primero por Dios y por ellos estoy en pie y estoy marcando el paso. Cuando cruzo las calles tengo cuidado con el tráfico; no es de mí que tengo que cuidar, es de las criaturas. No podré darles mucho, pero al menos siguen viviendo y creciendo, y espero que con la ayuda de Dios pueda estar con ellos hasta que puedan ganarse su vida.

Yo quiero dejarles un cuarto, es la ambición que tengo. Levantar aquella casita, una, dos o tres piezas; un cuarto para cada uno, para que vivan juntos. Pero no me quieren ayudar. Le pido a Dios fuerzas para seguir luchando, que no caiga yo pronto y pueda terminar aquella casita. Una casita que no vale mucho, pero donde pueda vivir mi gente. Usted, dentro, es dueño de todo. Será una protección para ellos cuando yo caiga para no levantarme más.

www.ingramcontent.com/pod-product-compliance
Lightning Source LLC
Chambersburg PA
CBHW031843220426
43663CB00006B/476